物流与供应链管理

（第3版）

冯耕中　刘伟华　王　强　编著

高等学校经济管理类主干课程教材·管理科学与工程系列

物华图书奖一等奖

LOGISTICS
AND
SUPPLY CHAIN
MANAGEMENT

中国人民大学出版社
·北京·

前言 FOREWORD

20 世纪 90 年代以来，全球化成为世界经济运行的核心特征，资本、技术、劳动力、信息等要素实现了真正意义上的全球配置和流通，促进了全球财富的增加。现代物流与供应链伴随着经济全球化的发展，在世界范围内产生重要影响，其作用不可替代。作为复合型服务产业，物流与供应链管理发挥着支撑国民经济运行和发展的重要作用，已成为衡量一个国家现代化发展水平和综合国力的重要标志。然而，2020 年全球范围内新冠肺炎疫情暴发，经济全球化的整体环境发生深刻变化，具体表现在单边主义、贸易保护主义加强，极端政治倾向加重，民族主义抬头等方面，全球供应链体系和物流系统面临重构。因此，加强物流与供应链管理理论、技术和方法的学习，具有极其重要的现实意义。

近年来我国物流业持续高速发展，对国民经济的贡献越来越大。物流与供应链教育起步晚，高素质人才紧缺的问题有所改善。随着物流与供应链管理实践的不断创新和突破，学界和教育界不断跟进，研究和教育工作更具通盘考虑和顶层设计的特征，深刻性和科学性日益增强。截至 2016 年，全国共有 551 所院校开设 598 个物流专业，其中物流管理专业 479 个，物流工程专业 114 个，采购管理专业 5 个。2017 年，在中国物流与采购联合会和教育部高等学校物流管理与工程类专业教学指导委员会积极推动下，供应链管理专业开始在本科院校开设并实现招生，2018 年备案院校为 8 所，2019 年达到 17 所，2020 年供应链管理专业正式进入教育部本科专业目录。

2000 年以来，我们参加了多家企业的物流管理与工程实践活动，承担了国内多所高等院校物流管理与物流工程专业的教学工作，涉及 EMBA、MBA、工程硕士、本科等多个层次，同时也承担了多家企业管理人员的物流培训工作。在广泛参加物流管理与工程实践和教学工作的过程中，我们进一步加深了认识，也积累了大量案例素材。在授课讲义的基础上，2003 年我们组织编写了《现代物流与供应链管理》，在多所院校的教学中得到应用。2010 年，我们有幸与中国人民大学出版社合作，基于各方面的反馈意见，改写出版《物流与供应链管理》。我们从体系结构、内容设计等方面做了较大的调整，以使层次更加清晰、内容更加符合现实发展的需要。2013 年下半年，根据中国人民大学出版社收集的读者意见，我们组织力量对该书做了修订，重点是结合我国现代物流业的最新发展更新了实例、案例等内容。2014 年，本教材入选第二批“十二五”普通高等教育本科国家级规划教材书目，作为国家级规划优质教材进入高等学校课堂。2020 年，中美贸易战硝烟再起，贸易保护主义抬头，新冠肺炎疫情蔓延造成全球经济动荡，不断变化的国际局势对现代物流和供应链的正常运行产生巨大影响，各种新情况、新问题和解决问题的新思路不断出现。在这样的背景下，我们组织力量对教材再一次修订，力图使之与最新的学术研究、产业状况和时代背景相契合，案例、数据、前沿理论等内容都得到了更新。

本书共 4 篇 12 章，在写作过程中，我们结合多年的教学实践体会，试图解决好以下几个问题：

（1）物流管理与供应链管理的关系处理。目前名为“物流与供应链管理”的书籍有两种，一种是以物流管理为主线，一种是以供应链管理为主线，其结构和内容安排都有较大差异。经过综合考虑，本书的基本定位是以物流管理为主线、以供应链管理为思想基础，与物流活动相关的一些内容如采购管理等暂不考虑。

（2）物流企业和生产制造企业物流的视角差异。无论是哪种类型的企业，也无论其性质如何，物流活动都是其生产运作的重要内容之一。在本书中，我们不去区分物流企业还是生产流通企业，而是寻求共性的内容，把物流活动作为企业运作管理的核心内容来分析和展开。

（3）物流管理战略与战术问题的区分与协调。在第 2 篇，重点探讨物流战略规划、物流组织结构的管理、供应链风险管理等战略性、长期性的问题，阐述物流系统规划与设计等有关内容；在第 3 篇，则围绕物流活动的运行和日常业务管理，从综合计划调度管理、功能性活动（仓储、运输、包装、装卸搬运、流通加工、信息）、物流运作绩效评价等方面来论述物流运作的有关内容。

（4）反映物流领域最新的研究与实践成果。随着物流活动的深化，服务创新成为企业竞争力的重要表现。在本书中，综合国内外物流发展的实践，增加了供应链风险管理、供应链金融、应急物流、数字化物流等有关内容。

（5）理论性与实用性相结合。物流学科具有极强的理论与实践相结合的特性，本书在教材体系的设计上注重实用性原则，在每章中安排了学习目标、案例、本章小结等内容。这些案例均来自当前的物流实践。每章中有多个案例，启发读者思考；每章末安排了案例分析，帮助读者深入研讨有关问题，掌握所学知识。

本书主要满足工商管理、物流管理、物流工程、供应链管理专业本科生和研究生的教学需要，对相关领域的管理人员和技术人员也有一定的帮助。在书稿的编写过程中，著名管理学家、中国工程院院士、西安交通大学管理学院名誉院长汪应洛教授，中国科学院预测科学研究中心主任汪寿阳教授，给予极大的支持并提出许多指导性意见，在此表示衷心的感谢。中国人民大学出版社王伟娟编辑为本书的编写与修订提供了多方面的支持，在此表示真诚的感谢。西安交通大学管理学院研究生毛忠、周海迪、明鑫、李为峰参与了资料的收集与整理，在此一并表示感谢。我们参考了国内外同行的许多著作和文献，引用了部分资料，特向这些作者表示感谢。

我国现代物流业发展非常迅速，近年来随着大数据、人工智能等新技术的普遍应用，行业内的各种创新活动不断涌现，而我国稳固的宏观经济、完整的工业体系、庞大的市场内需、丰富的人才储备将持续助力物流服务业向系统和纵深的方向发展，在新形势下更好地满足经济发展的实际需求。本书内容繁多，难免有不足之处，敬请各位读者批评赐教。

冯耕中 刘伟华 王 强

目 录 CONTENTS

第1篇　概念篇

第2篇　战略篇

第 1 篇

概念篇

01
Chapter

第1章 物流管理概论

学习目标

通过本章的学习，读者应该能够：

- 理解物流的基本概念
- 认识传统物流与现代物流的根本区别
- 了解现代物流管理的基本特征
- 理解各类物流活动的基本内容
- 掌握物流活动的构成要素
- 理解现代物流发展的重要意义

1.1 物流的概念

案例1-1

国外的豆腐为什么这么贵

中国人爱吃豆腐是出了名的。小小的一块豆腐有着多种形态，还融入了无穷尽的滋味。豆腐有着豆脂的芳香，在烹饪过程中很容易融合其他味道，既可以塑造出清爽的口味，又可以烹饪出浓郁的味道。豆腐这种亦刚亦柔的性格令许多中国人不得不爱。

但是，在国外要想尝到新鲜豆腐不是一件容易的事情。笔者在瑞典林雪平大学访问的时候，发现当地卖场并没有新鲜的豆腐。幸运的是，有一个中国人开着中国车（车上装满了各种各样的中国产品）能够每周一次到达林雪平，为当地华人带来新鲜的豆腐。豆腐是纯正的中国口味，价格却大相径庭。普通的一块豆腐在中国一般只需要两三元钱，而在林雪平却需要十元钱，价格翻了三四倍。到底是什么原因导致两地的豆腐价格存在天壤之别呢？

价格差异有各种各样的原因，如渠道加价、商家利润提成等。但是，有一种因素不可忽视，那就是物流成本。为了让瑞典的中国人能够品尝到新鲜的豆腐，中国的豆腐需要进行必要的包装，用专用的小盒子并添加必要的水，以冷藏的方式从中国运到瑞典。与国内的豆腐销售相比，运往国外的豆腐，其运输距离不同，物流环节不同，物流时间不同，由此产生的物流成本也不同。

与豆腐有相似之处的还有许多其他产品。有数据显示，制造业生产一瓶矿泉水仅需几分钟，而从生产线运送到超市直到消费者消费完毕，平均需要一个多月的时间。这一个多月是流通环节的时间，也是物流成本发生的时间。任何一家生产企业都无法回避物流成本问题，物流对企业决策至关重要。

资料来源：味之有余美，五食勿与传——豆腐的绝色人生．(2017 - 10 - 20)．http：//www. xiaomishu. com/square/toutiao/article _ 72 _ 1396/.

作为商品交换的媒介，商业的产生和发展不仅造就了一个新兴、独立的行业，而且对社会经济生活产生了十分深远的影响。在社会化大生产条件下，生产者所需的原材料要通过一定的方式进入生产流程，经营者所购的商品要通过一定的途径到达消费环节，这就有了物流产生的经济动因。长期以来，人们将物流视作产销过程中一个必不可少的环节。要实现生产过程的连续，完成从商品到货币的惊险跳跃，物流不可或缺。

虽然物流业在很早以前就产生了，但它在以往的商业活动中扮演着默默无闻的角色，并未引起社会和企业界太多的关注，这也导致其发展缓慢。随着企业经营管理理念的变化，以及电子商务的兴起和蓬勃发展，企业界迅速将注意力转向物流业，第三方物流蓬勃发展，现代物流业进入了一个飞速成长的黄金时期。

物流的本意是指克服时空差异，连接供给和消费，并实现物的价值的经济活动。现代物流一般包括运输、仓储、包装、装卸、流通加工、配送、信息服务等经济活动，相对于传统的仓储和运输而言，是革命性的突破。它强调各种仓储、运输方式的系统集成和物流链条上各节点企业的通力合作，打破了运输环节独立于生产与销售环节之外的行业界限，具有明显的系统化和网络化特征。而迅猛发展的电子信息技术也使得现代物流企业大幅提升企业结构柔性、更快响应顾客需求成为可能，客户服务被放在了更突出的位置。现代物流企业竞争力的核心是企业内部、企业间、企业周边环境的信息、商务、物资流动的结合，有效的组织管理和以客户为中心的服务体系。

1.2 物流管理的演进和发展

从 20 世纪初“物流”概念产生至今，物流及其管理活动经历了各种各样的变化和发展。一方面表现为用词从“physical distribution”（实物分配）演变为现今的“logistics”（物流）；另一方面表现为物流管理的飞速发展推动了物流研究和物流实践的发展。最突出的是现代物流管理已经成为管理学科的一个非常重要的分支。表 1 - 1 列出了美国物流概念的历史演进过程（何明珂，2001）。

表 1-1　美国物流概念的历史演进过程

时间	定义的内容	备注
1901 年	约翰·克罗韦尔（John F. Crowell）首先研究了物流问题。他在为美国政府提供的《行业协会关于农产品配送的报告》的第一部分中研究了影响农产品配送成本的因素。	
1905 年	美国的昌西·贝克少校（Major Chauncey B. Baker）提出，“那个与军备的移动和供应相关的战争的艺术的分支就叫‘物流’”。战争开始前，军事后勤部门要为参战人员提供弹药和装备；战争开始后，军事物资和装备必须保持可以供应的状态。	
1915 年	阿奇·肖（Arch Shaw）在 1915 年哈佛大学出版社出版的《市场流通中的若干问题》（*Some Problems In Market Distribution*）一书中提出，“物流（the physical distribution of goods）是与创造需求不同的一个问题，是为计划、执行和控制原材料、在制品库存以及制成品从起源地到消费地的有效率的流动而进行的两种或多种活动的集成”。	
1935 年	物流（physical distribution）是销售活动中伴随的物质资料和服务从生产地到消费地的各种活动。	由美国市场营销协会提出
第二次世界大战期间	在第二次世界大战期间，美国海军因军事上的需要，提出了实物配送理论，即对战时物资的供应实行后勤管理，取得了显著成效。随后，美国社会开始出现后勤管理或后勤保障，并在企业中逐步演变为商业后勤和流通后勤。	
20 世纪 50 年代	唐纳德·鲍尔索克斯（Donald Bowersox）提出了物流模型。	
1963 年	物流是为了计划、执行和控制原材料、在制品库存以及制成品从起源地到消费地的有效率的流动而进行的两种或多种活动的集成。这些活动可能包括但不限于：顾客服务、需求预测、交通、库存控制、物料搬运、订货处理、零件及服务支持、工厂与仓库选址、采购、包装、退货处理、废弃物回收、运输和仓储管理。	由美国实物配送管理协会（National Council of Physical Distribution Management，NCPDM）提出
1985 年	物流是对货物、服务及相关信息从起源地到消费地的有效率、有效益的流动和储存进行计划、执行和控制，以满足顾客需求的过程。该过程包括进向（inbound）、去向（outbound）、内部和外部的移动以及以环境保护为目的的物料回收。	1985 年美国实物配送管理协会更名为美国物流管理协会（Council of Logistics Management，CLM）
1992 年	物流是以满足客户需求为目的，对产品、服务以及相关信息从供应地到消费地的高效率、低成本的流动和储存而进行的计划、执行和控制。	由美国物流管理协会修改
1998 年	物流是供应链过程的一部分，是对货物、服务及相关信息从起源地到消费地的有效率、有效益的流动和储存进行计划、执行和控制，以满足顾客要求。	

续表

时间	定义的内容	备注
2002 年	物流是供应链过程的一部分，是对货物、服务及相关信息从起源地到消费地的有效率、有效益的正反向流动和储存进行计划、执行和控制，以满足顾客要求。	
2003 年	物流管理是供应链管理的一部分，是对货物、服务及相关信息从起源地到消费地的有效率、有效益的正反向流动和储存进行计划、执行和控制，以满足顾客要求。	

进入 21 世纪，物流管理更多地被视为供应链管理的一部分，视角的变化意味着对物流管理的理解进入更整体与更全面的层次。2005 年美国物流管理协会正式更名为美国供应链管理专业协会（Council of Supply Chain Management Professionals，CSCMP），此次更名标志着全球物流进入供应链时代，CSCMP 对物流管理的定义是：物流管理是以满足客户需求为目的，对产品、服务和相关信息从生成点到消费点的有效率和有效果的正向和逆向流动及储存进行计划、执行和控制的供应链过程。2010 年 CSCMP 对供应链管理的定义为“包含为采购、转移和所有物流管理活动而进行的计划和管理”。

我国的物流业从 20 世纪 90 年代末开始兴起。中华人民共和国国家标准《物流术语》（GB/T 18354—2001）和修订的《物流术语》（GB/T 18354—2006）对物流方面的有关术语进行了统一。其中，物流（logistics）的定义是“物品从供应地向接收地的实体流动过程。根据实际需要，将运输、储存、装卸、搬运、包装、流通加工、配送、信息处理等基本功能实施有机结合”。

由此可见，随着企业经营管理理念的变化，现代物流的概念也在不断发展。

1.3 现代物流管理的特征

物流业是经济发展到一定阶段，社会分工不断深化的产物。传统上，物流活动分散在不同的经济部门、不同的企业以及企业组织内部不同的职能部门之中。随着经济的发展、科学技术水平的提高以及工业化进程的加快，大规模生产、大量消费活动使得经济中的物流规模日趋庞大和复杂，传统的、分散进行的物流活动已远远不能适应现代经济发展的要求，物流活动的低效率和高成本成为影响经济运行效率提升和社会再生产顺利进行的制约因素，并被视为“经济的黑暗大陆”。从 20 世纪 50 年代到 70 年代，围绕企业生产经营活动中的物资管理和产品分销，发达国家的企业开始注重和强化对物流活动的科学管理，在降低物流成本方面取得了显著成效。进入 20 世纪 80 年代以后，随着经济全球化持续发展、科学技术水平不断提高以及专业化分工进一步深化，在美国和欧洲的一些发达国家，开始了一场对各种物流功能和要素进行整合的物流革命。首先是企业内部物流资源整合和一体化，形成了以企业为核心的物流系统，物流管理也随之成为企业的一个独立部门和职能领域。在此之后，物流资源整合和一体化不再局限于企业层面，而是转移到相互联系、分工协作的整条产业链上，形成了以供应链管理为核心的社会化物流系统，物流活动逐步从生产、交易和消费过程中分离出来，成为一种专业化的、由独立的经济组织承担的新型经济活动。在此基础上，发达国家经济中出现了为工商企业和消费者提供专业化物流服务的企业，即“第三方物流”企业。各种专业化物流企业的大量涌现及其快速发展表明，专业化物流服务作为一个新的专业化分工领域，已经发展成为一个新兴的产业部门和国民经济的重要组成部分。

随着现代物流的发展，现代物流管理表现出许多特点，可归纳为以下几个方面。

1.3.1 物流管理方法的现代化

管理科学是随着经济的发展和社会的进步不断发展起来的，随之产生了各种先进的管理方法，如供应链管理。因此，在物流管理中，应随时掌握管理方法的新进展，并应用先进的技术。例如，格兰仕公司应用先进的物流管理技术（信息技术、系统规划技术、智能决策技术等）取得了良好的效益。

案例 1-2

像送鲜花一样送青岛啤酒

青岛啤酒股份有限公司（以下简称“青啤”）是国家特大型企业，始建于 1903 年，是我国历史最悠久的啤酒生产企业，其生产的啤酒行销 40 多个国家和地区。在历年中国最有价值的品牌评比中，青岛啤酒一直位居国内啤酒行业榜首。近年来，青啤公司在“大名牌”战略的带动下，以顾客为中心，确立并实施了“新鲜度管理”的产品战略、“高起点发展、低成本扩张”的收购兼并战略和“市场网络建设”等战略，实现了超常规、跳跃式的发展。然而，在青啤的供应链中，由于产品原料相对单一，管理相对简单，供应物流环节问题并不突出，最急需解决的是销售物流环节，多点的复杂运输和配送组合直接关系到对市场的响应能力和客户服务质量，大量的成品库存不仅占用了巨额的资金，更影响着产品的新鲜度。

2001 年，青啤开始面向全国进行销售物流规划方案的招标。最终，与青啤一样具有 100 多年历史的招商局下属的物流集团得分最高，成为青啤唯一的战略合作伙伴。2002 年元月，双方合资组建了物流公司，由招商局物流集团（以下简称“招商物流”）进行管理，以合资物流公司为运作平台，从成品销售物流入手，开始实施青啤的物流改革。

2001 年下半年，青啤成立由专家组成的物流改革推进小组，由其和招商物流项目组共同制定物流改革执行方案。

首先，实施人员和资产的剥离，将原来青啤自营的运输公司所有人员、资产和业务转入合资物流公司，按专业化、社会化原则进行管理，公路运输效率得到很大的提高。

其次，设立中央仓（central distribution center，CDC）和多个区域仓（regional distribution center，RDC），实现了青啤的 ERP 系统和招商物流的 SAP 物流管理系统的自动对接，同时借助信息化改造对订单流程进行全面改造，形成了“工厂/中央仓—区域仓—客户”的配送网络体系，物流运作管理指标体系也随之建立。

再次，2003 年 10 月，青啤将原来的物流推进部改为物流管理部，保留其对物流的管理和规划职能，将所有的操作职能划归合资物流公司。至此，面向全国范围的公路、铁路、水路等各种运输方式开始进行全面的优化整合。

最后，降低“牛鞭效应”的影响，推行均衡订单、均衡物流的概念。2004年6月，针对销售订单月初与月末的不均衡，物流管理部开始针对办事处进行均衡下达订单的推进工作，同时，建立经销商的进销存系统数据库，根据经销商的销售节奏和销量，制定相对准确的4周滚动的月度销售计划，订单的峰谷比由原来的300降到9（节前主动存货除外）。

青啤的物流改革取得了明显的成效。2001年以前，订单的配送基本不可控，仓库没有管理，工厂生产多少就临时租库放多少，新鲜度管理很差，整天忙着销售过期酒。2003年以后，不论是仓库管理还是产品的新鲜度管理都有了很大的改进，库存产品生产时间基本控制在30天以内。配送距离在300公里以内的订单完成时间基本在24小时之内，在销量比2001年翻3倍的基础上，订单完成率在96%以上，订单平均完成时间在3天以内。真正做到了像送鲜花一样送青岛啤酒。

资料来源：国家发展和改革委员会经济运行调节局．首届全国制造业与物流业联动发展大会资料选编，2007.

1.3.2 物流管理目标的整体化

物流管理的目标是实现物流系统整体最优，而不是单个目标最优。它是通过统筹、协调和合理规划物流管理的各要素，控制整个商品的流动，以达到效益最大和成本最小的目的，同时满足不断变化的用户需求。这样，可以形成一个高效的、通畅的、可调控的流通体系，可以减少流通环节，节约流通费用，避免各要素之间的矛盾与冲突，实现科学的物流管理，提高流通的效率和效益（张亦驰，2001）。

案例1-3

如何解决某医药公司物流仓库和销售部门的冲突

某医药公司有仓库，公司制定了对仓库的激励方案，就是对库存进行管理，考核库存成本，追求库存成本最小化。公司也有销售部门，对销售部门考核销售额，考核每年的订单数量和销售量。从表面上看，对这两个部门的考核办法都没问题。

在实际的经营过程中，销售部门为了提高销售额，到仓库取货时，要求拿到最新批号的药品。这是为什么呢？因为最新批号的药品离失效期比较远，所以顾客希望买最新出厂的药品。但是库存部门不愿意，“我们要求先进先出，而销售部门要求后进先出，就是说我们必须提供最新批号的药品。如果长期这样做，库存的药品就会失效”。

药品一般有两年的有效期。如果销售部门把新批号的药品拿走，仓库里老批号药品的有效期就更短了。双方就此问题争执不下。到底该怎么办呢？销售部门说，“那我们不拿你们管理的药品了，以后我们自己在仓库里管理药品”。本来他们是想按照供应链思想把库存集中起来，最后由于激励机制的问题，这套方案推行不下去。为什么会出现这种现象呢？

资料来源：企业利润最大化，是时候淘汰你了．(2018－07－02)．https://bbs.pinggu.org/forum.php?mod=viewthread&tid=6497325&ordertype=1.

以上案例中发生冲突的原因是什么？仓库部门有错吗？销售部门有错吗？如果两者都没有错，那么又是谁的错呢？

之所以发生冲突，根源不在仓库部门，也不在销售部门，而是在医药公司的领导。因为医药公司的领导没有将两个部门的目标统一起来。物流管理的目标是实现物流系统整体最优，仓库与销售两个部门都应该围绕实现效益最大化设定自己的激励目标。

1.3.3 物流管理组织的网络化

物流的网络经济特性是指随着运输网络的扩大，网络的生产能力迅速增长，业务组织成本不断下降，需求快速增长，供给能力的增长和需求的增长互相激励，形成企业规模经济和行业规模经济（颜飞、王建伟，2008)。具体包括物流线路密度经济和物流网络的幅员（size）经济，如特定产品的线路密度经济、多产品的线路通过密度经济、载运工具载运能力经济、车（船、机）队规模经济、港站（枢纽）处理能力经济、线路延长的运输距离经济和由物流网络扩大带来的多产品经济。物流网络要有网点，网点间必须通过共同的业务目标联系起来。国内领先的物流企业都有遍布全国乃至世界的网络运营体系。

物流网络化的基础是信息化。这里所说的网络化有两层含义：第一层含义是指物流配送系统的计算机通信网络，主要指物流配送中心与供应商、制造商以及下游顾客之间的联系实现计算机网络化。例如，物流配送中心向供应商提交订单这个过程，就可以通过网络自动实现，物流配送中心通过计算机网络收集下游客户订单的过程也可以自动完成。第二层含义是指组织的网络化，主要包括企业内部组织的网络化和企业之间的网络化。

随着市场竞争的加剧，越来越多的生产企业显现出集中化趋势，通过采取低成本扩张等方式迅速壮大自身实力。一方面，企业生产规模越来越大，产品要经过各种途径送达全国乃至世界范围的客户手中，需要网络化的物流企业作为其分销网络的组成部分帮助销售和拓展市场；另一方面，竞争导致产品本身成本的压缩空间减小，希望通过物流企业的规模效益和综合服务降低物流的总成本，提高市场竞争力。因此，构建具有网络化和信息化特征的综合物流体系成为历史发展的必然。

很多物流企业自建物流网络存在较大的困难，往往通过资源整合和联盟的方式扩大自己的服务网络。

案例1－4

传化物流的连锁复制战略

传化集团成立于1986年，总部设于浙江省杭州市，是一家主要从事化工、物流、农业和投资等产业的民营企业。自 2002 年以来，传化集团开始探索“公路港”模式，即通过构建实体平台集聚物流企业。传化集团先后在杭州、成都、苏州依托公路货运枢纽建设运营 3 个“公路港”物流实体平台。每个平台建有大型停车场、物流信息交易大厅、仓储配送等物流基础设施，通过吸引集聚物流企业，为货主和回程的社会空载车辆提供配货交易和零担货运专线服务。据统计，2012 年传化集团 3 个“公路港”平台共吸引 2 000 多家物流企业入驻，开通 500 多条公路货运专线，每天上万辆卡车进出。传化集团不仅取得了较好的经济效益，还取得了良好的社会效益。

网络化是公路物流发展不可或缺的必要条件。自 2005 年以来，传化物流通过连锁复制实现企业网络化的快速发展。2009 年，成都公路港投入运营。2010 年，苏州公路港投入运营。2011 年，启动大杭州枢纽港项目，启动富阳公路港项目。2011 年 9 月，引进国际战略资本，启动全国性网络建设。2012 年 8 月，进行新阶段的模式创新，提出发展新战略。2012—2017 年计划完成“1 核 60 平台”的全国性网络布局，完成数字化信息平台网络建设。

资料来源：传化集团“公路港”物流交流材料//2013 年全国物流园区工作会议交流材料汇编，2013.

1.3.4 物流管理运作的柔性化

柔性化原本是为实现“以顾客为中心”的宗旨在生产领域提出的，但要真正做到柔性化（真正根据消费者需求的变化灵活调节生产工艺），没有配套的柔性化物流系统是不可能的。20 世纪 90 年代，国际生产领域纷纷推出了柔性制造系统（flexible manufacturing system，FMS）、计算机集成制造系统（computer integrated manufacturing system，CIMS）、敏捷制造（agile manufacturing，AM）、企业资源计划（enterprise resource planning，ERP）、大规模定制（mass customization）以及供应链管理等概念和技术。这些概念和技术的实质是将生产和流通进行集成，根据需求方的需求组织生产，安排物流活动。柔性化的物流正是适应生产、流通与消费的需求而发展起来的一种新型物流模式。这就要求物流配送中心根据“多品种、小批量、多批次、短周期”的消费需求特点，灵活组织和实施物流作业。

1.3.5 物流管理组织的标准化

物流标准化是以物流为一个大系统，制定系统内部设施、机械装备、专用工具等各分系统的技术标准；制定系统内分领域（如包装、装卸、运输等）的工作标准；以系统为出发点，研究各分系统与分领域中技术标准与工作标准的配合性，并按配合性的要求，统一整个物流系统的标准；研究物流系统与其他相关系统的配合性，进一步谋求物流大系统标准的统一。随着全球经济一体化的不断发展，各国都很重视本国物流与国际物流的衔接，在本国物流管理的发展初期就努力做到本国物流标准与国际物流标准化体系一致。否则，不但会加大国际交往的技术难度，还会在本来就很高的关税及运费基础上增加因标准化系统不统一而造成的损失，使外贸成本增加。因此，物流管理标准化问题日益受到重视。

1.3.6 物流管理服务的社会化

随着市场经济的发展，专业化分工越来越细，一个生产企业生产某种产品，除了主要部件由自己生产外，大多数材料都是外购的。生产企业与零售商所需的原材料、中间产品、最终产品大部分由专业的第三方物流企业提供，以实现少库存或零库存。这种第三方物流企业不仅可以进行集约化物流，大量节约物流费用，而且可以节约社会流动资金，实现资金流动的合理化，既能提高经济效益，又能提高社会效益。可见，完善和发展第三方物流是流通社会化的必然趋势。

1.4 物流的分类①

社会经济领域中的物流活动无处不在。对各领域的物流来讲，虽然其基本要素相同，但由于物流对象、物流目的以及物流范围与范畴不同，形成了不同类型的物流。目前，在物流的分类标准方面没有形成统一的看法，主要的分类方法有以下几种：宏观物流和微观物流、社会物流和企业物流、国际物流和区域物流、自有物流和第三方物流、综合性物流和功能性物流、集成化物流和非集成化物流。

1.4.1 宏观物流和微观物流

按照研究角度的不同，物流可分为宏观物流和微观物流。

宏观物流是社会再生产总体的物流活动，也是从社会再生产总体角度认识和研究的物流活动。这种物流活动的参与者是构成社会总体的大产业和大集团，因此，宏观物流研究的是社会再生产总体的物流及产业、集团的物流活动和物流行为。

宏观物流还可以从空间范畴理解，在很大空间范畴的物流活动往往带有宏观性，在很小空间范畴的物流活动往往带有微观性。宏观物流的主要研究内容是：物流总体构成、物流与社会的关系及其在社会中的地位、物流与经济发展的关系、社会物流系统和国际物流系统的建立和运作等。

微观物流既包括消费者与生产企业所从事的实际的、具体的物流活动，也包括在整个物流活动中的某个局部、某个环节的具体物流活动。在小地域空间发生的具体物流活动属于微观物流。它更贴近具体企业的物流，其研究领域十分广阔。

1.4.2 社会物流和企业物流

按照社会主体范围的不同，物流可分为社会物流和企业物流。

社会物流是指超越一家一户、以社会为范畴、以面向社会为目的的物流。这种社会性很强的物流往往由专门的物流承担人负责。社会物流的范畴是社会经济大领域。社会物流

---

① 本节参考了梁新元．物流的划分研究．西南民族学院学报（自然科学版），2002（3）；任美玲．电子商务与物流．中国电子商务，2001（18）．

研究的是再生产过程中发生的物流活动和国民经济中的物流活动，研究如何形成服务于社会、面向社会又在社会环境中运行的物流，以及社会中物流体系的结构和运行，因此带有宏观性和广泛性。

企业物流是指企业这一特定社会主体的物流活动，也是从企业的角度研究与之有关的物流活动。它是具体的、微观的物流活动的典型领域，包括企业生产物流、企业供应物流、企业销售物流、企业回收物流和企业废弃物物流。

1. 企业生产物流

企业生产物流是指企业在生产过程中的物流活动。这种物流活动是伴随整个生产工艺过程产生的，实际上构成了生产工艺过程的一部分。企业生产物流的过程大体为：原料、零部件、燃料等从企业仓库或公司的“大门”开始，进入生产线的开始端，然后随生产加工过程流入各环节并被加工，同时产生一些废料和余料，直到生产加工过程结束，再运送到成品仓库。

在此之前，人们在研究生产活动时主要注重生产加工的各个过程，往往忽视了将各生产加工过程衔接在一起，使得一个生产周期内物流活动所用的时间远多于实际加工的时间。如果将各生产加工过程很好地衔接在一起，企业可以大大缩短生产周期，节约劳动力。

2. 企业供应物流

企业供应物流是指企业为保证自身生产节奏，不断组织原料、零部件、燃料、辅助材料供应的物流活动。这种物流活动对企业生产的正常和高效运行起着重大作用。企业供应物流必须有效地解决供应网络、供应方式、零库存等问题。

3. 企业销售物流

企业销售物流是指企业为保证自身的经营效益，通过销售活动将产品所有权转给用户的物流活动。在现代社会，买方市场的销售物流活动带有极强的服务性，以满足买方需求为目的。由于销售往往要求产品送达用户并完成售后服务才算终止，销售物流的空间范围很大，这就是销售物流的难度所在。在企业销售物流活动中，需要研究送货方式、包装水平、运输路线等，采取各种特殊的物流方式（如少批量、多批次、定时、定量配送等）。

4. 企业回收物流

企业在生产、供应、销售活动中总会产生各种余料和废料，回收这些物料会产生物流活动。回收物流处理不当，会影响整个生产环境，甚至影响产品的质量，占用很大的空间，造成浪费。

5. 企业废弃物物流

企业废弃物物流是指将经济活动中失去原有使用价值的物品，根据实际需要进行收集、分类、加工、包装、搬运、储存等，并分送到专门处理场所所形成的物品实体流动。废弃物物流的处理是一个相当复杂的过程，需要从面到点的收集、储存、运输以及最终的焚烧、掩埋作业环节，需要专用设备，因此需要多方面的支持。

1.4.3 国际物流和区域物流

按照空间范围的不同，物流可分为国际物流和区域物流。

国际物流是现代物流系统中发展很快、规模最大的物流领域。近年来互联网、电子商务快速发展，全球经济一体化进程加快，国际贸易不断增长，国际物流有了突飞猛进的发展。

相对于国际物流而言，一个国家的物流、一个经济区域的物流、一个城市的物流都属于区域物流。区域物流关注的重点是国内物流和城市物流。

1.4.4 自有物流和第三方物流

按照与企业所属关系的不同，物流可分为自有物流和第三方物流。

自有物流也称直接物流，是指生产企业或销售企业自己组建物流配送公司，如美国的沃尔玛公司。

第三方物流（third party logistics，3PL），是指由物流的供方和需方之外的第三方完成的物流运作方式。它有助于服务对象降低库存、减少成本，广受推崇并呈现出蓬勃的生命力。它是跨国公司管理物流的常用做法，也是物流专业化的重要形式。

1.4.5 综合性物流和功能性物流

按照所完成物流业务范围的大小和所承担的物流功能，可将物流分为综合性物流和功能性物流。综合性物流是指具有多项物流功能的物流形态；功能性物流是指具有某一物流功能（如运输功能、仓储功能或流通加工功能等）的物流形态。

1.4.6 集成化物流和非集成化物流

按照集成化程度的不同，物流可分为集成化物流和非集成化物流。

集成化物流又称一体化物流，是指在不同职能部门或不同企业之间进行物流管理和运作的合作，以实现物流系统的整体效率最大化和总体成本最小化。它属于现代物流的范畴。

非集成化物流是相对于集成化物流而言的，是一种以孤立的观点对物流进行管理的方式。它属于传统物流的范畴。

1.5 物流活动的构成要素①

在企业的生产经营过程中，物流通过实现原材料、在制品、产成品等物的流动，成为满足客户需求的基础性活动（如图1-1所示）。

一般来讲，物流活动的构成要素主要包括以下七个方面。

1. 运输

运输是物流各环节中最重要的部分，也是物流的关键。有人将运输作为物流的代名词。运输包括公路运输、铁路运输、水路运输、航空运输、管道运输等。没有运输，物品

① 本节参考了靳伟.《现代物流系列讲座》第四讲 物流各环节的基本功能.中国物资流通，2002（5）.

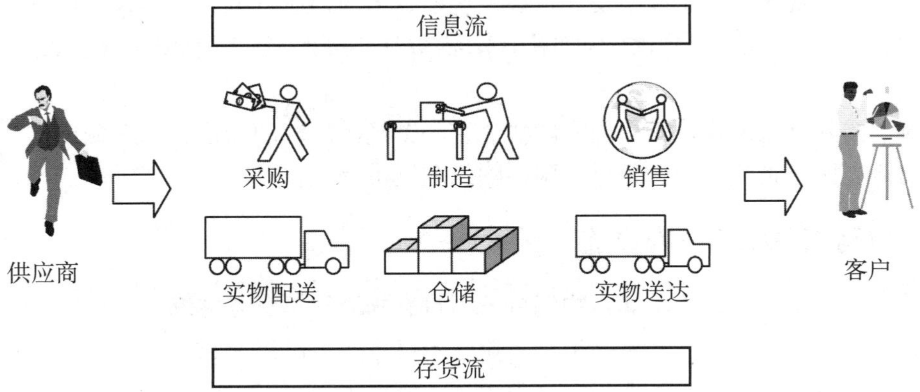

图 1-1　企业生产经营过程中的基础性物流活动

只有存在价值，没有使用价值。也就是说，如果不通过运输送至消费者并进行消费，生产出来的产品没有被利用，也就没有产生使用价值。如果没有运输连接生产和消费，生产就会失去意义。运输可以划分为两段：一段是从产地到流通据点的运输，此段的批量比较大，品种比较单一，运距比较长；另一段是从流通据点到用户的运输，一般称为“配送”，是根据用户的要求，将各类商品按不同类别、不同配送方向和不同用户进行分类、拣选、组配、装箱，按用户要求的品种、数量配齐后送至用户，其实质在于“配齐”和“送达”。

2. 保管

保管是物流各大环节中十分重要的组成部分。它是在产品离开生产线到最终消费之前存放、保养、维护和管理的过程，也是克服季节性与时间性间隔、创造时间效益的活动。虽然人们希望产品在生产出来后能马上使用，且物流的时间间隔（即存放、保管的时间）能缩短到零，但这几乎是不可能的。即便是从产地到用户的直达运输，在用户那里也要有一段时间的存放过程，因此保管功能必不可少。为了防止自然灾害、战争、地震、海啸等不可抗拒事件的发生，还需要进行战略性储备。

在经济不发达、物资短缺的时代，保管往往是长期储备、储存和仓储的代名词。随着时代的进步、经济的发展，特别是运用以计算机为核心的信息技术以来，为了减少流通环节，节约物流费用，仓库的作用发生了根本性的变化，其主要功能已由保管转为流通。

在现代经济社会，经济发达国家的仓库大都变成了物流中心、配送中心、物流据点和流通中心。生产企业可以从仓库了解到自己的产品流转速度和周转率，从而知晓什么产品畅销、什么产品滞销，由此决定该生产什么产品、不该生产什么产品等，把保管作为信息源，根据保管的各种数据决定是否生产和促进销售。也就是说，保管还具有信息功能。

3. 包装

包装大体划分为两类：一类是工业包装，也叫运输包装或大包装；另一类是商业包装，也叫销售包装或小包装。工业包装的对象有煤炭、矿石、棉花、粮食等。工业包装的原则是便于运输、装卸和保管，能保质、保量和促销。在产品设计阶段，还要考虑包装的合理性、搬运装卸和运输的效率性以及尊重搬运工人的能力性（如每个包装单位不超过 24 千克，女性也可以承受）等。商业包装的主要目的是促进销售，即用精细、考究的包装吸引消费者购买产品。

由此看来，包装的功能和作用不可低估，包装是保证整个物流系统流程顺畅的重要环节之一。

相关资料 1-1

国际及国内包装工业的发展趋势分析

据估计，全世界每年包装销售额为5 000亿～6 000亿美元，包装公司达10万多家，从业人员超过500万人，占国民生产总值的1.5%～2.2%。通常发达国家的包装工业在其国内属于第九或第十大产业，发展中国家的包装工业和产品的年增长率达10%以上。

美国、西欧和日本是世界三大包装市场，其年销售额超过3 000亿美元。其中，美国包装市场比西欧和日本广阔，美国包装容器的年销售额在1 400亿美元左右，而西欧接近1 000亿美元，日本为600亿美元。美国、西欧和日本的包装产业今后仍将呈增长趋势，预计美国包装市场将以3.5%的年均增长率增长，西欧和日本年均增长率分别为4%和3%。

我国包装工业的迅猛发展引发不少环境问题，全面向环保产业进军可为包装工业赢得第二次大发展的机遇，企业及早下手，可望获得双重理想回报。

在目前包装废弃物日益增多，回收利用技术已经初步成熟，国家提出固体废弃物的处理朝减量化、无害化、资源化方向发展的背景下，投资参与包装废弃物循环再生不仅可行，而且会促进包装工业的发展。一方面，这符合国家提出的可持续发展战略，环保的加强解决了包装工业发展的后顾之忧，也开辟了新的经济增长点；另一方面，向环保产业进军可为包装工业开发廉价的原料来源，降低生产成本，具有经济与生态双重效益。

资料来源：国际及国内包装工业的发展趋势分析．中国商报，2013-06-24.

4. 装卸搬运

装卸搬运是物流各环节连接成一体的接口，是运输、保管、包装等物流作业得以顺利实现的根本保证。装卸搬运的质量与效率是整个物流过程的关键所在。

如果装卸搬运的工具、设施、设备落后，搬运装卸效率低，商品流转时间就会延长，商品可能会破损，导致物流成本增加，影响整个物流过程的质量。装卸搬运的功能是连接运输、保管和包装各个系统的接点，该接点的质量直接关系到整个物流系统的质量和效率。如果装卸搬运环节出了问题，物流的其他环节就会中断。

5. 流通加工

流通加工是产品从生产到消费的一种加工活动或者初加工活动。它是社会化分工、专业化生产的新形式，是使产品发生物理性变化（如大小、形状、数量等的变化）的物流方式。通过流通加工，企业可以节约材料，提高成品率，保证供货质量，更好地为客户服务。流通加工是物流过程中“质”的升华，使流通向更深层次发展。所以，流通加工的作用同样不可低估。

6. 发货配送

发货配送是企业按照客户要求进行货物配备并送交客户的过程，其中商流与物流的紧密结合是物流管理过程成功的重要保证。发货配送不是物流管理过程下游的孤立环节，它关联着很多其他的物流功能要素，如包装加工、分拣配货、装卸搬运，会产生大量的信息反馈和交互，十分复杂，所以有必要将其作为独立的功能要素。

7. 信息

物流信息是连接运输、保管、装卸、包装各环节的纽带。没有各环节物流信息的通畅和及时提供，就不能保证物流活动的时间效率和管理效率，更不用说物流的整体效率了。从生产到消费，产品的运输数量和品种、库存数量和品种、装卸质量和速度、包装形态和破损率等信息都是物流活动质量和效率的保证，准确掌握物流各环节的信息，是做好物流管理的先决条件。企业应不断地收集、筛选、加工、研究、分析各类信息，以此为依据判断生产和销售方向，制定企业经营战略。

当然，做好企业经营管理，仅仅掌握物流信息是不够的，同行业企业商流信息（如销售状况、合同签约、批发与零售等）、物流信息，乃至一个国家的政治、经济、文化信息，包括政治事件、经济政策、重大项目计划、股市行情、金融及保险业现状、国民经济重要指标、失业率等，都是企业经营所必须掌握的信息。

综上所述，物流信息功能是物流活动顺畅进行的保障，是物流活动取得高效益的前提，是企业管理和经营决策的依据。充分掌握物流信息，能使企业减少浪费、节约费用、降低成本、提高服务质量，确保企业在激烈的市场竞争中立于不败之地。

1.6 现代物流发展的重要意义①

下面从微观（产品）、中观（企业）、宏观（国民经济）三个层面分析现代物流发展的重要意义。

1.6.1 现代物流发展对产品价值的贡献

一般来讲，企业为消费者或客户创造的产品或服务的四种价值分别是形态价值、空间价值、时间价值和占有价值。如果产品或服务不能在客户所希望的时间、地点提供给客户，就没有价值。

1. 形态价值

形态价值是通过加工、包装等改变物品的形状创造的一种价值。

在当今的经济环境中，某些物流活动也提供形态价值。例如，通过改变配送中心的分拣和产品搭配组合，改变产品的形态，产生产品的形态效用。

2. 空间价值

物流的作用之一是将产品从供给地输送到需求地。通过运输、搬运、装卸等环节，物流消除了供需之间的空间距离，创造了产品或服务的空间价值。

3. 时间价值

客户或消费者不仅要在需要的地点获得产品或服务，而且必须在他们需要的时间内获得。

---

① 本节参考了王斌义．现代物流实务．北京：对外经济贸易大学出版社，2003.

通过储存和保管等环节，物流消除了供需之间的时间距离，创造了产品或服务的时间价值。

4. 占有价值

产品或服务的占有价值是通过营销、技术和财务部门创造的。通过广告、技术支持、销售等手段，企业帮助客户或消费者获得产品或服务。在商品经济中，物流依赖占有价值而存在。只有当客户对产品或服务有需求时，提供时间价值和空间价值才有意义。

总之，综合策划的物流组合服务通过创造产品或服务的形态价值、时间价值、空间价值实现了产品价值的提升。

1.6.2　现代物流发展对企业的作用

许多生产流通企业在加强技术开发和推进全面质量管理的同时，把目光从寻求成本优势和价值优势转向物流领域。

1. 现代物流是生产流通企业的第三利润源泉

20世纪六七十年代，发达国家的企业大多把追求利润的竞争焦点放在生产领域，千方百计地降低物资资源消耗以获取企业的“第一利润源泉”，千方百计地提高劳动生产率以获取企业的“第二利润源泉”。然而，生产领域的这两个利润源泉受到科学技术发展水平的制约，在生产机械化、自动化程度不断提高和生产工艺日趋程序化、规范化的新形势下，技术趋同性的增强使这两个利润源泉带来的利润越来越少。

进入80年代，面对全球激烈的市场竞争，人们开始把探寻利润的目光从生产领域转向非生产领域。物流贯穿生产和流通的全过程，合理、高效的物流能够为企业的整个生产和流通结构的协调与完善带来巨大的利润。物流作为企业的“第三利润源泉”成为市场竞争的一个新焦点，受到理论界和实业界的高度重视。

2. 现代物流是企业获取竞争优势的重要源泉

20世纪七八十年代，随着企业的经营理念从产品导向过渡到市场导向，为顾客创造价值逐渐成为时代的主旋律。

一个具有卓越物流能力的企业，可以通过向客户提供优质的服务获得竞争优势；一个物流管理技术娴熟的企业，如果在存货的可得性、递送的及时性和交付的一贯性等方面领先，就能成为有吸引力的供应商和理想的业务伙伴。放眼世界500强企业，它们都具有世界一流的物流管理能力，通过向客户提供优质服务获得竞争优势。可以说，物流管理已成为当今工商企业最具挑战性的领域之一。发展物流、强化物流管理不仅能使企业获取“第三利润源泉”，而且是企业获取竞争优势的重要源泉。现代物流管理已被纳入企业战略管理的范畴，甚至成为企业发展战略的基石。

案例1-5

破解中国某著名葡萄酒企业的难题

中国某著名高端葡萄酒企业高层一直在为近年来的销售问题而烦恼，烦恼的不是市场销售不好，而是由葡萄酒畅销带来的物流问题。公司物流部门负责人表示，由于葡萄酒十分畅销，在节假日经常发生缺货现象，引起了一些客户和经销商的不满，他们纷纷抱怨物流补货速度太慢，不能满足季节性的需求。也有一部分经销商表示，物流问题已让他们萌生了放弃经销该公司葡萄酒的念头。物流部门负责人准备与美国世能达（天津）有限公司合作，联手解决物流难题，希望在一定的物流总成本约束条件下，提高物流速度，增强企业产品在市场上的竞争优势。

1.6.3 现代物流在国民经济中的地位

1. 物流产业是国民经济中的动脉系统，连接社会经济的各部分，并使之成为一个有机整体

在现代经济中，由于社会分工的日益深化和经济结构的日趋复杂，各产业、部门、企业之间的交换关系和相互依赖程度也越来越错综复杂，物流产业是维系这些复杂交换关系的纽带和血管，因此，物流产业是经济运行中不可或缺的组成部分。

2. 物流产业通过对各种物流要素的优化组合和合理配置，实现物流活动效率的提高和社会物流总成本的降低

当物流活动分散在不同企业和部门时，各物流要素很难充分发挥作用，如仓储设施闲置等。随着物流活动从生产和流通领域中分化出来，各物流要素也逐渐成为市场资源，专业化物流企业可以根据各种物流活动的要求在全社会范围内对各种物流要素进行整体的优化组合和合理配置，从而最大限度地发挥各种物流要素的作用，提高全社会的物流效率。

3. 物流产业可以为全社会提供更加全面、多样的物流服务，并在物流全过程及其各环节实现价值增值

在物流活动从生产和交易过程中独立出来后，物流已不是一个简单的成本因素，而是一个为生产、交易和消费提供服务的价值增值因素，蕴藏着巨大的商业潜力。专业化物流企业不仅可以提供货物运输、配送、流通加工等有形服务，而且可以提供物流方案设计、物流信息管理等无形服务，这是商业企业、运输企业、仓储企业等传统流通部门难以企及的。相对于产品的生产过程而言，物流服务创造的是产品的空间价值和时间价值，是产品价值的重要组成部分。由此可见，物流产业是国民经济中创造价值的产业部门，正在成为全球经济发展中的热点和新的经济增长点。

本章小结

物流的本意是克服时空差异，连接供给和消费，实现物的价值的经济活动。现代物流一般包括运输、仓储、包装、装卸、流通加工、配送、信息服务等经济活动。它相对于传统的仓储和运输而言是革命性的突破，它强调各种仓储、运输方式的系统集成，突出客户化服务的内容。现代物流的核心理念是以供应链管理为基础。

现代物流管理的特征是物流管理方法的现代化、管理目标的整体化、管理组织的网络化、管理运作的柔性化、管理组织的标准化和管理服务的社会化。

目前，物流的分类标准没有形成统一的看法，主要的分类方法有以下几种：宏观物流和微观物流、社会物流和企业物流、国际物流和区域物流、自有物流和第三方物流、综合性物流和功能性物流、集成化物流和非集成化物流。

在企业的生产经营过程中，物流通过实现原材料、在制品、产成品等物的流动，成为满足客户需求的基础性活动。物流活动的构成要素主要包括运输、保管、包装、装卸搬运、流通加工、发货配送和信息。

现代物流的发展对于实现和提高产品与服务的价值、提升企业的竞争力、促进国民经济的发展，具有十分重要的现实意义。

关键概念

物流　现代物流　社会物流　企业物流　企业生产物流　企业供应物流　企业销售物流　企业回收物流　企业废弃物物流　第三方物流

思考题

1. 如何准确理解物流的概念？
2. 现代物流的基本特征是什么？
3. 物流活动的构成要素有哪些？
4. 什么是第三方物流？
5. 现代物流的发展对国民经济的重要性体现在哪些方面？

课堂讨论题

传统物流与现代物流的本质区别是什么？

补充阅读材料

1. 中华人民共和国国家标准《物流术语》(GB/T 18354—2006).
2. 宋华，于亢亢. 物流与供应链管理. 3版. 北京：中国人民大学出版社，2017.
3. 哈里森，范赫克，斯基普沃思. 物流管理. 北京：机械工业出版社，2019.

案例分析

京东配送新招

“双11”期间，京东商城极尽广告之能事，核心内容不是折扣和低价，而是其快速的自建物流。从电视到报纸、从网络到广播、从地铁到公交，随处可见京东的宣传。早在2013年10月24日，京东商城就披露了“双11”物流部署，其中最惹人注意的是向其开放平台的卖家推出配送补助，免除其配送费用，甚至为卖家提供上门接货服务。对卖家而言，京东不仅是一个平台，也是一家快递公司，并且是免费的。在“双11”这个节点上，京东希望用自建物流保证第三方卖家能及时发货。同时，这也被认为是用“免费配送”招揽更多的卖家。

拉长“双11”

京东商城市场部高级副总裁徐雷介绍，京东商城的自营业务占比较大，如果订单集中在一两天时间内生成，会给供应链管理，尤其是给物流配送带来极大挑战。因此，京东采取拉长时间战线的策略，即 11 月 1—9 日，针对不同特点的人群，将时间划分为五个“快抢”专场，分别为顶梁柱快抢、贤内助快抢、IT 达人快抢、吃货酒鬼快抢、臭美的快抢，10—12 日则进行全站的全品类促销。目的是让部分对家具家电、日用百货、数码产品有需求的用户群在“双 11”之前完成购买，从而缓解节日当天的压力。这也是京东“双 11”促销与天猫集中在一天最大的不同。更为重要的是，业内普遍认为，这是京东商城“截胡”天猫的重要手段。

实际上，在 2013 年“6·18”店庆大促中，京东商城就采用了这种拉长优惠时间的策略。2013 年店庆活动分成三个阶段展开，6 月 1—17 日为登陆大惠战，活动前三天是全品类巨惠；6 月 18 日进入全面大惠战；此后进入终极大惠战，直至 7 月 1 日活动结束。这种长时间的优惠活动，不会在一天内形成大量的包裹量，可以有效缓解配送压力。不过，京东集团首席运营官沈皓瑜接受媒体采访时预计，“双 11”期间订单量将增加 2～3 倍，这对于京东商城来说仍会形成较大的压力。

移动购物是京东 2013 年“双 11”又一个亮点，京东提供的数据显示，截至 2013 年 10 月，京东移动客户端激活量已近一亿，移动端的下单量也达到 2012 年同期的 6 倍，占目前京东整体订单量的 15%，京东针对“双 11”大促专门开发了“摇啊摇”等发掘商品的新功能，“双 11”当天移动下单量预计将再创纪录。

补助卖家配送费

与其他电商企业相比，京东在物流方面拥有不可比拟的优势，其自建物流的效率和服务质量好于第三方物流，因此 2013 年京东打出“物流牌”，喊出“双 11，怎能用慢递”的口号，保证“双 11”当天极速达（3 小时送达）、夜间配送以及 211 限时达服务的正常运行。除了在各大城市推出“双 11”广告外，京东还在北京世贸天阶、上海仙乐斯广场推出了高 5 米、只有“11”一个刻度的巨大时钟为京东网购节助威。这个巨大时钟还向线下消费者传递了“不光低价，快才痛快”的促销主题，彰显京东在“最后一公里”方面的核心优势。

根据“双 11”期间的物流部署，京东将面向使用京东配送的开放平台商家推出配送补助，免除其配送费用。与此同时，京东还会在卖家集中的城市提供上门接货服务，通过空运、陆运等干线资源整合，实现核心区域间干线运输提速，在货物流量较大的区域提前进行运力储备及备份，确保“双 11”期间运营稳定。同时面向业内其他平台的卖家，开放物流服务。京东相关人士在接受本刊记者采访时表示，京东在配送补助方面并没有十分具体的预算。

徐雷认为，每年的第四季度都是电商购物高峰，2012 年的京东流量高峰是在“双 11”期间。京东全业务线已经进行了动员。大型的促销活动，不仅要做好前端营销，和商家沟通，客服中心、仓储等也要做好准备，京东提前两个月就开始招聘人员和加强人员培训。

不过，需要注意的是，京东为商家提供包括配送费用补贴、流量补贴等支持需要满足一定的条件，即已经使用京东配送的商家，或者在 10 月 10 日前签订备忘录承诺未来一年使用京东配送的商家，在 10 月 26 日到 11 月 30 日时间段内妥投签收的订单，配送费由京东承担。从这条规定不难看出，京东既希望保证第三方卖家及时发货，又希望能提高京东快递在第三方卖家中的占有率；既希望为消费者买单快递费，增加网站流量，又希望能更好地留住、招揽卖家，与其他电商平台竞争。

京东平台上的一个卖家对记者表示，“双11”期间物流配送由圆通、申通等快递全部改为京东快递，一方面是京东自建物流速度有保证，另一方面是因为其实行补贴政策，消费者不用负担快递费，能提高购买意愿。该卖家表示，在“双11”期间，由于销售量猛增，配送速度可能受到影响，平时在北京上海这种一线城市，当天下单，第二天或者第三天就能收到货物，但是“双11”期间可能需要3天时间。

进一步开放平台

就在宣布“双11”物流配送方案的同时，京东宣布投资超过10亿元在彭州市工业区建设“京东电子商务物流基地”，占地约1 000亩。沈皓瑜表示，京东未来将形成电商营销、物流服务、信息技术和互联网金融四大平台支撑的发展格局，其中物流服务将成为京东未来发展的重要引擎。沈皓瑜称，基于规模化、体系化的物流实力，京东已推出大物流战略，将为合作伙伴提供一站式、多平台、多渠道的供应链服务。这种能力建设，将为大促提供更强有力的保证。

过去几年来，京东一直推进大物流战略，投入巨资建立仓储和物流网络。截至目前，京东已在全国拥有6大物流中心、27个城市仓储中心、近1 000个配送站点、300多个自提点，覆盖全国1 188个区县。现在，这些物流设施不但用于自身服务，也逐步向第三方开放。

在“双11”之前，京东在2013年8月份正式上线其物流服务的官方网站，向第三方商家及合作伙伴提供全方位的京东物流业务展示及配送咨询服务。京东物流官网首页上除了提供物流政策介绍、配送网点查询、运费计算、合作加盟等信息外，还为第三方卖家及供应商开通了可直接登录京东青龙系统的端口，旨在帮助合作伙伴优化物流渠道，提升配送效率。京东物流官网是京东为合作商家开放物流服务的重要举措之一，也是第三方卖家与京东沟通合作的新平台。借助官网，商家可以快速地通过快件始发地、目的地、重量、体积等信息计算出运费金额，而且可以批量录入已发运单号，跟踪运单信息。

资料来源：范云兵．京东配送新招．中国物流与采购，2013（22）．

案例思考题

1. 现代物流在京东商城发展中的作用是什么？

2. 京东商城的物流发展战略有哪些？

3. 查阅其他资料，讨论京东物流与其他电子商务公司物流形态（如苏宁易购、亚马逊中国、好乐买、当当网）的区别。

02
Chapter

第 2 章

供应链管理概论

学习目标

通过本章的学习，读者应该能够：

- 了解 21 世纪企业面临的市场竞争环境
- 理解供应链管理思想产生的原因
- 理解供应链管理的基本思想和方法
- 了解物流与供应链管理的联系和区别
- 了解供应链环境下物流管理的特点

随着时代的变迁，特别是在信息经济越来越深入人心、深入企业运作的今天，企业交往的许多规则都被改写了，互联网的发展、电子商务的应用以及供应链管理思想的运用，使竞争模式发生了根本性的变化。全球化的经济活动要求企业家既持续改善企业内部的管理，又关注企业间的协同运作，以便在全球化浪潮中占据有利的竞争地位。

2.1 21 世纪企业面临的市场环境

20 世纪 90 年代以来，随着信息网络技术的发展和全球化市场的加速形成，围绕新产品的市场竞争日趋激烈，技术进步和需求多样化使得产品的寿命周期不断缩短，竞争环境发生巨大改变，企业面临的竞争压力越来越大。具体地讲，这种竞争压力主要表现在如下几个方面：

1. 全球经济一体化趋势增强，企业面临国际竞争

世界经济的发展以及信息技术的应用，使整个世界成为日益紧密联系的经济体，国家、地区之间的经济壁垒逐步消除，一国的经济会受到其他许多国家经济的影响，任何一个地区或局部的市场都会面临国际竞争。信息技术的发展，打破了时间和空间对经济活动的限制，为国家、企业的经济发展提供了新的手段和条件；网络信息技术使得各种信息能够超越国家和个人的界限，在世界范围内快速有效地传递和共享，使跨国、跨区域的国际公司的经营管理更加便捷。随着互联网（Internet）、内联网（Intranet）、外联网（Extranet）等技术的不断发展，以及电子商务这种新兴商业模式的广泛应用，企业能够在更大的范围内建立跨地域甚至全球化的市场。一方面，企业能够在更广泛的空间内寻找客户和商业伙伴；另一方面，企业在建立全球化市场的同时，也要在全球范围内面对更多的竞争者，因此国际竞争的激烈程度大大加剧。每个企业都有机会占领更大的市场，也有可能因竞争失利而被市场淘汰，企业面对的是日益激烈甚至残酷的市场竞争。由于信息是透明的，企业所处行业的利润水平不断下降，因此企业必须采取有效的措施，以求在全球化的大市场上站稳脚跟。

2. 产品更新节奏加快，产品开发研制的难度越来越大

现代科技日新月异，新产品层出不穷，产品的市场寿命大大缩短。网络信息技术的发展带来的一些全新的生产管理模式，如计算机集成制造、虚拟企业、敏捷生产等，大大缩短了产品开发和生产加工的过程，加快了新技术推广和应用的步伐。据统计，在数字消费电子产品市场领域，产品的平均寿命从前几年的3～5年缩短到1年甚至更短。同时，产品结构日趋复杂，产品功能不断增多。一方面，新技术、新产品的不断涌现，使企业感受到前所未有的压力，同时也使企业员工面临巨大的挑战，企业员工必须不断学习新技术，否则将因技术过时而遭淘汰。全球化的高速信息网络使产品信息更容易获得，敏捷教学体系使越来越多的人能在越来越短的时间内掌握最新技术。抓住机遇参与竞争的企业越来越多，大大加剧了国际竞争的激烈程度。另一方面，越来越多的企业认识到新产品开发对企业创造收益的重要性，将技术创新作为企业发展战略的一个重要部分，不遗余力加大投入，而产品开发研制的难度越来越大。

3. 产品个性化需求突出，小批量生产占据主流

客户不再满足于企业提供的千篇一律的产品，希望得到满足其个性化需求的多样化产品。在产品中融入客户的个性化和多样化需求，已经成为世界的潮流，这一潮流对企业造成了新的压力。制造商发现，最好的产品不是他们为客户设计的，而是他们和客户一起设计的。个性化需求导致多品种小批量产品在企业生产中逐渐占据主导地位，这一变化给企业生产成本的控制带来了困难。如何通过规模化生产方式降低生产成本、提高企业的经济效益，成为企业提高竞争力的一个关键问题。

4. 生产要素流动趋势加强，供求关系变化加快

在商品市场趋于国际化的同时，也创造了一个国际化的技术和劳动力市场。发展速度的不平衡，使得智力资源、资金资源、生产资料等向着势能高的地区和企业流动。网络信息技术的发展，使得这种流动趋势加快，同时导致区域或企业间对生产要素的竞争更加激烈。另外，随着市场变化节奏的加快，交货期成为主要的竞争因素，以时间为基准的竞争越来越突出，能否以更快的速度、更好的质量和更低的成本制造出新产品并投入市场，将是企业生存和发展的关键。与此相适应的企业制造战略主要是在最短的时间内开发和生产出市场需要的产品，缩短对用户需求的响应时间，这已经成为决定竞争胜负的关键因素。

案例 2-1

通胀挤压东莞制造业

据对曾经作为中国国际竞争力体现的东莞制造业的调查，在通货膨胀挤压东莞中小企业生存空间的背后，关系东莞制造业竞争力的要素变局微妙，东莞制造业或许仍面临不确定的未来。被称为“世界工厂”的东莞是中小企业的摇篮。东莞市统计局的数据显示，民营登记注册户已达 46.77 万户，其中 99%是中小企业。在“倒闭潮”的传言中，调查发现原材料价格上涨、用工成本上升等因素导致企业利润空间压缩，加上对人民币升值预期加大，很多企业要么有单不敢接，要么想接接不到。同时，被列为全国加工贸易转型试点城市之一的东莞，产业转型成效明显，但转型不力的企业正在高成本的环境下挣扎。

原材料价格上涨、用工成本上升和订单减少的双面夹击让小型制衣厂倍感压力。作为最主要原料的棉布，单价已经从 35 元涨到了 59 元，但是客户不愿提高订单价格，以前出厂价 25 元，现在涨 5 元钱，客户都不愿意买。市场竞争很激烈。除非是知名品牌，涨价还能销售。中等产品涨价，客户会担心影响销售，所以订单价格一般不会提高。

同样上升的还有用工成本。2011 年 3 月 1 日起，东莞最低工资标准提高到 1 100 元，有一家工厂每月的工资支出 5 万多元，比原来提高 20%左右。面对通货膨胀，受到打击最大的是服装、鞋业、玩具等劳动密集型、门槛低、抗风险能力相对较低的行业。

受金融危机的影响，很多公司把研发、接单机构设在珠三角，把生产线移到内地省份。据东莞市外经贸局提供的数据，2011 年 1—5 月，东莞市外资企业设立研发机构 97 家，同比增加 32 家。转型升级，做自有品牌，出口转内销，不是每个厂都能做到的。这一轮原材料价格上涨和劳动力成本增加让企业又一次经历考验，不是每个厂都有转型升级的实力。除了劳动用工困难、通货膨胀，最大的影响来自经销商的环境变差，企业没有那么大的利润空间，这对中小企业影响更大。东莞制造业如何突破重围，实现结构优化升级是亟待解决的问题。

资料来源：卢丽涛．通胀挤压东莞制造业．企业技术进步，2011（12）．

5. 用户对服务的要求越来越苛刻

赢得用户信赖是企业保持竞争力的重要因素之一。赢得用户信赖不仅要靠具有吸引力的产品和良好的质量，而且要靠售后的技术支持和服务，许多世界著名的企业在全球拥有健全有效的服务网络就是最好的印证。随着时代的发展，大众知识水平的提高，以及激烈竞争带给市场越来越多、越来越好的产品，用户的要求和期望也越来越高，消费者的价值观发生了明显的变化，需求结构普遍向高层次发展。第一，对产品的品种、规格、花色等呈现多样化和个性化需求，这种多样化和个性化需求具有很大的不确定性；第二，对产品的功能、质量和可靠性的要求日益提高，由于这种要求的提高是以不同用户的满意度为尺度的，因此产生了判断标准的不确定性；第三，在满足个性化要求的同时，要求产品的价格像大批量生产的价格一样低廉。用户已经不满足于从市场上买到标准产品，更希望按照自己的要求定制产品或服务，这对企业的生产运作模式提出了更高的要求。

2.2 企业管理模式的变革与供应链管理的产生

管理模式是一种系统化的指导与控制方法，它把企业中的人、财、物和信息等资源，高质量、低成本、快速及时地转换为市场所需的产品和服务。自从有了企业，质量、成本和时间（生产周期）就一直是企业管理中最核心的问题，企业管理模式也围绕这三个方面不断发展。质量是企业的立足之本，没有好的质量就无法得到消费者的认可，企业所提供的产品和服务也无法在市场上立足；成本是企业的生存之道，没有低的成本，企业就没有实力进行价格竞争，也无法获得再生产所需要的资金，生产将难以为继；时间是企业发展之源，企业要适应不断变化的消费需求，就必须在最短的时间里提供消费者所需的产品或服务。产品研制和生产周期已成为企业能否适应市场发展需求的关键。

20世纪60年代前，企业间竞争的主要因素是成本，进行规模化生产是降低成本的主要手段。1970—1980年，企业间竞争的主要因素转变为质量，建立系统化的质量管理体系，是提高质量过程管理和提高产品质量的主要方式。1980年以后，企业间竞争的主要因素转变为时间，提高对客户需求的响应速度，缩短产品开发和交货周期，会给企业带来更多的市场机会。从上述发展过程中可以看出，企业间的竞争从低层次向高层次发展，企业管理的重点由局部转向全面，推动了企业管理模式由低到高、由浅入深、由局部到全面，趋于系统化、集成化。

2.2.1 企业管理模式的转变

1. 企业扩展战略从纵向一体化转向横向一体化

企业出于对制造资源的占有需要和对生产过程直接控制的需要，传统上采取的策略是扩大自身规模或参股供应商，与提供原料、半成品或零部件的企业建立一种所有关系，形成纵向一体化的管理模式。例如，许多企业拥有从铸造、毛坯准备、零件加工到装配、包装、运输等一整套设备设施及组织结构，形成了具有“大而全、小而全”特点的经营管理模式，但其构成比例是畸形的。在产品开发、加工、市场营销三个基本环节上呈现出“中间大、两头小”的橄榄型特征，在市场环境下无法快速响应客户需求，最终将丧失市场机遇。

在市场相对稳定的环境中，纵向一体化模式是有效的，但在市场需求急速变化的环境下，该模式却暴露出种种弊端：

（1）纵向一体化模式会增加企业投资。不管是投资建设新的工厂，还是投资其他公司，企业都必须花费人力、物力在金融市场中筹集资金。由于项目建设需要一定的周期，企业并不能迅速投入生产，因此纵向一体化模式对企业的生产造成不利影响，有丧失市场时机的风险。

（2）纵向一体化模式会迫使企业从事不擅长的业务活动。具体来讲，它是指使企业生产管理范围沿价值链方向延伸，企业将有限的资源、精力投入到扩大的业务范围中去，这些扩展的业务可能是企业并不擅长的。一个可能的结果是：这些扩展的业务不能很好地开展，又影响了企业的核心业务，导致企业不仅失去了竞争优势，而且增加了生产成本。一个典型的例子是，通用汽车公司自己生产 70%的零部件，福特公司为 50%，而戴姆勒-克莱斯勒公司只有 30%。通用汽车公司因生产零部件而耗去的劳动费用高于其他两家公司，每生产出一辆汽车的动力系统，就比福特公司多付出 440 美元，比戴姆勒-克莱斯勒公司多付出 600 美元，在市场竞争中始终处于劣势。中国也有类似的情况，某机器制造厂为解决多余人员的就业问题，成立了一个附属企业，把原来委托供应商生产的机床设备转由自己生产，由于缺乏先进的技术且管理不善，不仅生产机床设备的成本比外购高很多，而且质量低劣，最后影响了整机产品的性能和质量，老客户纷纷取消订单，企业蒙受了损失。

（3）纵向一体化模式导致企业竞争力分散。采用纵向一体化模式的企业必须在不同的业务领域中与不同的对手进行竞争，企业在资源、精力、经验十分有限的情况下四面出击，会导致企业核心竞争力的分散，即便是 IBM 这样的大公司，也不可能拥有所有业务活动所必需的能力。从 1980 年起，IBM 就不再纵向发展，而是与其他企业建立广泛的合作关系。

信息网络技术的发展使得企业间开展业务合作更加方便，核心竞争力成为企业生存和发展的关键。横向一体化强调与其他企业密切合作，集中精力发展核心业务，这已成为企业发展扩张的主要模式。该模式的要点是在核心业务领域做强做大，从而成为产品价值链上的一个关键环节，并处于有利的竞争地位。例如，亚马逊是以网络书店为基础的网络公司，现已成为世界知名的图书销售商。它就是横向一体化发展的典型案例。

2. 企业资源管理的重点由企业内部转向企业外部

从生产计划与控制机制看，20 世纪 60 年代前，企业处于相对稳定的市场环境中，企业生产管理系统采用的方法是通过确定经济批量、安全库存及订货点来保证生产的稳定性。60 年代后，市场需求特征逐步改变，企业生产面临的不确定性越来越大，于是，人们开始探索更好的制造组织和管理模式。60 年代中期出现了物料需求计划，较好地解决了物料供应与生产计划变动之间的衔接问题。物料需求计划进一步发展，形成了制造资源计划、及时制造和精细生产等新的生产组织方式。这些新的生产方式对提高企业整体效益和市场竞争能力作出了不可估量的贡献，将企业内部资源的利用提高到一个新的层次。80 年代末 90 年代初，信息技术飞速发展，经济日趋全球化，对企业参与竞争的能力提出了更高的要求。企业竞争的核心转向能够快速响应用户需求，要实现这样的目标，单靠企业内部资源是不够的，必须将企业资源延伸到企业的外部，借助其他企业的资源。

2.2.2 企业管理模式的发展

人们很早就注意到外部环境变化对管理模式的影响，从技术和组织角度采取了许多措施，提出了许多适应竞争环境变化的有效方法。归纳起来，管理模式的变化可以划分为两个阶段。

1. 基于单个企业的管理模式

基于单个企业的管理模式是指管理模式的设计以某企业的资源利用为核心，资源范围仅限于该企业内部。比较典型的管理模式主要有以下几种。

(1) 成组技术（group technology，GT）。成组技术的概念始于 20 世纪 50 年代，由苏联的斯·帕·米特洛凡诺夫首先提出。当时称为成组工艺，目的是解决由零件品种多、批量小带来的问题。其主要做法是：把结构、工艺路线相似的零件构成一个零件组，在零件组中选择一个典型的零件，并根据典型的零件选择配套设备和工艺装备，通过扩大零件组的“组批量”降低单件小批量生产的成本。经过德国、美国、英国、日本等国许多学者的研究和推广应用，后又与数控技术和计算机技术、生产管理、产品设计、资源配置等结合起来，“成组”的概念延伸至生产计划、作业计划以及生产管理整个系统，发展为成组技术。

(2) 柔性制造（flexible manufacturing，FM）。随着计算机技术的发展和企业应用的不断深化，英国人首先创造了柔性制造单元（flexible manufacturing cell，FMC），在成组技术的基础上引入了计算机控制和管理技术，提高了加工的自动化水平和柔性，进一步发展了成组技术的概念和应用。之后，FMC 中又增加了计算机控制技术和调度功能，通过计算机控制可以实现 24 小时连续工作，不停机转换零件品种和批量。同时，在加工中心之间，通过自动导向小车或传送带运输零件。人们称这种系统为柔性制造系统（flexible manufacturing system，FMS）。FMS 实现了柔性生产流水作业，使多品种、小批量生产取得了流水生产的效果，因此在全球发展很快。

(3) 减少零件变化（variety reduction program，VRP）。减少零件变化是 20 世纪 80 年代后期出现的一种系统方法。它源于模块化设计，但方法和技术具有系统性。它运用统计方法，区分产品的固定不变部分和变动部分，使变动部分尽可能减少。它研究各种组合技术，如基本部分加附加部分、公共模块的组合方式以及各种模块的组合方式，以简化设计。

(4) 计算机集成制造（computer integrated manufacturing，CIM）。计算机集成制造是由美国的约瑟夫·哈林顿（Joseph Harrington）博士在 1974 年首次提出的，包括两个基本观点：1）从市场分析、产品设计、加工制造、经营管理到售后服务的全部生产活动是一个不可分割的整体，企业生产的各环节要紧密连接、统筹考虑。2）整个生产过程实际上是一个数据采集、传递和加工处理的过程，最终形成的产品可以看作数据的物质表现。

CIM 是信息技术和生产技术的综合运用，其目的在于使企业更快、更好、更省地制造出市场需求的产品，提高企业的生产效率和市场响应能力。从生产技术的观点看，CIM 包含一个企业的全部生产经营活动，可使生产高度柔性自动化，比传统的加工自动化的范围大得多；从信息技术的观点看，CIM 是信息系统在整个企业范围内的集成，是生产组织的一种管理理念、思想和方法，当企业按照 CIM 管理理念组织它的全部生产经营活动时，就构成了计算机集成制造系统（computer integrated manufacturing system，CIMS）。

哈林顿博士根据计算机技术在工业生产中的应用实践，预见其必然的发展趋势，提出了 CIM 概念。进入 20 世纪 80 年代后，这一概念受到了企业界和学术界的广泛关注，被视为制造业的新一代生产方式。

集成属于系统工程的综合和优化范畴，CIMS 的集成主要包括以下五个方面：

1）系统运行环境的集成。主要是将不同的硬件设备、操作系统、数据库系统、开发工具以及其他系统支撑软件集成为一个系统，形成一个统一的、高效协调运行的应用平台，用户可以共享系统的软硬件资源。

2）信息的集成。从信息资源管理的角度出发，进行企业数据的整体规划与应用分析，统一规划、设计、建立数据库系统，使不同部门、专业和层次的人员在信息资源共享方面达到一定的高度。

3）应用功能的集成。对于工程设计领域而言，是将决策支持系统、计算机信息管理系统、计算机辅助工程、计算机辅助设计等应用系统融为一体，建成计算机集成工程设计系统。

4）技术的集成。开发建设面向行业应用的计算机集成应用系统，这是多种高新技术的综合运用。例如，在进行系统分析设计时，必然要以系统工程理论以及系统开发方法论（结构化方法、信息工程方法、面向对象方法等）作为指导。又如，要应用网络通信技术、多媒体技术、可视化技术、并行工程与计算机支持的协同工作、人工智能与优化技术、工程设计理论与技术以及管理科学等，需要多领域的高级技术人员参与，需要有关专家学者提供技术咨询。

5）人和组织的集成。首先，要开发建立集成应用系统，高层领导必须亲自介入，加强统一管理。其次，随着集成应用系统规划、分析、设计和实施的逐步完成，必须促进管理机制的变化，真正实现管理机构和生产组织的现代化和科学化。最后，对集成应用系统的每个管理者和使用者而言，都要有系统集成的明确观念，每个人都将在系统的控制下工作，每个人的工作任务能否正确、适时地完成，也会影响系统的维护和运行。

CIMS 的出现将企业竞争力建设推进到一个更高的阶段。通过实施 CIMS，可以使企业在快速响应用户需求方面提高一个档次。

以上几种关于单个企业的管理方法的共同特点是以一个企业的资源为主，考虑的焦点是企业制造资源的安排。正如我们讨论过的，仅靠一个企业的资源难以使市场上的用户得到满意的服务，企业也难以获得理想的效益。只站在单个企业的角度考虑问题，没有从战略的高度来认识企业间的合作，甚至把企业间的合作看作不得已，这种思维方式会极大地阻碍企业的发展。

2. 基于扩展企业的管理模式

20 世纪 80 年代后期，美国意识到，要保持经济上的国际领先地位，必须抢占制造领域的优势。于是它向日本学习精益生产方式，但由于文化背景和社会条件的差异，其效果总是不尽如人意。1991 年，美国国会提出要为国防部拟定一个较长期的制造技术规划，希望同时体现工业界和国防部的共同利益，于是委托理海大学（Lehigh University）的艾科卡研究所撰写了一份名为“21 世纪制造企业战略”的报告。该报告分析研究了美国工业界近期的 400 多篇优秀论文，提出了敏捷制造（agile manufacturing，AM）概念，描绘了一幅实现敏捷制造模式的图画。该报告认为，全球性的市场竞争使得市场变化太快，单个企业依靠自己的资源进行自我调整的速度赶不上市场变化的速度。为解决这个影响企业生存和发展的世界性问题，报告提出了以虚拟企业（virtual enterprise，VE）或动态联盟为基础的敏捷制造模式。敏捷制造面对的是全球化激烈竞争下的买方市场，采用快速重构的生产单元构成的扁平组织结构，以充分自治的、分布式的协同工作代替金字塔式的多层管理结构，注重发挥人员的创造性，企业间的关系变为既有竞争又有合作的“双赢”（win-win）关系。敏捷制造强调信息的开放、共享和集成，是一次战略高度的变革。“虚拟企业”是一种新的指导思想，在此时兴起的供应链管理模式，从具体实施方面满足了实现敏捷制造所需要的具体途径的要求。

2.2.3 供应链管理模式的产生与发展

鉴于纵向一体化管理模式的种种弊端，国际上越来越多的企业放弃了这种经营模式，转而采用横向一体化的发展模式，即企业只抓核心的内容，形成横向的企业竞争优势，通过技术外包，快速响应市场，充分利用企业外部资源。企业管理的范围从企业内部扩展到企业外部，从单个企业向社会扩展，以共同利益为目标，在企业间进行结盟。因此，横向一体化模式的发展，形成了一条从供应商到制造商再到分销商的贯穿所有企业的链条。相邻节点企业之间表现出一种需求与供给的关系，当把所有企业以此连接起来，就形成了供应链。这条链上的节点必须协调、同步运行，才有可能使链上的所有企业都受益，于是产生了供应链管理这一全新的经营与运作模式。

有关统计资料显示，供应链管理可以使企业的总成本下降 10%，订货—生产周期缩短 25%～35%，供应链上节点企业的按时交货率提高 15 个百分点以上，生产率提高 10 个百分点以上。两个比较典型的案例是：惠普公司借助供应链仓储理论，分析不同仓库位置对经营的影响，采用合理的供应延迟期和优化供应模式，使桌面打印机的供应成本降低了 25%；金宝汤公司通过改进预测方法和推广简单适用的库存管理方法，使零售库存率平均减少到 66%，提高了仓库的利用率，加快了货物周转。

采用供应链管理模式，可以使企业在最短的时间里寻找到最好的合作伙伴，用最低的成本、最快的速度、最好的质量赢得市场，受益的不是一家企业，而是一个企业群体。因此，供应链管理模式吸引了越来越多的企业。

案例 2－2

供应链管理给苹果公司带来了什么

苹果的供应链管理就如它的新产品开发：一贯低调，讳莫如深，外界知之甚少。多年来，不管是在中国还是美国，很少在会议、论坛上看到苹果人侃侃而谈，也很少看到苹果人关于其供应链管理接受采访。但这些都无损苹果的供应链高效运作的事实，即把合适的产品在合适的时间以合适的成本送到合适的地方。对照 Gartner 评选卓越供应链的五项条件，苹果完美地满足了每一条，尤其是不尚空谈、不事张扬的实干精神，它能连续 4 年荣居 Gartner 的全球供应链 25 强榜首，也就不足为奇了。

苹果的成功，向来都归结于乔布斯的偏执和精益求精。其数代产品，从 iPod 到 iPhone，再到 iPad，都如此成功，恐怕是前无古人，后无来者。但是，行家看门道：产品成功的光环，掩盖不了卓越运营和供应链管理的贡献。离开了后者，苹果充其量只是一家优秀的公司，就如它在 1997 年前后，有不错的产品，但不可能完成从优秀到卓越的转变。

1997 年，乔布斯重回苹果时，苹果内外交困，当年亏损 10 亿美元左右，用戴尔总裁迈克·戴尔的话说，处于“把公司关了，把剩下的钱还给股东”的破产边缘。苹果的产品线太复杂，产品型号过多，仅台式电脑就有 12 种型号；在运营管理上更是乏善可陈，生产和供应链效益低，成本居高不下。乔布斯推出两大举措：一是整合、精简产品线；二是力抓运营管理，包括从康柏挖来后来的 CEO 库克。库克是个运营管理专家，低调、务实、注重细节，把卓越运营的概念灌输给苹果的每一个人，是苹果重生的幕后英雄。

1997 年前后，苹果在产品上表现不错，然而市场空间一再被 PC 打压，产品开发这棵大树上长出许多枝杈，问题其实出在运营上。苹果的运营有多低效？其零部件供应商在亚洲，笔记本电脑的组装厂却在爱尔兰，短料连连，千呼万唤从亚洲催料到欧洲，组装成品后加急发往亚洲销售。苹果的仓库里放着数亿美元的产品，却没有真正需要的产品。生产运营的低效在产品利润高的时候往往被掩盖。一旦利润下降，问题就会浮现：1997 财年苹果亏损 10 亿美元左右，这其中相当一部分就是库存注销费用，而库存向来是供应链运营效率的晴雨表。库克 1998 年加入苹果，一两年时间就理顺了苹果的生产、运营和供应链，例如关掉众多的生产设施，启用亚洲的合同制造商，建立 JIT 库存系统，这些都对苹果的扭亏为盈至关重要。

苹果的供应链管理成功之处还在于和产品战略的完美结合。《哈佛商业评论》上的一篇文章指出，追求差异化战略的产品需要快速、敏捷的供应链来支持，而追求最低成本的产品则需要低成本、高效率的供应链来支持。苹果刚推出产品时，鲜有不采用差异化战略的，这就需要供应链的快速响应。在别的 PC 商还依赖海运的时候，苹果就大量使用空运。有传闻称苹果在圣诞节前预订大批飞机舱位，确保自己的需要得到满足的同时又影响到竞争对手。再如 iPhone 的触摸屏，苹果在供应商建厂时投入巨资，保持产能 6～36 个月，有效阻止竞争对手及时买到同样高技术的触摸屏。等到触摸屏成了大众商品，竞争对手可以买到了，苹果又利用早已谈好的合同，拿到供应商的优惠价，其实是由竞争对手补贴，来与竞争对手打价格战。iPad 499 美元的起步价，很难有公司能够击败，这与苹果成功的供应链运作分不开。苹果的策略与一些日本企业的策略如出一辙，例如本田、丰田帮助其供应商改进产品或技术，以此拿到优惠价格，而竞争对手得付更高的价格才能获取同样的产品或技术。其结果是典型的双赢：本田、丰田得到了它们想得到的，供应商也得到补偿，不过补偿是来自本田、丰田的竞争对手，可谓一箭三雕。

资料来源：刘宝红．苹果的供应链管理：可复制的和不可复制的．(2012－05－29). http://forum.esmcn.com/BLOG_ARTICLE_6987.HTM? clickfrom=CECOL.

2.3　供应链的概念、结构、类型及特征

案例 2－3

猪肉价格上涨，养殖户缘何不能受益

2019 年，我国 CPI 同比上涨 2.9%，创 2012 年以来新高。其中，食品价格上涨 9.2%，

非食品价格上涨1.4%。食品品类中，涨幅遥遥领先的是猪肉，价格同比上涨42.5%。21世纪经济报道披露："2019年CPI创近8年来新高，主要受猪肉价格上涨影响。自2019年3月起，猪肉价格进入上涨周期，持续对CPI构成上行推力，全年累计拉动CPI上涨1.0个百分点。"农业农村部监测数据显示，2019年8月16日全国农产品批发市场猪肉的平均价格为28.17元/公斤，比一周前每公斤上涨9.66%，比7月31日每公斤上涨15.11%。

按理说，猪肉价格上涨，生猪养殖户应该赚取足额的利润，然而，多数养殖户表示没有盈利，究其原因，主要在于生猪从养殖户到消费者手中经过了几层中间商的转接，最后出现了猪肉供应链（如图2-1所示）上各主体都没有从猪肉价格飙升的市场环境中受益的局面，这到底是为什么呢？供应链的相关理论或许能给大家更多的启发。

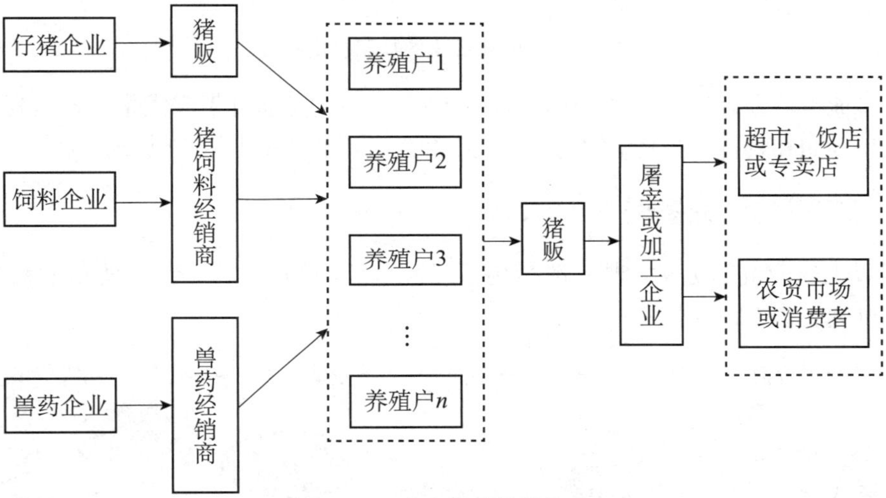

图2-1　猪肉供应链的构成

资料来源：黄俊毅．猪肉价格为何连续快速上涨？（2019-08-19）．http：//paper. ce. cn/jjrb/html/2019-08/19/content_398428. htm；周潇枭．2019年CPI涨幅创8年新高 猪肉价格高位回落．（2020-01-10）．http：//paper. ce. cn/jjrb/html/2019-08/19/content_398428. htm.

2.3.1　供应链的概念

供应链是围绕核心企业，通过对商流、物流、信息流、资金流的控制，从采购原材料开始，制成中间产品以及最终产品，再由销售网络把产品送到消费者手中，最终将供应商、制造商、分销商、零售商、直到最终用户连成一个整体的功能网链结构模式。

供应链是一种业务流程模型，由原材料和零部件供应商、产品制造商、产品分销商、零售商到最终用户的价值链组成，完成从顾客需求开始到提供给顾客所需的产品与服务的整个过程（如图2-2所示）。从组织内部来看，企业物料在各部门之间的流动，可以称为内部供应链；从组织外部来看，供应链包含原材料供应商、制造商、销售商和最终用户，商品在这些主体之间流动。通常，供应链大多是指面向企业之间的供应链，供应链管理也是面向不同企业之间协调的一种管理方式（沈厚才、陶青和陈煌波，2000）。

作为一种新的管理方法，供应链管理是对串联在整个供应链中各参与主体之间的商流、

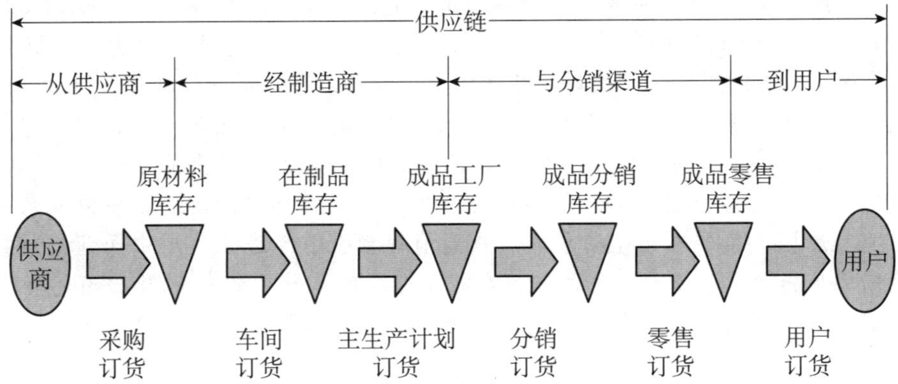

图 2-2　供应链中的物流与信息流

物流、信息流与资金流进行计划、协调和控制等，其目的是通过集成优化方式提高所有参与主体的长期利润和收益，提高组织的运作效率和效益，从整体上提高供应链的竞争力。

2.3.2　供应链的结构模型

根据以上供应链的定义，其一般结构可以简单地归纳为如图 2-3 所示的模型（马士华等，2000）。

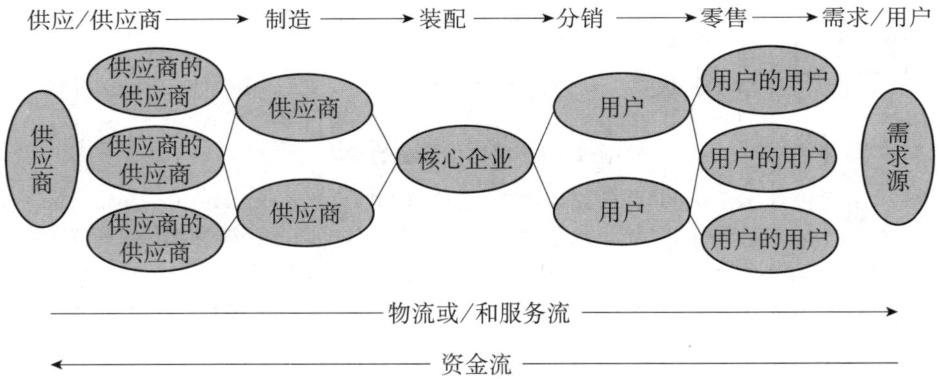

图 2-3　供应链的结构模型

从图 2-3 中可以看出，供应链由所有加盟的节点企业组成，一般有一个核心企业（可以是产品制造企业（如宝洁公司），也可以是大型零售企业（如国美电器）），节点企业在需求信息的驱动下，通过供应链的职能分工与合作（供应、制造、分销、零售等）实现整个供应链的不断增值。

从狭义上说，供应链也可以指企业内部的供应链，通过订单管理、采购管理、库存管理、生产计划、生产制造、质量控制、运输管理、销售管理、售后服务、市场预测等流程的组合，以更高的效率处理联合的商流、物流、信息流和资金流，完成最终的客户服务（如图 2-4 所示）。

供应链商流、物流、信息流、资金流“四流协同”的内在本质要求供应链中各种物质商品或服务的流通都是商流、物流、信息流、资金流四个子系统构成的有机整体或网

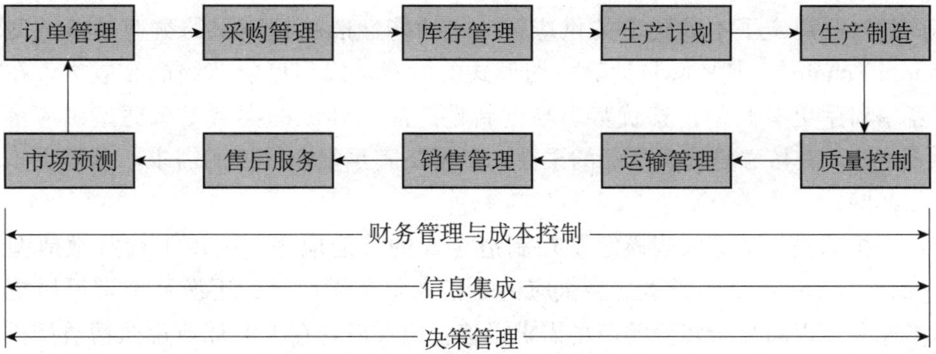

图 2-4　企业内部供应链

络体系。商流和物流是从商品流通过程中分离出来的两个职能。商流是指物质商品在流通中发生的买卖关系以及由此所引起的所有权转移的价值关系或权益关系流体；物流则是指物质商品在时间上或空间上发生的物理的移动过程。商流和物流在同一流通过程中出现，是一个事物的两个方面，相互依赖又相辅相成。商流与物流的不同在于两者形成的流体不同。商流是必须经过一定的交易环节进行的交易活动的关系流，它体现的是不同所有者之间的利益关系链；而物流本身不是交易关系，它体现的是物质商品如何按照交通运输条件、储存或保管的方式，以最快的速度、最短的距离、最省的费用到达消费者或客户手里，形成的是物质商品流动链条。商流要靠物流来实现，商流是利益关系，物流是手段，商流和物流又依赖于信息流支撑。信息流则是商流和物流的传递载体或传导媒介。资金流是随着商流和物流的流转而流转的，资金流则是这个过程的终结点和价值表现，表现为供应链“四流协同”的功能结果和价值链效用（张良卫等，2019）。

2.3.3　供应链的类型

1. 按照产品特点分类，可分为精益型供应链和敏捷型供应链

供应链是由最终客户的需求驱动的，客户对产品的偏好直接决定了供应链的性能。根据客户需求特点，可将产品分为两大类，即功能性产品（functional product）和创新性产品（innovative product）。功能性产品主要面向基本需求，具有生命周期长、需求稳定、产品改型变异程度小等特点。相反，创新性产品主要面向创新性需求，具有生命周期短、需求不稳定、产品改型变异程度大等特点。两者之间的比较如表 2-1 所示（刘刚，2003）。

表 2-1　功能性产品和创新性产品的比较

比较类别	功能性产品	创新性产品
产品生命周期	大于 2 年	3～12 个月
边际贡献率	5%～20%	20%～60%
产品改型变异程度	低	高
需求预测误差程度	10%	40%～100%
平均缺货比率	1%～2%	10%～40%
季末降价幅度	0	10%～25%
订单提前期	6～12 个月	1～14 天

不同的产品决定了不同类型的供应链。与功能性产品相匹配的类型是精益型供应链（lean supply chain），其核心是消除一切形式的浪费，以尽可能节约产品成本，在市场上形成比竞争对手更有利的价格优势。与创新性产品相匹配的类型是敏捷型供应链（agile supply chain），其核心是提高产品的柔性，以尽快满足复杂多变的需求，赢得更多的客户（刘刚，2003）。

值得一提的是，随着大规模定制在制造企业的普遍应用，出现了精益敏捷型供应链（leagile supply chain）。精益敏捷型供应链是指在整条供应链的下游环节遵循敏捷型供应链的基本原则，以对复杂多变的市场需求迅速作出反应，在上游环节遵循精益型供应链的基本原则，以尽可能降低生产最终产品的原材料和零部件的成本。

2. 按照供应链的功能模式分类，可分为效率性供应链和响应性供应链

（1）效率性供应链（efficient supply chain）。主要体现为供应链的物理功能，即以最低的成本将原材料转化成零部件、半成品、产品，以及在供应链中的运输等。效率性供应链强调协调供应链间的信息，保持高的平均利用率。

（2）响应性供应链（responsive supply chain）。主要体现为供应链的市场中介功能，即把产品分配到存在用户需求的市场，对未预知的需求作出快速反应等。响应性供应链主要考虑供应链的响应速度和柔性速度，而实现速度和柔性的费用退为其次。

效率性供应链和响应性供应链之间的比较如表 2-2 所示。

表 2-2　效率性供应链和响应性供应链的比较

比较类别	效率性供应链	响应性供应链
首要目标	以最低的成本供应可预测的需求	尽可能快地对不可预测的需求作出反应，使缺货、降价最小化
产品设计策略	最小化生产成本	模块化以允许延期生产
定价策略	较低边际利润	较高边际利润
生产战略	高利用率	产能柔性
库存战略	最小化库存	缓冲库存
供货期战略	减少提前期但不以更高成本为代价	最大限度地减小提前期，即使成本增加
供应链战略	低成本和质量	速度、弹性和质量
运输战略	高度依赖低成本的模式	高度依赖响应速度的模式

3. 按照驱动方式分类，可分为推动式供应链、拉动式供应链和推拉结合式供应链

（1）推动式供应链。推动式供应链是以制造商为核心，产品生产建立在需求预测的基础上并在顾客订货前进行，产品生产出来后从分销商逐级推向顾客。顾客处于被动接受的末端。一般来说，制造商利用从零售商仓库接到的订单来预测顾客需求。推动式供应链的不确定性很低，但提前期较长，按库存生产是主要的生产方式。这种推动式供应链模式如图 2-5 所示。

图 2-5　推动式供应链模式

（2）拉动式供应链。拉动式供应链中整个供应链的驱动力产生于最终的顾客，产品生产是受需求驱动的。生产是根据实际顾客需求而不是预测需求进行协调的。在拉动式供应链模式中，需求不确定性很高，周期较短，主要的生产战略是按订单生产、按订单组装和按订单配置。整个供应链要求集成度较高，信息交换迅速，可以根据最终用户的需求实现定制化服务。这种拉动式供应链模式如图 2－6 所示。

图 2－6　拉动式供应链模式

推动式供应链和拉动式供应链优缺点的比较如表 2－3 所示。

表 2－3　推动式供应链和拉动式供应链的比较

供应链的基本运作模式	优点	缺点
推动式供应链	• 实现运输和制造的规模经济 • 利用库存来平衡供需之间的不平衡 • 增加系统产出并提高设备利用率 • 供应链的实施比较容易	• 不能快速响应市场 • 牛鞭效应导致库存量较大 • 当某些产品需求消失时，产品容易过时 • 更大和更容易变动的生产批量 • 企业间信息沟通少，协调性较差 • 服务水平较低
拉动式供应链	• 更好地满足客户个性化的需求 • 有效地缩短提前期 • 随着提前期缩短，零售商库存减少 • 制造商的库存降低 • 系统成本降低	• 对各节点及供应链技术基础的要求较高 • 实施过程有一定难度 • 难以实现制造和运输的规模经济 • 设备利用率不高，管理复杂

（3）推拉结合式供应链。推拉结合式供应链是指在供应链的某些层次，如最初的几层以推动的形式经营，其余的层次以拉动的形式经营。推动层和拉动层的接口处称为推拉边界，即顾客需求切入点。这种推拉结合式供应链模式如图 2－7 所示。

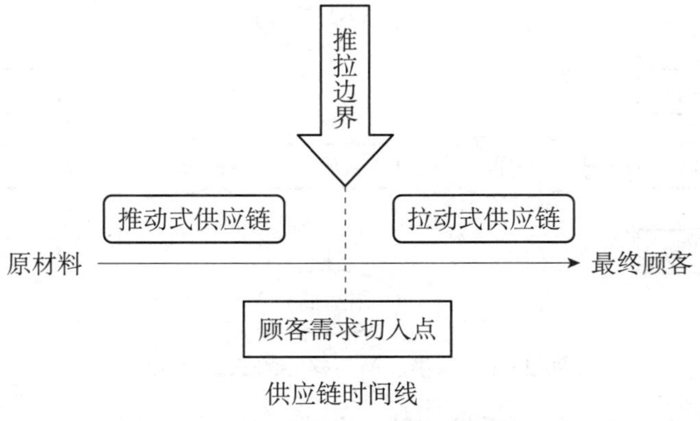

图 2－7　推拉结合式供应链模式

4. 按照供应链级数分类，可分为二级供应链、三级供应链和多级供应链（张青山，2002）

（1）二级供应链（two-echelon supply chain）。二级供应链是最简单的供应链类型，也是最常见的供应链结构研究对象。通常为“制造商—顾客”或者“供应商—制造商”的结构。分析二级供应链的好处在于比较容易揭示供应链的上下游主体间的协调关系，其缺点在于未能充分考虑到供应链多级结构中的其他决策主体对这两级供应链的影响。

（2）三级供应链（three-echelon supply chain）。三级供应链是最基本、最典型的供应链类型。它由供应商、制造商和顾客组成，能够反映出最典型和最有代表性的问题。通常来讲，根据供应链上不同主体的不同地位，可将三级供应链分成三种类型。

第一种是以制造商为核心的三级供应链（如图 2－8 所示）。此种类型的供应链广泛适用于加工行业和制造行业，例如，上海宝钢的供应链就是以制造企业（宝钢）为核心的供应链。

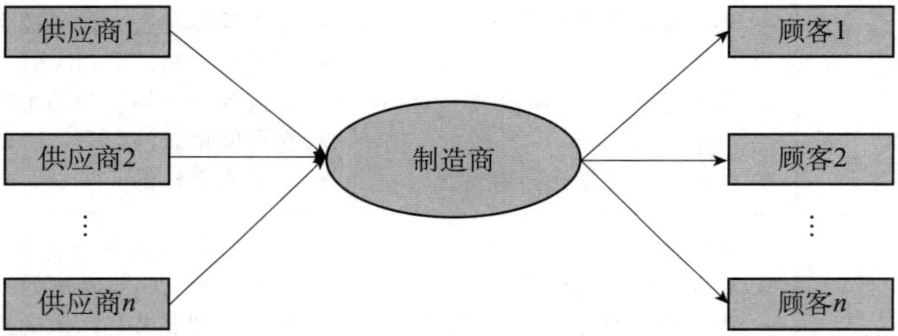

图 2－8　以制造商为核心的三级供应链

第二种是以供应商为核心的三级供应链（如图 2－9 所示）。此类供应链由唯一的供应商和多个企业的顾客—制造商组成。此类供应链多存在于垄断行业，如石油、矿产等行业。

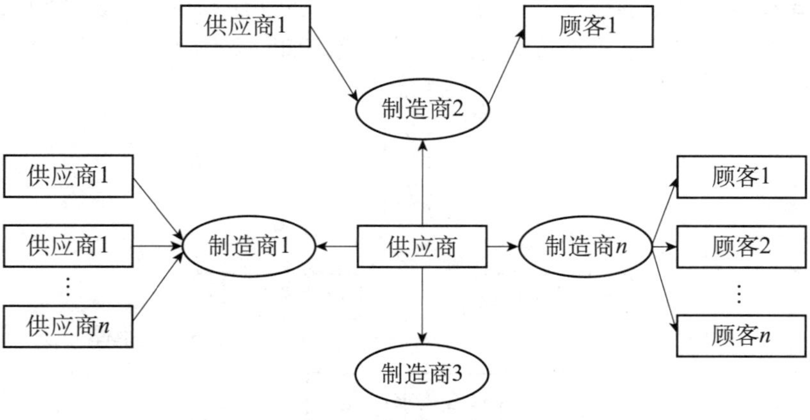

图 2－9　以供应商为核心的三级供应链

第三种是以顾客为核心的三级供应链。此类供应链多存在于企业竞争比较激烈的行业，如日用品、家用电器等行业。此处提到的顾客是指一个特定的顾客群。行业内的竞争有利于顾客的利益，但也容易造成企业之间的恶性竞争。例如，国美电器、苏宁电器的供应链就属于以顾客为核心的供应链。

（3）多级供应链（multi-echelon supply chain）。多级供应链也称复杂供应链，包含多个原料供应商、制造商、分销商和顾客。多级供应链的情况非常复杂，变化也非常多，它包括以制造商为中心的多级供应链、以分销商为中心的多级供应链、以零售商为中心的多级供应链、以顾客为中心的多级供应链、以供应商为中心的多级供应链等类别。

5. 按照供应链所属行业分类，可分为制造供应链和服务供应链

制造供应链主要面向制造行业，而服务供应链主要面向服务行业。两者都属于供应链管理的范畴，由于服务供应链传递的服务产品具有顾客影响性（customer influence）、不可触摸性（intangibility）、不可分割性（inseparability）、异质性（heterogeneity）、易逝性（perishability）、劳动密集性（labor intensity）等特点，因此服务供应链在具体管理方法上有别于制造供应链。服务业的不断发展为服务供应链的兴起提供了机遇，服务供应链作为服务管理研究新领域，其研究尚处在起步和发展阶段。

6. 按照范围分类，可分为内部供应链和外部供应链

（1）内部供应链。内部供应链主要是指在一个生产制造企业内部，产品生产和流通过程中所涉及的采购部门、生产部门、储运部门、销售部门等组成的一个供需系统。一个制造企业接到订单，首先会根据订单采购所需的各种原材料，原材料到达工厂后，暂存于企业仓库。接着生产部门就会制定相应的生产计划，然后根据生产计划组织生产，在生产过程中，同时注意质量控制。生产结束后，将产成品运输到消费地，进行销售作业。与此同时，结合各种售后服务，预测下一步的市场需求，为新的订单处理提供参考依据。整个过程只涉及一个生产制造企业的内部活动，比如财务管理、成本控制、信息集成以及决策管理等。企业做大做强与外界的联系并不十分紧密，只需要做好自己的事即可。

（2）外部供应链。从某种程度上说，外部供应链才是现代意义上真正的供应链。随着历史车轮不断向前，供应链不再局限于关注某个企业内部，而是逐渐扩展到企业与企业之间，例如与链条上的原材料供应商、生产制造商、运输商、分销商、零售商等建立紧密联系，有的还包括最终的消费者。产品从原材料供应商正向流动到消费者那里，一步步增值，而各种信息与资金则从消费者逆向回流到原材料供应商那里（汤金毅和楚晓娟，2019）。

2.3.4 供应链的特征

从供应链的结构模型可以看出，供应链是一个网链结构，由围绕核心企业的供应商、供应商的供应商和用户、用户的用户组成，彼此存在供给与需求关系。供应链主要有以下特征：

（1）复杂性。供应链是一个由若干不同功能的独立企业组成的复杂网络实体，这种复杂性体现在网络、过程、范围、产品、顾客、供应商、组织和信息八个方面。所以供应链结构模式比一般单个企业的结构模式更复杂。

（2）动态性。供应链是一个由不同阶段组成的，包含商流、物流、信息流和资金流的动力系统。为了实现企业战略，适应市场需求变化，供应链节点企业需要进行动态更新，这就使得供应链具有明显的动态性。

（3）面向用户需求的特性。供应链的形成、存在、重构，都是基于一定的市场需求而发生的，并且在供应链的运作过程中，用户的需求拉动是供应链中商流、物流、信息流、资金流运作的驱动源。

（4）交叉性。供应链节点企业可以是这个供应链的成员，也可以是另一个供应链的成员，众多的供应链形成交叉结构，增加了协调管理的难度。

2.4 供应链管理的基本原理

2.4.1 供应链管理的产生原因

传统的企业管理模式是独立管理，各部门各司其职，互不相干，缺少沟通，很难做到与企业的供应商、销售商及时沟通协调。在传统管理思想的指导下，供应链中的各职能部门以及各组织通常只追求自身利益，各部门、各组织间缺少有效的信息沟通与集成，这通常会导致牛鞭效应（bullwhip effect）（如图 2－10 所示）。牛鞭效应是美国的福里斯特（Forrester）教授在 20 世纪五六十年代首先发现的，即微小市场波动会导致制造商在执行生产计划时遇到巨大的不确定性，而这种管理的不确定性并不是单个企业所能够解决的，必须从供应链角度加以考虑和解决。显然，这种现象会给企业造成严重的后果——导致产品库存积压严重、服务水平不高、产品成本过高以及质量低劣等问题，使企业在激烈的市场竞争中处于不利的地位（沈厚才、陶青和陈煌波，2000）。

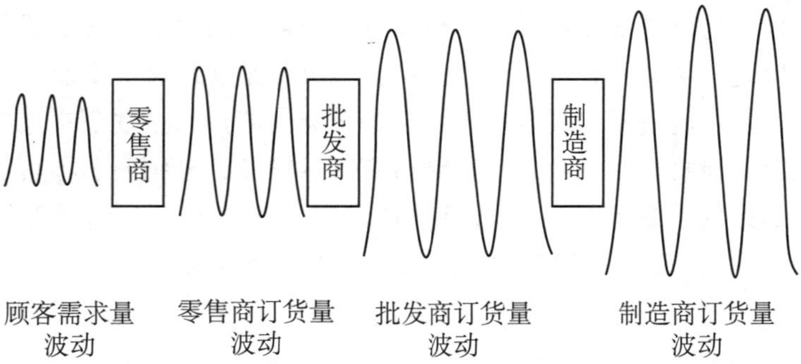

图 2－10　牛鞭效应：订货量的波动程度沿供应链不断扩大

另外，由于供求关系的重大变化，如今企业间的竞争不仅仅是比产品价格、产品质量，技术的进步和顾客需求的多样化对产品交付周期的要求也越来越苛刻。产品的交付时间已成为一个重要的竞争因素。产品的交付时间由制造时间和分销时间组成，随着先进制造技术在 20 世纪七八十年代的迅速发展和对传统制造系统的不断改进，制造周期已经大大缩短，非制造时间在总交付时间中所占的比例显著提高。要进一步缩短交付时间，就必须考虑产成品在批发、分销、零售等渠道的用时，并对整个供应链进行优化。20 世纪 90 年代以来，随着新环境下战略观念的转变和新竞争观念的产生，供应链管理逐步被广大企业接受，现已成为管理科学在生产系统领域最具发展前景的管理理论之一。

2.4.2 供应链管理的基本思想

供应链管理是在现代科技日新月异、产品极其丰富的背景下发展起来的管理理念，涉及各种企业及企业管理的方方面面，是作为贸易伙伴的企业为追求经济利益最大化而共同努力实施的跨行业管理。

1. 供应链管理的定义

供应链管理（supply chain management，SCM）是利用计算机网络技术全面规划供应链中的商流、物流、信息流、资金流等，并进行计划、组织、协调与控制。

供应链管理是一种集成的管理思想和方法，执行供应链中从供应商到最终用户的物流计划和控制等职能。现代供应链管理将供应链上的各企业作为一个整体，使各企业分别承担采购、生产、分销、销售的职能，并发展为一个协调的有机体。

供应链管理的对象就是供应链。供应链是一个连接在一起的组织网络，通过前向和后向连接不同的过程和活动，以产品形式产生价值，或者以服务形式提供给下一个节点企业，直到最终用户。

供应链管理的目标是最大限度地提高供应链企业的核心竞争力。由于最终的产品竞争力和服务水平不是由哪一个企业自己决定的，而是由供应链整体共同决定的，因此未来的竞争已由单个企业转移到供应链整体。显然，一个企业要变成供应链的一部分，需要参与者在长期的合作中取得双赢，这不是一个短期的过程。一般而言，提高竞争力的难点之一是提供优质的客户服务。一个企业要提高竞争力，应当努力达到以最小的成本提供令客户最满意的服务。

提高供应链的核心竞争力，应当注意两个方面的问题：一是强化不同组织间的集成，形成集体优势；二是在商流、物流、信息流、资金流方面进行更好的合作。

简而言之，供应链管理的目标是集成供应链上的组织单元，协调商流、物流、信息流、资金流，以更好地满足客户需求，增强供应链整体的核心竞争力。

案例 2-4

基于生态链战略的小米供应链协同效应

小米生态链战略的概念源于物联网的发展趋势。为了提前抢滩布局物联网平台，小米以投入一定资金实现在生态链企业中拥有一定的股份但不控股的方式进行生态链布局。生态链战略的实施将不可避免地在其供应链中产生一定的协同效应，即 1+1>2。小米生态链战略的供应链管理模式如下：

1. 前店后厂模式

小米供应链的核心特点是中间环节少。前店后厂的供应链模式去除了所有的中间商，小米与消费者之间的距离最小化。利用发达的信息技术，可以实现产品流、信息流、资金流的直达。随着生态链体系中产品数量和种类的增多，受到的关注就越多，加之物联网的变化逐步加快，效率成了小米供应链评价标准的重中之重。只有在高效率供应链的支持下，生态链企业才能高效发展，提高盈利能力。

2. 供应商选择

小米在供应商选择方面看似与其低成本战略相悖，选择一流的供应商也源于其生态链战略的优势：首先，小米拥有众多生态链企业，热销商品的销售方式也是先预约再下单，这就使得小米有数量大且稳定的订单提供给供应商，降低了供应链的牛鞭效应风险；其次，小米投资的生态链企业所研发的产品大都相互关联，虽然小米的低成本战略会使供应商的毛利率降低，但生态链企业全系列产品的长期合作可以保证供应商全年利润的最大化。

3. 新产品开发

"双 80%" 原则是小米定义产品的第一条标准，小米生态链从一开始就选择了大市场、生产通用性强的产品；与小米核心产品定价方法不同，小米对生态链公司生产的产品的定价策略是诚实定价。采取这样的定价策略可以满足生态链企业的利益需要，达到小米要求的投资收益率；生态链产品的质量会影响消费者对小米品牌的判断。品质是小米生态链模式运行的根本保障。小米在品控方面选择了最严格的标准，维护了小米的品牌形象，为生态链企业也为小米的良好发展打下基础。

4. 完善销售渠道

在小米发展初期，没有铺设线下渠道，渠道成本的节省使得小米能够采取成本定价策略，从而在最初几年实现快速发展。但在互联网时代激烈竞争的市场背景下，仅仅依靠线上渠道很难获得更大的市场份额，增加线下渠道成为小米抢占更多市场份额和保证生态链战略健康发展的必然选择。因此，小米之家诞生了，小米和小米生态链产品一同在小米之家销售，线下渠道的拓展更有利于生态链产品的销售。

生态概念在供应链中的应用，使企业将发展的目光从企业内部转移到企业外部。在生态链战略的布局中，小米和生态链企业之间的合作、生态链企业与生态链企业之间的合作产生了供应链协同效应。拥有了小米品牌的生态链产品迅速在竞争中脱颖而出，生态链企业也快速成长，这其中不乏成为行业"独角兽"的例子。生态链企业追求自身的发展，小米的"低价高品质"竞争策略可能已经不符合它们的战略发展要求，因此生态链战略的后续完善将是小米未来思考的重点。

资料来源：周晗同．基于生态链战略的小米供应链协同效应分析．中国物流与采购，2020（3）．

2. 供应链管理的目标功能和结构

供应链管理的目标、功能和结构可以借用建筑房屋的结构进行形象的描述（如图 2 - 11 所示）。

屋顶是供应链管理的最终目标，即提高核心竞争力。供应链管理的意义和价值在于提高客户服务水平。竞争力可以通过多种方法提高，如降低成本、增加对客户需求变化的柔性、提供高质量的产品和服务等。

支撑起房顶的两根立柱分别表示供应链管理的两个重要组成部分：网络化组织集成和信息流、物流、资金流的协调。两根立柱可以进一步分解为建筑块：第一，构建供应链需

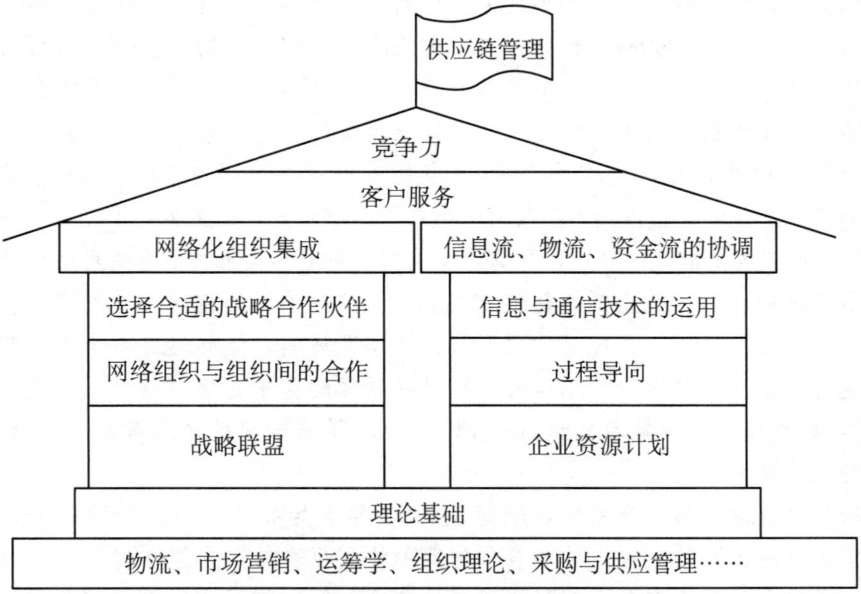

图2-11　供应链的房屋结构描述

要选择合适的战略合作伙伴，进行中长期的合作；第二，将分离的组织组合形成一个有效的和成功的网络组织，寻求实际运行中的合作；第三，对于互联网组织的供应链，合作者之间的战略联盟是十分必要的，它将为组织之间的集成提供支持和保障。

通过运用信息和通信技术，可以有效协调供应链中的信息流、物流和资金流，其中信息技术可以将人工执行过程变成自动化过程，尤其是在两个组织间的活动可以细化，重复的活动可以合并为一个活动时。过程导向是按照新的标准和要求，对流程中的活动进行重新设计和组合，形成一个新的过程。在执行客户订单的过程中，涉及物料、人员、机器、工具等多个方面，需要通过计划的方式实现。虽然生产、分销以及购买计划已经应用了几十年，但它们大多是独立运作，受到规模和范围的限制。协调不同地点和组织之间的系统化计划方式成为新的挑战，先进的企业资源计划系统将承担起这一重任。

图2-11还显示了构建供应链管理的理论基础。

供应链管理注重总的物流成本（从原材料到最终产成品的费用）与客户服务水平之间的关系，要把供应链各职能部门有机地结合在一起，最大限度地发挥供应链整体的力量，达到供应链企业群体获益的目的。

案例2-5

联想双业务供应链的构建

联想集团（以下简称联想）建立了双业务供应链模式，在个人电脑市场上取得瞩目的成绩。

联想之所以取得这样的业绩，主要依靠在供应链构建上清晰的战略，即双业务供应链。在上游，联想将中国市场细分为个人及家庭用户、成长型企业、政教及大型企业。配合这样的细分，联想构建了两个销售渠道，即面向交易型客户（消费型客户和中小企业客户）的渠道和面向关系型客户（大宗客户）的渠道。联想采用的销售方式有两种。一种是传统的分销方式。将全国约 4 000 个代理商结为“大联想销售同盟”。代理商在网上订购想要的商品，除了产品目录里的产品，还可以根据自己的需要订购。但是，来自代理商的订单中包含预测因素，这类订单并不等于市场上真正的消费者需求，这是推动式系统(push system)。另一种是模仿戴尔，设立呼叫中心，采用直销的方式，联想花了很长的时间来观察并模仿戴尔的供应链。目前，联想依据这两个渠道收集来的信息制定生产计划。

联想供应链的成功，最重要的是依托供应链中信息系统的构建。联想内部，代理商和零部件、材料供应商之间的系统早已联网，彼此相互协调，能够迅速对当下的市场需求作出反应。这就是供应链管理的信息系统，即针对顾客的需求变化（爱好、种类、数量、颜色、性能），特别是生命周期越来越短的 PC 行业，联想能够迅速应对开发、销售、生产、零部件采购上的突变。

为了构建这样的战略信息系统，联想从 1996 年开始扎扎实实地采取措施。联想通过把总部（前北京总部）的大型电脑和各代理商的终端机联结，来把握包括代理商的订单状况在内的各种信息，根据订单内容确立快速的生产体制，缩短交货期。这其中，联想构建了和代理商之间的能够每天处理订货业务的在线信息网络，形成了以 MTO（make to order，按订单生产）为原型驱动，ERP（enterprise resource planning，企业资源计划）为基础的在线订货系统。这一系统在联想和 147 个代理商之间应用，销售量占联想渠道总销售量的 80%。同时，针对大宗客户构建了 CTO（configure to order，根据客户订单专门定制）模型。通过这个平台，首先，各代理商可以掌握电脑的库存状况，可以实现代理商之间货物的流通。其次，联想能够为代理商提供畅销货和滞销货的信息，并给代理商提供采购方面的建议。最后，联想能够支持代理商的市场开拓，和代理商之间的协作关系非常紧密。

联想整合了包括综合计划管理系统、制造管理系统、运输管理系统等在内的有关供应链管理的信息系统，因此，上下游之间可以实现从客户终端到供应商终端的信息共享、相互协作。90%以上的订单可以在 4 天内送达客户处，商流、物流、信息流、资金流的流通实现高效化，竞争力也得到提高。

资料来源：黄海，巫景飞．联想的双业务供应链构建．企业管理，2013（9）．

2.5　物流管理与供应链管理的联系和区别

从美国的物流概念的演变过程看，伴随着市场环境的变化，物流管理与供应链管理呈现出融合的趋势。在现实中，许多人将供应链管理与物流管理混淆，认为物流管理就是供应链管理，或者供应链管理就是物流管理。

例如，在一些学者和企业家眼里，物流管理与供应链管理是可以相互替代的。《供应链设计与管理》(*Designing and Managing Supply Chain Management*）一书对供应链管理的定义如下：供应链管理是在满足服务水平需要的同时，为了使系统成本最小，而采用把供应商、制造商、仓库和商店有效地结合成一体生产商品，并把正确数量的商品在正确的时间配送到正确地点的一套方法。该书对“供应链管理”所下的定义与美国物流管理协会给出的“物流管理”的定义很相似，这两个定义都非常重视供应链中不同组成部分的集成，对物流管理和供应链管理不做区分（胡勇，2002）。

我国的一些学者从物流与供应链概念的形成、管理思想的内涵等多个方面进行梳理，探求两者之间的区别和联系。一些学者指出，物流管理与供应链管理具有紧密的联系，两者的运作理念是一致的，而且供应链管理离不开物流管理。当然，物流管理与供应链管理也有明显的区别，主要表现在：（1）从管理对象上看，物流管理的对象是物流活动和与物流活动直接相关的其他活动，而供应链管理涉及的对象既包括物流，也包括商流、信息流和资金流，物流管理是供应链管理的一个环节。（2）从管理手段上看，供应链管理是基于网络信息的供应链交互管理，是以电子商务为基础的运作方式；而物流是物质资料的空间位移，具体的运输、存储、装卸、配送等活动是不可能直接通过网络传输的方式完成的，即网络信息不是物流管理的必要手段（崔介何，2004）。（3）供应链管理是基于战略伙伴关系的企业模型，而物流管理是基于物流企业的合作关系。（4）供应链管理与物流管理的目标不一致。供应链管理的目标是通过管理库存和合作关系，达到对客户的快速响应并实现整个供应链上的交易成本最低；物流管理是通过各种协调手段，寻求在一定约束条件下物流全程运作中最优的物流成本（马玉芳，2001）。

通过分析各种文献资料，可以看出，物流与供应链实质上是从不同视角提出的两个概念。物流是从企业作业活动的角度提出的概念，描述了企业围绕物的流转而形成的各项实际作业活动内容。而供应链是从企业管理的角度提出的概念，描述了企业运营实体之间的系统结构。供应链管理强调企业内外部资源的同时使用，要从企业及其合作群体的大系统的角度降低成本、提升效率。

在实践中，物流系统成为企业运行的重要组成部分，也是供应链管理理论、技术方法的主要应用领域。供应链管理理论、技术方法的发展为改善物流管理和物流系统运行奠定了良好的理论基础。

现代生产企业要做到准时交货、提高交货可靠性、提高响应性、降低库存费用、加速资金周转、快速传递与反馈市场信息、不断沟通生产与消费的联系和提供低成本的优质产品，就离不开物流管理。当前的物流管理已经不局限于生产企业的内部管理，而是供应链企业之间的物流管理，因此，只有建立敏捷高效的物流与供应链系统才能达到提高企业竞争力的目的。供应链管理将成为21世纪企业提高竞争力的核心。

2.6 供应链环境下物流管理的特点①

2.6.1 传统物流运作模式的四个主要缺陷

传统物流是围绕单个企业的目标进行的管理活动，主要考虑满足生产商和销售商的安

① 本节参考了蒋永忠．简论供应链环境下的物流管理．乡镇经济，2004（3）．

全库存需要，不可避免地存在以下四个缺陷：

（1）企业内部物流职能被分割。官僚化层级制管理导致企业物流管理职能分散，采购、生产、销售等部门往往独立管理。这种各自为政的分割式物流管理模式，导致企业内部运作效率低下，不能实现物流集约化效益。

（2）库存太大。传统供应流程上的库存缓冲，使供应商、制造商与零售商都有库存，很难进行科学统一的物流运作规划，而这正是造成供应链中牛鞭效应的原因。这种缺乏整体性的物流规划，常常导致一方面库存不断增加，另一方面在需求出现时又无法及时满足。这样，企业就会因为物流系统管理不善而丧失市场机会。

（3）反应迟缓，物流服务水平不高。由于传统销售渠道的松散性、信息的封闭性、利益的分割性、区域的割据性，以及企业内部的分权、专权，在物流运作过程中缺乏及时有效的信息沟通，这些都影响了物流服务速度和水平，使传统物流不能有效地支持产品销售。

（4）风险大。企业内部的人为割据导致物流管理的四分五裂以及业务链过长，经手的部门和人员过多，损公肥私的现象严重。同时，由于库存大，反应缓慢，库存不适应需要导致的损毁浪费也居高不下，企业所需要的流动资金增加，企业的经营风险加大。

2.6.2 供应链环境下物流管理的特点

在全球供应链一体化的大趋势下，物流管理也具有新的时代特征。物流系统的特点主要表现在以下几个方面。

1. 物流运作的效率和效益取决于上下游企业

有些企业可能会认为，物流运作仅与物流服务提供商的服务效率有关。实际上，在供应链环境下要想使物流对市场需求作出快速反应，离不开供应链节点上的企业同步采取行动，加强彼此间的协调与合作。具体来说，就是要求供应链的上下游企业根据最终需求市场的信息，制定统一有序的采购、生产和分销配送计划，使物流有序地在上下游企业间流转。

2. 物流运作强调稳定性与弹性的平衡

供应链管理特别强调对客户要求的快速响应。客户的要求是千差万别的，面对不同的顾客，物流体系必须具有足够的弹性，以尽快响应不同的需求；同时，还要维持相对稳定的运营系统，以保证较高的服务质量和服务水平。

3. 物流运作离不开信息技术的支撑

信息技术是供应链管理的重要支撑，信息共享是实现供应链业务流程一体化的重要手段。物流运作本身离不开信息技术的支撑，供应链环境下的物流管理更是如此。通过信息技术，生产企业可以有效地沟通供应链上下游企业之间的物流订单信息，并在信息系统的支撑下，完成订货、生产、运输、仓储、流通加工等功能一体化，使物流管理统一，响应敏捷。

4. 物流活动的不可控性和变异性较高

在供应链环境下，物流活动的不可控性和变异性较高的原因有三：第一，物流经常直接面对终端顾客，而顾客具有分布不均匀、消费时间随意等特点，存在多种不确定性；第二，顾客的需求日益呈现多样化、个性化的趋势，导致变异性较高，给物流标准化运作带来了一定的难度；第三，许多供应链特别是全球供应链的物流运作过程较长，存在不确定因素，增加了物流活动的不可控性。

本章小结

21世纪市场环境发生了重大改变，主要表现在全球经济一体化趋势增强、产品更新节奏加快、产品个性化需求突出、供求关系变化加快、用户对服务的要求越来越苛刻等。这种市场环境的变革促使企业管理模式的变革与供应链管理的产生。企业扩展战略从纵向一体化向横向一体化转变，企业资源管理的重点由企业内部转向企业外部，这就催生了"供应链"的概念。

供应链是围绕核心企业，通过对商流、物流、信息流、资金流的控制，从采购原材料开始，制成中间产品以及最终产品，最后由销售网络把产品送到消费者手中，最终将供应商、制造商、分销商、零售商直到最终用户连成一个整体的功能网链结构模式。按照产品特点分类，供应链可分为精益型供应链和敏捷型供应链；按照供应链功能模式分类，可分为效率型供应链和响应型供应链；按照驱动方式分类，可分为推动式供应链、拉动式供应链和推拉结合式供应链；按照供应链级数分类，可分为二级供应链、三级供应链和多级供应链；按照供应链所属行业分类，可分为制造供应链和服务供应链；还可按照范围分为内部供应链和外部供应链。

供应链管理是利用计算机网络技术全面规划供应链中的商流、物流、信息流、资金流等，并进行计划、组织、协调与控制。物流管理与供应链管理既有紧密的联系，又有较大的区别。传统物流运作模式存在四个主要缺陷，在全球供应链一体化的大趋势下，物流管理和运作有了新的时代特征。

关键概念

供应链　供应链管理　纵向一体化　横向一体化　四流协同　物流管理

思考题

1. 21世纪市场环境变化的主要特征有哪些？请举例说明。
2. 什么是供应链？供应链有哪些基本类型？
3. 供应链管理的主要目标是什么？
4. 物流管理与供应链管理的联系和区别是什么？
5. "四流协同"的含义是什么？
6. 在供应链环境下，物流管理的特点是什么？

课堂讨论题

21世纪我国企业如何应对国际市场环境的变化？

补充阅读材料

1. 威斯纳．供应链管理：第 3 版．北京：机械工业出版社，2014.
2. 鲍尔索克斯，等．供应链物流管理．北京：机械工业出版社，2014.

案例分析

联想佳沃：树立一个能主导供应链的品牌

2013 年 5 月 8 日，联想控股（以下简称联想）展开了一场微博“蓝莓公关”，以快递方式给微博“大号”派送自己生产的蓝莓，还将不少微博红人邀请到当天的农业品牌“佳沃”的发布会现场。佳沃蓝莓风靡一时。

联想以此宣告进入农业产业上游，以两类高端水果蓝莓和猕猴桃为切入口，实验所谓的农业“三全”战略——全产业链、全球化以及全程可追溯。

当前做农业的中国企业提全产业链者不在少数，但进入上游种植环节的不多。中粮集团董事长宁高宁就曾表示，中粮不大可能进入上游种植环节，主要是上游技术水平落后，技术工人严重缺乏，管理复杂，中国企业自己做上游，成本和产出都不合算。不少农业投资人士也认同，在中国做农业产业化，最难的就是“搞定农民”。但联想迎难而上，能走得通吗？

在柳传志看来，联想的农业发展模式并不复杂，首先是把品牌打响、把模式打通，当联想佳沃品牌的高利润率水果获得消费者认可后，再复制同样的模式去整合、改造更多的农业细分领域，获取更丰厚的利润。尽管声称短期内不重盈利，但柳传志对农业布局仍寄予很大期望。

联想所称的全产业链也并非全程通吃，而是全产业链管控，自己主做上游和加工，物流和销售环节则与外部战略合作，因为联想认为，第三方模式才是最有规模经济效益的。传统果业上下游割裂，上游是千家万户的农民，下游是一众水果销售商，到季收果时，好一点的企业会在产区建个粗加工分选厂和冷库，而大部分是到批发市场批发，几乎没有品牌和固定的销售渠道合作。

陈绍鹏称，联想首先做的是端到端的打通和链条优化，“我们考察并选取专业的冷链物流商和销售服务商，选择少数符合我们标准的合作伙伴，比如在销售环节与都乐这样的经销商合作，通过它们进入商超。都乐主打菠萝和香蕉，我们的猕猴桃就有互补性。佳沃的销售定为四个主渠道——中高端商超、专业水果零售连锁店、大客户销售渠道、电商。同时要打通信息系统，以降低损耗、及时补货。产品从冷链物流伙伴到区域批发中心冷链后，直接由销售合作伙伴送到商超或团购客户。目前市场主要在北京，外地合作伙伴还在考察中”。

“这些工作都得从零开始，从头做起。不像 IT 行业，上游 CPU 两家，操作系统一家，平板三五家，硬盘几家，早已成为一个现代工业。”陈绍鹏说。在先进的农业现代化国家，专业化分工已经运行了几十年。比如智利，上游是企业化的种植商，龙头企业做市场经营，出口有专业的出口商，还有对种植作物提供遥感卫星监测的服务商。相比之下，中国才起步。按照柳传志的说法，联想要做“坚挺的良币”，做排头兵，引导好行业游戏规则，让更多市场主体参与，共同做大市场规模。

陈绍鹏称，合理的全产业链布局应该是——品种选育占整个链条价值创造的5%，种植环节大概占25%，加工环节占到20%，流通、储运环节占到20%，销售环节占到25%，最后的5%是给品牌，这是全球农业的大体规律。联想会按照这个规律来分配自己的资源，保证未来可持续发展。

一位投资界人士认为，联想在IT上以终端铺货能力见长，用到农业上仍会有效，佳沃应该具备品牌运营、管理和营销能力。但联想仍应学习都乐，“改变中国上游产业竞相杀价之风，树立一个能主导供应链的品牌”。该人士称，供应链管理能力是农业产业现代化的关键，让上游跟着你的标准去生产，这是联想农业未来发展的方向。

资料来源：汪蕙．联想佳沃：树立一个能主导供应链的品牌．农经，2013（6）．

案例思考题

1. 联想佳沃怎样打造它的供应链？
2. 联想作为一个PC销售为主导业务的企业，为什么敢进军农产品供应链？
3. 本案例对你理解供应链管理有何启发？

第 2 篇

战略篇

03
Chapter

第3章

物流与供应链管理战略与规划

学习目标

通过本章的学习，读者应该能够：

- 了解供应链管理战略与目标
- 了解常见的供应链战略开发模型
- 掌握物流战略规划模型
- 掌握物流战略规划的基本策略

3.1 供应链视角下的物流管理战略

供应链管理模式要通过企业间的有效合作，建立一种低成本、高效率、适应性强、具有敏捷性的企业经营机制，使企业从成本、质量、时间、服务、灵活性等方面显著提高竞争优势。这种战略思想的实现，需要供应链物流系统从企业战略的高度进行规划与运筹，并把供应链管理战略通过物流战略的贯彻实施加以落实。

3.1.1 供应链视角下物流管理战略的概念、特征及其目标

确定企业的战略方向，以实现其财务、发展、市场份额以及其他方面的目标，是企业管理层应该考虑的首要问题，这是一个具有创造性、前瞻性的过程。企业发展的战略规划勾勒出企业发展的总方向，转化成企业具体的行动计划，行动计划会分解成不同职能部门的子计划。所谓供应链管理战略就是从企业战略的高度来对供应链进行全局性规划，确定原材料的获取和运输、产品的制造或服务的提供，以及产品配送和售后服务的方式与特点。

物流管理战略是指为保证物流的可持续发展，制定物流发展目标及实现目标的途径与

措施的行动纲领。无论是物流企业还是生产流通企业，都包括市场营销、生产管理、物流运作、财务管理等部门。企业的类型不同，其服务的客户对象也会有所不同，但是其物流运作都属于生产运作管理层面的内容，具有共同的特征。本书不是从物流企业的角度，而是从企业生产运作管理的角度论述各项物流管理活动。

物流管理战略是企业部门级的战略，应与企业整体的战略目标相一致，以便更好地实现企业的总体战略（如图 3-1 所示）。

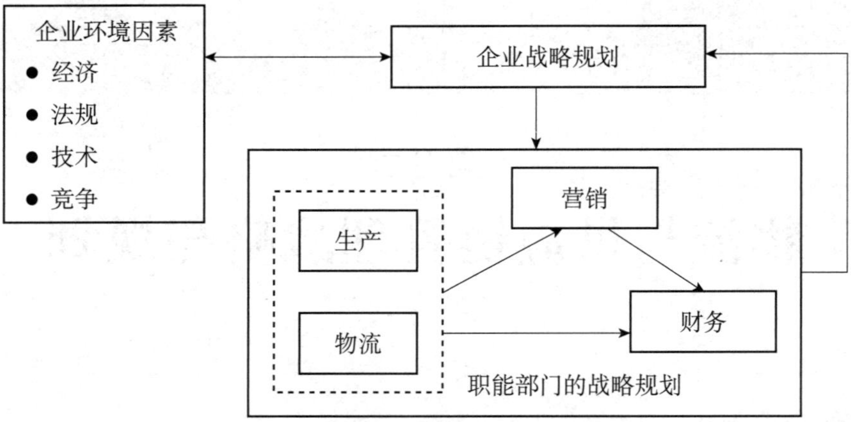

图 3-1　从企业战略规划到职能部门的战略规划

在传统物流管理中，物流被看作企业经营活动中的辅助内容，因此对物流管理缺乏足够的重视，常常会因物流渠道不畅而导致产品分销受阻，或者因原材料供应出现问题而影响生产，制约企业经营战略的实现。从供应链全局的角度重视物流管理战略问题是现代物流管理区别于传统物流管理的一个重要标志。

案例 3-1

淮南矿业集团成功实施物流战略规划

淮南矿业集团在整合企业内部物流资源的基础上，以物流园区为基础，以专业化队伍——淮矿现代物流有限责任公司为主体，通过在物资采购、销售、运输配送中建立新型供应链联盟和创新物流服务，积极实施物流发展战略。主要做法包括：

（一）制定物流发展战略，明确发展目标

淮南矿业集团结合自身优势确立社会物流发展规划。淮南矿业集团物流发展的基本思路可概括为实施“1—2—3”战略工程，即“打造一个核心、构建两个板块、完成三个转变”。“一个核心”是指以基于产业链的多元化战略为核心。“两个板块”是指着力构建区域物流运营板块和工商贸易经营板块。“三个转变”是指完成“企业物流向物流企业转变、对内供应为主向内外并重转变、单一化向多元化转变”。

（二）科学合理布局，全面拓展市场

淮南矿业集团拓展社会物流，主要围绕构建区域物流运营和工商贸易经营“两个板块”，着力在“布网点、理通道、拓业务、做外贸”上下功夫，即立足本地，面向华东，沿长江黄金水道发展，打造淮南—合肥—南京—镇江—苏州—上海—重庆外向物流服务网点，顺延长江黄金水道，依次布点，逐步延伸，积极拓展企业多元化发展后的新产业物流、行业物流、供应链物流、第三方物流等业务，设立专门的国际贸易部。

（三）建立供应链联盟，拓展第三方服务

当前，企业与企业间的竞争已经逐渐演化为供应链与供应链间的竞争。淮南矿业集团通过与供应链伙伴建立采购联盟和销售联盟，不断创新物流管理，拓展第三方专业化物流服务，实现了供应链管理下的合作共赢。

（四）搭建信息服务平台，提高管理运作效率

淮南矿业集团有全国煤炭企业中较早建立、较为成熟的物资信息化管理平台。信息平台具有电子办公、订单处理、网上销售、采购、电子支付等先进功能。通过电子商务既能把客户银行和物流中心连为一体，也能对采购资金、仓库资源和配送资源实行集中化管理。这些功能延伸到社会物流中都发挥了巨大作用。此外，依托企业信息化还促进了企业内部管理的制度化、规范化和程序化。

（五）强化组织队伍建设，创建学习型企业

淮南矿业集团成立了适应市场化运作的淮矿现代物流有限责任公司。淮矿物流确定了明确的人才培养重点：一是培养优秀的物流职业经理人队伍，主要培养和引进一批职业化、国际化、现代化的物流管理专家，以创新精神和创新能力为核心，最大限度地提高其综合素质；二是培养一批物流专业管理人员，如交通运输、仓储、海关、港口、物流中心、物流信息平台等不同领域的专业技术人才和实际操作人员。

经过几年的物流发展战略规划与实践，淮南矿业集团物流业务取得了显著的成绩。

资料来源：中国物流与采购联合会，中国物流学会．中国物流管理优秀案例集（2010）．北京：中国物资出版社，2011.

从供应链视角来看，物流管理战略的主要特征表现在以下几个方面：

（1）全局性。物流管理战略是以组织的全局为对象制定的整体行动纲领，追求的是整体效果和综合效益。

（2）长远性。物流管理战略谋求的是长远发展，是组织对未来较长时期内生存和发展的运筹和规划。

（3）对抗性。物流管理战略是关于组织在激烈的物流市场竞争中如何与对手抗衡的行动方案，也是针对来自各方的压力和挑战制定的战略。

（4）指导性。物流管理战略所规定的是组织整体的长远目标、发展方向和战略重点，这些都是原则性、概括性的行动纲领，必须层层分解，分步骤实施，形成具体的行动计划。

（5）风险性。物流管理战略考虑的是物流市场的未来，而在当今复杂且竞争激烈的市场环境中，未来具有很强的不确定性，因而物流管理战略必然带有一定的风险性。这就要求决策者密切关注竞争环境的变化，及时调整战略，提高组织抵御风险的能力。

一般来讲，供应链视角下物流管理战略的目标有四个，即降低成本、节省投资、提升

效率和改进服务。

1. 降低成本

战略实施的目标之一是将与运输和储存相关的可变成本降到最低，即在服务水平一定的条件下，通常要评价所选的行动方案，找出成本最低的方案。例如，在不同的仓库地址中进行选择，或者在不同的运输方式中进行选择，以形成最佳战略。

2. 节省投资

战略实施的目标之二是使物流系统的投资最小化。该战略的出发点是使投资回报最大化。例如，为避免仓储而直接将产品送达客户，放弃自有仓库而选择公共仓库，选择适时供给的方式而非储备库存的方式运送货物，以及利用第三方供应商提供物流服务。

3. 提升效率

提升效率不仅是用户的要求，也是社会进步的要求。整个社会再生产的循环取决于每一个环节，社会再生产不断循环进步推动社会的进步。物资流通时间越短，速度越快，效率越高，社会再生产的周期越短，社会进步的速度越快。

4. 改进服务

企业的收入一般取决于物流服务水平，尽管提高物流服务水平将大幅度提高成本，但收入的增长可能会超过成本的上涨。要使战略实施取得好的效果，就应制定与竞争对手截然不同的服务战略。

案例 3－2

远成物流星级服务提升企业服务竞争力

远成集团创建于 1988 年，注册资金 3.05 亿元。经过多年的拼搏，远成集团已发展成为以公路快运、城际配送、仓储服务、铁路运输、航空海运、国际货代及物流方案策划等为主导，集物流服务、实业投资和国际贸易为一体的综合性现代化企业集团。其中远成综合物流已形成覆盖全国公路网络的新干线汽运班列，成为“以公路铁路干线运输为主，城际区域配送、仓储服务等相结合”的多层次、广覆盖的独具特色的综合物流服务商。

2008 年世界金融危机给全球经济带来了重大损失。远成集团同样受到金融危机的冲击，但远成集团经过多年的发展和积累，具备了良好的基础来应对危机带来的影响。面对危机，远成集团总裁高瞻远瞩、未雨绸缪，既采用各种方式应对危机，也将危机作为提升远成服务品牌的机会，“远成物流星级服务”应势而生。当其他企业在裁员减员的时候，远成集团则通过提高员工素质、提高服务质量来争取客户。

所谓远成物流星级服务是指远成集团借鉴星级酒店的服务标准，在物流行业打造星级化、标准化的服务。远成物流星级服务是具有远成特色、差异化的服务，能提供给客户一种“诚信、优质、便捷”的物流消费体验。在金融危机背景下，根据星级物流服务的理念，针对物流行业缺乏服务标准的问题，远成集团首先根据自身的物流服务过程，制定了远成物流各岗位面向客户的服务标准，然后进行全面培训，通过监督和检查来贯彻落实，通过竞赛来巩固。通过星级服务一系列措施在远成集团内部的贯彻执行，通过每一个远成人的服务，远成物流扩大了在行业中的影响力，给客户留下深刻的印象，深得同行的认可。

远成物流首次在物流行业内引入酒店管理模式的星级服务，不仅可以提高远成物流的服务标准，打造远成物流的服务品牌，更重要的是可以引导行业更加规范化、标准化发展，这将有利于中国物流行业的纵深发展，淘汰服务水平差的物流企业，提高中国物流企业的市场竞争力。

资料来源：中国物流与采购联合会，中国物流学会．中国物流管理优秀案例集（2010）．北京：中国物资出版社，2011.

3.1.2　物流管理战略框架

一般来讲，物流管理战略框架分为以下四个层次（如图 3－2 所示）。

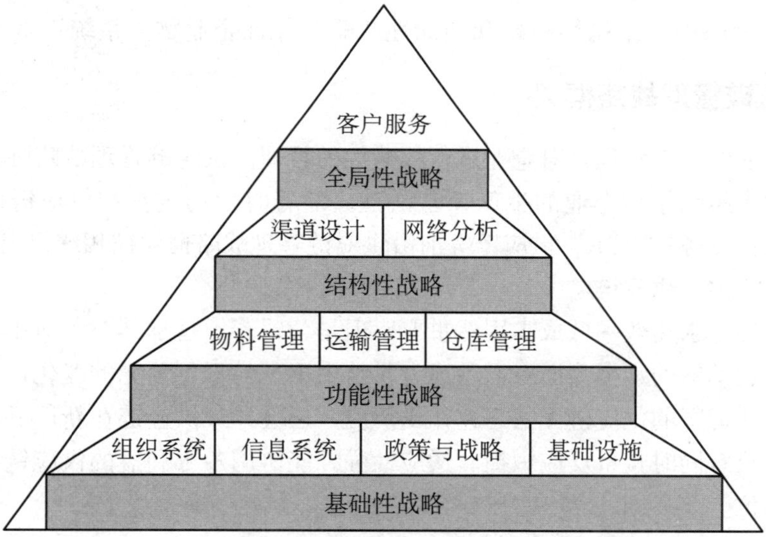

图 3－2　物流管理战略框架

1. 全局性战略

由于物流管理的最终目标是满足客户需求，因此客户服务应该成为全局性的战略目标。通过良好的客户服务，不仅可以提高企业的信誉，增加企业对客户的亲和力，留住客户，而且可以通过客户服务获得第一手的市场信息和用户需求信息，为企业的进一步发展打下基础。要实现客户服务的战略目标，必须建立客户服务的评价指标体系，通过实施客户满意工程，全面提升客户服务水平。

2. 结构性战略

结构性战略包括渠道设计和网络分析两个方面，其核心是进行企业的供应链体系设计。渠道设计包括从供应链角度重构供应链节点，实现物流系统再造和物流渠道优化等，通过渠道优化，提高物流系统的敏捷性和适应性，使供应链获得最低的物流成本。网络分析为物流系统的优化设计提供参考依据，主要包括库存状况分析、用户服务调查、运输方式和交货状况的分析、物流信息与信息系统的状况、合作企业业绩评估和考核等，其目的在于改进库存、提高服务水平、增强信息交流并提高传递效率。

3. 功能性战略

功能性战略包括物料管理、运输管理和仓库管理三个方面，主要内容包括：运输工具的使用与调度、采购与供应的方法与策略、库存控制以及仓库作业管理。其目的是实现物流过程适时、适量、适地的高效运作。

4. 基础性战略

基础性战略主要是指为保证物流系统的正常运行提供的基础性保障。其内容包括组织系统管理、信息系统管理、政策与策略和基础设施管理。

在物流管理战略框架的上述四个层次中，全局性战略决定了企业的整体发展方向（包含物流管理的目标），结构性战略体现了企业的物流系统结构和布局，功能性战略体现了企业对各项物流活动的管理，基础性战略是实现前三个层次战略的保障。因此，在这四个层次的战略中，结构性战略和功能性战略是保证企业物流系统正常运营的关键。

3.1.3 供应链管理战略框架

当今企业的供应链管理是对企业进行战略性的管理。供应链管理战略强调企业要从长远的战略角度来组织管理企业的生产经营活动。随着时代的进步和供应链研究领域的发展，“三 A”供应链和“三 R”供应链等前沿供应链管理战略框架被相继提出。

1. 打造“三 A”供应链

供应链管理追求高效率低成本固然重要，但是公司若想超越其竞争对手，只有高效率和低成本是远远不够的，因为面对需求或者供给中出现的不可预见的变化，热衷于以高速度、低成本方式运行的供应链无法迅速作出反应，还会导致供应链在新产品推出期间就陷入瘫痪。公司只有同时具备反应敏捷、适应性强并能协调各方利益的供应链，才能在竞争中处于领先地位。

（1）“三 A”供应链的内容。

● 反应敏捷性（agility）：是指针对供需的短期变动迅速作出反应并能妥善应对外界突变情况的供应链。

● 适应性（adaptability）：是指供应链管理团队能够根据市场结构变动实时调整供应链设计；针对公司战略、产品及技术特点改进供应链网络，使供应链能适应市场需求的变化。

● 利益一致性（alignment）：是指让供应链伙伴与自身保持利益一致，以提升供应链的运营能力为目标，建立激励机制。

（2）构建“三 A”供应链的方法。

● 加强与供应商、客户间的信息沟通；与供应商发展合作关系；在制造流程设计上采取“延迟战略”；通过储备低价值的关键部件，建立缓冲库存；确保物流系统和物流服务商的可靠性；制定应急计划，培养危机管理团队。

● 密切关注全球经济动向，及时发现新的供货渠道和产品市场；利用中间机构开发新的供应商，建设物流基础设施；评估最终用户需求，而非仅仅关注直接客户的需要；产品设计具备灵活性；判断公司产品分别处于技术发展和产品生命周期中的哪一阶段。

● 开诚布公地与供应商和客户交流信息；明确供应商和客户各自的角色、任务以及需要承担的责任；在公平的基础上，各方共同承担风险和费用，并分享对供应链的改进所带来的成果（李效良，2012）。

案例 3-3

供应链的三大制胜法宝

7-11 便利店是日本零售业巨头，世界最大的连锁便利店集团，经营着全球 60 000 多家商店。它始终保持骄人业绩的秘诀何在？

首先，7-11 供应链设计考虑了如何对需求的变化作出快速反应，而不是一味强调供货速度及成本，公司采用了实时系统来捕捉顾客喜好的变化，并跟踪每家商店中的销售及顾客信息（包括性别和年龄）。早在互联网时代到来之前，公司就利用卫星通信和综合业务数字网（ISDN）让旗下所有商店与配送中心、供应商以及物流公司之间建立联系。信息沟通使供应链能及时发现各商店的需求波动，提醒供应商对可能出现的订货变化做好准备，帮助各商店间进行库存调配，同时确保公司在适当的时候补充库存。7-11 给每家商店安排送货计划，交货时间的误差均控制在 10 分钟以内。如果卡车到达商店的时间延误 30 分钟以上，运输公司必须支付的罚金相当于所运送产品的毛利。商店店员每天至少要对货架进行 3 次调整，针对不同时间、不同客户的购物需求，安排商品的摆放位置。

其次，7-11 还不断改进供应链以跟上公司战略的变化。数年前，公司决定将旗下的商店集中在某些主要的区域，而不是在全国各地设立网点，这就使公司每次给商店补货时遇到交通阻塞的可能性变得更大。由于公司决定每天给商店补货 3 次以上，这一问题变得尤为突出。为了减少因交通拥堵而产生的送货延迟现象，公司改进了配送系统。公司要求同一地区的供应商将货物集中起来，使用一辆卡车发货，而不是分别用数辆卡车装运。此举减少了发往配货中心（在那里，公司对产品直接换装，然后发送给各个商店）的卡车数量。同时公司使用的运输工具也从卡车扩展到摩托车、轮船，甚至直升机。公司物流系统的卓越表现被广为称颂。1995 年 1 月 17 日神户大地震发生后不到 6 小时，当救援卡车以每小时 2 英里的速度在高速公路上爬行时，7-11 已经调动了 7 架直升机和 125 辆摩托车将 6.4 万只饭团送进了城内。

还有一点，7-11 供应链运作的根本思想是将公司自身的利益与合作伙伴的利益紧紧地联系在一起。7-11 赏罚分明：如能帮助公司获得成功，大家将同享成果；未能按时交货，请交罚款。此举看似苛刻，但 7-11 对合作伙伴所表现出的信任抵消了其负面影响。譬如说，运输公司的送货卡车到达商店时，不需要对所交付的货物进行核对，这样司机在卸货之后马上就可以离开，运输公司因此既节省了时间又节省了费用。

7-11 一旦捕捉到市场机会，就与供应商合作开发产品，收益共享。几年前，7-11 与 6 家合作伙伴共同创立了名为 7dream.com 的网上购物公司。这家新公司允许顾客通过互联网或 7-11 商店中的自动客户服务机订购产品，可以在任何一家 7-11 商店提货。这种新的购物方式使合作伙伴得以利用 7-11 高效的物流系统将产品运往各分店，同时还能从 7－11 各分店便捷的地理位置中获益。7－11 鼓励合作伙伴在商店中设立多媒体自动客户服务机，用于销售游戏软件、入场券及 CD 唱片，这使 7－11 变成了合作伙伴的产品销售门店。公司若想让合作伙伴与自己保持利益一致，这种方法真是再好不过了。

资料来源：李效良．“三 A”供应链：决胜于速度之外．哈佛商业评论，2005（2）．

2. 打造“三 R”供应链

近年来，各种流行病、自然灾害、恐怖袭击活动频发。毫无疑问，这些突发事件的出现会给供应链管理带来极大的威胁和挑战，甚至直接造成供应链大规模的中断。无论是对物流企业还是生产流通企业，构建“三 R”供应链都将是实现可持续发展的关键。

（1）“三 R”供应链的内容。“三 R”供应链考验的是供应链在面对重大突发事件带来的中断或者威胁时，以及时且经济有效的方式来计划、响应和从中断中恢复的能力。

● 快速响应（responsiveness）：是指供应链能够在客户和市场需求出现急剧波动时，通过快速和准确的反应来满足这些需求。

● 弹性（resilience）：是指在外部灾害冲击面前能够最大限度地保障运作的延续性，快速恢复因灾害导致的某些中断。

● 迅速重建（restoration）：是指能够在完全停止后重新启动供应链，重新设计/重新配置供应链，以满足外部灾难情况下的新需求。

（2）实现“三 R”供应链所需的五大模块。要提升供应链的快速响应、弹性和迅速重建的能力，企业需要建立五种重要的能力模块，分别是供应链速度（speed）、供应链柔性（flexibility）、供应链应急计划与管理（contingency planning and management）、供应链可视化（visibility）和供应链协同（collaboration）。

供应链可视化是指供应链各环节的参与者能够及时准确地获得其运作所需的关键信息，并通过这些信息创造业务价值。它并不只是技术问题，很多企业可以凭借技术做好内部的连接，但在进行跨组织、端到端的供应链连接时往往不顺利。这种情形下，供应链协同便显得尤为重要。

供应链协同是指供应链各环节的参与者在共同目标的驱动下紧密合作，以实现比单个企业所能实现的更大的利益。在供应链中，一家企业很难把端到端的事都自己做了，一般需要和别人合作，而能够在多大程度上杠杆化别人的资源和能力，往往取决于企业的供应链协同水平。

供应链速度反映了供应链中各环节的运作和流程之间的衔接速度。企业可以通过流程整合与创新来缩短一些关键流程的提前期，或是减少一些非必需的流程，从而提高供应链的总体速度。供应链柔性强调了供应链针对需求变化（如需求量变化、所需产品规格及种类变化等）作出反应和调整的能力。供应链应急计划与管理是指企业就不同危机情景下的供应链应急方案预先做好计划，在危机事件实际发生后，通过跨功能的部门或组织协同来快速执行计划。这些计划包括在供应链中维持一定的闲置能力（安全库存、备用供应商等），以备不时之需。

这样看来，端到端的供应链可视化及供应链协同实际上是基础模块，这两种能力模块可以帮助企业建立和提高其他三个模块。此外，这五大模块的建立及相互融合也需要数字化技术特别是大数据分析来提供强有力的支持。很多管理者在过去较为依赖经验决策，但在一个突发的异常事件中，由于缺乏历史经验可循，经验决策往往是低效的，无法充分调动供应链各环节的能力来应对挑战。企业管理者需要充分利用在供应链可视化与供应链协同方面积累的多环节数据取代经验，从而在异常事件出现时更快速、更准确地作出供应链决策（赵先德和王良，2020）。

案例3-4

新冠肺炎疫情下海尔集团的供应链管理

2020年初，突如其来的新冠肺炎疫情在国内外蔓延，很多以线下销售为主业的企业遭受毁灭性打击。传统家电行业持续遭受重创，2020年第一季度，国内家电行业销售下滑47.5%，行业进入寒冬。但在这样的局面下，海尔集团的家电产品却实现了逆势增长，市场份额增长了4.4%。这傲人的成绩与其成功的供应链管理密不可分。

在快速响应市场方面，面对突发疫情下市场需求结构的巨大变化，海尔集团将产品设计、采购和生产进行模块化处理，这极大提高了运营过程的灵活性。早在2017年海尔就成立了卡奥斯COSMOPlat工业互联平台，在抗击疫情的关键时期，海尔集团运用此平台管理大量模块供应商，从而成功应对了市场对产品数量和品种需求的快速变化。

在弹性方面，海尔集团与供应商和政府机构密切合作，通过海云链平台从全球进行医疗物资的采购，帮助解决供应链端到端可视化的问题。通过增强供应链的柔性，供应链各环节的问题很快得到解决。

在迅速重建方面，海尔集团通过上述两个功能（快速响应和弹性）迅速重启了现有供应链的运营。通过为供应链重新进行资源配置，海尔集团能实时适应外界环境的变化来提供新的产品和服务。具体操作有：

1. 快速开发医疗物资信息/资源共享平台；
2. 帮助山西省一家纺织企业转向防护服和一次性防护口罩的生产；
3. 帮助某移动家居制造商在3天内将生产切换到智能测温消毒通道。

可以看出，新冠肺炎疫情虽然给供应链带来巨大挑战，但也给企业重新思考供应链的发展带来了机遇。海尔集团的供应链团队及管理层能在疫情下抓住机会，构建快速响应、有弹性且能迅速重建的供应链，为其在同行业的竞争中占据领先地位提供了必要条件。

资料来源：疫情下Q1海尔份额逆势增长 体现国民品牌免疫力．（2020-04-28）. https：//xueqiu. com/9975879239/148068267；卡奥斯COSMOPlat：全球工业互联网引领者.（2020-12-15）. https://baijiahao. baidu. com/s? id=1686113835291434396&wfr=spider&for=pc；海尔COSMOPlat上线疫情医疗物资信息共享资源汇聚平台．（2020-02-07）. http：//k. sina. com. cn/article_6456450127_180d59c4f02000uzx4. html? from=news&subch=onews；日产10万只！海尔COSMOPlat赋能山西省首条全自动医用口罩产线落地．（2020-02-10）. https：//baijiahao. baidu. com/s? id=1658120840223728625&wfr=spider&for=pc；海尔卡奥斯COSMOPlat用时3天助力德国！快速定制出智慧测温消毒通道．（2020-03-23）. https：//www. haier. com/csr/whkyzt/news/20200624_139241. shtml.

3.2 供应链环境下的物流系统规划与设计

如前所述，供应链管理关心的不仅仅是物料实体在供应链中的流动。供应链管理除了包括企业内部与企业间的运输和实物分销外，还包括以下主要内容：战略性供应商和用户的合作关系管理；供应链产品需求预测和计划；供应链的设计（全球节点企业、资源、设备等的评价、选择和定位）；企业内部与企业间的物料供应与需求管理；基于供应链管理的产品设计与制造管理、生产集成化计划、跟踪和控制；基于供应链的用户服务和物流（运输、库存、包装等）管理；企业间资金流管理（针对汇率、成本等问题）；基于互联网/局域网的供应链交互信息管理等。供应链管理重视总的物流成本（从原材料到最终产成品的费用）与用户服务水平之间的关系，因此，要把供应链各职能部门有机地结合在一起，最大限度地发挥出供应链的整体力量，达到供应链企业整体获益的目的。

3.2.1 物流系统规划与设计要解决的问题

在供应链环境下进行物流系统规划与设计，不能独立或局部地进行，而要紧紧把握供应链管理的思想，系统地思考和分析，重点解决好以下几方面的问题：

（1）供应链管理系统的设计。重点解决如何将制造商、供应商和分销商有机地结合起来，成为相互关联的整体。

（2）供应链分布数据信息的集成。充分利用电子数据交换、互联网等技术实现供应链的分布数据库信息集成，集中协调不同企业的关键数据——订货预测、库存状态、缺货情况、生产计划、运输安排、在途物资等，达到共享采购订单的电子接收与发送、多位置库存控制、批量和系列号跟踪、周期盘点等重要信息的目的。

（3）集成的生产计划与控制模式以及支持系统。运用系统论、协同论、精益生产等理论与方法，研究与供应链管理相适应的集成化生产计划与控制模式以及支持系统。

（4）适应供应链管理的组织系统重构。根据供应链的特点，优化运作流程，对供应链上不同企业在不同地域的多个部门进行重构，确定相应的供应链管理组织系统的构成要素以及应采取的结构形式。

（5）建立适应供应链管理要求的绩效评价系统。按照一定的程序和评价标准，采用定量与定性相结合的分析方法，对供应链上的物流经营效益和经营活动的业绩作出实事求是的客观判断和衡量，为改善物流管理提供依据。

3.2.2 物流系统规划与设计的流程和功能结构

1. 物流系统规划与设计的流程

（1）需要物流服务的客户群发出订单需求；（2）订单处理模块存储订单信息，并进行分类整理；（3）信息处理模块根据订单要求向决策中心发送相关信息；（4）决策分析处理模块查阅库存信息、人员设备信息及其他运输、仓储外协合作商和供应商数据，并分析经营管理的历史数据，然后作出决策，提交到配送中心；（5）配送运输模块向相应的配送站或者外协合作商和供应商进行配货、送货、退货等；(6) 运输点执行配送任务；(7) 经营管理模块通过协调库存管理来处理财务、人事、供应链合作商管理和数据分析统计等工作。当然，在实际的作业过程中还涉及其他的作业管理，如客户管理、库存盘点、入库管理、供应商管理、设备管理、系统维护等，如图 3-3 所示（胡健和印玺，2007)。

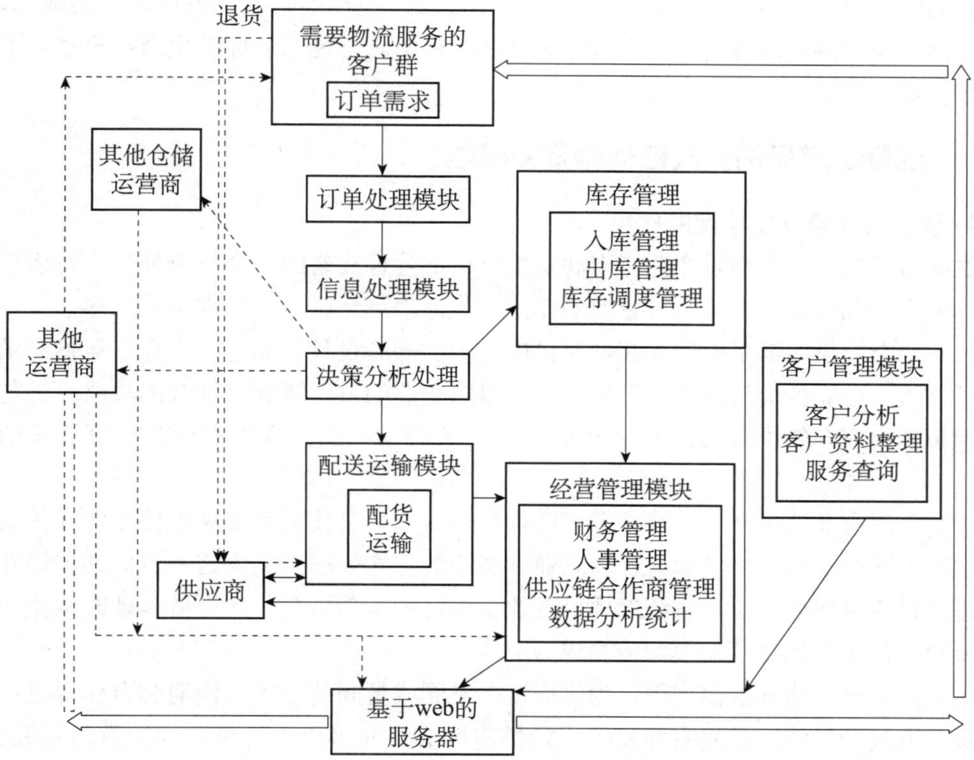

图 3-3　物流系统规划与设计的流程

2. 物流系统规划与设计的功能结构

物流系统规划与设计的功能结构可以划分为四个层次：数据管理层、业务处理层、决策管理层及战略管理层。

系统的总体功能模块包括：(1) 客户管理子系统：客户登录管理、客户资料管理、客户身份验证、客户查询、客户关系管理；(2) 订单管理子系统：订单的接收、分类整理、查询；(3) 仓库管理子系统：入库管理、出库管理、库存盘点、仓库优化管理、货物查询管理；(4) 配送管理子系统：配货管理、送货管理、运输跟踪管理、运输调度管理、运输线路决策、配送站点决策；(5) 经营决策子系统：反馈信息管理、合作商管理、供应商管理、市场预测管理、市场信息管理、企业内部信息发布管理（企业介绍、经营理念、法律法规、市场报价等)；(6) 账务管理子系统：成本预算管理、客户财务结算、供应商财务结算、合作商财务结算、财务统计管理、各子系统人力资源管理、人事考勤管理、设备维护维修管理；(7) 系统管理子系统：用户管理、数据备份、系统设置、文档管理、查询打印服务等。

3.3 供应链战略开发模型与物流战略规划模型

供应链战略开发模型与物流战略规划模型是为指导和帮助物流与供应链系统的设计、实施和运行而提供的结构化、多功能的模型和方法。随着供应链管理技术和实践的发展，人们逐渐重视对供应链战略开发模型的研究，并开始研究统一的标准化结构模型，下面介绍几个重要的模型。

3.3.1 国际上常见的供应链战略开发模型①

1. 供应链战略开发模型的作用

供应链战略开发模型是企业制定和实施供应链管理战略的一个分析框架，对供应链进行科学的定位和辅助性实施有着重要的作用，具体表现在以下三个方面：

（1）复杂的供应链系统的存在，对供应链中的产品设计、制造、库存、运输和销售都提出了挑战。建立供应链战略开发模型，可以对企业的供应链管理系统的战略设计与运作进行模拟和研究，使供应链能够更好地响应市场需求，在竞争中不断获得可持续的竞争优势。

（2）全球商业竞争环境、复杂多变的客户需求和信息技术的发展迫使企业在提高内部运营效率的同时提高与供应商、合作企业和客户的合作效率。实现这一目标的关键在于科学地进行供应链战略定位，系统地评价企业供应链的运营情况，从而持续地改进企业的内外部流程。供应链战略开发模型使之成为可能。

（3）供应链战略开发模型可以为供应链上不同成员间的交流、沟通和合作提供一个好的工具，通过开展统一的战略开发工作，供应链成员间可以进行统一的绩效衡量和评价，并不断改进。

国际上常见的供应链战略开发模型主要有两种，分别是基于战略集成的供应链开发模型（supply chain development model，SCDM）和基于应用场景的供应链运作参考模型（supply chain operations reference，SCOR）（李群明等，2001）。

2. Rockford 咨询公司供应链管理开发模型——SCDM

Rockford 咨询公司是美国一家有名的企业管理咨询公司。该公司于 1998 年提出了 SCDM，强调不断改善业务过程和提高供应链的敏捷性。该集成模型是三维结构（如图 3-4所示）：第一维是闭环的业务管理过程，包括四个阶段；第二维是六个关键的决策因素，包括生产、供应、库存、位置、运输和信息；第三维是通向成功的五个重要的性能指标，包括速度、柔性、质量、成本和服务。

第一维共分四个阶段。第一阶段是进行诊断和概念开发，从诊断供应链现有的能力和性能开始，主要评价供应链的竞争能力，确定改进的目标和总体规划。第二阶段是制定具体的行动计划，对供应链进行详细的设计。这是进一步开发总体规划的工程化阶段。第三

① 本小节参考了李群明，张士廉，王成恩，等．供应链体系结构的比较研究．计算机集成制造系统，2001（6）．

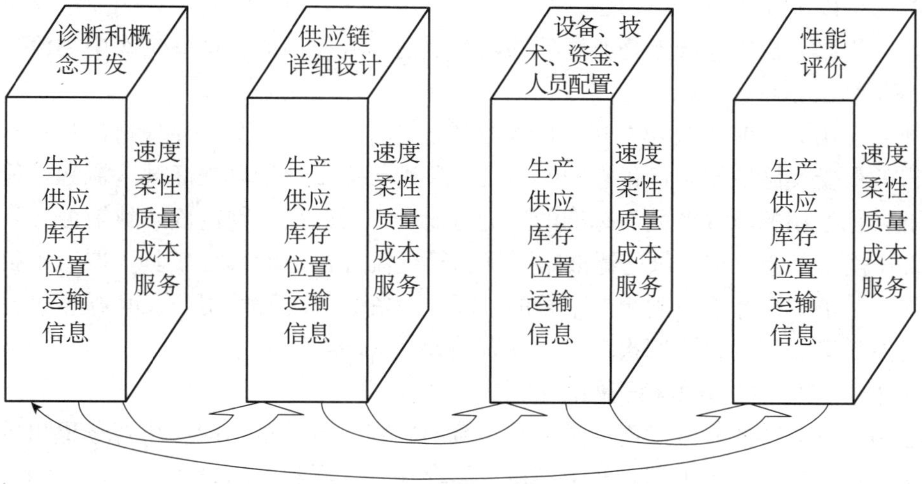

图 3-4 Rockford 公司的供应链开发模型

阶段是进行设备、技术、资金和人员配置，也是构建实际运行的完整供应链的阶段。第四阶段是评价供应链的性能，即从速度、柔性、质量、成本和服务方面对供应链的运行性能进行检验。评价结果返回到第一阶段，以便制定更完善的计划并及时调整，从而形成一个闭环的开发过程。

在开发供应链模型时，要考察的六个关键的决策因素是生产、供应、库存、位置、运输和信息。该模型的实质是从整体规划开始，在实施供应链管理过程的每个阶段中，对供应链的六个关键的决策因素进行速度、柔性、质量、成本和服务方面的性能分析和评价，以获得最佳的供应链实施方案。

3. 基于应用场景的供应链运作参考模型

SCOR 模型于 1996 年首次发布。它是由美国供应链协会（Supply Chain Council，SCC）开发支持的、适用于不同工业领域的供应链运作参考模型。SCOR 模型综合了业务流程再造、标杆管理和流程测评等管理思想，是一个过程参考模型。它提供了一种语言，使公司内和公司外的供应链合作企业可以进行沟通，从而使企业间能够准确地探讨供应链问题，客观地评测其性能，确定性能改进的目标，并影响今后供应链管理软件的开发。

SCOR 模型的体系结构按流程定义的不同可分为三个层次：第一层（顶层）是流程类型层；第二层是流程配置层；第三层是流程要素层。每一层都可用于分析企业供应链的运作。SCOR 模型的顶层描述了五个基本流程：计划（plan）、采购（source）、生产（make）、运送（deliver）和退货（return）。顶层定义了 SCOR 模型的范围和内容，是企业确立其供应链性能和目标的基础。第二层（流程配置层）定义了 26 个核心流程类型（如供应要采购的物料和面向工程的产品、订单制造的产品等）。企业可选择这些核心业务流程构建其实际的或理想的供应链。第三层（流程要素层）主要用于分析供应链上各企业或行为主体之间的流程特征，为企业提供在改善供应链时用于成功规划和确定目标的信息。这一层定义了企业成功取得竞争优势的能力，其中包括定义和分解流程要素、规定每个流程要素需要哪些信息输入和期望哪些信息输出、对流程性能进行评测等。

在第三层以下还可以有第四层、第五层、第六层等更详细的属于各企业所特有的流程层次描述，用以分析供应链上企业内部的经营活动和流程特征。这些层次中的流程定义不包括在 SCOR 模型中。

企业可应用 SCOR 模型建立标准的流程描述，并有效地评价其供应链流程；利用评价以及获得的最佳实施数据，优化它们的活动，并进行定量分析以提高某一流程可能带来的潜在利益；把适用的软件产品与标准的供应链流程进行匹配，判定该产品是否符合要求。

SCOR 模型是企业进行供应链战略开发和管理流程再造的最佳工具，取得了很好的效果。例如，某消费食品企业利用 3 个月的时间，投资 5 万美元采用 SCOR 模型进行供应链再造，再造后第一年的投资回报就达 430 万美元（揭晖，2004）。

4. 两种供应链战略开发模型的比较

上述两种供应链战略开发模型是不同领域的研究人员针对不同应用背景提出的，由于各自的着眼点和应用对象不同，两个模型之间存在着共同和不同之处（如表 3－1 所示）。

表 3－1　两种供应链战略开发模型的比较

	比较类别	SCDM 模型	SCOR 模型
不同特征	主要步骤	战略诊断和概念开发、详细设计、资源配置、性能评价	战略计划、要素配置、过程分解、运作实施
	关键要素	生产、供应、库存、位置、运输和信息	计划、采购、生产、运送、退货
	行业通用性	为供应链的设计和实施提供了完整的开发模型，但该模型未提供具体的开发方法	是规模最大、最有代表性和操作性的模型，正在进一步完善与发展
共同特征	业务环节	从制造业的实际运作模式出发，综合反映了供应、制造、销售三个主要业务环节，都强调制造的核心作用	
	分析思路	根据企业的战略、战术和作业层活动，采用自上而下的分析方法，对供应链管理中物流、信息流、资金流等的管理进行了具体描述	
	面向角度	着眼于供应链管理的整个生命周期（包括供应链的分析、设计、开发、实施、运作等环节），强调对供应链管理的不断改善和优化	

3.3.2　基于系统工程思想的物流战略规划模型①

物流作为一个复杂的社会经济系统，其系统要素间往往相互矛盾，存在非常强的交替损益或效益背反现象，如果处理不慎，就会出现系统总体恶化的结果。因此，做好物流系统的规划和设计，是保证物流系统良好运作的前提。

物流规划本身是一项系统工程，规划工作强调用系统的观点和思维方式分析和解决问题。系统工程思想是物流规划的重要思想基础。

---

① 本小节参考了冯耕中．现代物流规划理论与实践．北京：清华大学出版社，2005.

在运用系统工程的方法论指导物流系统的规划设计工作时，应注意以下几个方面的问题。

（1）牢牢把握全局观。把物流规划工作视作一个有机整体，将全局观、整体观贯彻到规划工作的各方面、各部分和各阶段，做好局部协调。在物流规划的过程中，各子系统的目标必须服从系统的整体目标，根据总体协调的需要确定最佳方案。

（2）坚持系统动态性原则。物流系统工程往往是大型复杂的实践过程，研究对象内部复杂的相互作用和外部的环境多变性，使物流系统工程本身呈现出动态特性。在物流规划的过程中，应把物流系统看作一个动态过程，分析系统内外的各种变化，掌握变化的特点、方向和趋势，采取相应的措施和手段，改进工作方法，提高规划和计划的效率，在动态变化中求得系统整体优化。

（3）坚持系统创造性思维原则。系统创造性思维的基本原则有两项：第一，把陌生的事物看作熟悉的东西，用已有的知识加以辨识和解决。从这项原则出发，不只是对新的事物给予合理的解释，还可能给予新的解释，甚至创造出新的理论。第二，把熟悉的事物看作陌生的东西，用先进的方法和原则进行研究，从而创造出新的理论和技术。创造性思维活动极为复杂，形式多种多样，常常是多种形式互相重叠交错在一起的。所以，在物流规划的过程中，既要坚持调查研究、实事求是，做深入的研究分析，又要敢于跳出现实，善于从现有的归纳分析中抓住事物的本质、发展规律和方向；既要积极借鉴国内外物流规划的成功经验，又不能生搬硬套，而是在借鉴他人经验的基础上，结合实际情况，创造性地提出自己的规划方案。

一般来讲，物流系统规划应考虑以下内容。一是物流系统的范围和外部环境。这是物流系统的输入条件。在进行规划设计时，必须首先根据所要解决的问题，确定所设计的物流系统的范围、外部环境以及系统的接口。二是物流系统的目标任务。这是物流系统的输出结果。物流系统的目标任务通常包括：提高物流系统的承载能力以适应产量增长的要求；建设一个柔性的物流系统，以适应经常变化的市场；对生产过程中可能出现的各种意外情况或随机变化作出及时响应，保持均衡生产；改善劳动条件，减轻劳动强度；对物流系统中的货物进行实时跟踪；对物流系统的货物进行分类或选配，为随后的处理（加工或包装）提供方便。三是提出各种可供选择的方案。四是评价物流系统的优劣。通常评价标准包括经济性、可靠性、可维护性、灵活性或柔性、可扩展性、安全性、劳动强度、易操作性、服务水平、环境保护和敏感性等。在具体评价某个方案时，可以根据各项评价标准的重要程度分别赋予权重，用加权平均的方法对各方案进行综合评价。

基于系统工程思想的物流战略规划模型（systems engineering methodology based logistics planning model，SEMLPM）是对物流系统战略规划工作过程的总体描述。以工作的时间维度为主线，可把物流系统战略规划工作分为以下五个阶段（如图 3－5 所示）。

1. 筹备阶段

筹备阶段是整个系统规划与设计的起点，主要为规划做好准备工作，包括工程规划，理论与物资准备，设立组织领导机构，明确指导思想和基本原则，完成模型构思和系统状态描述，划分时空边界以及确立课题等。

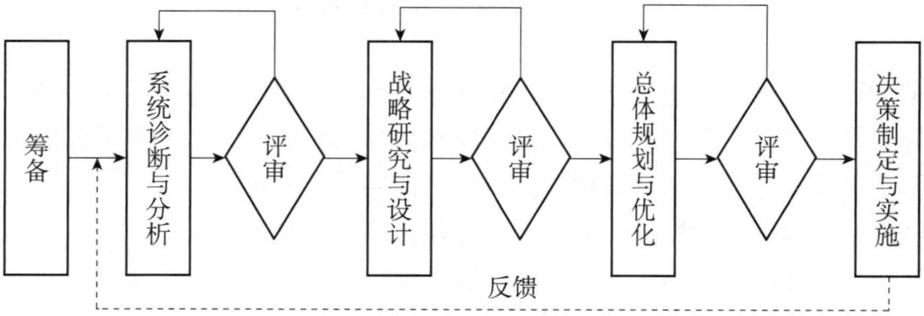

图 3－5　物流系统战略规划阶段

2. 系统诊断与分析阶段

系统诊断与分析是物流系统战略规划的基础和关键，其主要作用是：(1) 系统诊断与分析作为一种决策工具，其主要目的是为决策者提供直接判断的依据和决定最优方案的信息和资料。(2) 系统诊断与分析把研究对象视为系统，以系统的整体最优为工作目标，强调科学的推理步骤，使得所研究的物流系统中各种问题的分析均能符合逻辑和事物的发展规律，而不是凭主观臆断和单纯的经验。(3) 系统诊断与分析应用数学的基本知识和优化理论，使各种可行方案的比较不仅有定性的描述，而且大都能做定量评价。对无法进行定量描述的因素，运用直觉、判断以及经验加以考虑和衡量。通过系统诊断与分析，决策的科学性有较强的保障。(4) 系统诊断与分析在一定的条件下可充分挖掘物流系统的潜力，做到人尽其才、物尽其用。

通俗地讲，系统诊断与分析阶段的工作就是要找问题、找制约因素、找根源、找优势、找潜力，以利于系统整改与提高，为战略研究（目标选择）和规划创造条件。此阶段一般采用定性与定量相结合的分析方法建立模型，并不断反馈、修改和完善，从广度和深度上对问题进行全面的认识，透过现象发现本质，保证系统诊断与分析的科学性和准确性。

系统环境分析是系统分析的一项重要内容。系统环境是指存在于系统周围与系统有关的各种因素的集合，通常包括自然、社会、国际、劳动和技术等方面的因素。一方面，系统环境对系统的运行产生重要影响；另一方面，系统与环境之间也会产生相互影响，促使系统状态不断发生变化。

此阶段的工作步骤如图 3－6 所示。

3. 战略研究与设计阶段

战略研究与设计是系统规划设计的核心工作，其目的是在系统诊断与分析的基础上，运用战略的理论、系统工程的分析方法，提出物流系统发展的战略指导思想以及战略目标、模式、重点、步骤和措施，为规划工作指明方向。

战略研究与设计要特别注意三个方面的工作。一是系统预测工作。由于预测结果直接指导目标设计，其科学性对物流系统设定的战略目标是否科学合理——既可实现又具有挑战性——有直接影响，因此预测工作应建立预测模型群，尽可能做到以定量分析为主。二是目标论证工作。确定目标比执行目标更重要，确定战略目标是战略研究的核心。战略目

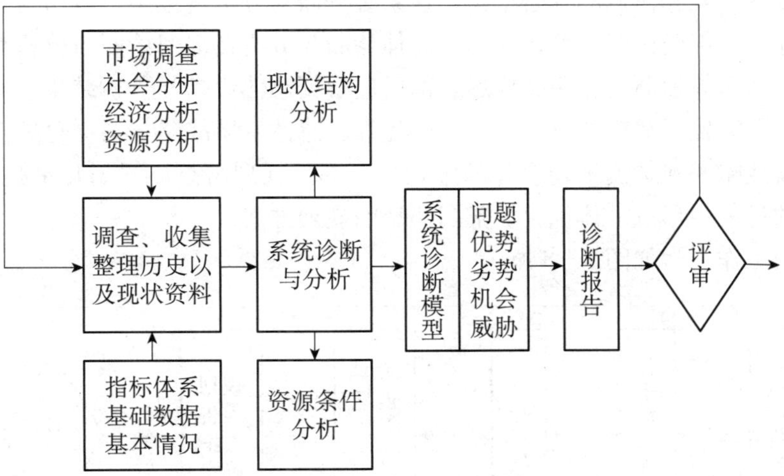

图 3-6　系统诊断与分析阶段的工作步骤

标不仅要体现发展的需要，还应考虑目标实现的可能性。目标论证过程一般要充分考虑影响目标的各种因素，确定几个关键因素设定指标（指标应具有一定的弹性），形成几套方案，供领导决策时选择。三是发展模型研究工作。确定发展模型，首先要深入研究物流系统的战略思想、战略目标、战略重点和战略步骤，在此基础上，采用模型方法进行研究，把问题、目标层次化，分析确定最佳发展模式。

此阶段的工作步骤如图 3-7 所示。

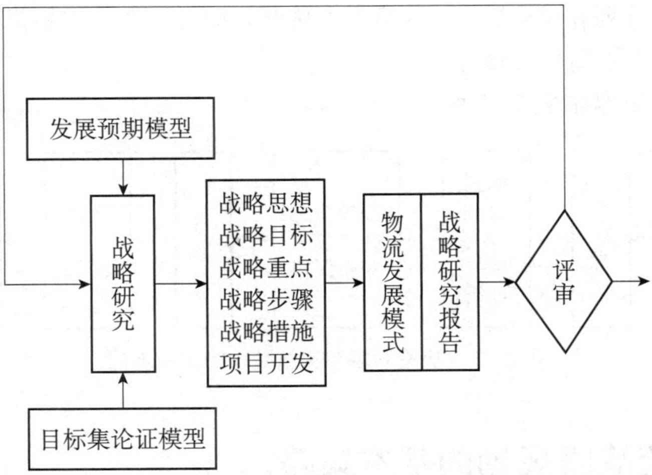

图 3-7　战略研究与设计阶段的工作步骤

4. 总体规划与优化阶段

总体规划与优化是在系统诊断与分析和战略研究与设计的基础上，对物流系统的发展模式做总体的规划设计及优化，包括系统的总体方案设计、子系统设计、重点项目设计等。在综合优化的基础上，提出总体规划报告。

总体规划应坚持总体性原则，运用多目标、多方案、多途径的方法，追求整体最优，并注意各子系统的互相协调和综合平衡。在系统诊断与分析过程中，部门与总体无明确的先后关系，通常是部门诊断与分析在前，总体诊断与分析在部门诊断与分析和模型分析的基础上进行。在总体诊断与分析完成后，部门应根据总体诊断与分析结果，修正部门的诊断与分析。在研究发展战略的过程中，一般先提出总体发展战略，根据总体发展战略制定各部门的发展战略。在物流规划设计的过程中，部门规划与总体规划几乎是同时进行的，在不断反馈的过程中形成总体优化、部门协调的规划方案。

此阶段的工作步骤如图 3-8 所示。

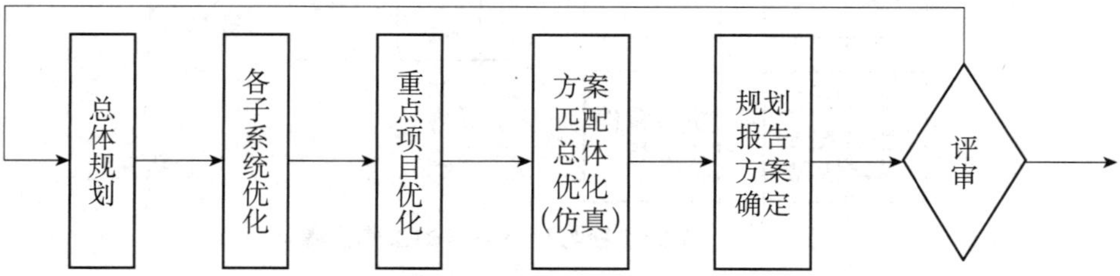

图 3-8　总体规划与优化阶段的工作步骤

5. 决策制定与实施阶段

此阶段的主要工作是对上一阶段规划设计出的多个方案进行综合评价，通过设立多个评价指标进行量化比较，分析各方面的期望效能以及可能带来的不良后果，从中选择较优方案，完成规划决策。

在方案确定后，应做好方案的组织实施工作。一般应形成较系统的规划文本，制作相关图表，制定实施计划和保障措施。在方案实施前，应对方案的规划指标进行分解，形成各部门的目标和各发展阶段的目标。

此阶段的工作步骤如图 3-9 所示。

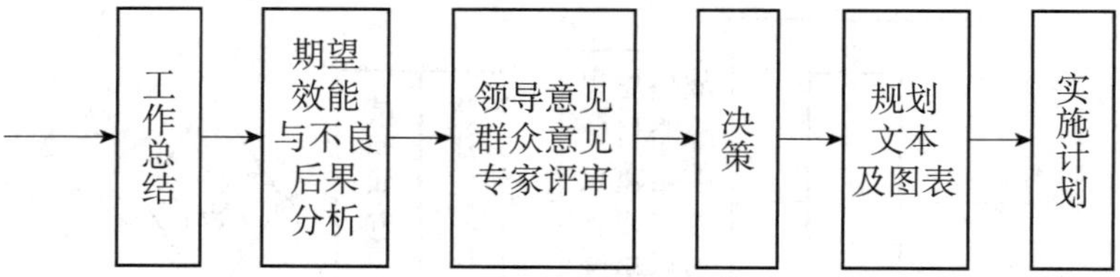

图 3-9　决策制定与实施阶段的工作步骤

3.4　物流战略规划的基本策略

3.4.1　物流战略规划的时机选择

物流战略规划过程中的第一个问题是，什么时候应该进行网络规划或什么时候应该重新规划。如果是新企业或新的产品品种，显然需要进行物流网络规划。然而在大多数情况下，物流系统已经存在，物流战略规划需要解决的问题是：应该修改现有网络还是继续运行原有网络。企业可以从以下五个方面入手对具体情况进行评估与审核。

1. 需求

需求的水平和需求的地理分布极大地影响了物流网络的结构，需求模式的巨大变化可能要求在需求增长比较快的地区建造新的仓库或工厂，而在市场增长缓慢或萎缩的地区，可能需要关闭（部分）设备。

2. 客户服务

客户服务的内容很多，包括库存可得率、送货速度、订单履行速度和准确性。随着客户服务水平的提高，与这些因素相关的成本会以更快的速度增长。由于竞争的压力、政策的调整以及制定的服务目标已与过去不同，物流服务水平发生了改变，因此，企业需要重新制定物流战略规划。但是，如果服务水平很低，变化的幅度也很小，那么只需在原来的基础上加以修订就可以了。

3. 产品特征

物流成本受产品重量、规格（体积）、价值、风险等影响很大。在物流渠道中，包装设计或产品的储运状态可以在一定程度上改变产品特征，并且改变物流组合中的某项成本，形成新的成本平衡点。当产品特征发生较大的改变时，重新规划物流系统可能是有益的。

4. 物流成本

企业在实物供给、分拨过程中产生的成本往往决定了物流系统规划的频率。生产高价值产品的企业由于物流成本占总成本的比重很小，可能并不关心物流系统规划是否最优；而对于生产工业化产品和食品的物流成本很高的企业，物流规划是其关注的重点，因为物流系统的点滴改进，都会引起物流成本的大幅下降。

5. 定价策略

由于价格政策决定了买方是否承担某些物流活动的责任，因此，商品采购或销售的价格政策发生改变会影响物流战略规划。供应商将出厂价格改为到货价格，意味着采购企业无须负责提供或安排内向物流。同样，定价策略也影响着商品所有权的转移或分拨渠道内运输责任的划分。

综合以上五个方面的评估与审核，企业选择物流战略规划的时机通常有以下几种情况：

（1）企业的组织结构内部发生重组，例如，制造企业产品线和事业部的调整需要进行相应的物流战略规划；在本企业与其他企业间进行的业务整合、兼并、重组，需要从物流战略的角度对整个物流系统进行再设计，以适应新的环境。

（2）企业面临的外部环境条件发生了重大变化，即物流系统的服务范围、服务内容、服务对象的组成和格局都有了较为明显的改变，使服务的可靠性得不到充分的保证，给服务过程的经济性带来了严重的挑战，企业有必要重新进行物流战略规划。

（3）物流的服务条件和服务方式有了新的变化，给提高服务品质或降低物流成本带来了新的契机。企业应对物流战略进行必要的调整，或对物流活动和物流过程进行重组，以便更好地应对环境的挑战。

3.4.2　供应链体系的设计策略

1. 供应链体系设计的基础——物流产品与特性

产品是任何经营活动或经营过程的产出或成果。产品的实体部分和无形部分构成了企业提供的总产品。产品的实体部分由重量、体积、形状和外形、性能、耐用性等特征组成；无形部分是产品的售后服务、企业信誉、为提供准确及时的信息（如运输货物跟踪）与客户进行的交流、满足客户个性化要求的灵活性，以及为更正错误而召回产品等。供应链体系的设计通常要考虑以下因素：

（1）产品分类。根据产品的使用者不同，供应链体系设计应反映出不同的使用模式。宽泛的产品分类对提供物流战略的思路很有价值，而且在很多情况下，产品分类还有助于理解为什么产品要按照某种方式供应或分拨（如表 3－2 所示）。

表 3－2　产品分类及特征

产品分类	产品细分	需求特点	分销网点	服务要求
消费品	便利品	购买频繁、直接	广泛分销、众多网点	可得性、及时性
	选购品	慎重选购、做比较	有限分销、存储点少	价格、质量、性能
	特殊产品	特定产品或服务	集中分拨	可得性
工业品	用于生产	供应商寻找买主		服务水平要求低

（2）产品生命周期。产品导入市场后，并不是立即达到最高销售量，也不会永远保持最高销售量。一般而言，随着时间的推移，产品会遵循销售量变化的模式，经历产品生命周期的四个阶段：导入期、增长期、成熟期和衰退期（如图 3－10 所示）。在产品生命周期的不同阶段，实物分拨战略是不同的。

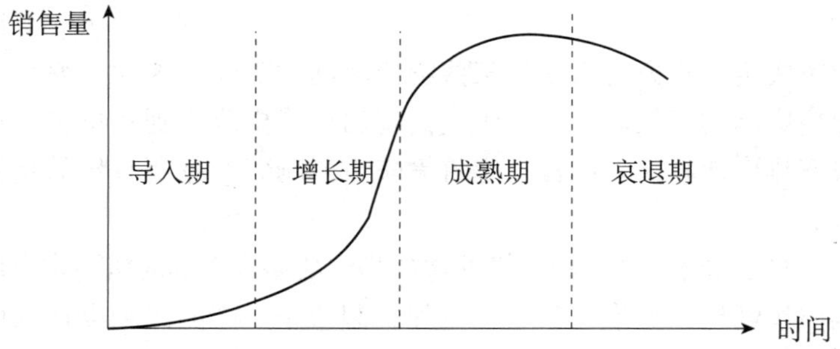

图 3－10　产品生命周期的四个阶段

导入期在新产品推向市场后开始。因为产品还没有被广泛接受，销售量并不是很大。此时的实物分拨战略通常是谨慎的，库存限制在较少的地点，产品现货供应比例有限。

如果产品得到市场认可，销售量可能会迅速增长，这就进入了增长期，实物分拨的计划工作在这一阶段尤其困难，通常没有销售的历史记录可以帮助确定存储点的库存水平或者决定使用几个存储点。在这一扩张阶段，分拨管理常常在管理人员的判断和控制下进行。随着感兴趣客户数量的增多，更多地区的产品现货供应率会迅速提高。

产品的增长期可能相当短，随后是较长的成熟期，销售量增长缓慢或稳定在最高水平。由于产品销量不再剧烈变化，因此可以纳入现有类似产品的分拨模式中。此时产品分拨渠道最广，在整个市场范围内会用到很多的存储点，产品的现货供应率也控制在合适的水平上。

由于技术变化、竞争或消费者兴趣减退，多数产品的销量都会逐渐下降。为保持高效的分拨，就要调整产品运输和存货调度的模式。此时存储点会减少，产品库存会下降，存放地点会更加集中。

产品生命周期现象会对分拨战略造成影响。物流人员应该时刻了解产品所处生命周期的不同阶段，调整分拨模式，以实现该阶段分拨效率最大化。

企业的物流问题是个别产品问题的总和。典型企业的产品系列包括处于产品生命周期不同阶段的各种产品，可以通过 80/20 原则指导企业的物流战略规划。

根据帕累托法则，企业 80%的销售额是由 20%的产品系列创造的。如果根据销售情况对产品分组或分类，销售额在前 20%的产品称为 A 类产品，其后 30%的产品为 B 类产品，其余的产品是 C 类产品。针对每一类产品，企业可以采取不同的分拨战略。例如，A 类产品可能在地理分布上非常广，可通过多个仓库进行分拨，其现货供应率很高。C 类产品只通过一个中心存储点（或工厂）进行分拨，总库存水平比 A 类产品要低。B 类产品的分拨战略介于 A 类和 C 类之间，只使用少数几个地区性仓库。

（3）物流产品属性。影响物流战略规划的最重要的产品特征是产品自身的属性，如重量、体积、价值、易腐性、易燃性和可替代性。这些属性的不同组合会对仓储、库存、运输、物料搬运和订单处理提出一定的要求。

1）重量-体积比（密度）。重量-体积比是一个具有特殊意义的指标，与运输成本和仓储成本直接相关。重量-体积比高的产品，可以充分利用运输设备，其运输成本和仓储成本低。但重量-体积比低的产品，在运输设备达到载重量上限之前，其空间就已经被填满了。

随着产品密度的增加，仓储成本和运输成本占销售价格的比重会降低。

2）价值-重量比（价值密度）。所运输、存储产品的货币价值是制定物流战略的重要影响因素。存储成本易受产品价值的影响。价值-重量比低的产品，其仓储成本很低，如煤炭、铁矿石、沙子等，但运输成本占销售价格的百分比较高。由于库存持有成本是按产品价值的一定比例计算的，也是存储成本中的重要因素，因此较低的产品价值意味着较低的存储成本。运输成本则不同，是与重量挂钩的。价值-重量比高的产品，刚好与价值-重量比低的产品相反，其存储成本较高，但运输成本较低。

如果企业经营的产品价值-重量比低，通常会尽力争取优惠的运输费率。如果产品的价值-重量比高，通常会将库存降至最低。当然，也有企业通过改变包装要求和产品重量调整不利的价值-重量比。

3）可替代性。如果客户觉得企业的产品与其竞争对手的产品区别不大或没有区别，该产品就是可替代性强的产品。在大多数情况下，物流人员无法控制产品的可替代性，又不得不为可替代性不同的产品分别制定分拨计划。产品的可替代性强，企业通常认为客户选择竞争性品牌的可能性较大，会导致供应商丧失销售机会。物流人员通常通过物流服务、仓储服务的选择或两者兼用，解决销售损失的问题。改进运输服务会降低销售损失。通过提高货物运送的速度和可靠性，可以减少客户购买替代品的可能性。当然，供应商要在快捷的运输服务所发生的较高运输成本与销售损失之间进行权衡。

4）风险特征。产品的风险特征是指产品的易腐性、易燃性、贬值与爆炸的可能性和容易被盗等方面的特征。如果产品在上述一个或多个方面表现出高风险的特征，就会对分拨系统有一定的限制性要求，产品的运输成本、仓储成本的绝对值及其占销售价格的百分比就会很高。

2. 供应链体系设计的前提——物流客户服务水平的设计（冯耕中，2003）

（1）成本与服务的关系。一般情况下，客户服务水平与成本呈正相关（如图3-11所示），更多、更完善的客户服务意味着需要更多的人员培训和更严格的管理制度，有时还需要额外的设备投入和网络设施建设。因此，提高客户服务水平往往首先引起成本的提高，其次才是得到市场的认可和提高销售量。收入与成本之差决定了利润，在不同服务水平下，不同的差值构成利润曲线，该曲线上有一个利润最大化点，物流系统规划就是要根据这个利润最大化点寻找理想的服务水平。

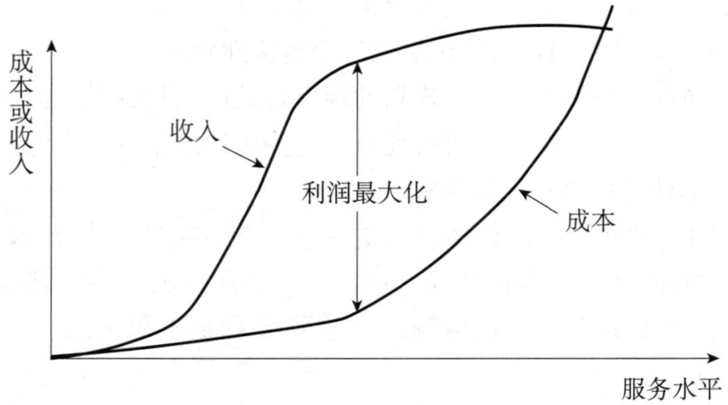

图3-11 物流客户服务水平与成本的关系

（2）确定最优的客户服务水平。物流服务水平的提高有利于创造需求和扩大市场，但要达到一定的客户服务水平，一定的投入是必不可少的。物流服务水平的提高必然推动经营成本的提升。企业要平衡成本与收益，就要达到最优的服务水平。

一般认为，利润最大化是确定客户服务水平的决定因素。企业应首先确定不同水平的客户服务对销售收入的影响，然后计算给定客户服务水平下的成本，最后从销售收入中减去成本，盈余最大的点所对应的就是最优的客户服务水平。

3. 供应链体系设计的目标——设计与产品类型相一致的供应链

在进行供应链设计时，应该以产品为中心，设计出与产品特性、服务水平需求相一致的供应链。

不同的产品类型对供应链设计有不同的要求。一般将产品分为两类，一类是高边际利润、不稳定需求的创新性产品，另一类是低边际利润、有稳定需求的功能性产品。

功能性产品一般用于满足用户的基本需求，其变化很小，具有稳定的可预测的需求以及较长的生命周期，但其边际利润率较低。这类产品主要通过规模化的生产获得收益，降低生产成本成为生产这类产品的主要目标。这类产品的供应链设计应该采用有效性供应链流程设计。有效性供应链主要体现供应链的物理功能，即以最低的成本将原材料转化成零部件、半成品、产品以及完成在供应链中的运输。它的管理目标是用最低的成本满足可以预测的需求。

创新性产品的生命周期比较短，需求量不易预测。这类产品主要通过使用功能上的产品创新赢得消费者，从而获得高的边际利润。这类产品的供应链采用反应性供应链设计方式。反应性供应链主要体现供应链的市场中介功能，即把产品分配到满足用户需求的市场，对未知的需求作出快速反应，其管理目标是使缺货、降价、库存最小化，在供应商的选择上重点考虑速度、柔性和质量，并以成本和质量为核心，从而实现绩效最大化。

4. 供应链体系设计的方法——基于成本优化的数学模型

通过成本的核算和优化选择供应链的节点，找出最佳的节点企业组合，设计出低成本的供应链，从而形成基于成本的供应链设计策略。该策略的核心是，在给定的时间周期 T 内，计算所有节点组合的供应链总成本，从中选择最低成本的节点企业组合，构建供应链。计算公式如下：

$$C(k)=\min\sum_{t=1}^{T}\{\sum_{i\in k}[M_i(t)+L_i(t)+T_i(t)+U_i(t)]\cdot e_i(t)\cdot Pv_i(t)\} \quad (3-1)$$

式中，t——时间周期，假设供应链合作周期为 T，则 $t=1, 2, \cdots, T$。

i——节点序数，假设供应链由 k 个节点企业组成，则 $i=1, 2, \cdots, k$。

$M_i(t)$ ——物料成本函数，可以通过实际测算后获得。单位产品的物料成本随着累计产量的增加而降低，加工经验的积累和成品、零部件、产品设计、质量工程的改善都可能导致产品物料成本降低。

$L_i(t)$ ——劳动力成本函数，劳动力成本随累计加工产量的增加而使成本下降。可以通过实际测算获得。

$T_i(T)$ ——运输成本函数。

$U_i(t)$ ——设备和其他变动成本函数。

$e_i(t)$ ——当期汇率。

$Pv_i(t)$ ——净现值折算系数。

能够使总成本最低的节点企业组合就是最优的节点组合。由这些节点企业组成的供应链将会达到成本最小化的目的。

案例 3-5

透明化的供应链

欧洲供应链环节上的透明度很高。在整个供应链环节中，能够做到各个环节的透明化对于降低供应链成本至关重要。在合作之前，生产制造企业会将自己的各个环节进行竞标，通过公开透明的方式遴选自己的物流供应商。在确立了合作关系后，生产企业会将各项信息共享给物流合作企业，包括原材料的采购运输，零配件以及半成品、成品的调度运输等。

以欧洲某木材生产龙头企业为例，该企业会通过物流管理软件以保证透明度。物流需求信息上传到系统后，有 60 多家经登记核准的物流企业会通过对接的系统及时了解到需求信息，并根据自身情况提出请求并参与竞标。生产企业的物流诉求和物流需求的透明化，一方面可以为生产企业在短时间内最大限度积聚物流资源；另一方面，物流企业也可以根据情况进行合理的运力规划和设计。这家企业的实践证明，使用透明的系统，物流公司和企业都降低了大约 10%的成本。

在欧洲，物流企业和上游生产企业之间一旦见面，会立刻形成类似利益共同体的关系，双方讨论的不是服务价格，而是采用什么方式才能将物流费用降到最低，物流企业往往站在专业的角度提出降低自身成本的办法。

资料来源：博思．欧洲供应链成本低在何处？．中国物流与采购，2011（9）．

5. 基于产品的供应链设计的步骤

供应链设计的流程如图 3－12 所示（冯耕中，2003）。

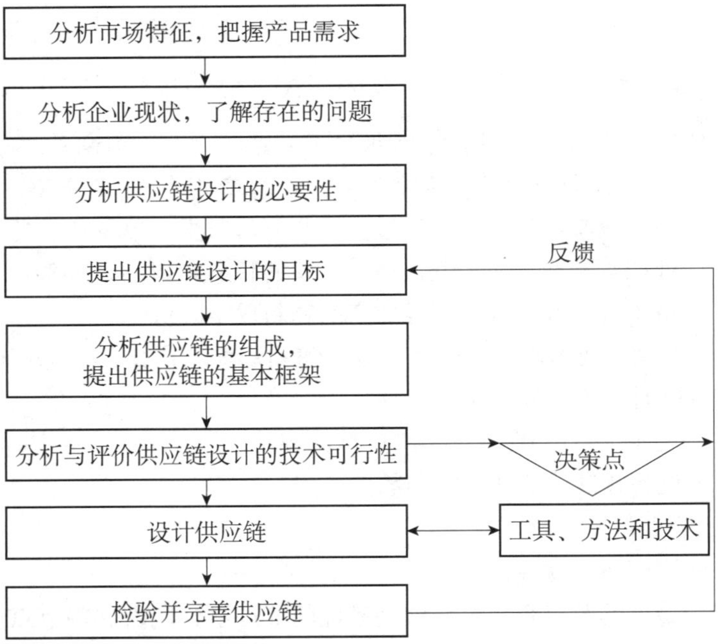

图 3－12　供应链设计流程

第一步，分析市场特征，把握产品需求。主要分析面向哪些产品市场开发供应链才会有效，了解市场对产品的需求特点、产品的类型和产品的特征。主要手段是通过市场调查，获取买主、客户、竞争者的产品需求信息，充分掌握产品需求市场的特征。

第二步，分析企业现状，了解存在的问题。着重研究供应链开发的方向，总结企业中影响供应链设计和管理的阻力和制约因素。如果企业已经有供应链管理，则应侧重分析现有供应链中存在的问题。

第三步，针对问题提出供应链设计的项目，分析供应链设计的必要性。

第四步，根据基于产品的供应链设计策略，提出供应链设计的目标。目标主要包括：（1）达到较高的客户服务水平，支付较低的运作成本；（2）进入新市场；（3）开发新产品；（4）改善客户服务，提高客户满意度；（5）降低库存，提高工作效率。

第五步，分析供应链的组成，提出供应链的基本框架。这里的分析主要包括：制造工场、设备、工艺和供应商、制造商、分销商、零售商和用户的选择与定位，以及确定选择与评价的标准。

第六步，分析与评价供应链设计的技术可行性。在可行性分析的基础上，结合企业的实际情况，为开发供应链提出技术选择的建议。这是一个决策过程，如果认为方案可行就继续下去，否则重新设计或终止设计。

第七步，使用相应的工具、方法和技术设计供应链。主要任务包括：（1）确定供应链成员组成，如供应商、设备、制造工厂、分销中心等；（2）确定原材料的来源，如备选供应商、供应地、材料价格、流量、运输方式等；（3）生产设计，如需求预测、生产能力、产品生产计划与控制、产品成本、库存管理等；（4）分销任务与分销渠道设计，如目标市场、备选分销商、运输、价格等；（5）信息系统设计；（6）物流管理系统设计。

第八步，检验并完善供应链。在供应链设计完成后，应通过一定的方法、技术进行测试检验或试运行，以便进一步发现问题并加以完善。在此基础上就可以实施供应链管理了。

本章小结

物流管理战略是企业部门级的战略，其制定要与企业的整体战略目标相一致，以便更好地实现企业的总体战略。物流管理战略框架分为四个层次，包括全局性战略、结构性战略、功能性战略和基础性战略。物流管理战略为企业总体战略的一部分，具有全局性、长远性、对抗性、指导性和风险性。

供应链战略开发以降低成本、节省投资、提升效率和改进服务为目标，对于供应链稳定、长期、健康运行具有十分重要的意义。前沿的供应链战略管理框架包括“三 A”供应链和“三 R”供应链，常见的供应链战略开发模型包括基于战略集成的供应链开发模型（SCDM）和基于应用场景的供应链运作参考模型（SCOR）。

物流系统规划应坚持全局观、系统动态性原则、系统创造性思维原则等。基于系统工程思想的物流战略规划模型（SEMLPM）是对物流战略规划工作过程的总体描述。以工作的时间维度为主线，可把物流系统战略规划工作划分为筹备、系统诊断与分析、战略研究与设计、总体规划与优化、决策制定与实施五个阶段。

在进行物流战略规划设计时，企业必须根据需求、客户服务、产品特征、物流成本、定价策略等内容选择恰当的时机。供应链体系设计的基础是必须考虑物流产品与特性，供应链体系设计的前提是物流客户服务水平的设计，供应链体系设计的目标是设计与产品类型相一致的供应链，供应链体系设计的方法之一是建立基于成本优化的数学模型。不同的产品类型对供应链设计的要求有所不同。通过成本的核算和优化选择供应链的节点，找出最佳的节点企业组合，设计出低成本的供应链，从而形成基于成本的供应链设计策略。

关键概念

物流管理战略　物流战略规划　供应链管理战略　供应链战略开发模型　供应链体系设计

思考题

1. 物流管理战略的目标有哪些？请举例说明。
2. 物流管理战略框架有哪些层次？
3. 物流战略规划的时机如何选择？
4. 供应链管理战略的前沿框架有哪些？
5. 供应链战略开发模型有哪些？
6. 如何进行基于产品的供应链设计？

课堂讨论题

服务企业有没有供应链？如果有，怎样进行服务供应链体系设计？

补充阅读材料

1. 大卫·辛奇-利维，等．供应链设计与管理——概念、战略与案例研究．北京：中国人民大学出版社，2009.
2. 乔普拉，迈因德尔．供应链管理．北京：中国人民大学出版社，2017.
3. 刘浩华，等．物流战略管理．2 版．北京：中国财富出版社，2018.
4. 马士华．供应链管理．3 版．北京：中国人民大学出版社，2017.

案例分析

戴尔思想——赢在高效敏捷供应链

戴尔在 1998 年把当时最为先进的供应链思想带入了中国，以 B2C 的模式打造直销的业务平台，然后基于这个直销模式建立供应链。时隔多年，我们对供应链的探讨没有停止过。这里和大家分享一下我们怎么看待一个完整且有延续性的供应链。

1. 打造有影响力的供应链

在权威机构眼中，怎样是具有影响力的供应链？我的理解分为两个层面：第一个层面，有思想灵魂，有体系建设。戴尔在 2010 年推出了一个新的供应链的思路，就是怎么样做一个基于市场差异化的供应链战略，这个战略被我们称为“市场化供应链”，基于不同的订单交付模式，我们有不同的供应链体系支撑。这样的交易模式得到当时权威机构白皮书的认可，并且很多白皮书专家投票给戴尔。第二个层面，当有了很高的思想方向，我们同样要有能够落地的基础，我们考虑了运营指标，有三个方面的运营指标：第一个运营指标是库存周转率。戴尔一直在关注打造优化库存管理。第二个运营指标是销售增长点。有很好的运营思路，有很好的业务模式和商业模式，我们一定要有很好的运营模式相匹配，配合打造销售运营管理。第三个运营指标是投资回报率。这是企业最关注的。

2. 戴尔的供应链发展历程

戴尔供应链的变化发展经历了两个 10 年。第一个 10 年，戴尔直销模式下非常典型的供应链的思路传到了中国。戴尔把整个供应链的体系搭建起来了，我们可以看到很多元素和物流相关，比方说怎么样建立更好的第三方物流中心，怎么样做供应商的库存管理，怎么样做更好的订单整合中心，怎么样把不同信息流汇聚，比如说供应链的信息流、制造团队的系统，我们很关注从物流到协同到精益生产，以及到最后的订单整合。订单整合也很大程度帮助我们直接降低了戴尔的库存。

我们有一组运营数字能够说明这个问题，大概在1993年、1994年的时候，我们的平均库存是55天左右，到2002年降至4天。

第二个10年，从2000年开始，戴尔开始做大量全球性的整合工作，架构全球化的呼叫中心、采购中心、制造团队、销售运营。这是因为我们看到了全球化带来的挑战。一是全球化的进展不仅涉及流程、系统，还有文化。二是可变动的成本，成本的驱动力已经变成戴尔最关注的地方，任何服务、解决方案路线图，最后都会变成财务的评估，变成最终的解决方案。

市场细分化的供应链，是我们非常引以为傲的理论体系，并且已经成功地在戴尔实行，我们既有外包工程模式，也有戴尔本身的定制化模式，我们对标准化定制化进行了大量的结合、区分、差异化。戴尔在没有做任何IT整合的情况下，全球IT系统数量大概在1 000个。其中，IT费用非常高，占成本的3%～14%。经过大量的资源整合，把所有的需求做了大量的归集，比较理想的IT费用率应该控制在1%～1.5%，可以看到我们还有很长的路要走。

同样，流程和客户的优化保持不变，戴尔20年来关注了三个方面，物流、信息流、资金流。作为一个IT公司，戴尔非常关注信息流，在物流上更多采用外包第三方的模式。在戴尔进行多元化转型以后，库存增加了，库存由平均4天增至7～9天。一方面控制了库存，另一方面策略性增加了库存。

什么样的供应链是可持续发展的供应链？高效敏捷。从客户运营的角度来看，要降低运营成本，降低端到端的供应链成本，提高客户服务水平，增加客户净推荐值，把产品和服务更快推向市场。

订单的可见度管理是很多企业都遇到的问题，特别是制造企业。订单需要更快捷的交付，一定要考虑可见度，这涉及和客户的直接关系，通过直接的订单反馈机制，客户在网上就可以看到订单处于什么状态。利用动态实时的系统，戴尔的库存更新每隔15分钟传递给供应链一次，包含大量的信息，除了依靠内部信息流、数据流外，还需要所有参与物流过程和外包服务的合作伙伴的努力。

3. 如何进行供应链建设

尽管每个企业的供应链专注点不同，但都要考虑如何改善协同性和柔性。

第一，供应链计划体系。这个体系与供应链的评估和风险管理有关。第二，供应链协同能力。内部的协同、外包商之间的协同，形成我们的协同能力。第三，制造生产体系。这就涉及精益生产，推式跟拉式的完美结合，考虑不同的订单类型，根据需求推动，根据订单拉动，所以在供应链市场化细分上，我们对推和拉的想法不一样，不同的订单使用不同的推式和拉式策略。第四，物流增值服务体系。

任何一个运营模式的背后都离不开指标管理，戴尔从多个方面来考虑指标。如何满足动态的客户需求，提出了若干业务指标，其中有 NPS，就是客户净推荐值。对于市场化的供应链细分，最重要的指标是库存管理体系，我们可以看到不同的市场细分供应链对库存的压力是不同的，这是我们关注的，同时对整个运营过程来讲，我们非常关注业务的操作层面。还有对投资者，作为一家上市公司，我们要对股东负责，考虑怎么样运用更好的库存管理优化现金流，怎么样评价高效敏捷供应链的指标管理体系，形成戴尔独有的知识产权。同时，我们也把知识产权更多地向行业客户推广，戴尔在 2011 年成立了一个戴尔服务（中国）有限公司，购买了一家咨询公司，借助戴尔的供应链运作体系，把我们的实际操作经验通过咨询团队推向市场，所以现在所有行业的客户都有机会了解戴尔的供应链。我们也成立了戴尔供应链研究学院，通过 3 天的课程，通过和大学教师的理论讲解相结合，通过咨询团队之间的实际操作和行业的客户相结合，以及戴尔本身的实际操作经验，更大范围将指标体系与客户分享。

资料来源：吴燕．戴尔思想——赢在高效敏捷供应链．中国物流与采购，2012（24）．

案例思考题

1. 根据本案例，你认为高效敏捷的供应链有哪些操作要点？
2. 供应链管理在企业发展中应该具有什么地位？
3. 查阅资料，比较一下戴尔供应链与苹果公司供应链的区别。

04
Chapter

第4章

物流网络规划与设计技术方法

学习目标

通过本章的学习，读者应该能够：

- 掌握物流设施选址的概念、内容与选址方法
- 了解物流网络规划的方法
- 了解基于供应链的物流网络规划方法

4.1 物流设施选址

4.1.1 物流设施选址概述

物流设施是整个物流网络系统的关键节点，是连接上游和下游的重要环节，起着承上启下的作用，并且这些大型设施的建设与运营需要耗费大量的资源。因此，新建或者改建物流设施，必须选择恰当的地址。物流设施选址是对可供选择的地区和地点因素进行分析和评价，力争达到物流场所的最优化。

随着国民经济的发展，社会物流量不断增长，要求布局合理、功能健全的物流设施作为基础。企业物流的合理化运营也需要物流配套设施的科学布局。因此，物流设施选址不仅关系到企业的日常运营管理，而且关系到整个国民经济的健康运行。在物流设施的选址上，必须做到科学分析与设计。要对物流设施的新建、改建和扩建进行全面系统的规划，科学选址是第一步。

1. 物流设施选址的原则

物流设施的选址过程应同时遵循适应性、协调性、经济性和战略性原则（严冬梅，

2004）。

（1）适应性原则。区域性物流设施的选址必须与国家以及地区的经济发展方针政策相适应，与我国物流资源分布和需求分布相适应，与国民经济和社会发展相适应。企业物流设施选址必须考虑到企业产品流通和客户需求的区域分布。

（2）协调性原则。从区域物流设施看，物流设施选址应将国家的物流网络作为一个大系统来考虑，使物流设施与设备在地域分布、物流作业生产力、技术水平等方面互相协调。从企业物流设施看，物流设施应该与企业的生产能力和客户需求总量相协调，以保证企业能够达到一定的服务水平。

（3）经济性原则。在物流设施的发展过程中，有关选址的费用主要包括建设费用及物流费用（经营费用）两部分。物流设施的选址如果定在市区、近郊区或远郊区，其未来物流活动辅助设施的建设规模和费用以及运费等是不同的，选址时应以总费用最低作为标准。

（4）战略性原则。物流设施的选址应具有战略眼光。一是要有全局观，二是要考虑长远性。局部要服从全局，当前利益要服从长远利益，既要考虑当前的实际需要，又要考虑日后发展。

2. 物流设施选址的影响因素

就物流设施选址决策的影响因素而言，大致可以分为外部因素及内部因素两大类，内部因素往往是最主要的。外部因素包括宏观政治及经济因素、基础设施因素、环境因素、竞争对手因素等，内部因素包括企业发展战略因素、商品特性因素、物流费用因素、服务水平因素等。下面分别进行阐述。

（1）外部因素。

1）宏观政治及经济因素。宏观政治因素主要是指一个国家的政权是否稳定、法制是否健全、是否存在贸易禁运政策等，大多数企业都不愿意在动乱的国家或地区投资，特别是对跨国公司而言。宏观政治因素是定性指标，主要依靠企业的主观评价。宏观经济因素包括税收政策、关税、汇率等，这与企业的物流设施选址决策直接相关，企业总是希望寻求最宽松的经济环境。关税政策引起的市场壁垒是物流设施选址时考虑的一个重要因素。如果一个国家的关税较高，企业要么放弃这个市场，要么选择在这里建厂以避开高额关税。

案例 4-1

联邦快递宣布在上海建立国际快件和货运中心

2012 年 10 月 25 日全球最具规模的速递运输公司之一联邦快递和上海机场（集团）有限公司宣布，联邦快递将在上海浦东国际机场建设全新的上海国际快件和货运中心。联邦快递在该项目上投资将超过 1 亿美元，这将是联邦快递在亚太地区的重要设施之一，为华东地区来往欧洲以及美国之间的货物提供更大的便利性以及连通性。另外，双方还将在人才培训和进一步提升货运运作效率等领域开展合作。

新设施能满足联邦快递在该区域未来 20 年的拓展能力。上海浦东国际机场将成为联邦快递全球航线与中国国内网络规划优先考虑的选择之一。联邦快递将在目前每周 68 架次航班进出浦东机场的基础上，满足不断增长的市场需求，逐步扩大在浦东机场的航班规模和货运吞吐量。联邦快递还将积极研究在浦东机场进行国际货物转运操作的可行性。这一项目有助于浦东机场进一步优化航线网络和提升国际货量，推动其成为中国重要的国际门户和亚太地区重要的国际货运枢纽。

联邦快递全新的上海国际快件和货运中心总占地面积约为 13.4 万平方米，是浦东机场同类型设施中最大的，每小时最高可以分拣 3.6 万件包裹和文件，于 2017 年投入使用。该设施将采用绿色环保设计，配置全自动分拣系统，并将发展与中国海关和中国出入境检验检疫的集成系统，力争实现无纸化通关。新设施每年包裹和文件的分拣能力预计将超过9 000万件。

上海机场（集团）有限公司总裁李德润表示："世界三大航空货运巨头相继落户建立转运中心，将进一步带动浦东机场货运中转能力和货邮吞吐增量，助力上海航空货运枢纽建设。在未来货运枢纽的发展中，我们将按照上海市委市政府提出的'创新驱动，转型发展'的要求，逐步由口岸型增长向枢纽和口岸复合增长的模式转变，大力发展航空货物中转服务，为运营商在浦东机场发展创造良好的运营环境，携手提升浦东机场货运枢纽核心竞争力，为上海国际航运中心建设起到重要的推动作用。"

联邦快递亚太区总裁简力行表示："上海是中国经济发展最快的城市之一，其中一个重要因素是持续增长的对外贸易。联邦快递不断进行战略性投资来回应客户需求和满足该区域的长远发展。全新的上海国际快件和货运中心将会使我们在上海以及华东的客户从不断增加的贸易量中获益。这同时也再次体现了我们的承诺，致力于为中国客户提供无与伦比的客户体验和世界一流的服务。"

资料来源：联邦快递宣布在上海建立国际快件和货运中心 . https：//newsroom. fedex. com/newsroom/.

2）基础设施因素。基础设施包括交通设施、通信设施等。在现代企业中，物流成本在总成本中所占的比重很大，而一个良好的基础设施对于降低物流成本是十分关键的，因此，基础设施在选址决策中占有重要地位。例如，戴尔在田纳西州的工厂既靠近主干高速公路，又靠近联邦快递的一个物流中心。由于信息流的通畅快捷对减少需求的扭曲和库存成本有重要影响，因此通信设施的质量和成本也是物流设施选址决策的一个重要因素。

物流设施所在地必须具备方便的交通运输条件，最好靠近交通枢纽，如紧邻港口、交通主干道枢纽、铁路编组站或机场，且有两种以上运输方式相连接。城市的道路、通信等公共设施齐备，有充足的电、水、热、燃气的供应，并且要有处理污水和固体废物的能力。

3）环境因素。环境因素包括自然环境和社会环境。自然环境因素包括：①气象条件。在物流设施选址过程中，主要考虑的气象条件包括温度、风力、降水量、无霜期、冻土深度、年平均蒸发量等指标。例如，选址时要避开风口，因为在风口建设会加速露天堆放商品的老化。②地质条件。在物流设施中，通常会存放大量的商品，某些容重很大的建筑材料堆码起来，会对地面造成很大的压力。如果地面以下存在淤泥层、流沙层或松土层等，会在受压地段造成沉陷、翻浆等严重后果。物流设施选址要求土壤承载力高。③水文条件。物流设施选址需远离容易泛滥的河川流域与地下水上溢区域。要认真考察近年的水文资料，地下水位不能过高，绝对禁止选择洪泛区、内涝区、故河道、干河滩等区域。④地形条件。物流设施应选择地势较高、地形平坦的地方，且有适当的面积与外形。完全平坦的地形是最理想的，稍有坡度或起伏的地方次之，山区陡坡地区应完全避开。在外形上可选择长方形，不宜选择狭长或不规则的形状。

社会环境因素包括劳动力成本与质量等。劳动力成本与质量是物流设施选址决策的一个关键因素，越来越多的国际企业选择在亚洲建立制造工厂，就是因为当地的劳动力成本低廉。

案例 4-2

国内成本高于美国　纺企赴美开厂

棉纺织龙头企业浙江科尔集团有限公司（以下简称科尔集团）将在美国南卡罗来纳州兰开斯特县开设其第一家海外工厂，投资总额为 2.18 亿美元。“合同已经从意向投资转为实质生效，第一期工程将在 2014 年 2 月破土动工，预计 2014 年 10 月投产。”该集团公司办公室主任黄国刚 2013 年 12 月 26 日对《每日经济新闻》记者说。

浙江省棉纺织工业协会秘书长刘爱华认为，科尔集团在美国办厂，主要是受到环境压力以及原材料价格上涨等因素影响，“国内棉价大幅高于国际棉价，价差每吨在 5 000 元左右”。浙江省商务研究院院长张汉东则表示，此前制造业对外投资主要包括股权投资以及并购等，直接办厂主要在新兴市场或发展中国家，在美国等发达国家比较少见。随着贸易壁垒等要素制约，以及土地、劳动力、资源等要素成本上升，估计以后直接对外投资会越来越多。

刘爱华表示，科尔集团是浙江省第一家直接对外投资的棉纺织企业，也是中国第一家在美设立制造工厂的纺织企业。

黄国刚对记者表示，随着企业规模越来越大，外部环境的瓶颈制约越来越明显，公司一直在寻找出路。上年底，公司就开始在越南、印度、巴基斯坦、美国等国寻找投资机会，最后经过调研与论证，将办厂地点选在了美国。

黄国刚称，项目对外投资主要是为了应对国内棉纱产业劳动力、能源等成本高企问题，避开国际上对我国纺织产业设置的贸易壁垒，推动企业国际化战略实施。

科尔集团的资料显示，上述工厂总用地面积为 55 万平方米，总建筑面积为 15 万平方米，一期建筑面积为 4 万平方米，主要建设内容包括两幢生产车间及配套设施。整个项目将容纳 100 台世界上最先进的气流纺机，年产 15 万吨纱线，其中一期配套 52 台，投产后年生产规模达到 7 万吨。

对于为什么会选择美国，黄国刚称，美国是世界第三大产棉国，也是全球最大的棉花出口国，棉花资源丰富；南卡罗来纳州是纺织大州，聚集了全美最大的纺织企业，形成了较为完善的产业集聚。“工厂一部分产品运往国内满足市场需求，一部分就地或者在周边区域销售。”

据了解，原材料棉花国内国外价格差异巨大，也是科尔集团选择设立海外工厂的一个重要原因。

据黄国刚介绍，这次设立的新厂大约需要 500 个劳动力，国内劳动力每年每人成本在 5 万元左右，美国则需要 20 万元，但国内劳动力成本逐年上升，美国这个水平已经维持了 20 年。黄国刚计算，公司每年棉花用量在 15 万吨左右，国内平均每吨棉价要比国外高 5 000元左右，这样算下来，尽管美国劳动力成本比较高，但原材料棉花的成本省下不少。

资料来源：制造业外迁新动向：纺企成本上升首赴美建厂．(2013 - 12 - 27)．http：//news. sohu. com/20131227/n392534069. shtml.

4）竞争对手因素。“知己知彼，百战不殆”，在企业物流设施选址决策中必须考虑竞争对手的布局情况，根据企业产品或服务的特征决定是靠近竞争对手还是远离竞争对手。

（2）内部因素。

1）企业发展战略因素。从企业物流设施看，选址决策首先要与企业的发展战略相适应。例如，对于制造业企业，生产劳动力密集型产品还是高技术类型产品，取决于企业综合内外部形势分析形成的发展战略。如果选择劳动力密集型产品，必然以生产成本低作为选址的依据；如果选择高技术类型产品，必须选择劳动力素质高的地区，而这些地区往往成本较高。从商业及服务业的角度来说，连锁便利店或者超市的发展战略不同，物流网络设计会有所不同。如果是连锁便利店，必须选择人口密集的区域，其成本较高，所需面积较小；如果是超市，要选择人口不是非常密集，可以提供较大营业面积的地方。从区域物流设施看，选址决策要与区域经济发展战略相适应，与国家宏观经济布局相适应。

2）商品特性因素。在物流设施的选址中，要充分考虑商品特性。例如，专业的农产品物流中心选址，要考虑物流中心的辐射范围内不同类别农产品的产量和销售量。钢材企业的配送中心选址，要考虑钢材产品本身的特性、区域内的工业企业对钢材的需求结构等因素。

3）物流费用因素。物流费用是物流设施选址的重要考虑因素之一。大多数物流设施选择靠近物流服务需求地，例如，靠近大型工业区、商业区，以便缩短运距、降低运费等。

4）服务水平因素。服务水平是物流设施选址的考虑因素。在现代物流服务过程中，能否实现准时运送是物流中心服务水平高低的重要指标。物流中心选址时，应保证客户可随时向物流中心发送物流需求，并获得快速满意的服务。

4.1.2　物流设施选址的常用方法

物流设施选址的方法有很多，但仍需要科学的模型化、数量化方法的支持，这些方法大致可以分为定性和定量两类。定性方法主要是将层次分析法与模糊综合评价相结合，对各个方案进行指标评价，找出最优地址，在实际选址中较为常用；定量方法分为很多种，使用时通常需要掌握充分的数据，下面简单介绍几种常用的方法，并进行比较。

1. 重心法

重心法是物流设施选址常用的一种方法。它把物流系统中的需求点和资源点看作在同一平面上，把各点的需求量（或资源量）看成是某一物体的各部分重量，然后求出整个物体的重心，将求得的物体重心位置作为物流设施的最佳设置点。重心法主要适用于单个服务设施选址和连续选址。重心法计算过程中仅考虑运输方面的费用，而没有考虑物流设施建设的固定费用（如基本建设费用）及因经营管理产生的可变费用，加上实际选址中还要考虑地形地貌情况，利用重心法计算求得的最佳地点实际上很难找到，只能作为参考。

2. 运输规划法

运输规划法根据某个区域中各服务设施的能力以及各用户的需求量、各服务设施与各用户之间的运输价格表安排物流设施的配送任务，使该区域的总运输成本最小。求解运输规划模型的方法有很多，常采用表上作业法，即利用最小元素法和伏格尔法确定初始基可行解，用闭回路法和位势法进行检验，再在闭回路上进行方案调整，计算出调整后的运费变化。重复以上过程，直到总运费最小，就可得到最优解。运输规划法适用于重新分配各物流设施的配送范围以及配送量，又不涉及物流设施新建的情形。其不足之处主要在于对一些复杂情况很难建立合适的规划模型，或者模型太复杂，计算时间过长，难以得到最优解，有时虽然得出的解是最优解，但在实际中不可行。

3. Cluster 法与 CFLP 法

Cluster 法的基本思路是先将物流设施定位在需求点，然后对需求点进行组合以减少物流设施的数量，根据组合后的需求点的几何重心安排新的配送地址，直到总费用不再下降为止。CFLP（capacitated facility location problem）法的基本思路是首先假定初始方案已经确定，即给出一组网点的初始设置地址。根据初始方案，按运输规划模型求出各初始网点的供货范围，然后在各供货范围内分别移动网点到其他备选地址上，使各供货范围内的总成本下降，找到各供货范围内总成本最小的新网点设置地址，再以新网点设置地址代替初始方案，重复上述过程，直至各供货范围内的总成本不能再下降为止。这两种方法都属于启发式方法，不是精确算法，不能保证给出的解决方案最优，但只要处理得当，得到的可行解与最优解是非常接近的，而且启发式方法计算简单，求解速度快。

4. Baumol-Wolfe 法

Baumol-Wolfe 法是在满足供应及需求约束条件下，追求由运输费用、仓储费用及可变费用组成的总费用最低，以此选定物流设施地址。这种模型计算比较简单，只要运用一般运输规划的计算方法即可，避免了混合整数规划模型求解的困难。该模型采用的是逐次逼近法，不能保证必然得到最优解。此外，选择备选点的方法不同，有时求出的最优解中可能出现物流设施的数量较多的情况，即可能有物流设施数量更少、总费用更低的解存在。

5. 混合 0－1 整数规划法

该模型的目标函数是从备选地点中选出最佳的物流设施，使由物流设施的投资、经营管理费用以及运输费用组成的总费用最少，常用于解决物流网络设计中常见的大型、复杂的选址问题。混合 0－1 整数规划法的主要优点是能够把固定费用以最优的方式考虑进去。

由于该模型目标函数中包括了固定费用（物流设施的投资建设费），而固定费用是离散的，因此宜用离散变量的模型来处理，仔细分析后可发现求解此模型的计算量很大。

6. 双层规划法

双层规划法中的上层规划可以描述为决策部门在允许的固定投资范围内为使总成本（固定成本和变动成本）最低选择最佳的物流设施地点。双层规划法中的下层规划描述在多个物流设施存在的条件下，客户需求量在不同物流设施之间的分配模式，它的目标是使每个客户的费用达到最低，且假定在新物流设施建立前不存在已有的物流设施，也就是不考虑新旧物流设施之间的竞争。双层规划法充分考虑了物流规划部门与客户双方的利益，比较符合实际情况。但在实际选址中，竞争往往是存在的，即在新物流设施建立前，已有一个或多个物流设施。

物流设施选址决策是一个重要而复杂的问题，以上介绍的几种方法各自基于一定的假设前提，给出了具体的算法，有不同的适用范围。在实际应用时，要尽量利用模型的优势，尽可能避免模型的局限性（如表 4－1 所示）。

表 4－1　六种选址模型的优劣势比较

选址模型	优势	劣势	适用范围
重心法	模型简单、易于操作	没有考虑物流设施建设的固定费用及经营管理产生的可变费用；计算求得的最佳地点在实际选址中往往很难找到	单个服务设施选址和连续选址
运输规划法	表上作业法程序简单，算法成熟，易于编程和操作	对一些复杂情况很难建立合适的规划模型，求解复杂且不易得到最优解	适用于重新分配各物流设施的配送范围以及配送量，又不涉及物流设施新建的情况
Cluster 法与 CFLP 法	启发式方法，计算简单，求解速度快	不能保证给出的解决方案是最优的	用户的地址、需求量以及设置多个配送中心的数量均已确定
Baumol-Wolfe 法	模型计算比较简单，考虑了固定费用和可变费用	运用逐次逼近法，不能保证必然得到最优解	有限的几个可行点中的最优点
混合 0－1 整数规划法	能够把固定费用以最优的方式考虑进去	求解此模型的计算量很大，不易得到最优解	常用于解决物流网络设计中常见的大型、复杂的选址问题
双层规划法	考虑了物流规划部门与客户双方的利益，考虑了投资约束对模型的影响	不考虑新旧物流设施之间的竞争问题	适用于新建的物流系统中多物流设施选址的情况

4.1.3　物流设施选址实例分析

物流设施选址应综合运用定性分析与定量分析方法。一般而言，定性布局方法对数据的要求不是很高，操作简单方便，但较随意；定量布局方法较精确、科学性强，但获取数据较难，加之影响因素很多，使用不易。在实际的物流设施选址工作中，应将定性和定量布局方法结合起来，根据实际情况采用“定性—定量—定性”的布局模式，以达到良好的效果。在此，以A市农产品加工物流园区选址为例，利用层次分析法（analytic hierarchy process，AHP）介绍物流选址的基本步骤和方法。

1. 物流园区选址的基本思路

A市农产品加工物流园区选址的目的是适应A市农业的发展，满足农产品物流不断增加的需求，充分发挥农产品物流园区的作用。为得到一个合理的物流园区布局，应遵循系统的观点，充分认识A市经济的发展趋势，明确A市农产品加工物流园区发展的社会背景；了解城市总体规划，洞悉农产品物流系统的特点及城市对外交通格局；在农产品物流量预测的基础上明确系统规模、物流流向及其基本规律（这是物流园区布局的基础和主要依据）；根据物流园区布局的原则，选定物流园区的位置，确定物流园区的规模，选用适当的方法对拟定场站进行评价，分析物流园区的社会与经济影响。上述过程循环反复，直至得到满意的物流园区选址。A市农产品加工物流园区选址的思路如图4-1所示。

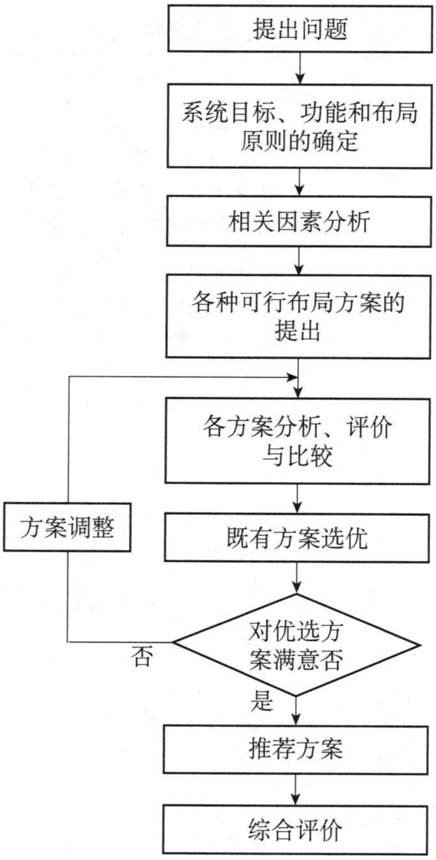

图4-1　A市农产品加工物流园区选址的思路

2. 物流园区选址的基本原则

借鉴物流领域领先国家与城市的做法，本着高效、快捷、科学的原则，A市农产品加工物流园区的选址既要按市场经济的原则运作，又要接受政府的政策引导。在选址过程中，应坚持以下原则：

（1）与城市总体规划相协调。城市总体规划是城市发展的蓝图，农产品加工物流园区总体布局规划应纳入城市总体规划范畴，其场站布局应与城市总体规划布局相协调，以促进城市各项功能的发挥。

（2）符合 A 市实际。根据 A 市的具体情况，考虑 A 市城区节点在全国、全省交通枢纽和区域物流网络中的地位和作用，通过运用定量预测和定性分析方法，使 A 市农产品加工物流园区能够较好地适应 A 市的市情、客货流特点以及生产力布局，以促进 A 市的经济发展。场站地址的选择充分考虑了 A 市是组团式城市兼顾山城的特点，坚持理想站位与实际用地可能相结合，在用地选择受约束的情况下，寻求最佳可能方案。

（3）农产品物流进出便捷。农产品加工物流园区建设的主要目的是为农产品生产企业、货主和车主服务，在顾客、货主满意的前提下赢得市场份额并获取利润。农产品加工物流园区要考虑服务区域的大小以及车辆进站的便捷性，同时也要考虑运输车辆对城市交通的影响。农产品加工物流园区一般位于城市中心区的边缘地带，在城市道路网的外环线附近。同时，考虑到物流运输方式的多样性，农产品加工物流园区一般位于内外交通枢纽中心地带，至少有两种以上交通运输方式连接，特别是铁路和公路。

（4）远近结合，一次规划，分期实施。兼顾规划的超前性和实施的可行性，做到一次规划，分期实施，并随着时间的推移、形势的变化和业务的拓展不断完善。物流园区的选址布局要根据实际需要（预测中期、远期的需要），远近结合，急需先建，量力而行。

（5）需求优先，新旧兼容。在满足农产品物流需求的前提下，应尽量考虑利用现有的农产品批发交易市场，以节省投资。新建园区应开发短、平、快项目，要先建设功能项目，以尽早产生运营效益。

（6）注重环境保护。农产品加工物流园区及周围地区的环境受到车流、人流、货流的不同程度的影响。在布局时，坚持项目建设与环境效益同步考虑，增强环保意识，切实减少污染。

（7）力求规模效益。农产品加工物流园区一般位于土地资源开发较好的地区，用地充足，成本较低。场站的选址在充分考虑城市农产品物流分布特点的情况下，尽可能追求规模效益，避免出现太多、太分散的布局。

3. 物流园区选址的备选方案确定

经过专家推荐，拟定四个备选的物流园区地址，分别是 TYL 农产品加工物流园区、HT 农产品加工物流园区、YZY 农产品加工物流园区和 ZF 农产品加工物流园区。

4. 基于 AHP 评价方法的 A 市农产品加工物流园区选址分析

（1）比选模型的建立。农产品加工物流园区的规划建设是一个复杂的系统工程，场站布局涉及投资、城市形态、路网规划以及后期运营管理等一系列相互关联的影响因素。对不同布局方案进行评价和优选，必须建立对照和衡量各备选方案的统一尺度，即评价指标体系。评价指标体系必须科学、客观、全面地考虑各种因素，包括建设物流园区所需考虑的因素，以及园区建成后产生的效果和利弊。根据系统工程的原理，结合 A 市城市规划的特点，以系统方案优选为目标，考虑物流园区的基本功能，经粗选、征求意见以及分析筛选，得出 10 个评价指标，以描述规划方案和比选模型。

在如图 4－2 所示的比选模型中，目标层为方案优选，准则层为 10 个相关的评价指标，措施层为各备选地址。可采用 AHP 评价方法对比选模型进行评价。

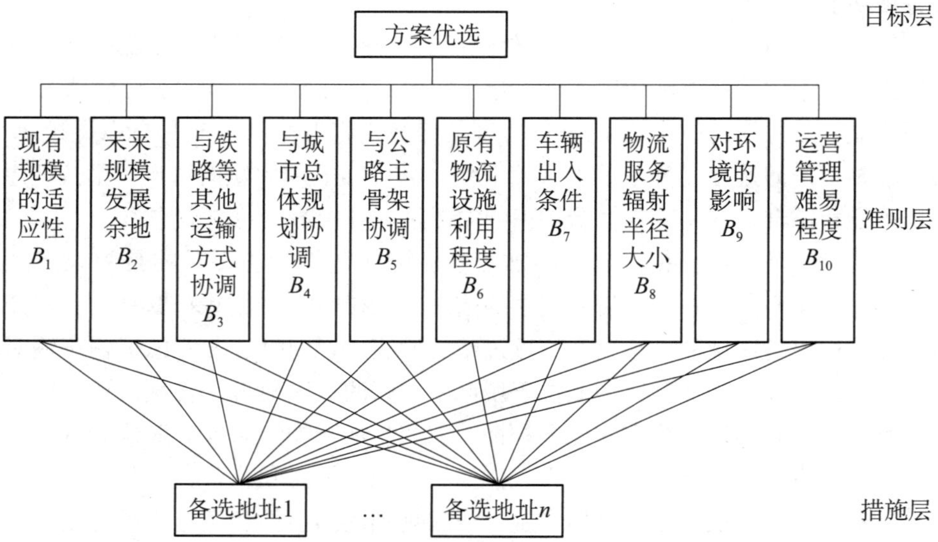

图 4－2　A 市农产品加工物流园区选址方案比选模型

（2）评价指标的含义。

1）现有规模的适应性——B_1。该指标用于描述已有物流园区的规模满足需求的程度。一般认为，物流园区需求与其能力之比处于 0.75～0.85 较为合适。

2）未来规模发展余地——B_2。该指标用于描述物流园区规划用地以外扩展的可能性。场站四周用地越易扩展，其发展余地越大。

3）与铁路等其他运输方式协调——B_3。该指标描述了与铁路等其他运输方式转换的方便程度。转换越方便，协调性越好。可用各运输方式之间的路径距离衡量。

4）与城市总体规划协调——B_4。仅考虑两个主要指标的协调：与城市总体规划中用地规划协调——B_{41}；与城市道路网协调——B_{42}。

5）与公路主骨架协调——B_5。该指标用于描述物流园区与公路主骨架衔接的程度，衔接得越好，协调性越好，该值也越大。它反映了出入城市的便捷程度。

6）原有物流设施利用程度——B_6。该指标表示物流园区选址对原有的农产品批发市场或者集散中心的利用程度。利用程度越大越好。

7）车辆出入条件——B_7。该指标用于描述车辆出入物流园区的方便程度。车辆出入条件越好，进出越方便，该值越大。

8）物流服务辐射半径大小——B_8。该指标表示物流园区对城市农产品物流的服务程度，例如，对各农产品超市和连锁店以及各农产品生产企业的物流服务辐射程度。

9）对环境的影响——B_9。对物流园区来说，规模越大，影响也越大；不同性质的环境对周围的影响不同，对居住区的影响最大。影响主要分两个方面：噪声污染和废气污染。两者均与物流园区的规模（需求）成正比。

10）运营管理难易程度——B_{10}。该指标与物流园区的规模有关，物流园区越大，业务种类越多，物流园区的总体管理就越难。

（3）选址方案比选。基于上述分析，对 A 市农产品加工物流园区的备选方案进行比选。采用基于 AHP 评价方法的物流园区选址比选法。

在准则层中，共有 10 个评价指标。参考国内其他物流中心以及相关农产品物流园区规划的评价结果，对这 10 个评价指标的权重进行设定，具体结果如表 4－2 所示。

表 4－2　物流园区选址方案评价指标的权重

B_1	B_2	B_3	B_4	B_5	B_6	B_7	B_8	B_9	B_{10}
0.04	0.11	0.13	0.15	0.13	0.10	0.12	0.14	0.04	0.04

接下来分析备选的 4 个地点分别对 10 个指标的影响，用 X_1，X_2，X_3，X_4 代表 4 个备选地点，则 4 个地点 X_1，X_2，X_3，X_4 对 B_i（$i=1$，2，…，10）的成对比较阵为：

$$Y_1=\begin{pmatrix}1 & 5 & 2 & 5\\ 1/5 & 1 & 1/3 & 1\\ 1/2 & 3 & 1 & 3\\ 1/5 & 1 & 1/3 & 1\end{pmatrix},\ Y_2=\begin{pmatrix}1 & 7 & 1 & 7\\ 1/7 & 1 & 1/7 & 1\\ 1 & 7 & 1 & 7\\ 1/7 & 1 & 1/7 & 1\end{pmatrix}$$

$$Y_3=\begin{pmatrix}1 & 3 & 5 & 7\\ 1/3 & 1 & 3 & 5\\ 1/5 & 1/3 & 1 & 3\\ 1/7 & 1/5 & 1/3 & 1\end{pmatrix},\ Y_4=\begin{pmatrix}1 & 1/3 & 3 & 5\\ 3 & 1 & 5 & 7\\ 1/3 & 1/5 & 1 & 3\\ 1/5 & 1/7 & 1/3 & 1\end{pmatrix}$$

$$Y_5=\begin{pmatrix}1 & 5 & 1/3 & 3\\ 1/5 & 1 & 1/7 & 1/3\\ 3 & 7 & 1 & 5\\ 1/3 & 3 & 1/5 & 1\end{pmatrix},\ Y_6=\begin{pmatrix}1 & 1/2 & 2 & 2\\ 2 & 1 & 3 & 3\\ 1/2 & 1/3 & 1 & 1\\ 1/2 & 1/3 & 1 & 1\end{pmatrix}$$

$$Y_7=\begin{pmatrix}1 & 3 & 1/3 & 1/3\\ 1/3 & 1 & 1/6 & 1/6\\ 3 & 6 & 1 & 1\\ 3 & 6 & 1 & 1\end{pmatrix},\ Y_8=\begin{pmatrix}1 & 3 & 5 & 6\\ 1/3 & 1 & 3 & 4\\ 1/5 & 1/3 & 1 & 2\\ 1/6 & 1/4 & 1/2 & 1\end{pmatrix}$$

$$Y_9=\begin{pmatrix}1 & 5 & 1/3 & 2\\ 1/5 & 1 & 1/7 & 1/3\\ 3 & 7 & 1 & 4\\ 1/2 & 3 & 1/4 & 1\end{pmatrix},\ Y_{10}=\begin{pmatrix}1 & 2 & 4 & 5\\ 1/2 & 1 & 2 & 3\\ 1/4 & 1/2 & 1 & 2\\ 1/5 & 1/3 & 1/2 & 1\end{pmatrix}$$

在构建上述 10 个判断矩阵的基础上，进行层次单排序。其方法是计算成对比较矩阵 A 的满足等式 $AW=\lambda W$ 的最大特征根 λ_{max} 和相对应的特征向量 W，W 为层次单排序权重值。然后，计算层次总排序。其方法是计算各候选地点的综合权重值，以综合权重值的大小作为农产品加工物流园区地点选择的最终判断依据。

在进行层次单排序和层次总排序时，需要进行一致性检验，主要是计算一致性指标 CI 和随机性指标 CR。其中，随机性指标 CR 值与判断矩阵的阶数相关，CR 可以通过查表 4-3 获得，例如，当 $n=4$ 时，查出 $CR=0.9$。当 $CI/CR\leqslant 0.1$ 时，认为判断矩阵的一致性是可以接受的；当 $CI/CR>0.1$ 时，认为判断矩阵不符合一致性要求，需要对该判断矩阵重新修正。层次单排序和层次总排序的具体结果如表 4-4 所示。

表 4-3 随机性指标 *CR* 值

n	1	2	3	4	5	6	7	8	9	10	11
CR	0	0	0.58	0.90	1.12	1.24	1.32	1.41	1.45	1.49	1.51

表 4-4 A 市农产品加工物流园区选址评价层次分析结果

指标	1	2	3	4	5	6	7	8	9	10
W_i	3.250 00	4.000 00	4.000 00	2.333 33	2.333 33	1.375 00	1.166 67	3.750 00	2.083 33	3.000 00
	0.633 33	0.571 43	2.333 33	4.000 00	0.419 05	2.250 00	0.416 67	2.083 33	0.419 05	1.625 00
	1.875 00	4.000 00	1.133 33	1.133 33	4.000 00	0.708 33	2.750 00	0.883 33	3.750 00	0.937 50
	0.633 33	0.571 43	0.419 05	0.419 05	1.133 33	0.708 33	2.750 00	0.479 17	1.187 50	0.508 33
λ_{max}	4.005 55	4.000 00	4.176 68	4.176 68	4.176 68	4.012 18	4.034 96	4.109 07	4.100 98	4.028 77
CI	0.001 85	0.000 00	0.058 89	0.058 89	0.058 89	0.004 06	0.011 65	0.036 36	0.033 66	0.009 59
CR	0.900 00	0.900 00	0.900 00	0.900 00	0.900 00	0.900 00	0.900 00	0.900 00	0.900 00	0.900 00
CI/CR	0.002 10	0.000 00	0.065 40	0.065 40	0.065 40	0.004 50	0.012 90	0.040 40	0.037 40	0.010 70
是否通过一致性检验	是	是	是	是	是	是	是	是	是	是

通过上述 10 个评价指标的权重计算以及对各备选方案的排序，可以得到各备选方案的最终评分，计算过程如下。

1）备选方案一（TYL 农产品加工物流园区）的最终评分：

$$\begin{aligned}Z_1=&3.250\,00\times 0.04+4.000\,00\times 0.11+4.000\,00\times 0.13+2.333\,33\times 0.15\\&+2.333\,33\times 0.13+1.375\,00\times 0.1+1.166\,67\times 0.12+3.750\,00\times 0.14\\&+2.083\,33\times 0.04+3.000\,00\times 0.04\\=&2.749\,2\end{aligned}$$

2）备选方案二（HT 农产品加工物流园区）的最终评分：

$$\begin{aligned}Z_2=&0.633\,33\times 0.04+0.571\,43\times 0.11+2.333\,33\times 0.13+4.000\,00\times 0.15\\&+0.419\,05\times 0.13+2.250\,00\times 0.1+0.416\,67\times 0.12+2.083\,33\times 0.14\\&+0.419\,05\times 0.04+1.625\,00\times 0.04\\=&1.694\,4\end{aligned}$$

3）备选方案三（YZY 农产品加工物流园区）的最终评分：

$$\begin{aligned}Z_3=&1.875\,00\times 0.04+4.000\,00\times 0.11+1.133\,33\times 0.13+1.133\,33\times 0.15\\&+4.000\,00\times 0.13+0.708\,33\times 0.1+2.750\,00\times 0.12+0.883\,33\times 0.14\\&+3.750\,00\times 0.04+0.937\,50\times 0.04\\=&2.064\,3\end{aligned}$$

4）备选方案四（ZF 农产品加工物流园区）的最终评分：

$$\begin{aligned} Z_4 &= 0.633\,33\times 0.04+0.571\,43\times 0.11+0.419\,05\times 0.13+0.419\,05\times 0.15 \\ &\quad +1.133\,33\times 0.13+0.708\,33\times 0.1+2.750\,00\times 0.12+0.479\,17\times 0.14 \\ &\quad +1.187\,50\times 0.04+0.508\,33\times 0.04 \\ &= 0.888\,6 \end{aligned}$$

最终的评价结果表明，备选方案一（TYL 农产品加工物流园区）的最终评分在四个备选方案中最高，因此该报告以 TYL 农产品加工物流园区作为最终选址。

（4）确定推荐方案。A 市农产品加工物流园区选址的最终方案为 TYL 农产品加工物流园区，该物流园区交通方便，有 XQ 铁路 A 市火车站，方便铁路运输，紧邻环城高速，方便上公路主骨架；该物流园区地势开阔，便于长远发展；该物流园区位于城市规划的仓储运输中心地带，符合城市规划发展的需要；该物流园区能够有效服务于老城区与城东新区，地理位置优越，具有广阔的市场前景。通过物流园区的合理建设、运作与管理，可实现 A 市农产品物流的快速发展。

4.2　物流网络规划

案例 4－3

菜鸟网络加快物流配送中心布局

菜鸟网络是阿里巴巴集团、银泰集团联合复星集团、富春集团、顺丰集团、三通一达（申通、圆通、中通、韵达），以及相关金融机构共同组建的物流平台。其目标是基于天网（大数据、云计算等数据网络）、地网（区域仓储中心）、人网“三网合一”的理念，将消费者、电商客户、物流伙伴联结起来，织起一张物流大网，为未来的商业打造物流基础设施。

2013 年，意欲构建首个“中国智能骨干网”的马云选中郑州建设投资额不少于 10 亿元的物流项目。这是继天津、上海、广州、武汉之后，菜鸟网络的又一个重要物流节点。至此，菜鸟网络在一二线城市的扩张脉络逐渐成形。2015 年，菜鸟网络增开三个天猫超市物流配送中心，分别位于成都、武汉、金义，加上已有的天津、上海、苏州、广州物流配送中心，形成了覆盖华北、华南、华东、西南、华中的仓配物流网络。当年，天猫超市覆盖城市总数达到 250 个以上，其中 50 个城市可实现当天下单，当日或次日送达。随着菜鸟仓储配送网络布局逐步完善，北上广深等大城市熟悉的次日送达服务延伸到二三线城市，覆盖上亿人群。2016 年 5 月，菜鸟网络与高德地图合作，共同打造 5 级地址库和 4 级地址库，将配送网络延伸至乡镇和街道。其中，5 级地址库把地址服务精细到小区和楼宇。菜鸟物流的覆盖范围正在逐步扩大，逐渐覆盖至三四线城市甚至农村地区。

菜鸟物流的网络布局促进电商物流不断变革升级。经过几年的仓储资源积累、各相关领域的战略性投资以及整个大平台体系的构思和建造，菜鸟构建起了一个较为完备的生态系统，让物流快递提供更优质的服务。

资料来源：王璀一．菜鸟网络投资郑州 超 10 亿建物流中心．北京商报，2013－10－14；菜鸟携合作伙伴布局商超物流网 50 城可次日送达．（2015－04－02）．https：//tech. huanqiu. com/article/9ckrnJJvXI.

4.2.1 供应链环境下企业物流网络规划概述

企业物流网络是指支持企业采购、生产、销售等环节的物流活动中的组织与设施的集合。企业物流网络通常是由各种不同的物流节点和它们之间的连线构成的，包括供应商、仓库、配送中心、零售商、运输线路以及在各机构之间流动的原材料、在制品库存和产成品。这种物流网络一般是按区域分布的。在经营活动中，企业需要不断地对物流系统进行优化重组，以节省物流成本、提升客户服务水平，这就需要物流网络规划。物流网络规划是保证物流系统高效运行的前提。由于物流网络的效率对企业整体绩效有很大的影响，因此，物流网络的运营效率很大程度上取决于物流网络规划的合理性，只有合理规划才能使物流系统得到整体优化。

企业物流网络规划的主要任务是确定企业产品从原材料起点到市场需求终点的整个流通渠道的结构。企业物流网络规划包括物流设施的类型、数量与位置，服务的顾客群体与产品类别，以及产品在设施之间的运输方式。

在供应链环境下，物流网络规划者可能由一家企业担任，也可能由几家企业共同担任，物流网络规划的参与者基本上会涵盖供应链的所有成员，因此，企业物流网络规划必须充分考虑空间和时间两方面因素。空间因素是指为工厂、仓库、零售点等设施选址。时间因素是指保持产品的可得性以满足为顾客服务的目标，涉及库存政策与运输管理。

以某产品的流通网络为例（如图 4－3 所示），需求方可以从所在地仓库和销售点得到产品，也可以直接从产品的供应源头（工厂或总经销商）购买。中转仓库可以从区域销售中心或直接从供应源头获得产品。物流网络规划的目标就是要充分考虑从供应地到需求地的各种渠道和成本，在满足时间和空间两方面因素的前提下，以最小的成本获得最大的物流利润。

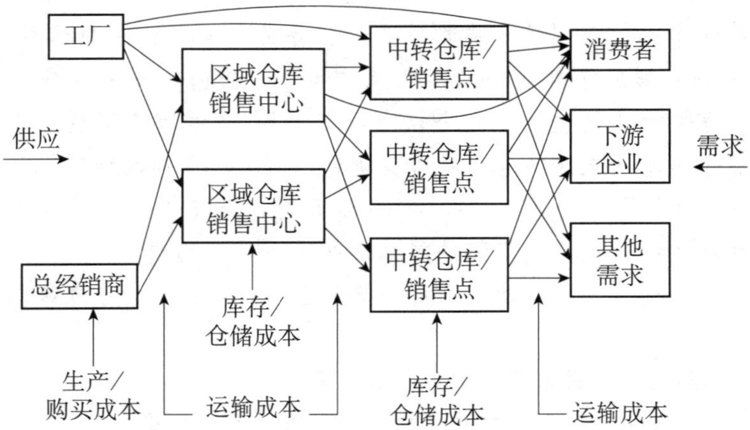

图 4－3　某产品的流通网络

4. 2. 2　供应链环境下企业物流网络规划要解决的问题[①]

企业物流网络规划主要解决做什么、何时做和如何做的问题，涉及三个层面：战略层面、策略层面和运作层面。它们之间的主要区别在于规划的时间跨度。战略规划（strategic planning）是长期的，时间跨度通常超过一年。策略规划（tactical planning ）是中期的，一般短于一年。运作规划（operational planning）是短期决策，是每天或者每个小时都要频繁进行的决策。决策的重点在于如何利用战略性规划的物流渠道快速有效地运送产品。

企业物流网络规划主要解决四个方面的问题：客户服务水平、设施选址战略、库存决策战略和运输战略。

1. 客户服务水平

企业提供的客户服务水平比其他任何因素对系统设计的影响都要大。服务水平较低，可以在较少的存储点集中存货，利用较廉价的运输方式。服务水平高则恰恰相反。但当服务水平接近上限时，物流成本比服务水平上升更快。因此，物流战略规划的首要任务是确定适当的客户服务水平。

2. 设施选址战略

存储点及供货点的地理分布构成物流规划的基本框架。其内容主要包括确定设施的数量、地理位置、规模，并分配各设施所服务的市场范围，这样就确定了产品到市场之间的线路。好的设施选址应考虑所有的产品移动过程及相关成本，包括从工厂、供应商或港口经中途存储点然后到达客户所在地的产品移动过程及相关成本。通过不同的渠道来满足客户需求，如直接由工厂供货、供应商或港口供货、经选定的存储点供货等，都会影响总的分拨成本。需求成本最低的需求分配方案或利润最高的需求分配方案是选址战略的核心所在。

3. 库存决策战略

库存决策战略指管理库存的方式。将库存分配（推动）到存储点与通过补货自发拉动库存，代表着两种战略。其他方面的决策内容还包括产品系列中的不同品种分别选在工厂、地区性仓库或基层仓库存放，以及运用各种方法来管理永久性存货的库存水平。企业采用的具体政策将影响设施选址决策，必须在物流战略规划中予以考虑。

4. 运输战略

运输战略包括运输方式、运输批量和运输时间以及路线的选择。这些决策受仓库与客户以及仓库与工厂之间距离的影响，会影响仓库选址决策。库存水平也会影响运输批量和运输决策。

客户服务水平目标、设施选址战略、库存决策战略和运输战略是规划的主要内容，因为这些决策会影响企业的盈利能力、现金流和投资回报率（陆华，2003）。

---

① 本小节参考了高梦昭，张文杰．基于供应链的物流网络设计研究．物流技术，2005（10）．

4.2.3 基于供应链环境的物流网络规划原则

基于供应链的物流网络规划，除要遵守一般的物流网络规划原则外，还应考虑基于供应链的物流网络特点、供应链环境对物流网络的特殊要求，遵循以下几个原则。

1. 整体性原则

该原则要求在网络规划过程中从物流网络的整体出发考虑相关问题。在供应链环境下，物流网络包括情况不同的各种成员企业，在确定网络目标时要从全局利益出发，才更容易达成广泛的一致性。

2. 协作性原则

企业之间的相互合作是整体性原则的延伸。在进行物流网络规划时，可以成立专门的业务小组负责规划工作，小组成员为各企业的代表。这样从规划开始就可以协调企业间的关系，了解其他企业对自身和网络的期望。同时也可以制定一些利于协作的合约与运作流程（信息传递方式与渠道、信息共享范围等）。

3. 整合性原则

基于供应链的物流网络涉及范围广，遇到的问题更复杂，因此在规划中必须充分发挥创新精神，大胆引进整合思想。供应链是非常强调整合性的。例如，以前的物流网络规划只在单个企业内进行，现在的物流网络扩展到整个供应链，可以整合更多的资源，采取更多的资产处理方式优化整个网络；原来只需要周转自己的商品，现在结合返货、退货可以更好地组织物流活动；等等。

4. 收益最大原则

收益最大原则是物流网络规划永恒不变的原则。在物流网络规划的分析过程中，企业应注意某项成本的增加能否带来相对的收益弥补，如果不能，就不应采取该方案。这时还应注意整体性原则，如果局部成本的增加小于其带来的整体利益的增加，该方案就是可行的。

4.2.4 企业物流网络规划的考虑因素

通常来说，企业物流网络规划涉及许多方面的内容，企业必须考虑多种因素的作用，包括战略因素、竞争对手因素、客户因素以及运营成本因素。

1. 战略因素

企业战略对企业物流网络规划具有指导作用。不同的战略下会有不同的物流网络规划结果。基于成本战略的企业，更多地考虑降低企业的运营成本，其设施选址首先考虑的是地价和劳动力成本以及如何达到最低。基于客户战略的企业，一般认为使客户享有最满意的服务、在最短的时间内响应客户需求是企业战略的根本。这类公司会把设施选在最方便到达客户的地方，即便租金较高。基于混合型战略的企业，可能在一些地区以成本战略为指导，而在另外一些地区采用客户战略。

2. 竞争对手因素

企业在规划物流网络时必须考虑竞争对手的战略、规模和设施布局。如果市场竞争的氛围是倡导共赢，那么企业会把设施建在竞争对手的附近。在北京、天津等成品油销售竞争激烈的城市，中石油、中石化的加油站油库配送中心相距不远，这样布局主要考虑到竞争因素。

3. 客户因素

企业所服务客户的特点是物流网络规划的决定因素之一。客户对物流设施的服务质量、服务价格、服务半径、响应速度等方面的需求直接影响企业物流网络布局规划。联邦快递对全球物流网络重新布局就是一个例子。

案例 4-4

中通拓展网络布局，进军生鲜物流领域

2020 年 7 月 26 日，中通云仓科技官方微信公众号发布消息，生鲜仓配服务已进入北京、上海等 10 个城市，接下来将覆盖全国 30 多个城市。在同城配送舞台上，美团、饿了么、顺丰同城等在 2B 和 2C 端布阵已久，盒马鲜生、每日优鲜凭借流量、时效、仓位抢到一席之地。后来者中通该如何寻觅差异化竞争优势呢？

1. 入局同城仓配

据中通相关负责人介绍，基于生鲜零售的快速发展，2019 年 8 月，中通云仓科技成立中通云配（上海）科技有限公司（以下简称中通云配），开始对生鲜仓配业务进行全面布局，为商家提供仓储、分拣包装、配送和集中采购“一站式”服务。

具体来讲，这张大网包括产地设置的产地仓、销地城市设置的中心仓以及中通网点设置驿站前置仓。同时，中通云仓科技在全国 10 个核心城市设置了生鲜三温仓，配备专业冷藏、冷冻及冷鲜区，商品覆盖新鲜蔬果、海鲜水产等。

值得一提的是，该服务会通过专职生鲜配送队伍进行全程冷链配送，只送生鲜，同城实现当天达。不仅如此，企业研发的中通云配温控箱还会对末端配送交付提供保障。中通相关负责人介绍，中通云配服务既面向企业，也面向消费者。

2. 成本有待平衡

实际上，生鲜品类易损耗、对温度敏感，对物流企业的冷链运输、仓储能力提出了较高要求。一位经营过生鲜前置仓的业内人士介绍，前置仓在不同地段的租金不一，较好的地段一年租金能达到百万元。水电费的开销一个月一两万元，冷库较为费电，“前置仓能否盈利取决于单量的规模，否则连房租都挣不回来”。而在人力成本方面，该人士称，分拣员工资在 5 000～7 000 元，骑手在 8 000～10 000 元。

显而易见，中通也在权衡生鲜仓配的成本投入。中通相关负责人解释，在同城配送 2C 服务中，前置仓并不会以重本进行重建，主要是利用网点的剩余空间进行仓储。配送运力则是与第三方公司合作。

在快递专业人士徐勇看来，快递物流市场细分化、个性化是大趋势，物流企业做同城末端 2B、2C 业务，主要还是希望从细分市场切入，利用现有资源来承载更多业务，以此增加业务量和业务收入，提高综合竞争能力，“国外的企业通常会采用兼并的方式，或者利用网点资源来延伸做同城业务。这个模式可以探讨，不过，如何做到专业化，降成本不

降质量，是物流企业需要思考的问题”。

3. 能否切出“蛋糕”

徐勇认为，像一些小饭店、餐馆等商家，为了保持食材的新鲜度，减少仓储的占用来降低商业地产成本，不可能做大量的仓储，所以需要高频次的配送。特别是面对临时加货的情形，快递企业就能发挥出优势，这也是中通能切入这个市场的原因。

快递专家赵小敏认为，当前像美团、盒马、每日优鲜等企业在生鲜货源、批发市场、餐饮企业等供应链环节上已经做了切割，同城生鲜市场竞争尤为激烈。除此之外，同城生鲜配送在时效、安全、成本控制上都有很高的要求。中通要想切入进来，仅仅依靠送菜等业务来获得利润增长较为困难。“这个领域仍然是以规模取胜，需要巨额资金投入，以集团军模式作战。”

此外，赵小敏指出，部分快递企业在网点上做简单的服务叠加，效果不太明显，主要原因还是在于商流。“企业需要将赛道进行细分，在提高专业化解决问题能力的同时，围绕加盟商提供服务，根据当地产业与快递网点的融合度，思索如何与合作伙伴协同配合，打造适合加盟制的产品。”

资料来源：赵述评．商战：中通进军生鲜物流，同城配送还有“蛋糕”可分？．北京商报，2020-07-28.

4. 运营成本因素

随着物流网络重新架构，一些设施的角色、选址、分配能力发生改变，这样会减少一些非优化成本，同时增加一部分新支出。物流网络规划需要综合考虑各类成本变化，重新设计的目的一般是使总成本降低。这就要考虑物流运营成本和设施相关成本。

物流运营成本主要包括库存成本和运输成本，对于某些产品，仓储的特点是整批运入、分批运出，如书籍、香烟等。这类产品的仓储设备一般选在目标市场附近，尽管加大了产品运入仓库的距离从而增加了运入成本，但缩短了配送商品到终端客户的距离，降低了商品的运出成本，综合效应是降低了成本。还有一些产品是整批运入、整批运出，如钢铁、煤炭等。这类产品的仓储设备一般设在原材料产地，邻近生产加工厂，仓库输入成本低、输出成本高，综合效应还是降低了成本。

设施相关成本包括设施新建成本、设施日常运营成本等，从根本上可分为两类：固定成本和可变成本。固定成本具有一次性投入、数额巨大、长期返本的特点，如新建设施购买的土地、厂房、机器等成本；可变成本是伴随产品的每一个流动周期发生的生产、加工、包装、售后服务等成本，具有反复投入、数额较小、短期返本的特点。对设施相关成本的评估一定要有长远的眼光，并全面考虑投入产出比。

4.2.5 基于供应链的物流网络规划步骤

我们可以通过八个具体步骤构建基于供应链的物流网络规划。基于供应链的物流网络规划步骤如图4-4所示。

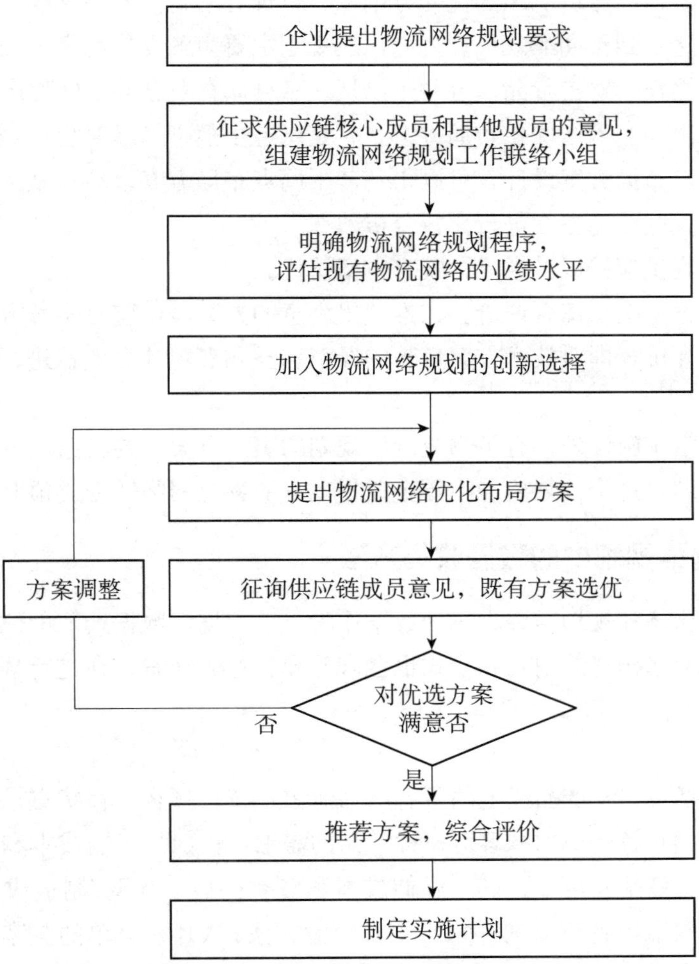

图 4-4 基于供应链的物流网络规划步骤

第一步，企业提出物流网络规划要求。企业根据自身的实际情况，提出物流网络规划的具体要求，包括成本、设施、服务、时间、网点等。

第二步，征求供应链核心成员和其他成员的意见，组建物流网络规划工作联络小组。由该小组协调物流网络规划项目的开展工作。

第三步，明确物流网络规划程序，评估现有物流网络的业绩水平。在开始规划基于供应链的物流网络时，首先要明确物流网络规划程序，然后评估现有物流网络的业绩水平。必须测量并记录现有物流网络中各网点的位置、运输、存货、仓储成本、设施成本以及各个活动的反应时间等，作为将来优化后物流网络比较的基础。

第四步，加入物流网络规划的创新选择。这是物流网络规划中最需要创新和经验的一个步骤。在供应链内规划其整体的物流网络比以往的物流网络规划面临更多的不确定性与更加复杂的环境，必须结合具体情况，大胆采用一些新方法来解决现有的问题，或者独辟蹊径，争取收到意想不到的效果。大多数决策支持工具仅能用于评估方案而不能生成方案，其关键在于设计出尽可能多的优秀方案以分析现有的物流网络和得出解决方案，墨守成规的方案往往达不到预期的效果。例如，在规划中要为各类货物考虑新的物流模式，如直接送货、越库操作、寄销货品、合并进出货、联合库存及合并中转程序等。

第五步，提出物流网络优化布局方案。它是所有步骤中最耗时也是难度最大的一个步骤。通过物流网点布局方案设计，可以得到若干网点布局方案，然后从成本、服务和资产使用率等方面对这些备选方案进行比较分析。

第六步，征询供应链成员意见，既有方案选优。

第七步，推荐方案，综合评价。在推荐出满意的方案后，应对推荐方案进行技术经济评价和社会效益评价，即对技术方案带来的经济利益和宏观社会效益进行分析计算，为决策提供科学依据。

第八步，制定实施计划。有了物流网络规划的决策方案，要将蓝图变成现实还需要制定有效的实施计划，这个计划要能指导企业把现有的物流网络转变成预期的物流网络。

4.2.6 物流网络规划中的数据收集方法①

物流网络的构建和规划需要大量的数据作为决策依据，数据选取的侧重点不同、数值不同，物流系统网络构建的内容和模式也会有差异。总的来看，在进行规划之前，首先要收集如下信息。

1. 数据类别

数据类别包括：（1）产品线上的所有产品清单；（2）顾客、存货点、原材料供应源的地理分布资料；（3）各区域的顾客对每种产品的需求量；（4）运输成本和费率；（5）运输时间、订货周期、订单满足率；（6）仓储成本和费率；（7）采购/制造成本；（8）产品的运输批量；（9）网络中各节点的存货水平及控制方法；（10）订单的频率、批量、季节波动；（11）订单处理成本与发生这些成本的物流环节；（12）顾客服务目标；（13）在服务能力限制范围内设备和设施的可用性；（14）产品配送模式。

2. 数据来源

数据来源于企业内外部各环节。主要包括经营运作文件、会计报告、物流研究、公开出版物等。

（1）经营运作文件。企业的经营业务管理中会产生一些业务报告文件，这些文件可以为物流网络规划提供原始数据。例如，可以从销售订单处理系统中获取有关顾客地理分布、各市场产品历史销售、运输批量、存货水平以及订单满足率和顾客服务水平等重要数据，这些数据存放在电脑中，使用起来十分方便。

（2）会计报告。会计数据的重点在于提供包括物流活动在内的所有经营业务活动的成本。当然，目前的会计体系往往没有直接提供物流管理人员所关心的库存持有成本和库存损失成本等重要数据，对某些物流成本的描述也含糊不清。尽管如此，会计报告仍是成本

① 本小节参考了生静宇，冯爱兰．企业物流的网络规划．中国储运，2005（5）．

数据的主要来源。

相关资料 4-1

成本数据收集存在较多困难

企业在进行物流网络规划的过程中需要大量数据。成本方面的数据直接决定建模后的总成本计算问题，因此是最重要的数据之一。在数据收集过程中，成本数据是不可或缺的。调查成本数据是非常困难的事情，很多企业的财务部门出于自身部门利益的考虑，不太愿意公开企业会计报告和成本数据，因此通常需要公司的高层领导出面协调解决。同时，由于企业管理规范性不足，缺乏合理的成本统计，许多成本数据收集不全。例如，某专家曾给山东某物流公司做物流规划咨询，要求公开企业的运输车辆成本数据，包括每月每车的燃油费、保险费、资产折旧费、路桥费、车辆规费、管理费、司机工资等，但该企业的成本数据收集并不全面，直接影响了物流规划咨询所需的成本数据的收集工作。

(3) 物流研究。与经营运作文件和会计报告的不同之处在于，物流研究描述和定义了一些十分重要的基本关系，如销售与服务的关系、运输费率与运输距离的关系等。企业内部人员或企业外部的咨询机构、专家学者都可以开展物流研究。事实上，物流研究有时并不是直接为某个企业开展的。社会上的一些研究机构经常资助开展行业性的物流研究，并将研究报告提供给会员单位。对同行业甚至其他行业的企业来说，这些研究报告也是物流数据的来源。

相关资料 4-2

线路非直线系数大有用途

企业在进行物流网络规划的过程中，通常需要了解产品从生产地到销售地的运输距离。这种运输距离有时能够查到，例如，省内两个城市之间的短途公路运输距离通常可直接查阅公路交通地图得到，但对于大区域范围来说，有时并不能直接测定采取某种运输方式的实际运输距离。为此，在进行物流网络规划时，可以采取引入线路非直线系数的方法。线路非直线系数是路网布局规划中的一项重要指标。网络两节点间的线路非直线系数定义为两节点间的路上实际距离与两点间空中直线距离之比。例如，公路的线路非直线系数不应大于1.4，铁路的线路非直线系数一般在1.1～1.3之间。因此，通过线路非直线系数可以换算出两节点之间的运输距离。

(4) 公开出版物。公开出版物（如物流行业杂志、政府资助的研究报告以及一些学术期刊）包含大量的关于物流成本、产业发展趋势、物流技术新进展、物流活动业务水平以及预测等重要信息。企业物流管理人员必须具备相当的理论素质，经常阅读这些公开出版物，从中获得具有指导性意义和价值的分析数据。

3. 数据的信息化

对收集的数据进行组织、概括、分类等处理，使之成为辅助决策的有用信息。针对网络规划问题，研究物流信息的关键要素以及信息的产生过程。

（1）数据单位。在物流分析中常用的单位有重量单位（如千克、吨）、货币单位（如元、美元）、体积单位（如升）、计数单位（如箱、件）等。物流数据以何种单位为主取决于企业管理层对数据决策的使用偏好。生产制造企业往往采用重量或计数单位，而零售企业多采用货币单位。

（2）产品分类组合。企业的产品线往往包含成百上千种产品。由于不同的产品有各自的特性与式样，同种产品有不同的包装与尺寸，因此，在物流网络规划中应该考虑到每种产品的特性。但是在实际的信息收集过程中，不可能针对每一种如此细分的产品类别进行数据收集与分析，这就需要对产品进行分组归类。网络分析通常要求分析对象的产品类别不超过 20 个。

（3）运输费率估算。物流成本是网络规划的主要决策依据，企业必须对各种方式的运输费率作出准确的估算。企业运输的费率估算需要掌握较为详细的运作成本数据以及运输工具的行驶路线。表 4－5 和表 4－6 是两个成本费率估算的例子。如果企业使用自备运输工具的费用较高，从资源优化配置的目标出发，可以将一部分产品的运输工作交给企业外部的运输力量完成。

表 4－5　某物流公司一辆 28 吨重卡月运营成本统计（20××年 4 月）

车辆核定吨位（吨）		28
车辆实际承运吨位（吨）		32
燃油费用	现行燃油价格（元/升）	6.2（0 号柴油）
	每百公里耗油（升）	45
	每百公里耗油成本（元）	279
	每月载货运输公里数	1 000
	每月空载运输公里数	1 200
	每月燃油总费用（元）	6 138
该车每年的保险费（元）		6 000
该车每年的固定资产折旧费（元）		4 732.625×12＝56 791.5
该车每年的维修费（元）		29 260
该车每年的驾驶员工资（元）		4 000×12＝48 000
该车每年的过路过桥费用（元）		8 655
该车每年的交通规费（元）		7 658×12＝91 896
该车每年的大致管理费用（元）		40 000
每月费用总计（元）		29 521.5

表4-6　重庆万州港口至其他港口的成本费率（20××年）

装卸费率	万州—上海	化工品	10.5～11.0元/吨	1 050元/20′ 1 900元/40′
		煤炭	14.0～15.0元/吨	
	万州—南京	化工品	10.5～11.0元/吨	1 250元/20′ 1 920元/40′
		煤炭	14.0～15.0元/吨	
	万州—城陵矶	化工品	10.5～11.0元/吨	1 250元/20′ 1 920元/40′
		煤炭	14.0～15.0元/吨	
运价	万州—上海	化工品	80～85元/吨	3 000元/20′ 5 000元/40′
		煤炭	52～55元/吨	
	万州—南京	化工品	70～78元/吨	3 500元/20′ 5 600元/40′
		煤炭	46～50元/吨	
	万州—城陵矶	化工品	37～40元/吨	—

说明：20′表示20英尺集装箱，40′表示40英尺集装箱。

（4）顾客聚集处理。通常来说，制造企业的顾客并不是完全聚集在某个点或者某个城市，而是零散分布。为了方便计算，可将众多顾客的购买需求量在区域中汇总，用一定数量的聚集点代替这些顾客的分布。以美国为例，根据人口分布的密度将美国本土划分200个左右的聚集点，其运输成本估算偏差小于1%。以中国为例，可将产品顾客区域划分为华东区、华南区、华中区、华北区、东北区、西北区、西南区等，不同的区域又可进行二次划分，直至便于处理为止。

（5）设施成本。设施成本是关系物流网络规划的重要因素。与仓库设施相关的成本可分成三类：固定成本、存储成本和操作成本。固定成本包括税收、租金、管理费用、资产折旧等项目，这类成本不随仓库存储量的变动而变动；存储成本是平均存货水平的函数；操作成本主要指系统、方案进行运行后所需要的费用，随货物周转量的变动而变动。对于企业自行建造的仓库等设施，会计部门会定期提供成本清单。物流管理人员需将这些成本细分为以上三类进行物流网络规划分析。在企业租用公共仓库时，只需考虑可变的存储成本与操作成本，相关的费率很容易得到。

（6）设施能力限制。在物流网络规划中企业必须考虑到厂房、仓库、销售点等设施具有一定的运行能力的限制。这是物流网络规划中的一个重要内容。当然，设施的运行能力的限制并不是刚性的，可以通过多种方法在短期内得到一定程度的扩张，以满足紧急情况的需要。例如，在高峰期，可以通过增加作业人员，提高仓储出入库效率和运输能力。有些设施的运行能力与设施本身相关，不一定具有弹性。

（7）物流需求预测。物流网络规划应该基于未来一定时间内企业物流运作的需要，完全基于历史数据和当前数据进行物流网络规划是没有意义的。因此，在分析中有必要采用一些中期或长期预测方法预测未来物流网络中所需的物流量。在实践中，许多企业采用五年预测数据进行物流网络设计。

（8）其他因素与限制。在收集了基本的经济数据之后，仍需要掌握一些重要的设计条件，通常来说有五项：1）财务限制，例如，对新规划的物流设施的最大投资额；2）法规和政治限制，例如，在评估设施选址方案时必须排除某些特殊区域；3）人力资源限制，要充分考虑是否有足够数量和质量的人力支持新的战略；4）时间限制，即在时间上满足一定的服务水平，达到既定的服务效率；5）合同限制，包括现有的和未来可能发生的合同。

4.2.7 物流网络规划中的建模方法

在物流网络规划的过程中，数据和信息是分散的，只有通过有效的分析工具和分析模型，才能将这些数据和信息综合起来。物流网络规划建模工作就是将这些数据信息进行综合分析与优化。物流网络规划建模旨在用数学建模的方法对企业物流网络结构问题（主要是指使用的固定设施的数量、位置和规模）进行数学分析，对企业物流网络结构的规划流程进行分析，为企业物流网络结构设计与优化提供可行的设施选址和网络优化解决方案。

物流网络最优化设计是比较复杂的，通常要借助数学模型和计算机实现。随着应用数学和计算机技术的发展，物流网络中的优化已形成了多种方法，常用的模型有以下五种。

1. 图表技术

泛指大量的直观方法。这类技术不需要深奥的数学分析，能够综合反映各种现实的约束条件，其分析结果的质量并不低。支持这种分析的方法大量存在并广泛应用，如统计图表、加权评分法、电子表格等。借助这些方法，加上分析人员的经验、洞察力以及对网络规划的良好理解，往往能得到满意的规划方案。

对于不是特别复杂的物流网络规划，通常可以用图表进行一般基础性的表达，让研究者一目了然地得到结论。

2. 仿真模拟模型

仿真技术在物流规划中十分重要，应用广泛，其优点在于能方便地处理随机性的变量要素，并能对现实问题进行比较全面的描述。物流网络的模拟对成本、运输方式与运输批量、库存容量与周转等要素赋予合理的数量关系并加以描述，通过编制计算机程序进行物流网络的模拟运行。通过对模拟结果的评估分析，选出最优的网络设计方案。仿真技术的可视化和动画界面提供了不可替代的沟通方式。企业管理者可以通过仿真模拟模型，直观、具体、无误地向其他人员表达对系统的理解和对未来的设想。

供应链和物流管理是仿真技术应用最广泛、产生经济效益最大的领域之一。正因为可试验性、可量化性和快速性，仿真技术比其他分析工具有更强的说服力和直观性。目前，常用的仿真软件包括 FlexSim、RaLC（乐龙）、Witness（SDX）、AutoMod、ShowFlow、SIMAnimation、Arena、Supply Chain Guru、Classwarehouse 等，这些仿真软件各有特色，企业可各取所需。

3. 优化模型

优化模型通过精确的运筹学方法求出决策问题的最优解。在提供假设前提和足够的数据后，优化模型能够保证求出最优解。许多复杂的模型借助计算机程序可以方便地求解。优化模型的主要缺点在于，一个数学模型往往无法包含现实问题中所有的约束条件与影响因素，使用者必须在运算能力限制与假设条件个数之间进行权衡。

4. 启发式模型

启发式模型在建模上介于仿真模拟模型与优化模型之间，能对现实问题进行较为全面的描述，但并不保证得到最优解。启发式模型追求的是满意解，而不是最优解，在解决物流管理中一些最困难的决策问题时，该方法具有很强的操作性。

5. 专家系统模型

专家系统，也称人工智能系统，是将人们以往在解决问题中积累的经验、方法与专长转化为计算机程序，把专家的知识与解决问题的逻辑思维以程序的方式“传授”给计算机，借助其强大的计算能力解决实际问题。开发专家系统模型的最大阻碍在于如何识别、获取专家的智慧与知识，并将之转化成计算机程序。表 4 - 7 为五种物流网络规划建模方法的比较。

表 4 - 7　五种物流网络规划建模方法的比较

方法	优势	劣势	适用范围
图表技术	图表表达直观、易懂	不能进行大规模的网络规划，应用范围受限	简单的、低精度的物流网络规划
仿真模拟模型	能方便地处理随机性的变量要素，并能对现实问题进行比较全面的描述	仿真的前提是需要建立系统的数学模型，有些因素和变量不易进行处理，仿真算法也有困难	设计结果和精度要求较高的大型物流网络规划
优化模型	求解结果非常精确	模型中无法包含现实问题中所有的约束条件与影响因素	复杂条件下的大规模物流网络规划
启发式模型	求解迅速、操作方便，可以得到满意解	可能无法得到最优解	复杂条件下的大规模物流网络规划
专家系统模型	定性与定量相结合，集成了专家智慧	将专家智慧转成计算机程序仍存在困难	需要建立一个专门的专家系统，然后进行物流网络规划

4.2.8　A 公司物流配送网络优化建模案例分析

A 公司主要负责化工产品从集团公司的生产地到销售地的调运业务，即生产基地生产出来的产品首先进入公司位于基地附近的仓库储存，然后 A 公司根据各销售大区的销售计划将仓库内的产品调运至各销售区域。在 A 公司的运输网络中，涵盖了三个生产地和四个前沿销售大区。目前，采取的运输方式是以铁路运输为主、公路运输为辅。随着未来生产能力的增加，A 公司的运输压力不断增大，原有的运输能力不能满足现有的要求，迫切需要对公司的物流网络进行重新规划，对现有的运输、配送网络进行规划设计，合理选择运输、配送方式以及衔接方式，在已有的前沿仓库和运量的基础上优化建立转运中心（运输集散地），以及时解决运量增长速度过快的问题，达到降低运输成本、提高运输效率、提升客户满意度的目的。

1. 方案简述

物流网络优化方案的主要思想来源于铁道部门推行的五定班列方案，这是解决 A 公司运量暴增之后运输能力紧张问题的首选方案。在整体运能问题解决方案思想的指导下，五定班列的到达站所在城市将会成为货物集散中心和末端配送的转运中心。在班列开行之后，A 公司将通过生产厂仓库集结—使用五定班列运输—转运中心存储—公路配送到各前沿销售地点的方式运输货物。

物流网络的优化方案是以总成本最小为目标的，而在整个选择过程中，根据本方案的情况，可将总成本分为五定班列运输成本、仓储成本、末端配送成本三部分。五定班列运输成本是指五定班列开行后的铁路运输成本，为了方便后续的计算，将卸车成本等一次性仓储费用①也计算在内；仓储成本是指到达转运中心后、转运前的仓储成本，这里仓储成本只包括仓库保管费这类与存放时间相关的成本费用，目前的前沿仓库都是租赁的当地的仓库，不需要投入大量固定资产，选用某个地方作为转运中心或取消某个转运中心没有额外的固定成本；末端配送成本是指从转运中心运出到最终的前沿仓库之间的末端配送成本，包括每个转运中心配送到各需求点的公路配送费用。

通过优化技术可以得到优化后的每个生产地到各转运中心的调运量、转运中心的吞吐量和转运中心到各需求点的配送量。可以通过优化后的转运中心的吞吐量，确定是否需要在该地设立转运中心。

在计算过程中有一些合理的假设：备选的转运中心集中在目前运输流向中所涉及的站点，不从其他未涉及的站点中选择。转运中心的仓库仍然选择在所选站点的附近。

根据各生产厂运送到各前沿销售大区各站点的运量，对备选的站点进行初步筛选。其原则为去掉在某一年达不到运达量要求的站点，例如，某城市始发到各站点的年流量需要在 1 万吨以上。

在优化后，如果备选站点的吞吐量太小，那么它将被舍去，这样剩下的备选站点将被选为转运中心。

假定一个地方只有一个仓库，即使目前有两个仓库，也将被看成一个仓库。

末端配送一律选择公路运输方式，并且假设各大区内公路短途单位运费相等。

全部产品对于选定的同种类型的车皮所能运输的重量是相等的。除少量化工产品（如涤纶短纤，仅占总量的 0.4%）外，每车皮所能装载的产品吨数是一样的。

2. 优化建模

(1) 符号的定义：

X_{ij} 表示从第 i 生产厂向第 j 转运中心运输的年调运量；

Y_{jh} 表示从第 j 转运中心向第 h 前沿仓库配送的年配送量；

BC_{ij} 表示从第 i 生产厂运输一吨产品到第 j 转运中心的平均五定班列运输成本；

SC_j 表示第 j 转运中心每吨每天的仓储成本；

DC_W 表示西南地区公路配送的吨公里平均费用；

DC_N 表示华北地区公路配送的吨公里平均费用；

DC_E 表示华东地区公路配送的吨公里平均费用；

① 仓储费用可以分为两部分：一部分是一次性收取的费用，是与仓储的时间以及面积无关的费用，如卸车费用（下站和掏箱等费用）、出库装车费用等，单位是元/吨；另一部分是与仓储的时间和面积相关的费用，如仓库保管费用，单位是元/吨·天。

DC_S表示华南地区公路配送的吨公里平均费用；

UC_j表示第 j 转运中心发生的一次性（如卸货）每吨成本；

D_{jh}表示第 j 转运中心到第 h 前沿仓库的平均配送距离；

DE_h表示第 h 前沿仓库的年需求量；

SP_i表示第 i 生产地的总流出量。

（2）目标函数：

$$\min \text{成本}=\text{五定班列运输成本}+\text{仓储成本}+\text{末端配送成本} \tag{4-1}$$

$$\text{五定班列运输成本}=\sum_i \sum_j (BC_{ij}+UC_j)X_{ij} \tag{4-2}$$

$$\text{仓储成本}=\sum_j \text{前沿仓库收费天数}\times SC_j \times \frac{\sum_i X_{ij}}{\dfrac{\text{各大区前沿仓库}}{\text{平均年周转率}}} \tag{4-3}$$

$$\text{末端配送成本}=\text{西南配送成本}+\text{华北配送成本}+\text{华东配送成本}+\text{华南配送成本} \tag{4-4}$$

$$\text{西南配送成本}=\sum_{j\in W} \sum_h DC_W \cdot D_{jh} \cdot Y_{jh} \tag{4-5}$$

$$\text{华北配送成本}=\sum_{j\in N} \sum_h DC_N \cdot D_{jh} \cdot Y_{jh} \tag{4-6}$$

$$\text{华东配送成本}=\sum_{j\in E} \sum_h DC_E \cdot D_{jh} \cdot Y_{jh} \tag{4-7}$$

$$\text{华南配送成本}=\sum_{j\in S} \sum_h DC_S \cdot D_{jh} \cdot Y_{jh} \tag{4-8}$$

（3）约束条件：

$$\sum_h Y_{jh} = \sum_i X_{ij} (j=1,2,\cdots,\text{为第 } j \text{ 个转运中心}) \tag{4-9}$$

$$\sum_{j\neq h} Y_{jh} = DE_h (h=1,2,\cdots,\text{为第 } h \text{ 个前沿仓库}) \tag{4-10}$$

$$\sum_j X_{ij} = SP_i (i=1,2,\cdots,\text{为第 } i \text{ 个生产企业}) \tag{4-11}$$

$$\frac{X_{ij}}{52} \geqslant \text{五定班列每周最少运输量} \tag{4-12}$$

当 $j=h$ 时，$D_{jh}=0$，假设转运中心所在城市的末端配送近似于零。

当 $j=h$ 时，$Y_{jh}=DE_h$，转运中心所在城市的配送量直接等于需求量而非流入量之和。

其中，式（4-9）表示第 j 个转运中心的流入量等于其流出量；式（4-10）表示第 h 个前沿仓库流入量等于其需求量；式（4-11）表示每一个生产地流出量等于其总产量；式（4-12）表示保证五定班列的开行量能通过铁道部门的审定。

3. 优化结果

利用 Matlab 软件对本方案进行仿真计算。根据模型的优化结果，将企业原有的 41 个备选配送中心削减为 20 个转运中心，60 个前沿仓库削减为 38 个，规划后的物流网络平均运费比规划前降低了 35%，且能够大幅提高公司的物流配送能力，平均运输时间比规划前缩短 23%，每个转运中心的辐射范围比原有的配送中心辐射范围更大。配送网络优化后，有效地满足了客户要求，实现了快速响应。图 4－5 是优化后的天津市转运中心辐射范围图，原有的配送区域为 4 个城市，优化后现在扩大到 6 个城市。

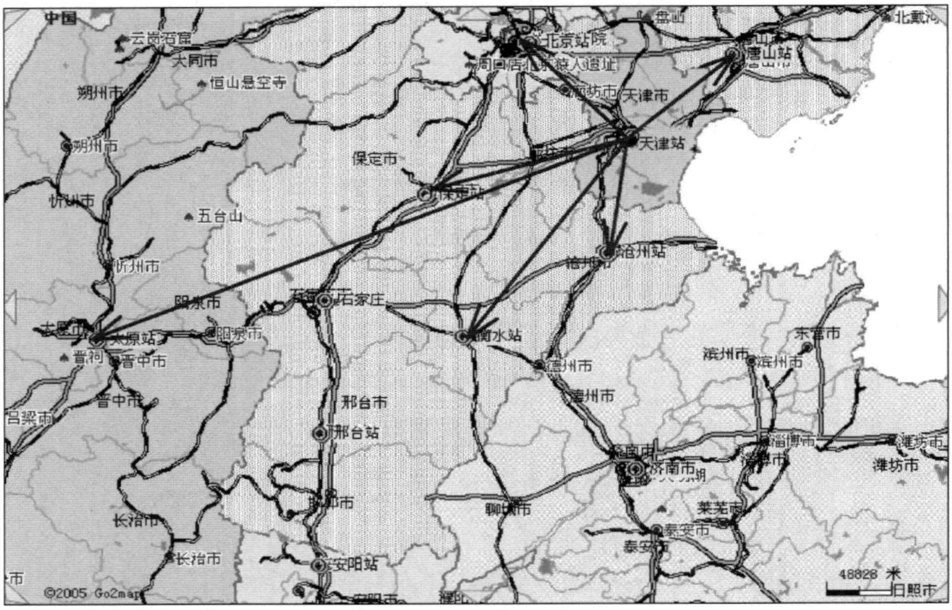

图 4－5　优化后的天津市转运中心的辐射范围

本章小结

物流设施选址不仅关系到企业的日常运营管理，而且关系到整个国民经济的健康运行。物流设施的选址过程应同时遵循适应性原则、协调性原则、经济性原则和战略性原则。就物流选址决策的影响因素而言，大致可以分为外部因素与内部因素两类。外部因素包括诸如宏观政治及经济因素、基础设施因素、环境因素、竞争对手因素等。内部因素包括企业发展战略因素、商品特性因素、物流费用因素、服务水平因素等。

物流设施选址的方法大致可以分为定性和定量两种。其中，定量方法包括重心法、运输规划法、Cluster 法与 CFLP 法、Baumol-Wolfe 法、混合 0－1 整数规划法和双层规划法。

企业物流网络是指支持企业采购、生产、销售等环节的物流活动中的组织与设施的集合。企业物流网络规划必须充分考虑空间和时间两方面因素。企业物流网络规划涉及战略、竞争对手、客户以及运营成本因素，主要解决客户服务水平、设施选址战略、库存决策战略和运输战略四个方面的问题。

基于供应链的物流网络规划，可以通过八个具体步骤进行，分别是：企业提出物流网络规划要求；征求供应链核心成员和其他成员的意见，组建物流网络规划工作联络小组；明确物流网络规划程序，评估现有物流网络的业绩水平；加入物流网络规划的创新选择；提出物流网络优化布局方案；征询供应链成员意见，既有方案优选；推荐方案，综合评价；制定实施计划。

物流网络的构建和规划需要大量的数据作为决策依据，物流网络规划建模旨在用数学建模的方法对企业物流网络结构问题（主要是指使用的固定设施的数量、位置和规模）进行数学分析，对企业物流网络结构的规划流程进行分析，为企业物流网络结构设计与优化提供可行的设施选址和网络优化解决方案。

关键概念

物流设施选址　物流网络规划　物流网络建模

思考题

1. 影响物流设施选址的因素有哪些？请举例说明。
2. 物流设施选址有哪些常用的方法？
3. 企业物流网络规划要考虑哪些因素？
4. 企业物流网络规划主要解决哪些问题？
5. 物流网络建模有哪些技术？
6. 如何进行基于供应链的物流网络规划？

课堂讨论题

1. 在物流网络规划中，应该如何收集物流信息和数据？
2. 有人说，供应链环境下物流网络规划已经成为发展趋势。你是如何理解这句话的？

补充阅读材料

1. 李延晖．物流网络规划与设计．武汉：华中科技大学出版社，2013.
2. 蒋淑华，桑小娟，柳莹，等．物流系统仿真理论与实践．南京：东南大学出版社，2015.
3. 周跃进，陈国华，等．物流网络规划．2 版．北京：清华大学出版社，2015.

案例分析

中铁现代物流全国物流网络布局模式创新

中铁现代物流科技股份有限公司（以下简称中铁现代物流）是由世界 500 强企业中国铁路物资股份有限公司（以下简称中国铁物）控股的国有大型第三方物流公司，成立于 2002 年，注册资本 1.18 亿元。

中铁现代物流总部设在北京，经过十多年的积极探索和努力，在大连、北京、天津、青岛、南京、上海、武汉等主要枢纽城市设有 18 家分、子公司，控制协调遍布全国的 1 500 多个配送中心及作业部，依托先进的物流信息系统支持，形成了以枢纽城市为核心、覆盖全国的物流网络体系。

中铁现代物流从战略高度出发，采用科学的研究分析方法得出全国物流网络布局的方案，并根据各个网点的特点选择网点建设的实施方式。

（一）物流网络布局的内涵

中铁现代物流在全国进行物流网络布局。布局是指对事物的全面规划和安排，物流网络布局是指在物流业务发展需求的经济区域内规划、选址、设置物流节点的决策过程。

中铁现代物流根据中国铁物核心业务需求、区域经济发展状况、交通区位条件，对物流节点在特定经济区域内的位置选择进行总体安排和优化部署，将物流网络节点城市结构分为一级节点城市、二级节点城市和三级节点城市，具体定义如下：

一级节点城市为公司物流网络结构中的“面”级，是公司全国性物流枢纽中心，公司现有分、子公司及规划建立分、子公司所在的城市。其中现有一级节点（已成立的分、子公司所在城市）中业务发展良好、区位优势突出、未来发展潜力巨大的城市为一级核心节点城市。

二级节点城市为公司物流网络结构中的“线”级，是公司区域性物流构架节点，公司现有基层作业点数量较多、业务量较大的城市以及未来涉及实体资源投入或较大项目投资的区域重要城市（一级节点城市除外）为公司二级节点城市。

三级节点城市为公司物流网络结构中的“点”级，是公司物流网络的基础节点，主要为各业务板块基层作业点所在的城市，承担各业务板块基本的业务运作。

（二）物流网络布局的基本原则

中铁现代物流进行全国物流网络布局主要遵循以下四个基本原则。

1. 以落实公司战略规划为原则

为实现中国铁物“成为世界一流的供应链集成服务提供商”和中铁现代物流“打造国内领先的专业化综合物流服务提供商”的宏伟战略目标，中铁现代物流全国物流网络布局是实现战略目标的重要手段，它能够上控资源、下建渠道，切实提高供应链集成能力，满足提高铁路产业综合服务和钢铁供应链集成服务能力建设需求。

2. 以支撑主业发展方向为原则

在中国铁物确定的三级网络布局方案的基础上，中铁现代物流结合自身经营特点，建设符合战略规划方向的物流网络，选取适合中铁现代物流发展的重要城市节点进行建设，争取五至六年内形成覆盖全国、支撑中国铁物主业运营和发展的完备物流网络。

3. 以满足社会物流市场需求为原则

除满足中国铁物内部物流需求外，社会市场是中铁现代物流的重要发展方向。社会物流需求目前呈现越来越清晰的区域化联动发展态势，社会物流的发展与区域经济发展状况、物流发展政策、产业结构和布局、交通区位和政策环境等密切相关，中铁现代物流将以满足社会物流市场需求为原则，优先考虑在全国主要资源产地和商贸流通发达地区进行物流网络布局。

4. 以分级分步规划建设为原则

全国物流网络的布局涉及面广、系统性强，需坚持分级分步规划建设的原则，结合中国铁物业务发展重点和中铁现代物流重点发展方向，制定出适合中铁现代物流发展的布局规划建设方案，按照业务发展的紧迫程度分级分步科学规划，逐步建立起覆盖全国的物流网络布局。

（三）物流网络布局规划的思路

制定中铁现代物流全国物流网络布局方案，首先充分调查中铁现代物流经营网点现状，分析物流网络存在的问题，然后结合中国铁物战略规划确定的铁路产业综合服务和钢铁供应链集成服务两大核心业务，详细分析各个区域关于铁路建设和钢铁产业链的现状和未来需求情况。通过对内部业务发展情况、中国铁物规划定位以及与物流业务相关的影响因素进行分析，确定相关影响因素，建立分析模式，运用科学的分析方法得出全国物流网络布局的初步方案，最后根据一定的原则对初步方案进行评价和优化，制定最终的全国物流网络布局规划方案。

（四）选址影响因素的选择

影响物流节点选址的因素有很多，既要重点考虑中国铁物钢铁、矿石、煤炭等相关业务板块物流业务需求及中铁现代物流现有业务规模、中国铁物规划定位等内部因素，也要综合考虑城市经济发展水平、钢材消费量、交通区位条件和政策支持等外部因素，最终根据重要程度选择了相关度较高的六个指标作为分析因子（如表4-8所示）。

表4-8　物流网络布局节点选址影响因素表

<table>
<tr><th>影响因素</th><th>指标</th><th>内涵</th></tr>
<tr><td rowspan="6">内部因素</td><td rowspan="3">公司现有业务规模</td><td>在该城市内自有和租用的仓储面积</td></tr>
<tr><td>在该城市内现有经营网点数量</td></tr>
<tr><td>在该城市现有的业务模式</td></tr>
<tr><td rowspan="3">中国铁物规划定位</td><td>中国铁物在该城市规划的节点级别</td></tr>
<tr><td>中国铁物钢铁、矿产、能源业务在该城市内的理论物流量</td></tr>
<tr><td>中国铁物五年规划矿石、煤炭、钢轨业务在该城市内的潜在物流量</td></tr>
<tr><td rowspan="8">外部因素</td><td rowspan="3">城市经济发展水平</td><td>该城市的GDP值（近三年数据的移动平均值）</td></tr>
<tr><td>该城市第二产业产值占GDP的比重（近三年数据的移动平均值）</td></tr>
<tr><td>该城市年钢材消耗/流通量</td></tr>
<tr><td rowspan="3">钢材消费量</td><td>该城市规模以上港口的矿石、煤炭吞吐量</td></tr>
<tr><td>铁路、高速公路、省际公路、港口等</td></tr>
<tr><td>地理位置、资源等情况</td></tr>
<tr><td>交通区位条件</td><td>国家规划的物流中心城市、交通枢纽城市等</td></tr>
<tr><td>政策支持</td><td>该城市关于支持物流业发展的相关政策</td></tr>
</table>

（五）模型求解方法及初步结果统计

模糊综合评价法（fuzzy comprehensive evaluation method）是一种基于模糊数学的综合评价方法。该综合评价法根据模糊数学的隶属度理论把定性评价转化为定量评价，即用模糊数学对受到多种因素制约的事物或对象作出一个总体的评价。它具有结果清晰、系统性强的特点，能较好地解决模糊的、难以量化的问题，适合各种非确定性问题的解决。

选用模糊综合评价法进行求解，通过计算平均评价值、加权平均评价值、综合评价值、方差等得到初步统计结果（如表4-9所示）。

表 4-9　模糊综合评价法计算初步结果统计表

节点级别	总计（个）	区域	区域小计（个）
一级节点	46	华北地区	9
		东北地区	4
		华东地区	15
		华中地区	3
		华南地区	5
		西北地区	5
		西南地区	5
二级节点	60	华北地区	14
		东北地区	8
		华东地区	16
		华中地区	2
		华南地区	7
		西北地区	10
		西南地区	3
三级节点	68	华北地区	10
		东北地区	7
		华东地区	19
		华中地区	10
		华南地区	11
		西北地区	3
		西南地区	8

（六）规划方案的优化

将初步统计结果与公司现有的经营网点和拟设立的经营网点进行比较，针对经济发达区域网点比较密集和经济欠发达地区网点比较稀疏的情况，结合公司战略规划进行适当调整和优化，优化后的结果如表 4-10 所示。

表 4-10　物流网络布局优化方案表

节点级别	总计（个）	区域	区域小计（个）
一级节点	33	华北地区	6
		东北地区	3
		华东地区	9
		华中地区	3
		华南地区	3
		西北地区	5
		西南地区	4

续表

节点级别	总计（个）	区域	区域小计（个）
二级节点	39	华北地区	11
		东北地区	5
		华东地区	10
		华中地区	1
		华南地区	3
		西北地区	7
		西南地区	2
三级节点	58	华北地区	7
		东北地区	7
		华东地区	19
		华中地区	7
		华南地区	11
		西北地区	2
		西南地区	5

（七）物流网络布局规划实施方式

中铁现代物流在完成全国物流网络布局方案选择之后，主要采用以下三种方式开展网点的建设工作。

1. 自建方式

自建是指由中铁现代物流自主投资成立分、子公司或与合作伙伴合资，通过建设、收购、兼并等方式获取物流资源。合资项目公司原则上应控股（对公司核心业务发展有带动力的资源项目可适当放宽为参股），自建物流节点应保证一定规模，根据业务性质和实际情况，配套土地资源以及其他资源，以满足不同业务的需求。规划方案中的一级节点建设以自建方式为主。

2. 整合方式

整合是指中铁现代物流通过吸收加盟、输出管理、战略合作等方式实现对物流资源的品牌输出和实质控制，可对设施设备进行适当资金投入，中铁现代物流通过整合方式拥有对资源的运营和管理控制力。规划方案中二级节点建设以整合方式为主。

3. 外包方式

外包是指通过将物流业务以契约方式交由物流合作伙伴运作而得以使用物流资源。中铁现代物流通过外包方式与物流资源的拥有方建立业务合作关系，但对资源的控制力较弱，规划方案中三级节点建设以外包方式为主，可根据业务发展需求向整合方式转化。

资料来源：中国物流与采购联合会，中国物流学会．物流行业企业管理现代化创新成果报告（2012—2013），北京：中国财富出版社，2014.

案例思考题

1. 物流网络布局对中铁现代物流公司的发展有何意义？
2. 中铁现代物流公司是如何开展物流网络布局的？
3. 中铁现代物流公司是如何建设物流网络的？

05

Chapter

第5章

物流管理的组织体系

学习目标

通过本章的学习，学员应该能够：

- 了解物流组织结构的演变与发展
- 理解如何选择集中式或分散式物流组织结构
- 了解供应链环境下的物流组织结构
- 了解供应链环境下的业务外包与物流战略联盟
- 掌握供应链业务流程再造的基本方法

5.1 物流组织结构的演变与发展

5.1.1 物流组织形成的起因

物流是一项重要的活动，事实上任何类型的企业或机构都会进行物流活动。20 世纪六七十年代前，许多企业采用传统的组织形式，即建立财务、生产/运作和市场营销三个基本职能部门组织企业的生产经营活动。从职责上讲，三个部门的目标是不同的。财务部门的首要目标是利用最少的资金为企业获取最多的投资回报；生产/运作部门的目标是使单位产品生产运作的成本最小化；市场营销部门的目标是使利润最大化。从物流的角度看，物流的各项活动分散在三个部门当中。例如，运输可能由生产/运作部门负责，仓储管理由三个部门分管，订单处理由营销部门或财务部门负责。三个职能部门的基本目标不同，极易造成物流活动的不连续（如图 5－1 所示）。

三个部门的目标冲突会导致物流运作系统的低效率，甚至会影响整个企业的运作效率。例如，市场营销部门希望迅速送货以支持销售，而生产部门负责运输，希望送货成本

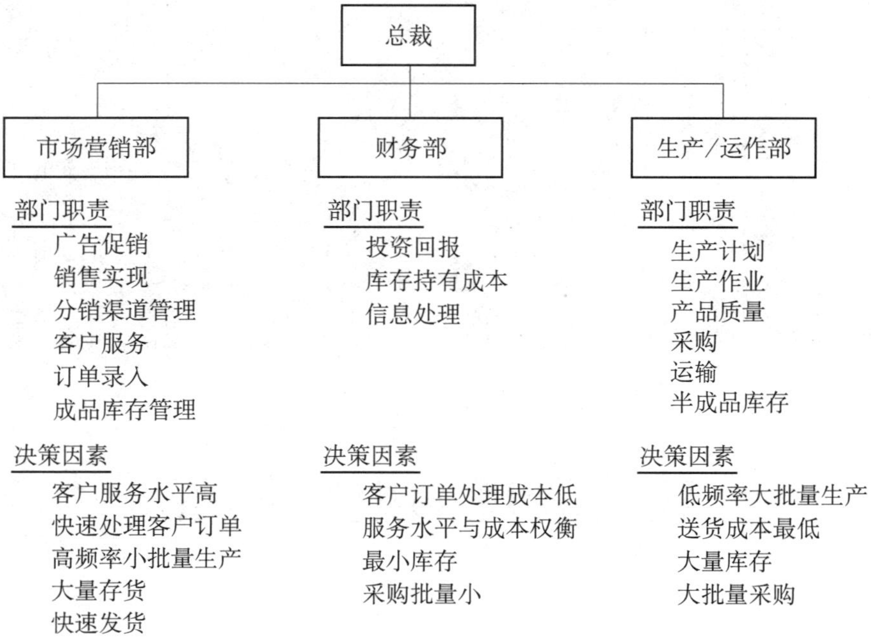

图 5－1　传统生产企业物流活动的组织形式

最低，如果不采取措施协调各部门的关系，就不可能实现物流成本与服务的最佳均衡。随着企业和社会的发展，物流组织形式（如设置专门的物流机构或专职物流管理人员）应运而生，并且不断发展，以适应企业的要求。

5.1.2　物流组织结构演变的五个阶段①

随着时间的推移和社会的发展，企业物流管理的理念不断改变。数十年来，企业物流活动的组织结构也在不断改变。一般来讲，物流组织结构的发展可以分为五个阶段。

第一阶段大致始于 20 世纪 70 年代初，各种类型的物流活动受到越来越多的关注，企业已经认识到与实物分拨、实物供应相关的一系列活动及其相互协调的重要性。但是，当时的组织结构非常不完善，主要通过对一些功能性活动（运输、搬运、仓储等）进行小范围的分组和集合来实施管理。例如，在生产/运作部门中，与实物供应相关的采购与仓储活动被组合起来，形成了物资供应部门这样的下属机构。在物流组织中，通过工作协调等非正式的手段平衡各部门的各项活动间的利益关系。组织形式的变化不是一个突变的过程，而是一个渐进的过程，当时对物流组织方面的变革进行了尝试，主要表现在三大部门体系内部，并未对传统的组织结构作出根本性的改变。

物流管理的组织形式在第二阶段出现了新的变化。企业常常指定一名高层管理人员负责相关物流活动的管理，他不是同时兼顾实物供应和销售实物分拨两个方面，而是专注于其中一个方面的物流组织活动。另外，在该管理人员之下，一般不配备强有力的职能部

① 本小节参考了冯耕中．现代物流与供应链管理．西安：西安交通大学出版社，2003.

门，通过给予他很高的管理职位来协调各部门间的活动。

组织结构发展的第三阶段是物流活动全面一体化阶段，既包含采购的实物供应，又包括销售的实物分拨。这一阶段大致从 20 世纪 80 年代后期开始，普遍的做法是趋向于实现产销物一体化，并建立起协调各项物流活动、有一定职权范围的组织结构。适时管理、快速反应、资源共享成为主要的管理理念。

20 世纪 90 年代，随着供应链管理思想的发展和应用，人们对物流的理解已经不局限于实物供应或实物分拨。物流组织结构进入第四阶段。此时，企业共同的认识是物流包括在原材料采购、生产以及产品到达最终用户整个过程中发生的所有活动。产销物一体化发展的理念逐渐成为企业物流管理的核心思想。企业采购实物供应、生产制造、销售实物分拨过程中的所有活动被纳入一体化物流组织管理的范畴。

随着供应链管理思想的深入发展，物流组织结构将会进入第五阶段，这个阶段对整个供应链渠道中的各独立法律实体之间的物流活动进行管理。此时的物流组织结构不仅会面临新的挑战，而且可能会实现旧的机构设置和组织体系所不能达到的效率。

5.1.3　物流组织结构的几种形式

伴随着物流组织演变的五个阶段，物流组织结构呈现出相应的典型模式。唐纳德·鲍尔索克斯等人将企业组织结构变化与物流管理、供应链管理等联系起来，对美国企业物流管理组织的变化总结了几种典型模式，并根据物流组织结构的时间发展顺序，提出了传统物流管理组织结构、简单功能集合的物流组织形式、物流管理功能独立的组织形式和一体化物流组织形式四种模式，目前正朝着基于动态流程再造的物流管理组织方向发展（鲍尔索克斯和克劳斯，1999）。

1. 传统物流管理组织结构

这种组织结构是按职能专业进行部门分工的组织形式（如图 5-2 所示）。部门划分主要以专业分类，物流的职能隶属于不同的部门。虽然有上级主管部门进行协调，但是各部门总是从各自的利益出发，从部门主管开始就很难达成一致，更不用说部门的工作人员了。这种情况导致整个工作缺乏跨职能协调，出现重复和浪费，信息被扭曲或延迟，权力界限和责任模糊。此时还没有出现独立的物流管理功能，也没有独立的职能部门，管理效率较为低下。

2. 简单功能集合的物流组织形式

随着市场的不断发展，业务分割和分散化的组织形式使企业很难对市场需求作出快速反应，于是企业管理者开始尝试组织功能的合并和集合，这种变化出现在 20 世纪 50 年代。此时的功能集合只集中在少数核心业务上，未大规模铺开。例如，市场营销部门的集中点通常在客户服务上。制造部门的集中点通常在进入原材料或零部件采购阶段，大多数部门并未改变，组织层次也未做大的改变，其功能整合的效果有限。简单功能集合的物流组织形式如图 5-3 所示。

3. 物流管理功能独立的组织形式

20 世纪 60 年代末 70 年代初，物流管理的重要性进一步受到重视，出现了物流管理功

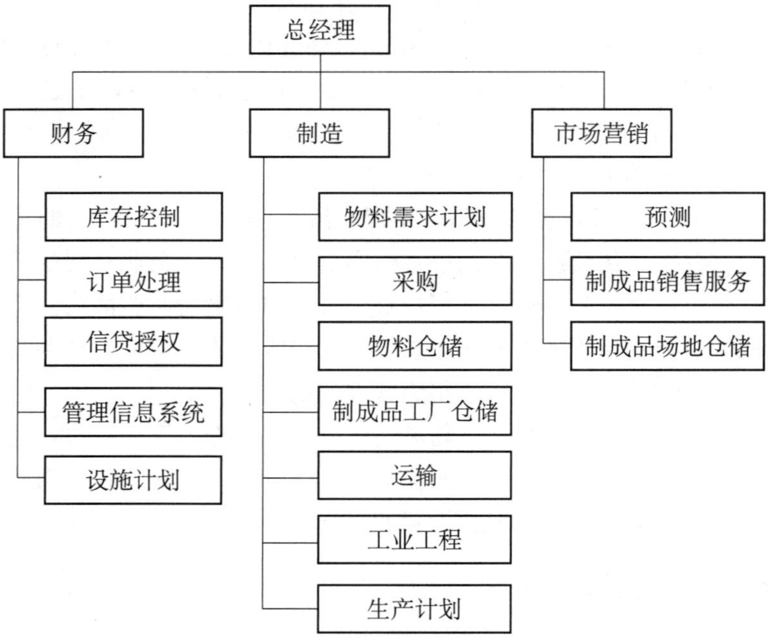

图 5-2　传统物流管理组织结构

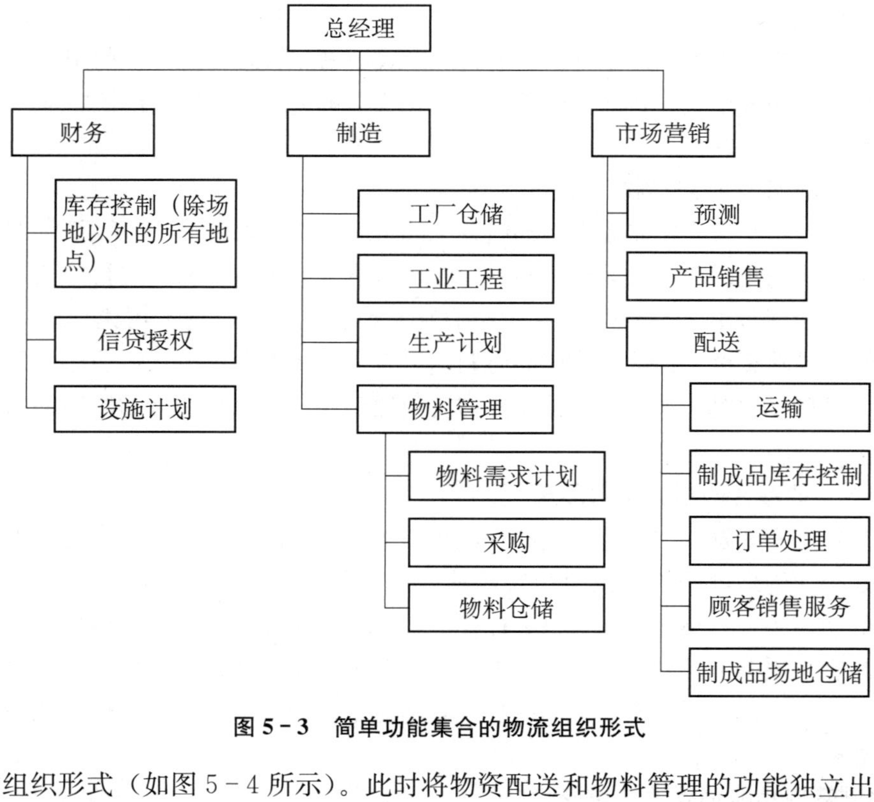

图 5-3　简单功能集合的物流组织形式

能独立的组织形式（如图 5-4 所示）。此时将物资配送和物料管理的功能独立出来，物流部门在企业中的地位提高了。随着市场需求的逐渐加大，企业为了更快地以更低的成本作出反应，纷纷建立面向零售业的物流配送中心，这是物流管理部门相对独立和地位提升的原因之一。

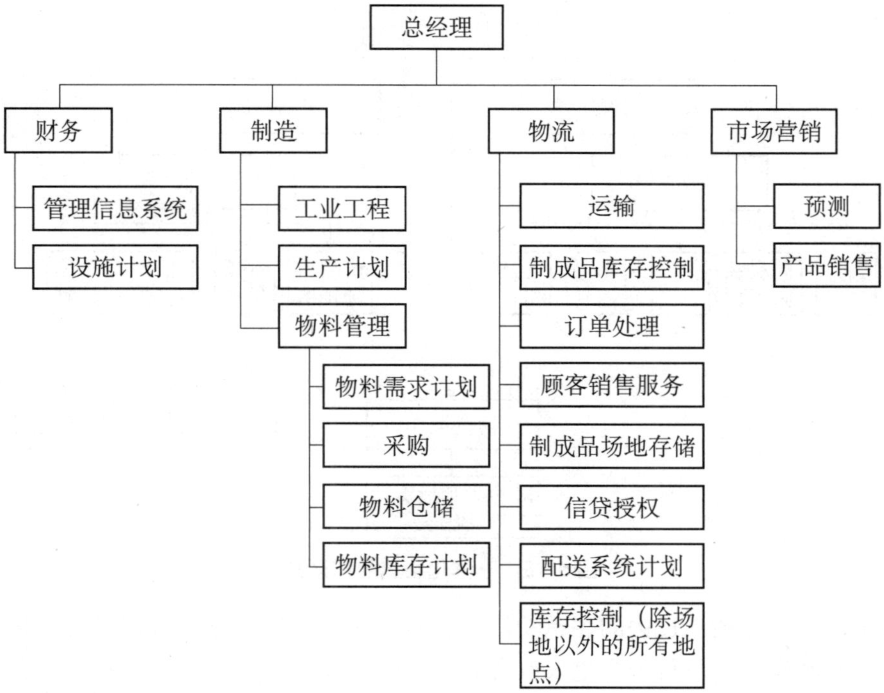

图 5－4　物流管理功能独立的组织形式

4. 一体化物流组织形式

20 世纪 80 年代初，一体化物流组织的雏形出现了。这种组织结构的目的是在高层经理的领导下，统一所有的物流功能和运作，对所有原材料和制成品的运输和存储进行战略管理，以使企业获得最大利益。此时，计算机管理信息系统的发展直接促进了一体化物流组织的形成（如图 5－5 所示）。

在这种组织结构中，物流经理的计划与控制职能最为关键，它处于组织的最高层次。计划功能的重点是进行长期的战略定位，并对物流系统质量改进和重组负责。物流控制聚焦成本和客户服务绩效的测量，并为管理决策制定提供信息。物流控制系统开发是综合物流管理的关键程序之一。物流组织中物流管理的核心职能是处理采购、制造支持和物流配送之间的利益协调问题，以利于从整体上把握全局观念。目前，我国有一部分制造企业（如中国石油、中国石化）的物流管理组织处于这个阶段。

一体化物流组织形式为供应链管理奠定了基本的组织形态。20 世纪 90 年代中期，物流组织已扩展到包括联盟关系，并在可预见的未来保持优势。一项综合研究显示，在过去的十几年里，物流组织完成了从物流功能分割到物流功能一体化的转变，功能渐趋整合。

5. 基于动态流程再造的物流管理组织

自从业务流程再造（business process reengineering，BPR）的概念提出后，适应供应

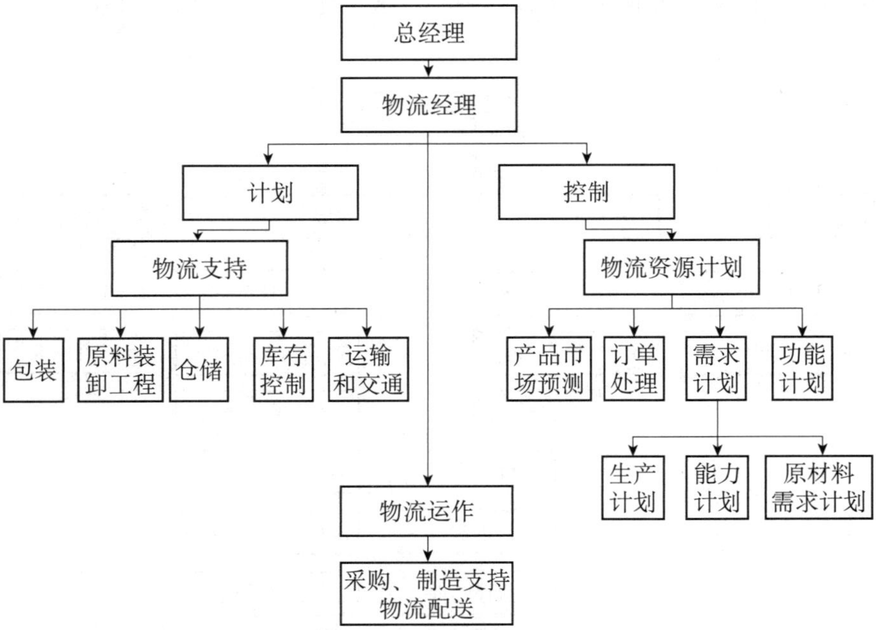

图 5-5　一体化物流组织形式

链管理的组织结构逐渐从过去的注重功能集合转向注重过程（或称流程）的重构。传统组织的改变未对基本工作流程进行重大改变。在新的环境下，功能一体化对企业获得优秀绩效的作用仍有不足，由于目前所处的经营环境和所依赖的信息技术与几十年前大不一样，不彻底改变原有流程就不能实现新的目标，因此，人们提出将流程的整合作为新的工作重心。这项工作正在欧美国家的企业中如火如荼地开展。物流组织演变和物流组织结构变化的对应关系如图 5-6 所示。

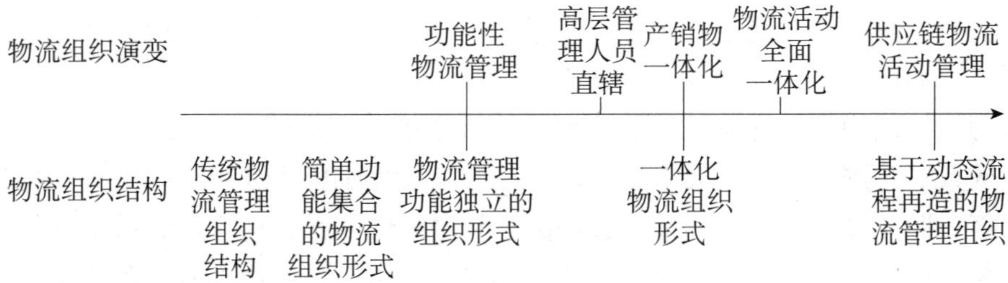

图 5-6　物流组织演变与物流组织结构

5.2　物流组织结构的管理——集中式管理与分散式管理

在大型企业中，常常按产品线划分事业部，实行事业部的管理体制。此时，物流结构的建设面临着管理模式的选择，即采用集中式管理还是分散式管理。

集中式管理是在企业一级组织物流活动，以便为所有产品提供服务（如图 5-7 所示）。

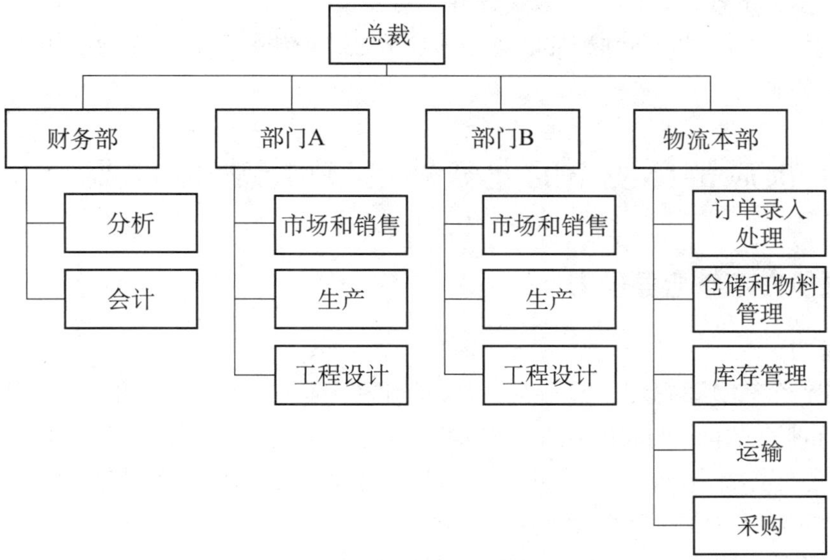

图 5-7　集中式物流组织结构

分散式管理是由各产品小组、各分支机构或各事业部负责管理物流活动，并建立起独立的分散式物流组织为各自部门服务（如图 5-8 所示）。

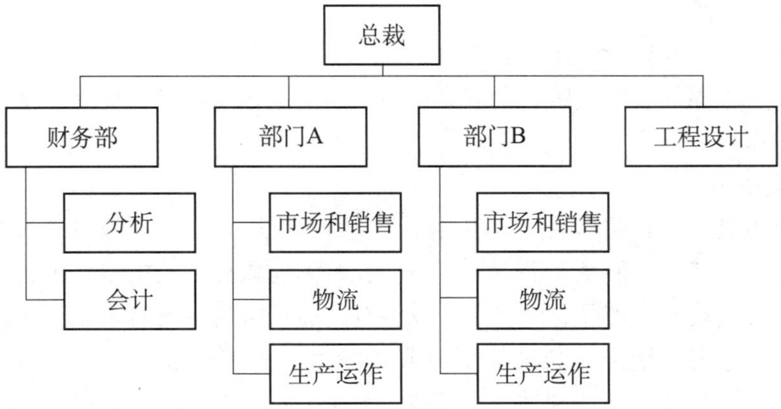

图 5-8　分散式物流组织结构

各种物流组织形式都有其明显的优势，许多企业创立的组织形式是两种管理模式的结合，以拥有两方面的优势。进行集中式物流管理的主要目的是密切控制各项物流活动，对整个企业的物流活动集中管理，从而享受大规模运作带来的高效率。以运输活动为例，许多企业拥有自己的车队，提高设备利用率是提高效率的关键。通过对所有运输活动的集中管理，企业可以发现某部门产品的运输可能正好与另一部门产品的返程运输互补，这样运力可以得到平衡和充分利用。通过仓库共享、共同采购、数据共享，也可以提高效率。在分散式组织结构下，这些优势可能很难发挥出来。

与反应速度较慢的集中式组织结构相比，分散式组织结构可以对客户的需求作出更快、更个性化的反应。如果不同系列的产品在营销、物流和生产等方面存在明显差异，几乎没有规模经济效益，那么分散式管理更有意义。

在现实生活中，很难找到纯粹的集中式或分散式的组织设计，企业要根据自身的情况作出合理的安排。

5.3 供应链环境下的业务外包与物流战略联盟

5.3.1 竞争力与核心竞争力

1. 竞争力

根据世界经济论坛的看法，企业竞争力是企业和企业家设计、生产和销售产品与服务的能力，其产品和服务的价格与非价格的质量等特性比竞争对象具有更大的市场吸引力。也就是说，这是企业和企业家在适应、协调和驾驭外部环境的过程中成功地从事经营活动的能力。

企业竞争力可以看作企业持续发展、后劲增长、资产增值和效益提高的能力。就企业本身来说，竞争力因素大体上包括以下五个方面：

- 采用新技术的速度和技术改造的进度。
- 新产品、新技术研究和开发的状况。
- 劳动生产率的提高。
- 产品的质量优势。
- 综合成本的降低和各种开支的节约。

另外，宏观方面的金融政策、税率高低、法制情况、知识产权的保护等，对企业竞争力也有重要的影响。

2. 核心竞争力

核心竞争力是企业长期形成的，蕴含在企业特性中的、独具的以及支撑企业过去、现在和未来的竞争优势，并使企业在竞争环境中长时间地取得主动的核心能力。它不仅表现为企业拥有的关键技术、产品、设备或企业特有的运行机制，而且表现为上述技能与机制的有机融合。有学者归纳出判断某项资源或者能力是不是核心竞争力的六大标准：稀有性、难以模仿性、持久性、获利性、替代性、优越性（董大海，2001）。也有学者提出了核心竞争力应该具有异质性、价值优越性、不可复制性、缄默性、延展性和途径依赖性等特征（魏江，2002）。

核心竞争力不是虚无缥缈、无法感知的。诸多学者指出，核心竞争力与核心产品、业务单位、最终产品的关系类似树根和树叶的关系（如图 5－9 所示）。核心产品是核心能力的载体，是一种或者几种核心能力的物质体现，也是核心竞争力的市场体现。核心产品是最终产品的重要组成部分，也是联系核心能力和最终业务的纽带。虽然现代企业的市场竞争表现为最终产品的竞争，但其获取竞争优势的本质来源于核心竞争力。因此，核心竞争力是企业获取最终优势的基石和源泉。

核心竞争力是企业发展的持续动力源泉，与一般意义上的竞争能力有很大区别，其特点主要体现在以下几个方面：

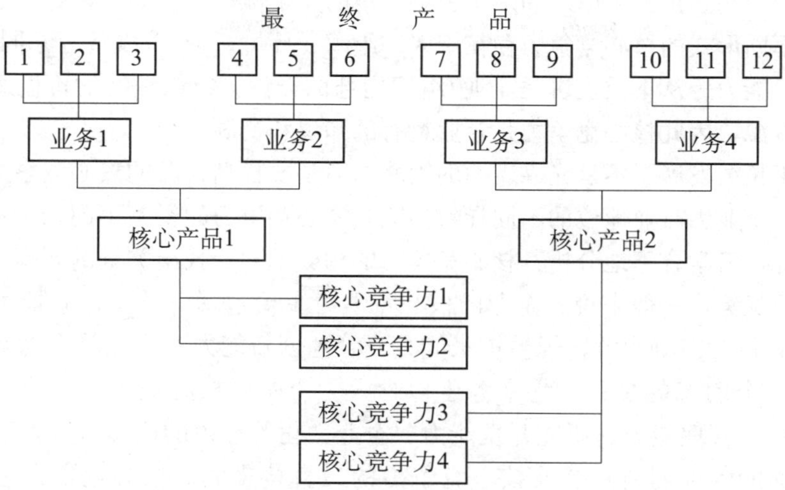

图5-9 核心竞争力的树形结构

（1）客户的价值性，即一种核心竞争力必须能给客户带来有效的价值。

（2）差异性，即一个企业拥有的核心竞争力是独一无二的，是其他企业所不具备的，至少是暂时不具备的，这是企业成功的重要因素。

（3）可拓展性，即核心竞争力具备一定的拓展性，能为企业打开多种产品市场提供帮助。

（4）难以模仿性，即核心竞争力是企业集体累积学习的结果，深深地打上了企业组织的烙印，这种竞争力难以复制。

（5）持久性，即核心竞争力不会在短期内贬值或者消失，并能够通过动态的发展持久生存。

5.3.2 企业核心竞争力的理论起源与内涵

随着企业理论、资源观理论的不断发展及其与企业战略理论的不断结合，20世纪90年代初，理论界提出了基于核心竞争力的竞争优势理论。企业的中长期发展和竞争优势依赖于企业自身构建、培育和拥有特殊的资源和能力，是当今各国战略管理专家、学者的共识。战略学家普拉哈拉德（C. K. Prahalad）和哈默尔（G. Hamel）1990年在《哈佛商业评论》首次正式论述了企业核心竞争力及其在工商管理实践中的应用之后，世界各国对核心竞争力的定义、特征和范围等做了诸多的研究，取得了丰硕的成果（宁建新，2002）。1994年，哈默尔和普拉哈拉德又在《哈佛商业评论》发表了《未来的竞争》一文，提出了未来的企业竞争必须形成核心竞争力，还提出了企业竞争战略杠杆作用和延展策略（Hamel and Prahalad，1994）。

核心竞争力是企业借以在市场竞争中取得并扩大优势的决定性力量。例如，本田公司的引擎设计及制造能力、联邦航空公司的追踪及控制全世界包裹运送的能力，使它们在本行业及相关行业的竞争中立于不败之地。一家具有核心竞争力的企业，即使制造的产品不太引人注目，也能利用核心竞争力使企业整体蓬勃发展。例如，万宝路公司生产了极多的相关度很低的产品，扩大了原来局限于香烟领域的竞争优势。核心竞争力的表现形式多种多样，这些不同形式的核心竞争力存在于人、组织、环境、资产/设备等不同的载体之中。信息、专长、能力等从本质上讲是企业/组织内部的知识，组织独特的价值观和文化属于组织的特有资源，因此核心竞争力是企业特有的知识和资源。

企业能否长久发展，不是光靠表面的策略，而是要找到自己的核心竞争力，并且利用它向外发展。企业因行业地位的不同导致构成其核心竞争力的要素不同，企业必须根据自己的实际情况，科学合理地分析其核心竞争力的构成要素，找出关键的要素，实行重点管理，确保竞争优势。一般来说，企业的核心竞争力主要包括：技术创新能力、战略创新能力、企业的制度创新能力、规模扩张能力、管理创新能力、文化凝聚力等。核心竞争力的培养是一个动态的过程，它来源于包含人力资本、核心技术、企业声誉、营销技术、营销网络、管理能力、研究开发能力、企业文化等在内的诸多方面，通常来说，发生于不同方面的各种创新是企业核心竞争力的最直接来源。核心竞争力也并非一成不变，或者永远存在，就像企业的职工有走有来一样，也会有新陈代谢。企业要想永远保持核心竞争力，必须构建一个学习型组织，在企业内部打造共同愿景，鼓励创新创造，并为全员学习、团队学习提供资源和路径。

5.3.3 供应链环境下的企业业务外包

1. 业务外包的原因

业务外包的理念是，如果供应链上的某一环节不是世界上最好的，又不是企业的核心竞争优势，而且在业务外包后不至于影响本企业与客户的关系，就可以把该业务外包给其他专业公司来完成。也就是说，首先确定企业的核心竞争力，并把企业内部的智能和资源集中在那些有核心竞争优势的活动上，然后将剩余的其他企业活动外包给最好的专业公司。供应链环境下的资源配置决策是一个增值的决策过程，如果企业能以更低的成本获得比自制价值更高的资源，就应选择业务外包。一般来讲，促使企业实施业务外包的具体原因主要有：

（1）分担风险。企业可以通过外向资源配置分散由政府、经济、市场、财务等因素产生的风险。企业的资源和能力是有限的，通过外向资源配置，企业与外部的合作伙伴分担风险，可以变得更有柔性，更能适应外部环境的变化。

（2）加速重构优势的形成。企业重构需要花费很多的时间，获得效益也要花费很长的时间。业务外包是企业重构的重要策略，可以帮助企业很快解决业务方面的重构问题。

（3）减少企业难以管理或失控的辅助业务职能。企业可以将在内部运行效率不高的业务职能外包，以降低管理成本，提高管理效率。但是，有时这种方法不仅不能彻底解决企业的问题，反而使这些业务职能在企业外部变得更加难以控制。此时，企业必须花时间找到问题的症结所在。

（4）使用企业不具有的资源。如果企业没有完成业务所需的资源（现金、技术、设备），并且不能盈利，也会将业务外包。这是企业选择临时外包的原因之一，企业必须同时进行成本/利润分析，确认在长期情况下这种外包是否有利，并由此决定是否应该采取外包策略。

（5）降低和控制成本。许多外部资源配置服务提供者拥有比本企业更有效、更低成本地完成业务的技术和知识，可以实现规模效益，并且愿意通过这种方式获利。企业可以通过外向资源配置避免在设备、技术、研究开发等方面的大额投资。

案例 5-1

青岛北船重工推进物流外包

青岛北海船舶重工有限责任公司（以下简称北船重工）是中国船舶重工集团公司控股的大型造修船企业。经营范围包括船舶建造、船舶修理与改装、海洋工程修造、大型钢结构件制造、玻璃钢艇及艇机艇架设计与制造。公司年生产能力达到：造船200万载重吨，修船营业额2亿美元，建造海洋平台4座，生产救生艇500艘。北船重工是世界三大救生艇企业之一，生产了国内最大的座底式钻井平台和多种先进船舶及相关设备，业内名列前茅。

然而，随着企业生产规模的日益扩大和技术工艺的不断提高，物流管理问题成为制约北船重工提高生产效率的一大瓶颈。船舶制造以工程项目为单位，具有严格的工期要求，对相关物流管理效率也提出了严格要求。在船板、舾装品、生产设施设备等众多生产相关组件和生产装备中，使用船板多达4 000余种且以堆码运输和存放方式为主，船板物流管理十分复杂。船板物流管理涉及船板的采购、厂内入库管理、存货控制和翻板发货等环节。由于厂内船板仓储数量巨大，且供应速度、精准度要求较高，因此船板的仓储管理成为船厂物流管理的一个重点和难点。这不仅是北船重工面临的一大难题，也是行业内其他船厂必须解决的共性问题。

在北船重工物流外包之前，船板物流由北船重工自行管理，在管理上主要采用人工、手动方式，信息的传递、存储主要以码单为依据。

中储青岛分公司在营业不久后曾通过中储发展股份有限公司上海沪南分公司（即现在的中储发展股份有限公司浦东分公司），为北船重工寻找过可以提供特殊材质钢板的企业并提供物流服务。通过对造船企业的业务需求深入了解，中储青岛分公司认识到与大型造修船企业合作将具有广阔的前景，于是将北船重工视为潜在的大客户而密切关注，主动寻找与之合作的机会。2004年北船重工迁址后，中储青岛分公司又为其提供了诸如进口船舶物资的报关及货代、船舶零配件收验及配送等多种服务。

在了解到北船重工在船板物流管理上的困境之后，中储青岛分公司将其作为专项进行重点攻关，借助中储发展股份有限公司品牌价值，不断将先进的船板管理模式推荐给北船重工，创造合作机会。2009年《物流业调整和振兴规划》出台，要求大力推进物流服务的社会化和专业化，提高物流信息化水平，并提出了“制造业和物流业联动发展”的重点工程，为中储青岛分公司和北船重工的合作提供了政策利好环境。经过多次洽谈、商讨，中储青岛分公司与北船重工2009年11月20日签订了《船用板材仓储管理外包合同》，标志着中储青岛分公司与北船重工的联动项目正式启动（至今仍在实施），联动项目的投资总额达150万元。

资料来源：全国现代物流工作部际联席会议办公室．全国制造业与物流业联动发展示范案例精编．北京：中国物资出版社，2011.

2. 业务外包的实施步骤

一个企业要成功地实施业务外包，通常需要经历三个阶段。

第一阶段：企业内部的分析和评估。在该阶段，企业主要确定外包的需求并制定实施策略。要从外包中获得效益，企业的最高决策层必须采取主动的态度，因为只有最高决策层才具有外包成功所必需的视角和推动变革的力量。了解哪些业务需要外包，就像了解自己的核心竞争力一样，这样才能把非核心的业务外包出去，从而将企业力量聚焦于核心业务。在确定外包业务后，还需要收集大量的材料和数据，以确定从哪些外包业务中可以获得最快或者最佳的投资回报。

第二阶段：评估自己的需求，选择业务外包厂商。企业的领导层将听取来自内部或外部专家的意见，这支专家队伍至少要掌握法律、人力资源、财务和要外包的业务等领域的专业知识。在综合各方面的意见后，综合考虑服务等级、需要解决的问题以及详尽的需求等。除此之外，外包商的财务状况也需要考虑。

第三阶段：外包的实施和管理阶段。企业作为用户，在该阶段要保持对外包业务性能的随时监测和评估，并及时与厂商交换意见。在外包实施的初期，还要注意帮助企业内部员工适应这一新的业务模式。

3. 业务外包的主要方式

业务外包主要有以下几种方式：

（1）临时服务（temporary service）和临时工（contract labor）。一些企业在完全控制主产品生产过程的同时，会外包一些诸如自助餐厅、邮件管理、门卫等辅助性、临时性的服务。同时，企业倾向于雇用临时工（合同期短的临时职工），而不是雇用雇佣工（合同期长的稳定职工）。企业用最少的雇佣工最有效地完成日常规定的工作量，而在有辅助性服务需求时雇用临时工去处理。临时工担心失业或看重报酬，往往对所委托的工作认真负责，工作效率较高。在企业需要有特殊技能的职工而又不必永久雇用时，特别是有超额工作时，临时性服务的优势尤为明显。企业可以压缩经常性开支，降低固定成本，同时提高劳动力的柔性和劳动生产率。

（2）子网（subsidiary networks）。为了夺回以往的竞争优势，大量企业将纵向一体化的组织结构分解为独立的业务部门或公司，形成母公司的子网公司。从理论上讲，这些独立的部门或公司几乎完全脱离母公司，更具柔性，更有效率和创新性；同时，减少了纵向一体化环境下官僚作风的影响，能更快地对快速变化的市场环境作出反应。

（3）与竞争者合作（collaborative relation with competitor）。与竞争者合作使得双方把自己的资源投入共同的任务（如共同的开发研究）中，企业不仅可以分散开发新产品的风险，而且可以获得比单个企业更高的创造性和柔性。尤其是在高科技领域，企业要获得竞争优势，必须尽可能规模小且有柔性地与其他企业建立合作关系。

案例 5-2

顺丰速运与天津 EMS 签订战略合作协议

2009 年 10 月 21 日，顺丰速运（天津）有限公司与天津市邮政速递物流公司签订战略合作协议。在饱受争议的邮政专营条例尚不明朗之际，与国有快递企业的合作将为顺丰速运未来的发展加上一道保险。

根据合作协议，双方将“充分发挥各自优势，实现资源共享与业务共赢”，并将各自规范经营行为，避免价格战等恶性竞争，在客户、网络等方面实现资源互补，建立经营管理经验交流机制。

天津市邮政速递物流 EMS 与顺丰速运（天津）公司早在 2008 年就开始进行“业务试合作”。当时，双方共享品牌和网络资源，以期实现双赢。邮政 EMS 利用顺丰公司的揽收网络，重点拓展国际业务，提高国际邮件市场占有率；顺丰公司则通过邮政 EMS 网络弥补了自身国内网络的盲点和国际业务空白点，以为客户提供全方位的服务。这一历时近一年的“试合作”被双方认为取得了共赢。

值得注意的是，这也是新邮政法出台后，首次有民营快递企业与国有快递企业合作。天津市邮政管理局副局长齐亚力表示，市场经济“既有竞争也有合作”，此次战略合作协议的达成“探索了一条国有快递企业与民营快递企业合作的新模式，为优化行业环境、促进经营合作提供了范例”。

资料来源：孙嘉夏．顺丰速运与天津 EMS 签订战略合作协议．每日经济新闻．(2009－10－22). http://money.163.com/09/1022/04/5M72EOF7002526O5.html.

(4) 除核心竞争力之外的业务完全外包（outsourcing all but the core advantage）。这种方式也称为转包（subcontract）合同。企业主要集中精力做好其核心业务，其余的业务完全外包出去。

案例 5－3

MCI 公司实施转包合同

作为全球知名的德国化工企业，拜耳公司 2003 年计划在上海化工区投资建设全球最大的聚碳酸酯生产基地。按照其国外发展模式，拜耳公司考虑公用工程及物流社会化。然而，拜耳公司在上海一时很难找到合适的全球物流合作伙伴，这时上海华谊天原化工物流有限公司进入了拜耳视线。华谊天原化工物流公司是一家专业的第三方物流公司，具有专业化工背景，专注于化工行业的物流服务，具备危险品物流服务能力，拥有严密的安全管理控制保障系统。拜耳公司从技术、价格、服务等方面进行筛选，最终确定由华谊天原化工物流公司承接其包装、仓储、短驳等一体化物流服务。

2004 年 7 月，华谊天原化工物流公司成立了 PC 项目部，在拜耳的 10 万吨 PC 物流项目中竞标成功，实施拜耳 PC 项目从包装到仓储再到配送的一体化物流管理，实现 100 万吨/年承运量。公司把此项目作为走向国际化、专业化的第一步，引入现代物流管理理念和竞争机制以确保项目顺利启动。拜耳 PC 一期物流（短途运输和仓储）业务于 2005 年 5 月正式实施，形成了华谊天原化工物流公司在上海化学工业区双管齐下的物流发展态势，同时也为 PC 二期 10 万吨包装仓储做好了准备。华谊天原化工物流公司又于 2008 年 12 月与拜耳签署了PC二期合同，继续为其扩产的10万吨/年PC提供一体化物流服务。

资料来源：全国现代物流工作部际联席会议办公室．全国制造业与物流业联动发展示范案例精编．北京：中国物资出版社，2011.

4. 全球业务外包

在世界经济范围内竞争，企业必须在全球范围内寻求业务外包。在全球范围内对原材料、零部件进行配置正成为企业国际化进程中获得竞争优势的重要技术手段。全球资源配置已经使许多行业的产品制造国的概念变得模糊。原来由一个国家制造的产品，可能通过远程通信技术和迅捷的交通运输成为国际组装的产品，产品开发、设计、制造、市场营销、广告等由分布在世界各地的能为产品增值最多的企业完成。

案例5-4

全球服务外包发展迅速

受到经济危机的影响，全球服务外包行业的发展受阻，许多国家的服务外包行业陷入停滞，甚至出现了倒退。而从爱尔兰、希腊等国蔓延到整个欧洲的债务危机更使全球服务外包产业发展雪上加霜。波兰、爱尔兰、印度等服务外包承接大国遭受了重大损失。随着全球经济的复苏，服务外包行业重新实现快速发展。这种发展势头已经十分明显，许多国家的服务外包行业都实现了大幅增长。例如，印度2010年服务外包行业实现了10%以上的增速，据印度全国软件和服务企业协会估计，未来印度的服务外包行业将保持高速增长，到2020年，仅IT和BPO外包行业的出口额就可能增长近两倍，达1 750亿美元；菲律宾的服务外包行业在2010年收入可达100亿美元，在2011年将带来120亿～130亿美元的收益，到2020年将占全球服务外包业务总量的20%；拉美的服务外包行业也实现了一定的增长，IDC预测拉美的服务外包业务将在2011年增长11.5%。服务外包行业处于发展的上升期，亚太、拉美、EMEA国家服务外包行业的快速发展，无疑将引领全球服务外包行业进入新的发展阶段，带动其迅猛发展。

资料来源：韩基韬．2011全球服务外包发展报告．http：//gb.cri.cn/27824/2011/05/23/5311s3256023_1.html.

全球业务外包有其复杂性、风险性和挑战性。由于国际运输可能遇到地区的限制，订单和再订货可能遇到配额的限制，汇率变动及货币的不同会影响付款的正常运作，因此全球业务外包人员需具备专业的国际贸易知识，包括国际物流、外汇、国际贸易实务、国外供应商的评估等。

5. 业务外包的局限性①

虽然业务外包为企业的发展带来了很多好处，但也存在很多不容忽视的问题。

① 本小节参考雷菲菲．企业物流外包的风险及防范．第十届沈阳科学学术年会论文集（经济管理与人文科学分册），2013.

(1) 造成企业责任外移。企业将业务外包出去后，对于业务的完成情况并不能完全掌握。因为企业没有条件去现场进行监控，只能通过电话或其他方式与外包方联系。这就导致了企业的责任外移，同时也加大了企业对产品或服务的管理难度。例如，大多数家电企业将售后服务工作外包给了维修公司，而家电企业并没有精力或能力去管理外包企业。当消费者购买的家电出现问题去找维修公司时，维修公司有时会出现服务问题。这不仅损害消费者利益，也无形中损害了家电企业的品牌形象。

(2) 降低员工工作效率。随着企业外包愈发普遍，企业内部常常出现员工士气低落的现象。原因在于企业将业务外包势必导致本企业部分员工下岗，当外包的业务越来越多时，员工因担心自己被解雇而失去归属感，工作的欲望下降，效率与业绩也随之下滑。

(3) 知识产权模糊。知识产权是权利人所专有的，企业将业务外包的过程中，有时会涉及各种专利问题，如产品的商标、生产技术和工艺等。企业在与合作商签订协议时需要对版权的归属问题作出明确规定，以避免出现不必要的麻烦。

(4) 外包商的忠诚度威胁。企业与外包商之间在合作时只存在合作关系，外包商只需要按照双方签订的合同去完成工作，而不需要对企业有忠诚度和责任心。当外包商在利益的影响下转移利润时，会给企业造成严重的损失。

(5) 合作伙伴的选择问题。企业业务外包所选的合作伙伴虽然不是企业的一部分，但参与了企业的经营活动，因而合作伙伴的选择对于企业来说至关重要，如果无法形成双赢的局面，合作关系势必不够稳定而无法长久，最终会损害企业自身利益。当企业要与新的合作伙伴签订合同时，应尽量避开重要的业务。不同的企业对外包商的要求是不同的，在选择外包商之前，企业要明确自身需求，有的放矢才能稳操胜券。

案例 5－5

IBM 云的全球外包服务

2013 年，IBM 将原本低利润的外包业务向外出售，并提出将集中云计算等高利润业务。IBM 不仅收购了数十家云计算服务公司，并与一些云计算服务公司展开合作，还表示将在全球五大洲建立 15 个数据中心，推动云计算服务。截至 2014 年，IBM 投资了 80 亿美元，收购全球 18 家云服务公司，全球云数据中心的建设投入也已超过 10 亿美元。

数据显示，2014 年，IBM 的云计算业务收入达 70 亿美元，增幅高达 60%，其中云服务收入达 30 亿美元，增长 75%，是 IBM 全球外包服务业务增长的主要来源。2014 年，IBM 在墨尔本、巴黎、墨西哥城、东京、法兰克福等地新增了云计算处理中心；2015 年末，IBM 的全球云数据中心增至 46 个。截至 2019 年，IBM 云全年全球收益高达 212 亿美元，占 IBM 集团总效益的 27%，而这一数字在 IBM 云成立的 2013 年为 4%。由此可见 IBM 云外包服务取得了巨大成功。

现今 IBM 有超过 120 种软件 SaaS 服务，并为全球 500 强企业中排名靠前的 24 家企业提供云计算服务。此外，IBM 拥有名为 SoftLayer 的 IaaS（基础架构即服务）基础设施及名为 Bluemix 的 PaaS（平台即服务）服务平台。IBM 正在努力帮助既有的及新的外包企业客户，使其外包业务转向 IBM 的混合云平台。

但是，IBM 的全球外包业务并非一帆风顺。IBM 2014 年年报显示，受到不同文化和法律制度的影响，IBM 云外包业务在部分国家的推进非常缓慢，由于数据中心为 IBM 所有，一些行业诸如金融业担心隐私和信息泄露等问题对采用这种云服务非常抵触，因为一旦接受便意味它们不得不分享重要的数据，而非本土的 IBM 持有这些数据会让它们非常没有安全感。IBM 计划在下一步放慢在这些国家的外包进程，从最外围的 IT 基础设施建设做起，逐步推进云计算中心的使用。

资料来源：http：//www. ibm. com/annualreport/2014/bin/assets/IBM-Annual-Report － 2014. pdf；https：//www. ibm. com/annualreport/assets/downloads/IBM _ Annual _ Report _ 2019. pdf.

5. 3. 4 业务外包环境下的物流战略联盟

1. 业务外包环境下的物流活动经营形式的选择

关于物流业务应该自营还是选择外包，企业面临着战略决策的选择。一般来讲，选择自营物流还是寻找第三方物流进行合作，往往取决于两个因素：物流在企业中的重要程度和企业管理物流的能力（如图 5 － 10 所示）。

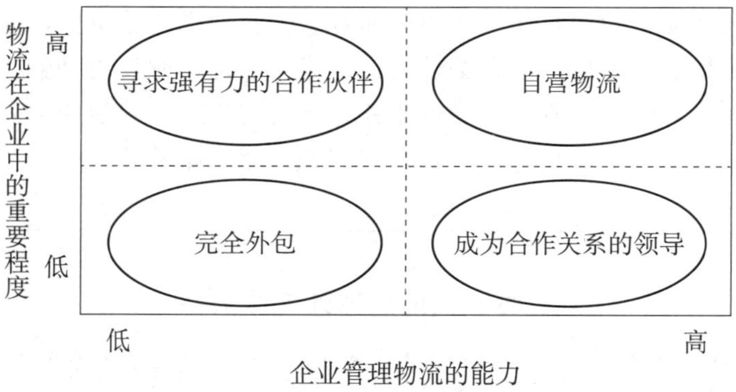

图 5 － 10 物流活动经营形式的选择

如果企业对客户服务要求高，物流成本占总成本的比重大，而且已经有高素质的人员对物流运作进行有效的管理，那么该企业不应将物流活动外包出去，而应选择自营。沃尔玛就是这样的企业，其供应渠道的管理非常出色。如果对一家企业来说，物流并不是其核心战略，企业内部物流管理水平也不高，那么将物流活动外包给第三方物流提供商有利于降低成本、提高客户服务水平。戴尔认为其核心竞争力是营销和制造高科技的个人电脑硬件，而不是物流，因此戴尔在世界各地直销时与第三方物流企业合作，在一定地域范围内分销商品。

如果物流是企业战略的核心，而企业物流管理能力很弱，那么寻找物流伙伴会给该企业带来很多收益。好的合作伙伴在企业现有的甚至还未进入的市场上拥有物流设施，可以向企业提供自营物流无法获得的运输服务和专业化的物流管理。相反，如果企业的物流活动不那么重要，而且由专业人员管理，就会主动寻找需要物流服务的伙伴，通过共享物流系统提高货物流量，实现规模经济效益，降低企业的成本。

2. 业务外包环境下的物流联盟战略（骆艳江和刘伟华，2003）

在图 5－10 给出的物流活动经营形式中，除了自营物流外，寻求强有力的合作伙伴、成为合作关系的领导和完全外包三种模式都是物流业务外包的重要形式。这些业务外包模式要求生产企业充分了解本企业物流的重要作用和自身物流能力的实际情况，选择合适的物流合作伙伴，实施合适的物流联盟战略。

物流联盟是以物流为合作基础的企业战略联盟。它是指为了实现生产企业的物流战略目标，生产企业和物流企业之间通过各种协议、契约而结成的优势互补、风险共担、利益共享的松散型网络组织。

这种联盟并不强调伙伴之间的全面相容性，它所重视的是相互之间某些经营资源的共同运用，对相容性的要求是部分的、有选择的。根据不同的选择，可以组成不同类型的合作联盟，具有灵活、快速、经济等特点。正因为如此，许多联盟都可能只是一种临时性的安排，任何一方只要达到目的，便可在任何时候单方面终止合作，并与原联盟伙伴展开激烈竞争。同时，当若干企业战略联盟建立后，这些联盟之间也会形成新的竞争关系。这样，原本单个企业的竞争就会发展为不同企业联盟或不同供应链条之间的竞争。因此，战略联盟的出现只会改变竞争的形式，使竞争更加理性和良性，并不会消灭竞争，甚至使竞争更趋激烈。

对于生产企业的管理者来说，在考虑是否组建物流联盟时，首先应考虑的是为什么要与第三方物流企业建立联盟。也就是说，必须从企业战略的高度权衡相关利益与成本利益。

（1）建立物流联盟的战略动机。企业使用第三方物流联盟战略一般有以下原因：

1）企业没有自营物流的能力。这种企业往往有很强的建立物流联盟的动机。

2）物流成本的考虑。如果使用第三方物流可以降低成本，那么企业选择第三方物流是正确的选择，反之，则考虑自营物流。

3）战略层面的考虑。如集中主营业务，减少投资，降低成本和风险，提高企业服务水平，建立本地关系，推动企业区域网络化战略执行，加快市场响应速度，提高信息处理和挖掘能力等。

（2）物流联盟的组织方式。

1）契约型与股权型的联盟结构。物流联盟的组织方式是影响联盟能否成功的因素之一。概括来讲，有两种基本的物流联盟结构：契约型和股权型。除了这种粗略的分类外，物流联盟结构的分类是一个连续的统一体。一端是短期合同（短期的第三方物流合作或者物流外包合同），另一端是全部所有权（如两个公司的合并或者兼并）。在这两者之间是中期合同、长期合同、少数股权投资、50%股权对 50%股权的合资以及多数股权投资（如图 5－11 所示）。

一般认为，契约型联盟是物流联盟的低级形式。详细地制定契约可以促进产生良好的绩效，从长远的观点看，契约型联盟不可能将所有的环境因素都考虑在内，特别是在环境变化剧烈的时期，契约型联盟的效果势必下降。从交易的成本看，契约型联盟的短期交易成本较低，长期交易成本相当高。相比之下，股权型联盟是物流联盟的发展趋势，能够使

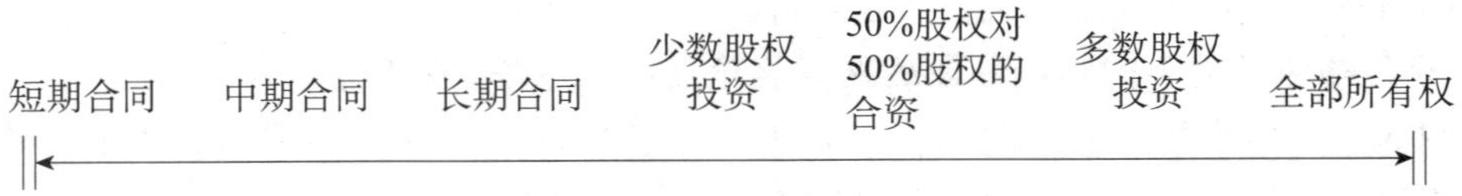

图 5-11　物流联盟组织方式的横断面示意

双方紧密联系起来并积极促进共同的绩效。总之，建立联盟关系时，如果契约协商非常困难，或者磋商成本很高，或者很难对契约进行监控，应该优先考虑股权关系而不是契约关系。

2）横向与纵向的联盟方式。横向，即水平一体化。横向联盟即处于平行位置的几个物流企业结成联盟，包括第三方物流。这种联盟能使分散物流获得规模经济和集约化运作，降低了成本，并且能够减少社会重复劳动。但它也有不足的地方，如必须有大量的商业企业加盟，并有大量的商品存在，才可发挥联盟的整合作用和集约化处理优势。此外，商品配送方式的集约化和标准化也不是一个可以简单解决的问题。

纵向，即垂直一体化。纵向联盟是基于供应链一体化管理形成的，即从原材料到产品生产、销售、服务形成一条龙的合作关系。纵向联盟能够按照最终客户的要求为其提供最大价值，同时也使联盟总利润最大化。但这种联盟一般不太稳固，主要是在整个供应链上不可能每个环节同时达到利润最大化，因此会打击一些企业的积极性，它们有随时退出联盟的可能。

物流联盟的方式灵活多变，除了纵向和横向两种主要的方式外，根据不同需求，企业间也有可能选择囊括纵向与横向的混合模式，或者将合作范围限于单个项目，组成临时性的联盟。近年来，市场竞争激烈，为了占据市场的领导地位，供应链应成为一个动态的网络结构，以适应市场变化，不能适应供应链需求的企业将被淘汰，外部优秀的企业将进入供应链。供应链成为一个能够快速重构的动态组织，就是基于 web 的动态联盟方式，但这种联盟方式缺乏稳定性。

（3）建立有效的战略联盟。

1）挑选合适的联盟伙伴。企业在联合与合作之前，首先要明确战略目标，据此来寻找或接受能帮助实现意图、弥补战略缺口的合作伙伴。这是一项艰巨的任务，需要高级管理层了解一定时间段内的目的和战略。一个合适的联盟伙伴的基本条件是，能够带来本企业所渴望的技术、技能、知识及风险分担和进入新市场的机会等优势。还要注意，文化上相容、相似的企业比有较大文化差异的企业更适合成为合作伙伴。

2）联盟机制的设计与谈判。成功的联盟不仅以交叉许可安排、联合开发、全资经营、股权共享等联盟方式为基础达成初始合作协议，还对厂址选择、成本分摊、市场份额获得等细节以及知识创新、技术协同等方面有恰当设计。企业的高级管理层还应就联盟的共同目标与主要的中层经理和技术专家进行沟通。另外，联盟伙伴之间往往存在既合作又竞争的双重关系，双方应对联合与合作的具体过程和结果进行谨慎的谈判，摒弃偏见，求同存异，增进信任。

3）联盟的实施与控制。战略联盟的最终目的是通过联盟提高企业的竞争力，联盟内的企业应该最大限度地尽快将联盟的成果转化为自己的竞争优势。联盟往往需要双方进行双向信息交流，每个加入联盟的企业都应该与对方分享相关信息，从而提高联盟的成功率。同时，企业要合理控制信息交流，保护自身的竞争优势，防止对方得到关键信息作出有损自己的行为，因为联盟伙伴极有可能成为竞争对手。

（4）建立物流联盟的负面影响分析。在业务外包环境下，无论物流联盟的动机是什么，与其他物流企业的合作都意味着必须在得与失之间进行权衡。通过建立物流联盟，生产企业可以从物流伙伴的合作中获得竞争所需的一些能力，包括获取资源、市场等。同时，建立物流联盟也存在一些负面影响：

1）对物流的控制能力降低。由于第三方物流介入生产企业的采购、生产、分销、售后服务等环节，企业对自身物流的控制能力必然降低，如果双方的协调出现问题，可能导致物流失控；如果对方信息沟通不畅，容易产生相互推诿的情况。

2）客户关系管理失衡。由于第三方物流企业介入物流管理，直接面对企业的客户，容易掌握客户信息，可能削弱企业与客户的关系，同时存在泄露企业客户机密的危险，而这些客户机密恰恰是企业独有的资源。

3）联盟失败的不良后果。如果企业选择了一个第三方物流企业，因考虑不周而导致物流联盟失败，就不得不重新寻找另一个第三方物流企业，不仅耗费时间和精力，还容易泄露机密。这些是必须同时考虑的问题。

案例5-6

物流行业企业联盟化势在必行，湖南物流信息产业联盟应运而生

湖南交通物流信息共享平台是湖南省交通厅直属，省内唯一政府推动建设的物流信息共享平台，是湖南省交通信息化重点建设工程，承担国家交通运输物流信息基础交换网络节点的数据和服务交换任务，平台立足综合交通运输，为物流企业、货主企业、第三方服务企业提供信息化解决方案，为企业提供物流信息指导、信息技术应用等“一站式”服务。

物流企业运行方式要从各自为政转向合作，这是物流业投资的重中之重。当前我国物流行业信息化方面存在以下问题：

1. 物流产业整体效率较低，成本偏高，需提升物流业信息化和智能化水平，促进物流业降本增效；

2. 企业和社会物流资源较为分散，物流资源和信息亟待整合；

3. 各类物流信息平台相对封闭，物流信息孤岛现象普遍，物流信息平台数据共享体系和标准亟待健全。

要解决智能物流信息系统建设问题，推进物流产业持续健康发展，物流行业企业联盟化势在必行。在湖南省交通厅的支持下，湖南交通物流信息共享平台推出湖南物流信息产业联盟，以新模式全面整合交通运输中公路、水路、铁路、航空及邮政等物流信息资源，优化湖南省内物流市场资源配置，覆盖省内及全国物流线路，整合物流供应链资源，同时依托成熟的物流信息化、物联网和智慧物流技术，致力于打造共建、共享、共赢的物流行业新未来。

联盟是介于独立企业和市场交易关系间的组织形态，是企业之间由于自身某方面发展需要而形成的相对稳定、长期的契约关系。物流企业为了实现物流战略目标，通过组成联盟从而实现优势互补、利益共享。在现代物流行业中，组建物流联盟已成为企业物流战略重要及关键的决策。我国物流发展还处于初级阶段，组建联盟尤为重要。

湖南交通物流信息共享平台和湖南物流信息产业联盟将联动发力，力求消除物流产业信息孤岛现象，实现区域物流产业降本增效的目标。

资料来源：物流行业企业联盟化势在必行——湖南物流信息产业联盟．（2018－10－10）．https：//www. sohu. com/a/258606950 _ 100280476.

5.4 供应链业务流程再造

5.4.1 供应链业务流程再造的概念和内涵

1. 供应链业务流程再造的概念

供应链业务流程再造（supply chain business process reengineering，SCBPR）是在动态的市场竞争环境下，针对供应链进行流程重组的管理变革方式。它是由供应链上的主导企业发起的，以满足客户需求为中心，为了适应供应链竞争的新态势，提高供应链的协同竞争能力，以供应链上企业互惠为利基，以信息技术为工具，对供应链上成员企业的组织结构、协作关系以及企业内部和企业之间的信息流、资金流、物流进行根本性的再思考和再设计，以实现供应链关键评价指标（如成本、质量、服务和速度）的巨大改善（郭葆春，2007）。

2. 供应链业务流程再造的内涵

（1）提高协同竞争能力——SCBPR 的目标。供应链业务流程再造的主要目标是提高协同竞争能力。协同竞争能力是一种基于流程的竞争力，即必须依靠单位与单位之间的协同才能产生竞争优势。这种协同既包括物流、资金流和信息流的协同，也包括企业文化、管理团队和创新能力等方面的协同。在协同竞争能力的培养过程中，供应链各企业要担当一定的角色并发挥自己的作用。

（2）两个层次的再造对象（郭葆春，2007）。供应链业务流程再造的对象是供应链成员企业的组织、协作关系以及业务流程。根据供应链业务流程再造的对象不同，可以从宏观和微观角度将其分为两个层次：

1）宏观层次——组织再造。通过对供应链上成员企业的组织结构、协作关系进行根本性的再思考和再设计，使供应链形态发生革命性的转变，实现供应链中各企业的经营方式和管理方式的根本转变。

2）微观层次——流程再造。通过对供应链成员企业原有的业务流程，包括企业间的业务流程和企业内部的业务流程重新塑造，使供应链在盈利水平、生产效率、产品开发能力和速度以及顾客满意度等关键指标上有巨大的进步，最终提高供应链整体竞争力。

这两种层次的再造既有联系又有区别。组织再造是面向整个供应链主体合作组织结构的，它的层次定位更高，再造更深入更彻底。组织再造需要以流程再造为基础。

（3）再造的领导主体。最先提出供应链业务流程再造的企业可能是供应链上的任何一个节点企业，供应链上的主导企业往往最胜任再造的领导角色。供应链上的主导企业对倡导供应链业务流程再造具备先天的优势，如资源优势、规模优势、资金优势、品牌优势、稀缺资源占有优势、技术优势、服务水平优势等，相对于其他企业具有较强的谈判能力和驾驭能力。供应链上的主导企业在供应链业务流程再造过程中起着不可或缺的主导作用，能够倡议和发起供应链业务流程再造活动，其他的供应链节点企业通常向主导企业提出业务流程再造的需求。

（4）再造的基本出发点。

1）互惠为利基。供应链业务流程再造的目标是提高供应链的竞争力，为供应链带来更大的经济效益。尽管供应链再造会从整体上带来更多的利润，但供应链业务流程再造会导致利益的重新分配，有些企业可能不会因为供应链再造而获得更多的利益，甚至会损失原来的部分利益。这部分企业如果不能获得利益，显然不会积极参与供应链业务流程再造。因此，必须兼顾供应链上各企业主体的利益，实现激励与约束机制相容，实现个体理性与集体理性的和谐共存。

2）服务是关键。提高顾客服务水平，是流程再造的基本目标。最终顾客的需求是整条供应链生存的保证，所有链上企业成本的补偿和利润的获得都来自最终顾客的支付。再造的目标就是更好更快地满足顾客需求，提高顾客满意度。这体现在：产品的质量可以更好地满足顾客的需求；顾客对产品特别是定制的产品能够实时跟踪；在生产上具有更高的柔性，包括产品的柔性、配送的柔性等；通过信息共享和业务流程无缝连接，使顾客需求变化在供应链企业中产生联动，达到快速响应的目的。

3）集成降成本。集成是供应链业务流程改造的主要手段，而集成化也应是改造后业务流程的主要特征。集成就是要去除供应链上重复和不增值的活动，通过信息共享消除因信息传递误差导致的需求放大效应，有效控制库存水平，降低库存费用，以及通过合作伙伴关系的建立降低交易费用，以使供应链整体成本降低。一般情况下整体成本降低是各节点企业成本都有所下降的总和，但不排除个别企业为了供应链整体利益而增加成本，这就要通过一定的利益补偿措施来加以平衡。

（5）以信息技术为再造手段。现代供应链的兴起关键在于信息技术的支撑作用。许多信息技术（如互联网、EDI、数据库技术）为供应链业务流程再造工程提供了工具。信息技术不但能支撑供应链上企业间的协同，而且会由技术本身的不断发展和升级，反过来推动再造工程。

5.4.2　供应链管理环境下业务流程再造的必要性

1. 供应链管理战略要求企业实施流程再造

企业参与供应链管理，其角色会发生变化，企业可能是供应链上的核心企业，也可能是核心企业的供应商、经销商等。供应链管理战略要求企业必须与供应链上的其他企业动态合作，以构建快速、高效的供应链。企业必须通过实施流程再造动态地对客户的需求作出反应，提高供应链的市场竞争力。

2. 企业内外流程变化要求企业实施流程再造

在供应链管理环境下，企业的内外流程均发生了较大的变化。从内部流程看，企业为了适应供应链管理的需要，在内部实施一体化的管理方式，这种管理方式借助强大的数据库和网络信息技术，实现企业内部工作流程的并行处理，各职能部门之间能够有效地沟通和衔接，企业本身为流程再造提供了可能性。从外部流程看，供应链运作方式更加倾向于企业外部资源配置联盟，加强企业间业务流程的紧密性，供应链上下游企业之间的业务重新分配和调整，有些环节甚至不再需要，使企业之间的业务流程发生了相应的变化。例如，在供应商管理库存模式中，供应商参与了制造商的库存管理，可随时了解制造商的库存需要，帮助制造商作出库存决策，供应商与制造商的紧密协作关系使得双方需要重新思考和设计采购和供应方面的部门、岗位和流程。

5.4.3　供应链管理环境下业务流程再造的原则

1. 有效性原则

供应链管理环境下的企业业务流程再造过程必须强调结果导向和实际效果，遵循有效性原则。对再造后的流程的有效性必须通过相应的指标体系进行评价，并在实践中检验。

2. 精简冗余环节的原则（李家彰，2007）

供应链管理环境下的企业业务流程再造的主要目标是提高市场竞争力，快速响应客户需求，这就要求简化流程，删除冗余环节，以增强竞争力。例如，在传统管理模式下，制造商的库存和物料管理不可缺少，相关流程的设立是保证主生产计划的基础。在供应链管理环境下，这一部分将与供应商的生产和成品库存进行整合，整体的库存和物料管理流程必然要进行优化，去除冗余环节。

3. 持续改进原则（李家彰，2007）

持续改进是供应链流程再造的重要原则。持续改进强调的是改进的持续性，而不是改进一次就一劳永逸。供应链管理是为了快速应对用户的需求而产生的。用户的需求可能会不断发生变化，那么无论是企业内部还是企业之间的流程，在面对用户需求变化时，都要做相应的改变并不断优化。

4. 顾客导向原则

供应链的设计需要考虑客户服务目标，在流程再造中坚持顾客导向，这是供应链管理的要求，也是供应链竞争力所在。供应链中的每个企业都扮演着顾客和供应商两种角色，这些企业作为一个整体又扮演着供应商的角色，因此，需要从更快更好地满足最终顾客需求的角度，来进行各个环节的流程再造和企业之间的衔接，赢得总体的竞争优势。

5.4.4　供应链业务流程再造的实施[①]

供应链业务流程再造要明确企业的核心能力和核心业务，围绕核心业务进行，并且其优化目标不再局限于企业内部，而是放眼整个供应链，对上下游企业与本企业的相关业务流程进行重构，以实现供应链的整体优化。

---

① 本小节参考了孙衍林．供应链管理环境下的业务流程再造．商场现代化，2005，10（上）．

从实施的角度看，供应链业务流程再造可以从观念再造、流程再造和组织再造三个方面展开。

1. 观念再造

观念再造是指在整个企业内部树立正确的观念，让员工理解 BPR 的重要性。企业可从以下方面入手：(1) 组建 BPR 小组。BPR 要求大幅度变革基本信念、转变经营机制、重构组织形式，需要有很好的领导和组织保证。(2) 前期准备工作。帮助员工从客观的角度和企业发展的角度理解 BPR 的意义，避免员工因不理解而产生抵触情绪。(3) 设置合理的目标。给 BPR 活动设定一个明确的目标，常见的目标有降低成本、缩短时间、增加产量、提高质量、提高顾客满意度等。

2. 流程再造

流程再造是指对企业的现有流程进行调研分析、诊断和再设计，然后构建新流程的过程。它主要包括三个环节：(1) 业务流程的分析与诊断。从整个供应链的角度对企业现有的业务流程进行分析，诊断其存在的问题。(2) 业务流程的再设计。针对诊断的结果，重新设计流程。主要表现为：改变与供应链上下游企业沟通信息和整合流程的方式；将串行流程改为并行流程；将多道工序的人员组成小组或团队一起工作；等等。(3) 业务流程再造的实施。这一阶段将重新设计的流程真正落实到企业的经营管理中。

3. 组织再造

组织再造的目的是为业务流程重组提供制度上的保证，并不断改进。组织再造的内容具体包括：评估 BPR 的实施效果，与事先确定的目标进行对照，评价是否达到既定的目标，对实施效果的评估应该贯穿 BPR 实施的始终，严格考核阶段成果与目标的吻合程度；建立长期有效的组织保障，保证流程持续改善，例如，建立流程管理机构，明确权责范围，制定各流程内部的运转规则与各流程之间的关系规则等；建立起与供应链环境下流程管理相适应的企业文化，加强团队精神文明建设。新的业务流程对员工提出了更高的要求，也要求企业注重内部人才队伍的建设。

案例 5 - 7

福特汽车公司北美财务部的 BPR

福特汽车公司是世界第一大卡车生产厂家，也是世界第二大汽车厂商。在世界各地 30 多个国家拥有制造、装配或销售企业。福特卡车和轿车的销售网遍及六大洲 200 多个国家和地区，经销商超过 15 800 家。福特在全球的员工超过 36 万人。

作为全球汽车行业中的巨头，在 20 世纪 80 年代初，福特像美国其他大企业一样面临日本竞争对手的挑战，为了保持竞争优势必须削减管理费用和行政开支。

福特汽车公司有 2/3 的汽车部件需要从外部供应商那里购买，需要相当多的雇员从事应付账款管理工作。当时，公司的财务部有 500 多名员工负责审核和签发供应商供货账单的应付款项。

日本马自达公司是福特公司的大股东之一，所占股份一度高达 22%，而马自达公司做同样工作的只有 5 人，尽管两家公司在规模上存在差异，但 5∶500 的差距依然让福特公司震惊。

福特公司立刻决定对与应付账款部门相关的整个业务流程进行彻底重组，专设部门领导这次改造。管理人员计划先通过业务处理程序合理化和计算机系统的应用，压缩员工数量，计划初步减员 20%。

而后他们重新设计了付款流程。原付款流程为：财务部接受采购部送来的采购订单副本、仓库的验货单和供应商的发票，将三张票据放在一起核对，查看其中的 14 项数据是否相符，核对相符后，财务部才予以付款。这样的付款流程使得大量时间浪费在数据的核对上。

本着精简高效和数字化的原则，管理人员重新设计了付款流程。由计算机将采购部、接收部和财务部连成网络，采购部每发出一张采购单，就存入联网的实时数据库中，无须向财务部递送采购单复印件。当货物到达接收部后，由接收人员对照检查货单号和数据库中的采购单号，相符后也存入数据库。最后由计算机自动检查采购记录和接收记录，自动生成付款单据。

新流程的应用为财务部带去极大的便利和改观，以往工作内容中需要核对 14 项数据，如今只需要检查物品名称、数量和供应商代码 3 项内容，简化了工作，提高了效率；财务部最终减员 75%，成功“瘦身”。

流程再造前的情况见图 5-12，流程再造后的情况见图 5-13。

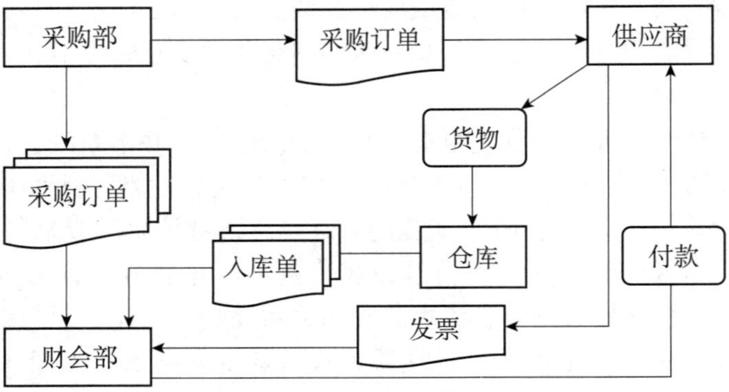

图 5-12　流程再造前

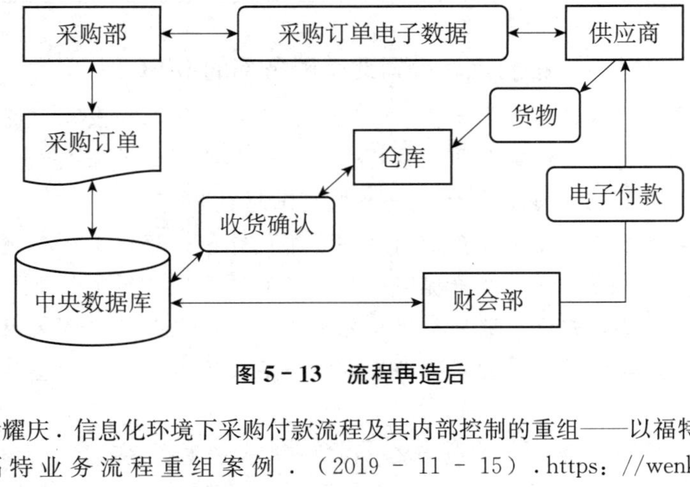

图 5-13　流程再造后

资料来源：徐耀庆．信息化环境下采购付款流程及其内部控制的重组——以福特公司为例．会计之友，2013（3）；福特业务流程重组案例．（2019-11-15）．https：//wenku. baidu. com/view/76466a7fb8d528ea81c758f5f61fb7360a4c2b58. html.

本章小结

随着时间的推移和社会的发展，企业物流管理的理念不断改变。数十年来，企业物流活动的组织结构也在不断改变。一般来讲，物流组织结构的发展分为五个阶段。伴随着物流组织演变的五个阶段，物流组织结构呈现出相应的典型模式，分别是传统物流管理组织结构、简单功能集合的物流组织形式、物流管理功能独立的组织形式、一体化物流组织形式和基于动态流程再造的物流管理组织。

目前，存在两种典型的物流组织结构管理模式，一种是集中式管理结构，一种是分散式管理结构。

在供应链管理环境下，企业经营的理念是把内部的智能和资源集中在那些有核心竞争优势的活动上，然后将剩余的其他企业活动外包给最好的专业公司，以提升企业的竞争优势。供应链环境下的资源配置决策是一个增值的决策过程，如果企业能以更低的成本获得比自制更高价值的资源，就应选择业务外包，但业务外包并非百利无一害，也会带来相应的问题。

除了自己建立庞大的物流机构管理全部的物流活动外，多数生产流通企业会以合同的形式将全部或部分物流活动外包出去，由专业的第三方物流服务提供商提供服务，形成其物流活动的战略联盟。依据不同方式，可分为契约型联盟和股权型联盟、横向联盟和纵向联盟。为了有效建立战略联盟，企业必须合理挑选合作伙伴、积极进行联盟谈判并主动推进实施。

供应链业务流程再造从根本上改善供应链的整体绩效，而供应链的整体绩效来源于供应链的协同竞争能力。供应链业务流程再造的主要目标是提高协同竞争能力。供应链业务流程再造必须遵循有效性、精简冗余环节、持续改进和顾客导向的原则。从实施的角度看，供应链业务流程再造可以从观念再造、流程再造和组织再造三个方面展开。

关键概念

集中式物流组织结构　分散式物流组织结构　核心竞争力　业务外包　业务流程再造

思考题

1. 物流组织结构演变的基本过程是怎样的?
2. 分散式和集中式物流组织结构各有什么特点?
3. 供应链环境下物流组织结构有几种类型?
4. 业务外包有哪些方式?
5. 业务外包有何利弊?
6. 建立企业物流战略联盟的原则是什么?
7. 如何进行基于供应链管理的业务流程再造?

课堂讨论题

结合我国当前企业的实际情况，选择一个你熟悉的企业，分析它是如何进行供应链业务流程再造的。

补充阅读材料

1. 兰伯特．供应链管理：流程、伙伴和业绩：第 3 版．北京：电子工业出版社，2012.

2. 柳荣．新物流与供应链运营管理．北京：人民邮电出版社，2020.

3. 李文发．采购和供应链全流程控制与运营管理．北京：人民邮电出版社，2020.

案例分析

“比亚迪法”：整合产品、流程和供应链的成本创新

比亚迪在电池、手机和汽车这样的成长性产业里，直面跨国公司的竞争，保持超高速的增长，堪称中国企业发展史上的一个奇迹。比亚迪靠什么在国际竞争中占据一定的市场地位？

从比亚迪电池和手机依靠价格成本优势进入摩托罗拉、诺基亚的配套体系，到比亚迪 F3 汽车的销售市场扩张，我们可以看出比亚迪成功的关键在于开发出低成本、高品质的产品，创造了竞争对手难以模仿的性价比优势。如在满足诺基亚、摩托罗拉等国际客户的产品技术标准的情况下，比亚迪电池以最大的电池生产企业——大洋公司价格的 70%销售，比亚迪 F3 在产品级别、配置和性能差别不大的情况下，以低于同级别国外竞争对手近 50%的价格销售。这种低成本、国际质量品质的产品是跨国公司难以做到的，甚至是难以想象的。

我们可以从产品、流程和供应链三个方面来理解比亚迪的成本创新能力的建立。

一、低成本的产品开发

比亚迪是一家年轻的企业，其产品开发是在已有成熟技术和国际巨头占领主要市场的情形下开展的。因此，比亚迪在产品开发上运用模仿创新的策略——通过研究成熟技术，将其分解，大量采用非专利技术，然后形成自己的核心技术。比亚迪通过对成熟产品进行分解学习建立起自己的开发平台，在此基础上覆盖众多车型。其“不以模仿产品为目的，而以最终掌握开发平台为目标”的做法，不仅成本较低，而且令企业很快学到先进的技术，在此基础上实现进一步创新。

从汽车产品开发看，比亚迪以非常快的速度开发出多个车型，F3 的开发时间只有 18 个月。当消费者看到 F3 在具有与花冠相同的配置和较高的产品品质保证，而价格仅为对方的一半时，很难不为所动。比亚迪充分利用模仿创新来节约成本、提高效率、降低风险，从而赢得成本优势。尽管 F3 在外形上与丰田的花冠惊人相似，比亚迪并不担心 F3 侵犯丰田的知识产权。公司董事局主席兼总裁王传福说，拷贝成熟完美的造型设计是不是一条聪明而有效的开发路径，体现在对专利侵权的规避上。“一种新产品的开发，实际上 60%来自公开文献，30%来自现成样品，另外 5%来自原材料等因素，自身的研究实际上只有 5%左右。”“我们大量使用非专利的技术，非专利技术的组合集成就是我们的创新。譬如，汽车外观专利有五幅照片，前面、后面、侧面、正上方和斜上方，这五个里面都是相似的，你就可能是侵权的，但只要有一幅照片风格完全不一样，其余完全一样也不会侵权。”

模仿是后发国家企业提高技术能力的重要学习机制，是帮助企业开发产品、提高企业技术能力的重要学习过程。后发企业通过模仿领先企业，能够跟踪选定主流技术发展方向，借鉴领先企业所积累的丰富经验。

二、低成本的生产制造

作为成长中的中国企业，比亚迪并没有太多的资金购买先进设备。在电池生产上，最初一条镍镉电池生产线需要几千万元的投入，一间配备全自动设备、全干燥的锂电池工作室需要几十亿元，对于当时的比亚迪而言，根本无法进行如此大的投资。

比亚迪在实践中创新性地采用"用人工替代机器"的办法，把自动化生产线分解为很多细节，每组工人只需要完成很简单的操作，工人无须太多的培训就可以上岗。比如，在电池生产中，日本公司会把电池放到某条生产线或者从上游工序直接转过去焊接，而比亚迪通过人工把电池放到夹具上用激光焊机来完成。在汽车涂装车间，比亚迪用人工把涂料放到设备里，而国外同行大多采用全自动生产线。比亚迪还对生产工艺进行改进，自己动手制造半自动设备，自己分解生产线，使用自己制造的测试工具。比亚迪自动生产线投资仅为国际同行的5%左右。

借助中国的劳动力成本优势，比亚迪的电池生产成本远低于国际竞争对手。王传福曾讲过："我们的资源就是人力资源，作为中国的一个企业，一定要把人力资源用足。我们要和竞争对手打人海战术。""很多人第一次到我们这里，看到这么多人感到惊讶。他们从没有见过这么多人造电池、造手机、造汽车。我们现在有1万名工程师，10万名工人，未来要发展到3万名工程师、30万～40万名工人。我说2025年我们要做成世界第一大乘用车产销企业，很多人都不相信。现在我们造产品、造生产线、造工厂都是在朝着这个目标努力。但说到底，我凭什么？凭的就是人，30万的劳动大军和巨大的工程师队伍就是我的资本。"

比亚迪国际竞争对手一般采用高度自动化的设备，这种设备往往具有很强的产品专用性，会导致设备使用率过低，单位摊销的机器成本上升。比亚迪的方法使得其产品价格平均低于国际竞争对手30%以上。此外，相对机器的固定性，比亚迪采用人工加机器的做法，充分利用了人力的柔性优势。

三、低成本的供应链整合

比亚迪采用了垂直整合的供应链创新模式。比亚迪以手机电池产业起步，在电池市场占有率逐渐提高后，拓展了手机其他零部件及其组装业务，生产包括镍氢充电电池、锂离子、镍镉、液晶显示屏模组、塑胶机构件、镁铝合金、柔性电路板、摄像头与马达等手机其他部件。在汽车上，不仅从事传统的车型概念设计、造型设计、整车四大工艺等工作，还进行全车模具的开发及内外装饰件、电子类产品（如空调）、全车线束、ECU、全车车灯、组合仪表、全车开关、底盘、车架、减震器、制动器等的生产，几乎所有零部件均由比亚迪内部自行研发生产。目前，国外汽车产业的主要趋势是专业化分工，比亚迪却参与了设备制造、模具开发、零部件生产到整车制造的产业链环节（见图5-14）。

比亚迪垂直整合的供应链创新模式能够将电池与IT零部件产业的优势移植到汽车产业。例如，在电池生产中比亚迪的设备开发和制造能力被移植到汽车产业中，比亚迪在IT产业上的模具开发能力和品质控制能力，也成为汽车开发的基本能力。比亚迪垂直整合的供应链大幅降低成本，实现规模经济，同时实现供应链上下游的及时沟通和交流，减

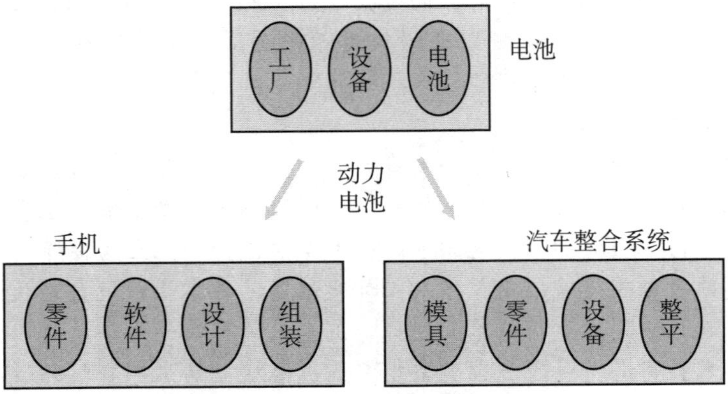

图 5-14　比亚迪的垂直供应链体系

少了供应链交易成本。

比亚迪的垂直整合不仅发生在产业之内，还发生在两个产业之间。在未来的汽车产业发展中，比亚迪汽车将遵循“电动化”“电子化”的发展路线。电动化是电池的后向整合，电子化是 IT 零部件的后向整合，比亚迪制造了汽车上的大部分电子产品。比亚迪汽车产业的迅速发展就是因为非常有效地利用了电池和 IT 业零部件方面的资源。

四、整合产品、流程与供应链的成本创新

在中国汽车产业发展的过程中，最早国内企业采用了同跨国公司合资的模式。在合资企业中，通过引进国外的产品技术来生产制造汽车，生产线的关键设备依靠进口，一些关键的零部件从跨国企业的国外战略供应商处采购获得。在这种产品—流程—供应链的结构中，合资企业的产品成本很难降低，企业也很难形成核心开发能力。与合资企业不同，比亚迪关注产品、流程和供应链的整合创新，打造超低成本的产品。比亚迪在产品开发上坚持从模仿创新到自主创新，在流程维上采用人机协同方式，在供应链上进行垂直整合（见图 5-15）。

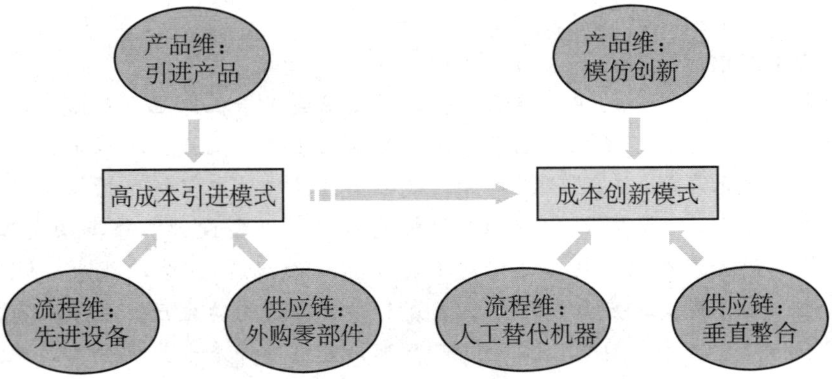

图 5-15　三维整合的创新模式

比亚迪在产品开发、制造流程与供应链上的创新根本上是一致的和统一的，其本质是比亚迪人所称的“比亚迪法”。比亚迪法是将整体产品制造的每一个过程拆分为一个个非常细化的、普通的环节，将看似非常复杂的过程模块化，细分为简单的、可以模仿的、可

以充分掌控的内容。当每个环节都被“比亚迪化”后，借助企业多年形成的组织整合能力，形成比亚迪自身的创新产品和成本创新能力。

在产品开发上，比亚迪首先基于成熟的产品技术，对其进行解剖分解，了解其基本原理，然后尝试进行开发，在成熟技术基础上结合企业和产品定位进行局部创新。由于一开始企业并不具备产品开发经验，比亚迪给予年轻员工实践的机会，每个员工只负责一个小环节，通过反复试验探寻并掌握其中的要领，在不断的试验中获得对于开发的新认识。

在产品制造上，对于较为复杂的制造过程，通过细分，将其拆分为可以控制的生产环节，然后有针对性地开发设备，建立起低成本的制造工艺技术。充分利用低成本人力资源优势，保证每个环节都以高质量、低成本的方式完成。

比亚迪低成本、高质量的控制能力在供应链上不断复制和扩展，比亚迪最早在电池生产上具备较强的能力，通过在企业建立相应的激励机制和组织保证，比亚迪法很快被运用到手机及其零部件制造上，之后电池和手机的生产经验又复制到更加复杂的汽车制造以及新能源汽车生产上。对供应链上每个环节的拆分和细化，比亚迪不仅掌握了生产制造和产品开发环节，还进入设备制造和关键零部件领域，完全掌握整个制造的诀窍，拥有令竞争对手难以想象的低成本控制能力。

从产品、流程到供应链整合的比亚迪成本创新策略，在产品维上，坚持创造性地模仿，利用比亚迪法则突破专利技术屏障，建立低成本的产品开发能力；在流程维上，不引入全自动生产线，而将其分解为半自动生产线，降低生产制造成本；在供应链上，将其企业能力和成本创新策略复制到整个供应链。比亚迪成功的关键在于是通过对产业链上的每个环节的拆分和细化，完全掌握其中的诀窍，创造性地、低成本地生产具有竞争力的产品。比亚迪的成本创新为中国制造和中国创造提供了一条可资借鉴的发展道路。

资料来源：纪雪洪，吴永林，孙道．“比亚迪法”：整合产品、流程和供应链的成本创新．企业管理，2011 (8).

案例思考题

1. 比亚迪是如何做到低成本供应链整合的?

2. 比亚迪的三个低成本策略，对中国的汽车制造企业有何启发?

3. 你认为比亚迪成功的主要因素是什么? 这种因素在当前动态的国内外宏观环境下能保持可持续吗?

06

Chapter

第6章

供应链风险管理

学习目标

通过本章的学习，读者应该能够：

- 掌握供应链风险的概念和特点
- 了解供应链风险管理的意义
- 掌握供应链风险管理的基本过程
- 了解控制供应链风险的对策

6.1 不可忽视的供应链风险

案例6-1

不同公司的风险管理之道

从近些年来国内外发生的一系列影响重大的负面商业事件来看，大多与企业的供应链风险密切相关，并且对涉事的公司、所在的产业以及客户造成极大的损失。

2008年发生的三鹿奶粉质量事件，起因是一些利欲熏心的奶牛饲养户往牛奶里面添加三聚氰胺等非食品类添加剂。但是，奶粉生产企业没能有效管理好其供应商——奶牛饲养户，未确保原料的质量合格，才是根本原因所在。

2011年3月日本福岛发生8.9级强烈地震，导致包括福岛在内的几个主要核电站关停，日本全境内电力供应短缺，很多企业不能正常生产，造成包括电子零件、汽车零配件在内的许多出口产品无法正常交货。受该事件影响，2011年下半年中国的几个主要日系汽车组装厂均出现不同程度的减产和停产。2011年大部分日系汽车厂家在中国的销售量相比2010年出现两位数百分比的下降。而对日本零配件依赖较小的德系、美系汽车厂家则趁机扩大它们在中国的市场份额。

现在很多公司的高管都在关注经营管理活动中与供应链相关的问题和风险。根据罗兰贝格管理咨询有限公司针对全球600多家零售或制造型企业的高管进行的调查，超过一半（53%）的受访者认为，与过去三年相比，现在企业因供应链中断而遭受的损失变得越来越大。尽管超过2/3（71%）的受访者认为供应链风险是业务决策过程中的重要因素，只有55%的受访者认为他们公司的风险管理项目是有效的。类似的关注还从安联集团发布的《2013年风险晴雨表》（Risk Barometer 2013）报告中反映出来。此报告显示，参与调查的企业高管中，45.7%的人认为：经营业务中断和供应链中断是他们经营管理中最关注的风险。

资料来源：简析：供应链风险的识别与管理．（2013－09－27）．http：//www.360doc.com/content/13/0927/202378_317408869.shtml.

三鹿公司、日系汽车企业的失败，一个很重要的原因就是缺乏科学的供应链风险管理。当前，由于企业竞争日趋激烈，特别是对那些拥有较长供应链且面对日益增长的不确定供给与需求的产业来说，有关供应链风险防范的研究显得尤为重要。

6.1.1 供应链风险的概念和特点①

1. 供应链风险的概念

关于供应链风险，国内外学者从各种角度进行了定义。德勤咨询公司在2004年发布的一份供应链研究报告中指出，供应链风险是指对一个或多个供应链成员产生不利影响或破坏供应链运行，使其达不到预期目标甚至导致供应链失败的不确定性因素或意外事件。英国克兰菲尔德商学院把供应链风险定义为供应链的脆弱性，供应链风险因素的发生通常会降低供应链的运行效率，增加供应链的成本，甚至导致供应链的破裂和失败。有学者从其他角度去理解供应链风险，认为供应链风险包括最初来源于供应商的物质、信息和产品流的偏差的风险，由于供需不匹配的可能性，造成最终用户产品运输的延迟；或将供应链风险定义为供应链偏离目标的可能性。有效的供应链风险管理将保证供应链的运行安全，降低供应链的运行成本，提高供应链的运行绩效。也有学者指出，供应链风险是供应链的一种潜在的威胁，会导致供应链系统的脆弱性，对供应链系统造成破坏，给上下游企业以及整个供应链带来损失和损害。供应链上的各环节环环相扣、彼此依赖、相互影响，任何一个环节出现问题，都可能波及其他环节，影响整个供应链的正常运作。

供应链的多参与主体、跨地域、多环节的特征，使供应链容易受到外部环境和链上各实体内部不利因素的影响，形成供应链风险。作为一种特定领域的风险，供应链风险是指供应链上的企业在运营过程中，由于各种不确定因素使其实际收益与预期收益发生偏差的大小及可能性。

---

① 本小节参考了王燕，刘永胜．供应链风险管理概述．物流技术，2008（8）．

2. 供应链风险的特点

（1）必然性与客观性。供应链风险有自身的必然性。一方面，供应链网络性的特点决定了各企业在通过契约方式组合的过程中，存在利益冲突和信息不对称，随着时间的推移，必然导致供应链风险的发生。另一方面，供应链可能受到外界各种破坏性环境（如地震、火山爆发等自然灾害）和战争等方面的影响，这种破坏性环境往往不以人的意志为转移，因此，供应链风险存在客观性。

（2）偶然性与不确定性。尽管供应链风险的产生具有客观性和必然性，但是我们并不能确切地知道供应链风险何时发生，危害性有多大，因而也存在偶然性。同时，供应链风险存在于多个环节，受多个因素影响，也很难确切获知供应链风险的发生。

（3）多样性与复杂性。供应链风险的种类非常多，供应链运作上的各环节、各因素和各节点企业都会导致供应链风险的发生。不同类别的风险产生的原因和效果各有不同，导致风险存在多样性和复杂性的特点。

（4）传递性与放大性。供应链本身就是一个链状和网络组织，从产品开发、生产到流通过程是由多个节点企业共同参与的，风险因素可以通过供应链流程在各企业间传递和累积，不是仅仅影响当事企业，而是通过供应链系统的脆弱性，对供应链系统造成破坏，给上下游企业带来损害和损失，影响整个供应链的正常运作。牛鞭效应就是供应链风险传递性的典型表现。

（5）此消彼长性。如表 6－1 所示，由于供应链风险存在多样性，而不同的风险之间存在相互联系，因此采取措施消除一种风险可能会加剧另一种风险，例如，增加产量使交货的延误风险减小，但采购风险和库存风险增大。同样，供应链上某个企业采取的措施可能会增加其他企业的风险（易海燕，2007）。

表 6－1　供应链风险的此消彼长性

防范策略	中断风险	延误风险	预测风险	采购风险	应收账款风险	生产能力风险	库存风险
增加产量		⬇		▼		⬆	▼
增加库存	▼	⬇		▼		▼	⬆
多个供应商	⬇			▼		▲	▼
增强敏捷性		⬇	⬇				⬇
增加柔性		▼		▼		⬇	▼
集中或共享库存			⬇			⬇	⬇
扩大生产能力		▼					▼
更多的客户					▼		

注：▲增加风险；▼降低风险；⬆极大地增加风险；⬇极大地降低风险。

6.1.2　供应链风险的来源[①]

1. 自然环境因素

自然环境因素主要包括洪水、大火、地震、雷击、风暴、海啸、冰雪、火山爆发、山

① 本小节参考了温翔．供应链风险种类及预防措施的探讨．铁道货运，2007（4）．

体滑坡、外界物体倒塌等各种不可抗拒的原因所造成的损失，这些风险一般都是难以控制和预测的。

案例 6－2

股票市场对 2011 年日本大地震导致供应链中断的反应

2011 年 3 月 11 日的日本大地震被认为是有史以来最严重的地震之一。地震、海啸、余震以及随后福岛核电站的核泄漏给社会和经济造成了巨大的损失。此次突发的自然灾害也对全球供应链带来了极大的冲击和威胁。有媒体称此次大地震带来了“有史以来最严重的供应链中断”并且将其称为全球供应链的“黑天鹅”灾难性事件。日本有 6 个都道府县受到了严重影响，该地区的工厂主要生产半导体芯片、微控制器、闪存、汽车零部件、油漆颜料等产品，6 000多家工厂中只有 25%的工厂报告称没有受到影响。其中，航空航天、汽车、电子和半导体行业的全球供应链受到的影响最为严重。

有人对由此次地震引发的供应链中断给股票市场带来的影响进行了研究（Hendricks, Jacobs and Singhal，2019)，该研究运用事件研究法，对从权威新闻报道中收集到的全球 460 家受此次地震影响的上市公司样本进行分析，发现因地震导致供应链中断的公司在地震发生之后一个月内平均损失了 3.73%的股东价值，在接下来的两个月里，损失程度大致保持在这个水平。该研究还发现，此次地震导致的上下游供应链间接中断的传播效应对股东价值的影响也是负面的，地震发生之后的一个月内，下游供应链中断对公司价值的平均影响为－2.41%，三个月的影响为－3.13%；在同一时期，上游供应链中断对公司价值的平均影响分别为－4.62%和－1.98%。其中，此次地震对与核工业相关的公司的传导效应影响非常负面，在地震发生后的一个月内对公司股东价值的平均影响为－14.13%，持续至三个月后，该负面影响扩大至－21.96%。由此可见，突发的自然灾害会对供应链管理和企业经营带来很大的风险。

资料来源：Hendricks K B，Jacobs B W and Singhal V R. Stock market reaction to supply chain disruptions from the 2011 Great East Japan Earthquake. Manufacturing and Service Operations Management，2019.

2. 社会环境因素

社会环境因素主要包括经济政策变化、地区文化冲突、政治事变、恐怖事件、危机事件、战争、公共紧急事件等，这些不可预料的突发事件会给供应链系统带来难以防范的风险。

案例 6－3

疫情宏观分析系列：疫情对供应链影响有多大?

新冠肺炎疫情推迟了人员返岗时间，对供给端带来短暂冲击，从而可能对全球供应链（一般也称为价值链）带来扰动。那么，中国在全球供应链中处于什么地位? 疫情会如何影响供应链? 哪些行业、哪些地区可能受到的影响较大?

中国在全球供应链中的重要性有了较大幅度的提升，比如电子、计算机、通信设备等产品在全球价值链中比较突出。全球价值链强调一个经济体在国际贸易中充当中间环节的重要性，一个经济体出口的产品到该产品被最终消费所经历的国际环节越多，这个经济体在全球价值链中的重要性越大。研究发现，中国在全球供应链中的重要性自 2005 年以来有比较大的变化。从地区来看，日本、韩国、德国和美国是中国在全球供应链中比较重要的伙伴。电子、计算机、通信设备是主要的全球价值链产品。

对全球价值链而言，低劳动成本不是主要决定因素。在全球价值链背景下，纯粹的低劳动力成本不能成为参与全球价值链的充分条件，甚至不是必要条件。世界银行的研究表明，供应链产品与许多因素显著相关，其中相关性较强的有物流/连通性、人力资本、制度资本，但与工资竞争力之间甚至不相关。此外，全球价值链带来了各国制造业要素投入的趋同性，提高了进入门槛，后发追赶并不容易。

全球价值链关系具有路径依赖性，短期冲击难以对全球价值链带来很大变化。大部分全球价值链类型的交易复杂度都比较高，需要长期的磨合，难以在短期内搭建完成。这就使得全球价值链中的生产关系具有长期性，带来了路径依赖，相关产业也难以在短期内重构全球价值链。从苹果公司的主要组装厂商分布可以看出，虽然受到种种挑战，但中国仍然是苹果公司主要组装厂商最多的国家。这种生产关系的长期性使得贸易和投资紧密相连。而金融危机后跨国公司资本开支意愿不足，很难见到大规模的产业转移发生。另外，中国主要行业也正向增加值较高的微笑曲线两端移动。

新冠肺炎疫情在短期内通过供应链对部分境外地区以及产品带来扰动，比如计算机、汽车、电子等。境内受影响的行业可能有计算机、通信和其他电子设备制造业，金属制品、机械和设备修理业，皮革、毛皮、羽毛及其制品和制鞋业；境外需求侧受影响的行业可能有消费者服务与商贸零售；境外供给侧受影响的行业可能有汽车、电子、纺织服装、商贸零售。

需求侧受影响的地区可能为美国、澳大利亚、日本；供给侧受影响的地区可能为美国、印度、韩国、日本。新冠肺炎疫情对日本的旅游业和零售业、韩国的电子和汽车业也带来扰动。

资料来源：张文朗，刘政宁．疫情宏观分析系列之十：疫情对供应链影响多大？．（2020－02－23）．http：//stock. finance. sina. com. cn/stock/go. php/vReport _ Show/kind/lastest/rptid/635810147817/index. phtml.

3. 经济环境因素

经济环境因素包括市场因素、供应链企业自身管理性因素、企业间的合作性因素，其中企业间的合作性因素是最主要的供应链风险来源。

（1）市场因素。它主要表现为市场波动的风险。影响销售的市场因素是多方面的，由于市场机会的不确定性而导致的风险非常高，一旦出现不可预料的不利因素，就可能导致销售下滑、市场出现逆转，风险有可能波及供应链上的各合作企业，并在它们之间重新分配，整个供应链可能受到影响，甚至崩溃。

案例 6-4

丰田"召回门"的供应链反思

2010年以来，一场始于美国的丰田汽车"召回门"事件迅速成为全球关注的焦点，并导致丰田在全球市场进行海量召回。围绕丰田"召回门"事件的争论与探讨持续升温，并从技术、设计、材质、管理等各个层面蔓延至美日两大经济体之间的贸易保护之争。

没有危机的企业不是大企业，作为"世界第一"的丰田在过去数十年间经历过各种大小不一的危机。正如许多中国专家指出的那样，召回对丰田而言意味着再一次痛定思痛的机会，只是代价显得过于沉重。

截至2010年3月，因油门脚踏板缺陷等问题，丰田在全球范围内已召回近1 000万辆汽车，而这个数字要远远高出丰田2009年的销量总和。知名汽车分析师贾新光认为，丰田此次海量召回绝非供应商单方的问题，而是其供应链的管理出现了问题。

据了解，丰田目前采用的是集成产品架构和集成式的供应链形式，具体而言就是丰田只负责对汽车整体性能进行设计、优化管理以及对各大汽车子系统的功能协同，而丰田的零部件则基本上依靠其供应链上的合作伙伴来制造。

"丰田一直都在强调精益化生产和准时生产，这样它就对其供应链上下游企业提出了较高的要求，一直以来它们之间都是一种高度协同的关系。可以说，丰田对供应链、对供应商的控制程度是相当高的。"上海德尔福汽车门系统有限公司总经理卢卫民表示，通用平台的好处是显而易见的，它不仅可以发挥规模效应，而且可以让丰田最大限度地控制成本和质量，这也成为丰田配套体系中最重要同时也最核心的一环。

然而，这种与供应链上下游企业之间紧密协作的供应链管理模式，在让丰田能够专注整车研发、生产的同时，也让丰田承担了巨大的风险。一旦供应链的某个环节出错，丰田的供应链体系就会像多米诺骨牌那样轰然倒下。

早在几年前，丰田的通用平台模式就开始受到广泛质疑。一次是一家日本的轮胎供应商工厂发生大火，直接导致丰田停产两周；还有一次则是丰田的一个附属钢厂发生爆炸，产品供应不及时导致丰田不得不停产。事后，丰田从中吸取了教训，但是对这种模式的改变却收效甚微。

贾新光进一步分析，"由于丰田过于强调平台的通用化，比如所有车型都使用一个踏板厂的同一规格的配件，这样就会导致风险高度集中。如果丰田的零部件能有两三家甚至更多的供应商，那么这种风险就会很小，毕竟所有规格的产品同时出现问题的概率要小得多。"

资料来源：张俭．丰田"召回门"的供应链反思．中国物流与采购，2010（6）．

(2) 供应链企业自身管理性因素。

1) 供应链企业的财务风险。行业特点决定了某些企业在生产运营中可能会占用上游或者下游企业大量的资金，如果该企业的财务状况不够稳健，就会造成资金的断流，随时导致对整条供应链的致命打击。

2）信息系统的可靠性风险。由于供应链中的信息系统对企业的信息传递起着关键作用，因此在供应链中存在着信息系统的适用性与信息传递的风险性。当供应链规模日益扩大，结构日趋繁杂时，信息系统与供应链企业的业务不匹配，信息传递延迟和不准确的次数都会增加，使整个供应链陷入困境。

（3）企业间的合作性因素。

1）供应链的结构性风险。例如，由于供应链核心企业的上游或下游企业仅采用独家供应商或独家渠道商的方式或策略，因此这种供应链模式存在巨大的风险，一个环节出现问题，整个链条就会崩溃。

2）供应链企业间的信任风险。供应链是个动态战略联盟，企业间既是合作伙伴也是竞争对手，彼此之间既存在信息的公开共享，也存在企业机密的安全问题，容易出现互相不信任、不规范行为，带来企业间的信任风险。

3）供应链上下游合作企业的连接风险。供应链上的各企业在经营管理水平、员工素质、企业文化、经营思路等方面都存在差异，这些差异会影响供应链的整体竞争力和获利能力，因此带来了供应链企业间的不稳定性与不确定性，导致供应链管理的风险增大。

4）利润分配的风险。供应链中所有企业是一个利益共同体，在供应链整体利润保持一定水平的条件下，某些企业利润的提高会导致供应链中其他企业利润的降低，某些企业获利水平过低，将导致消极合作甚至退出供应链，这将极大地影响供应链的正常运营，甚至造成供应链断裂。

案例 6-5

合作是产生供应链风险的重要因素

蒙牛集团的奶类产品经营在过去几年中一直受质量门事件困扰。这其中的一个很主要的原因是奶源的质量不能得到保证。蒙牛集团是国内最大几家牛奶类产品公司中自营奶牛牧场比例最低的一家。它绝大部分的鲜奶来源于成千上万的缺乏规范质量管理能力的家庭作坊式奶牛养殖户，也就是采取多供应商的供应链策略。显然，在目前的国情下，指望这些小养殖户在短期内提高质量管理能力是不太现实的。对蒙牛集团来说，有效管理这些小养殖户的投入也是巨大的。为了扭转这种局面，蒙牛集团从 2011 年起投入巨资在国内新建或扩大自有的牧场，或参股并共同管理部分战略合作牧场，以通过提高自营和联营牧场的鲜奶供应比例来提高奶产品的质量，提高其产品竞争力。随着蒙牛集团从规模化经营牧场采购比例的提升，其供应链风险会相应地降低。

苹果公司以往选择 iPhone 及 iPad 产品的组装供应商时，都选择与富士康公司合作，也就是在供应链中采取单一供应商的策略。2013 年后，苹果公司调整策略，引入华硕公司作为以上产品的第二组装供应商，并逐步调整富士康公司和华硕公司之间的供货比例，最终目标是达到两家供应商供货平衡的格局。很显然，苹果公司的策略调整为双供应商策略，以降低单一供应商带来的供应链风险，并通过引入竞争来提高它在供应商面前的谈判力。

资料来源：简析：供应链风险的识别与管理．（2013-09-27）．http：//www.360doc.com/content/13/0927/202378_317408869.shtml.

6.1.3 供应链风险的分类

关于供应链风险的分类，国内外许多研究者和组织从不同的角度、不同的标准，给出了不同的分类结果。例如，按照供应链风险发生的环节，可以分为需求风险、供应风险和协调风险；按照供应链产生的原因，可以分为中断风险、延误风险等。这里我们采用内生风险和外生风险这种分类方式，如图6-1所示，此种分类方法将供应链看作一个整体系统，能够从整体上全面分析供应链风险，也是目前大部分学者认同的分类方法。

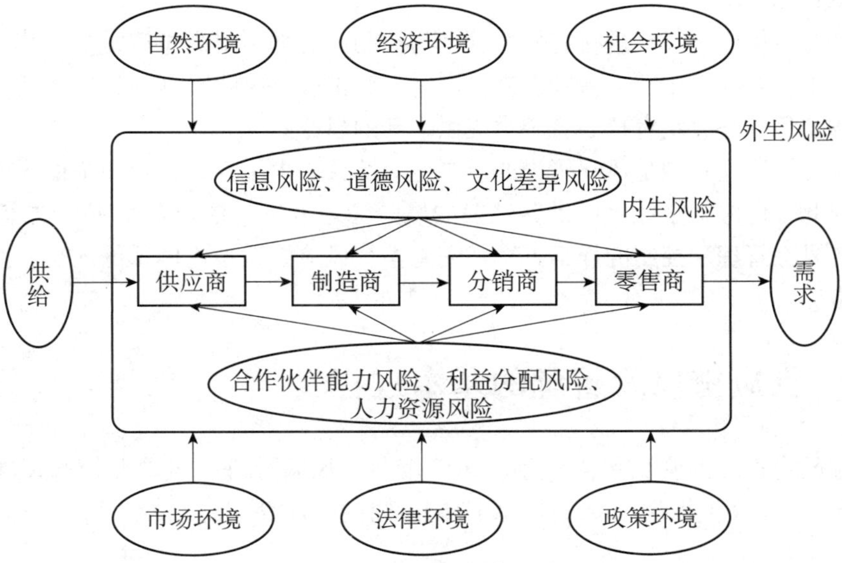

图6-1 供应链风险分类

资料来源：金霞．供应链风险识别与评估研究．兰州：兰州交通大学，2014.

6.1.4 加强供应链风险管理的意义

供应链管理成为企业获取竞争优势、增强企业竞争力的关键。早期的企业管理者过度关注企业的利润最大化及供应链的价值增值，忽略了供应链风险的存在。特别是近10年来，地震、台风、经济危机、罢工、恐怖袭击等事件频繁地扰乱供应链的正常运行。供应链网络结构的错综复杂性、外部环境的不稳定性和供应链管理者过于追求精益化、忽视风险管理而造成的脆弱性等因素，使供应链越来越容易遭受各类风险的损害。许多案例表明，一旦某种风险真的发生，会给供应链造成不可逆转的损害和巨大的损失，甚至导致供应链的彻底断裂。例如，1999年，台湾地震造成DRAM芯片短缺，苹果公司丢掉了大量的订单；2000年，爱立信因半导体供应商的厂房失火遭受巨大损失。不确定性因素对供应链的干扰将会给企业的绩效带来长期的消极影响。亨德里克斯和辛赫（Hendricks and Singhal，2005）在一份报告中指出，遭受供应链干扰的公司的盈利要比正常情形下减少33%～40%。

由此可见，在风险面前，如果缺乏有效的管理，供应链将会呈现出异常的脆弱性。企业必须重视供应链风险管理，采取多种有效的方法规避和弱化供应链的风险。供应链风险管理的主要手段是供应链成员间的合作与协调，目的是保证供应链的绩效和稳定性。它是供应链管理和风险管理交叉形成的一个领域，即风险管理在供应链领域的特殊体现。

企业加强供应链风险管理具有重要的现实意义，主要表现在：

（1）通过对企业存在的供应链风险管理问题的研究，建立企业供应链风险的分析架构，有利于更全面系统地考察和分析供应链的风险，帮助企业打造安全的供应链，制定供应链风险管理与危机防范战略、业务持续规划方案，并为供应链风险的识别、评价和控制提供新的思路和方法。

（2）企业对供应链风险进行有效的管理与控制，有助于提高供应链的运作效率，降低供应链的成本，有助于企业的持续发展。同时，对供应链风险管理与控制的研究为探讨企业如何获取竞争优势、培育核心竞争力提供了新的思路。

（3）供应链风险管理是风险管理的重要组成部分。由于各行各业面临的风险有一定的相通性，因此，供应链企业可以借鉴一般的风险管理方法，结合企业所属供应链的特点，提出供应链风险管理和控制的详细方案，完善整个风险管理理论体系的内容，为其他行业提供经验指导。

6.2　供应链风险管理的基本过程

供应链风险管理通常由风险识别、风险度量、风险处理、风险监控与反馈等环节构成，如图 6－2 所示（金霞，2014），每个环节都有各自的特点。

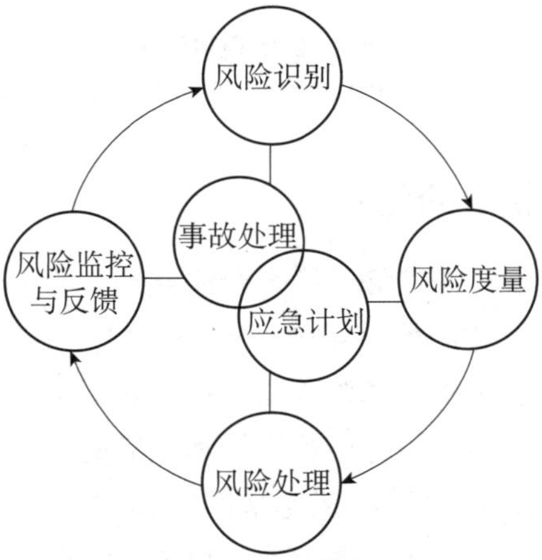

图 6－2　供应链风险管理的主要环节

6.2.1　供应链风险识别

供应链风险识别是指供应链风险管理主体在各类风险事件发生之前运用各种方法系统地认识所面临的各种风险以及分析风险事件发生的潜在原因。通过调查与分析识别供应链风险的存在；通过归类，掌握风险产生的原因和条件，以及风险的性质。

供应链风险识别阶段是供应链风险管理最重要的一步，也是有效进行风险管理的一步。许多学者认为，没有风险识别就没有风险评估、风险控制和管理，也不会有预防和保险。供应链风险识别是供应链风险管理的前提，具有非常重要的意义。由于风险存在的客观性、普遍性与风险识别的主观性有差异，因此，正确识别风险成为风险管理中最重要也是难度最大的工作。

常见的供应链风险识别方法包括问卷调查法、德尔菲法即专家意见法、财务报表法、流程图法、环境扫描法和事故树分析法等，方法的选择依据具体情境和实际需求。在风险识别的过程中，要特别注意几个问题：一是要注意结合各种风险识别方法，没有一种方法可以识别出供应链所面临的全部风险，风险管理者应根据实际情况优选最佳方法或多种方法组合；二是节点企业间应密切联系和配合，供应链的风险管理者应该与所有的参与者经常取得紧密联系，交换意见，以便于掌握供应链的运营状况；三是注意外部有关的风险信息和资料，风险管理者需要经常留意有关风险事件报道、预测等具有参考价值的信息，并及时对现有供应链风险识别资料进行补充和完善。另外，还需要密切关注能够对供应链运作产生直接或间接影响的因素，包括国内国际政治、经济、科技、贸易、公共卫生等方面的最新形势等。

6.2.2 供应链风险度量

供应链风险度量是指对风险发生的可能性或损失的范围与程度进行估计与度量。仅仅识别风险，了解灾害损失的存在，对实施风险管理来说远远不够，还必须对在实际中可能出现的损失结果、损失的严重程度予以充分的估计和衡量。只有准确地度量风险，才能选择有效的工具应对风险，达到用最少费用支出获得最佳风险管理效果的目的。

在评估供应链风险时，不仅要考虑风险对某个供应链企业的影响，还要考虑风险对供应链整体造成的后果；不仅要考虑供应链风险带来的经济损失，还要考虑供应链风险带来的非经济损失，如信任危机、企业声誉下降等。这些非经济损失很难用金钱来衡量。

6.2.3 供应链风险处理

供应链风险处理是供应链风险管理的核心。识别供应链风险和度量供应链风险都是为了有效地处理供应链风险，减少供应链风险发生的概率和造成的损失。处理供应链风险的方法包括供应链风险规避、供应链风险控制、供应链风险转移和供应链风险自担。

（1）供应链风险规避。这是彻底规避供应链风险的一种做法，即断绝风险的来源。供应链风险规避的方法是放弃或终止某项供应链合作，或改变供应链的合作环境，尽量避免一些外部事件对企业造成的影响。当然，供应链风险规避在某种程度上意味着丧失可能获利的机会。

案例 6-6

德尔福公司的风险管理

德尔福公司是全球领先的汽车与汽车电子零部件及系统技术供应商，其产品系列包括动力、推进、热交换、内饰、电气、电子及安全系统等，几乎涵盖了现代汽车零部件工业的主要领域。德尔福公司为客户提供全面的产品与系统解决方案。德尔福公司的总部位于美国密歇根州特洛伊市，在法国巴黎、日本东京、巴西圣保罗设有地区性总部。德尔福公司在全球约有184 000名员工，在全球40个国家共有167个独资制造企业、42个合资制造企业、53个客户服务中心和营业处以及33个技术中心。

德尔福公司高度重视在中国投资布局。2010年12月1日，德尔福宣布，其在上海的连接器系统工厂将成为全球最大连接器生产基地和工程研发基地，可实现“中国技术，全球共享”的目标。2012年10月10日，德尔福汽车系统在重庆的汽车线束生产基地——德尔福派克电气系统有限公司重庆分公司正式启动，标志着德尔福公司在西部地区的布局进一步拓展。

作为一家跨国公司，供应链风险控制是德尔福公司在处理供应商关系时重点考虑的因素。供应商有可能无法及时调整供应能力，难以满足德尔福公司的采购需求；供应商也可能无法适应产品升级与技术换代而导致供应中断；此外，政治、经济和环境因素的变化，以及产品出现短缺时供应商的忠诚度等因素，都有可能影响供应链的稳定性，德尔福公司对此加以充分考虑并制定了预案。

早在2006年12月，德尔福位于韩国的一家零部件供应商突然遭受暴雪的袭击，生产车间被压垮，生产线被迫中断，由于该供应商没有建立完善的风险应急机制，无法及时投产。德尔福亚太区总部了解此事后，一方面帮助供应商尽快恢复生产运营，另一方面选择中国的供应商开足马力满足客户的零部件订单需求。这次供应链的中断导致德尔福损失近亿元。当韩国的零部件供应商恢复产能并满足客户的订单后，德尔福亚太区总部决定停止与这家零部件供应商合作，选择供应链风险管理更好的其他供应商。

资料来源：德尔福．(2011-12-14)．http://www.cnautonews.com/qclbj/201112/t20111214_121252.htm；德尔福在重庆和烟台新建两生产基地．(2012-10-23)．https://m.chinabuses.com/news/8/article_10403.html；尤艺．德尔福公司的供应商管理策略．上海：上海交通大学，2009.

(2) 供应链风险控制。这是在供应链风险识别和评估的基础上，有针对性地采取积极防范控制措施的行为。供应链风险控制的目标是：在风险发生之前，降低风险发生的概率；在风险发生之后，将风险造成的损失降到最低限度。这是一种主动积极的风险管理方法，但经常受到技术条件、成本费用、管理水平等的限制。

(3) 供应链风险转移。这是将供应链中可能发生的一部分风险转移出去的风险防范方式。风险转移可分为保险转移和非保险转移两种。保险转移是向保险公司投保，将供应链的部分风险损失转移给保险公司承担；非保险转移是将供应链的部分风险转移给供应链以外的企业，或由整个供应链企业来共同承担。

(4) 供应链风险自担。这是供应链中的企业将可能的风险损失留给自己承担的方式，是被动的措施。一种可能是，对于企业而言，可能预知风险存在，但为获得高额利润回报而甘愿冒险。另一种可能是，由于供应链系统风险无法规避，各供应链企业只能通过系统吸纳接受风险。

6.2.4 供应链风险监控与反馈

制定风险处理方案后，要在实践中检验，一旦发现可能存在的缺陷，应及时反馈。供应链风险的监控与反馈就是将在危险识别、风险度量以及风险处理中得到的经验、新知识，或者从损失或接近损失中获取有价值的经验教训，集中起来加以分析并反馈到与供应链相关的经营活动中，避免犯同样错误的过程。供应链风险管理是一项长期的、艰巨的工作，不可能一蹴而就，必须动态地重复风险管理过程的各步骤，以使这一过程融入供应链管理运作，长期有效地管理风险。

6.3 供应链风险管理的对策

供应链风险管理的主要目标是规避和弱化供应链风险。为了对供应链风险进行科学的管理，有必要联合供应链上的企业，设计并建立供应链风险预警体系。同时，加强对供应链风险因素的管理，通过柔性管理策略减小供应链风险发生的概率。

6.3.1 供应链风险管理的预警体系设计

供应链风险预警体系应用风险预警理论，运用一定的技术手段和设施设备，对供应链经营活动风险进行动态的监控和分析，帮助决策者提前采取供应链风险规避行为。预警体系利用各种分析方法，对供应链各种风险进行监测，使供应链管理者或经营决策者了解和掌握风险信息，并为风险决策提供可靠的信息，以便采取风险防范措施，提高供应链的经济效益。

1. 供应链风险预警体系的基本结构和运作流程

供应链风险预警体系由供应链风险信息警源、供应链风险预警指标体系、供应链风险预警专家小组、供应链风险预警制度体系和供应链风险预警信息辅助决策系统五个部分构成。这五个部分在风险决策工作流程中有机地组合在一起。

（1）供应链风险信息警源。供应链风险信息警源是引发供应链风险的源头，应采集导致或可能导致各种风险的因素，辨析风险的种类，估计不同风险的大小，评价可能产生的后果。

（2）供应链风险预警指标体系。供应链风险预警指标体系是一系列用于反映供应链整体以及各组成单元的风险指标的集合，其主要功能是为评价供应链风险提供标准和尺度。

（3）供应链风险预警专家小组。供应链风险预警专家小组根据采集到的风险数据，对照供应链风险预警指标体系，参考供应链风险预警信息辅助决策系统产生的结论，发出供应链风险预警信息，并制定相应的风险管理方案。

（4）供应链风险预警制度体系。供应链风险预警制度体系包括一整套能够保证预警体系正常运转的制度。这些预警制度主要由四个体系组成，即组织管理体系、技术标准体系、安全教育体系和预警预案体系。

（5）供应链风险预警信息辅助决策系统。供应链风险预警信息辅助决策系统（decision support system，DSS）是新型计算机人机交互系统。它以现代信息技术为手段，综合运用管理科学、经济数学等多种科学知识和计算机技术、人工智能技术，针对供应链风险预警中出现的半结构化决策问题，通过提供背景材料、明确问题、完善模型、列举可能的方案等方式，帮助管理者作出正确决策。

供应链风险预警体系的详细运作流程如图 6－3 所示。

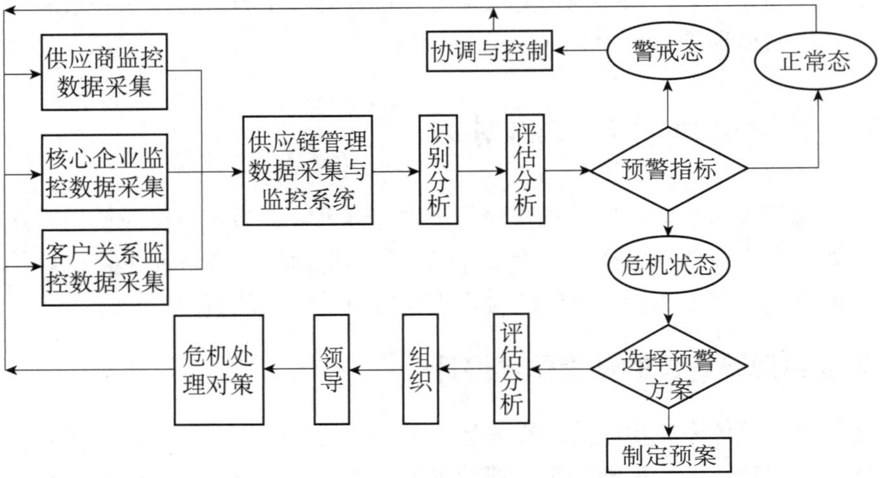

图 6－3　供应链风险预警体系的运作流程

2. 供应链风险预警体系的工作过程

供应链风险预警体系运行实施办法是组成供应链风险预警制度体系的一个至关重要的制度。它的工作过程包括以下几个方面（陈皓甲，2008）：

（1）建立供应链风险预警机制。供应链风险预警机制是防止供应链发生风险的重要手段。它是在供应链核心企业的统一领导下，运用预测、预审、预报、预控等措施，及时掌握供应链各环节风险的诱因，预防和处理各类突发事件的工作机制，也是供应链管理工作的重要组成部分。其运行实施流程如图 6－4 所示。

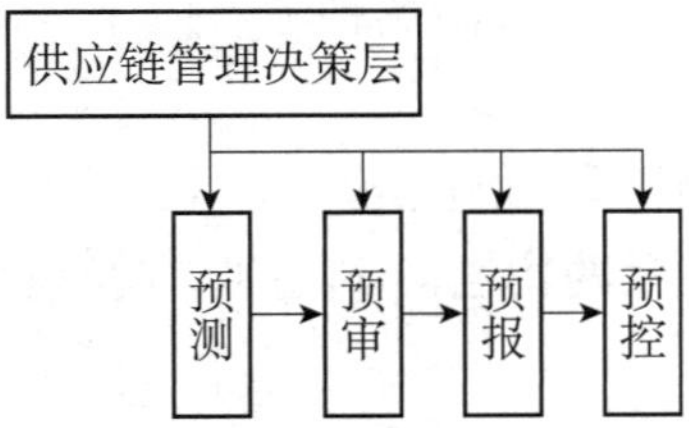

图 6－4　供应链风险预警机制运行实施流程

（2）预测。预测是供应链日常风险预警的首要环节。通过调查研究和收集信息，企业可以科学地分析和把握供应链运行过程中的重点和难点。预测要全面、深入、细致。预测的主要内容包括：由国家和地方法律法规、政策出台引起利益关系调整的热点和难点；市场上原材料或生产组件的质量、价格等变化趋势，供应商的生产能力以及可能发生的风险；生产过程中可能出现的问题以及不稳定因素；在客户关系管理中出现的问题以及产生问题的原因。

（3）预审。预审是供应链风险预警机制的关键环节。它是在供应链运行过程中对执行的方案、内容、程序、法规等进行审核的过程，防止在供应链执行过程中因信息不对称使供应链产生潜在的风险。

（4）预报。预报是供应链上各节点企业下属的分支机构通过一定的程序向上级反映本单位容易引发危机的不稳定因素的重要环节。它有助于节点企业和供应链整体及时掌握各企业经营现状和发展趋势，从而采取相应的对策。

（5）预控。预控是运用法律武器或经济杠杆等，通过规避、控制和承受等方法，化解矛盾，避免供应链的整体利益受到侵害，确保稳定的必要措施。做好预控的前提是企业必须掌握一定的方法和手段，通过既定的工作程序及时消除风险隐患，防止供应链风险扩大。

6.3.2　减少供应链风险的柔性策略

在识别了供应链的风险来源和触发途径后，可将风险分为供应风险、协调风险和需求风险三类。我们从供应商关系管理、客户关系管理以及供应和需求的协调三个方面对柔性策略的战略规划和战术规划进行分析，如表6-2所示（张以彬，2008）。

表6-2　减少供应链风险的柔性策略

柔性策略	供应风险	协调风险	需求风险
战略规划	设计稳定的供应网络	采用延迟策略，增加供应链系统的柔性；建立与伙伴间的信息共享、相互信任与协作的关系	增加市场柔性
战术规划	增加供应商的柔性，改变采购路径；物流柔性（多模式、多个承运人）	采用柔性储备（增加库存持有柔性、产能柔性、响应性）；减少财务风险（业务中断保险）；实行基于契约协调的收入共享和风险分担机制	集中或共享需求信息（减少预测风险）；通过动态定价和促销实现收益管理

1. 减少风险的战略规划

要减少风险，在战略层面就是要对各种关系进行系统协调，在总体目标上达成一致。因此，可以在供应商关系管理、客户关系管理以及供应和需求的协调等方面，从战略规划的角度建立柔性的协调机制，弱化企业的整体风险。

（1）设计稳健的供应网络。供应链中有两个特性是非常重要的，一个是稳健性（在数据或参数不明确的情况下，系统可以良好运行），另一个是可靠性（当系统的某个部分失灵时，整个系统仍能良好运行）。要达到这两个要求，设计稳健的供应网络非常重要。利用早期的预警系统和危机管理系统识别和控制供应链系统的易脆性，能使供应链获得抵御风险的运营效率和恢复力。

案例6-7

宝供物流企业集团物流供应商管理实践

宝供物流企业集团有限公司（以下简称宝供）成立于1994年，是我国首家以物流注册的物流公司（民营企业）。1999年被国务院确定为国家重点流通企业之一，2002年被中国物流与采购联合会命名为“物流示范基地”。宝供作为国内专业的物流资源集成商，其供应商资源整合模式一直是国内物流业的模范。宝供的供应商资源整合主要侧重于租赁仓库、寻找运输合作伙伴等方面。

为了实施供应商资源整合战略，宝供建立了自己的供应商整合模型，包括6项内容：宝供自有资源评估；制定资源整合原则以及管理规章制度；供应商开发、培养；供应商评估（资格、产品、质量和价格）；资源整合（与供应商的合作模式选择，建立合作联盟，签订相关激励合同）；供应商管理（考核、培训、调整供应商队伍、淘汰）。

在宝供的供应商队伍中，对于确定的供应商均以合同或价格表的形式固定下来，长期的战略合作供应商以签订合同为主，短期的以提供临时供应物流服务报价表为主。对于从供应商处采购的数量，一般不在合同中约定，而是在有需求时以订单形式给出。

宝供非常注重物流能力的保障水平，对其供应商实施奖优罚劣的措施。奖优罚劣一般按季度进行，对所有供应商进行比较后列出名次，对前三名给予调增业务量等奖励，对后三名则给予调减业务量等处罚；每年末还会以延长合同期、提升供应商伙伴的合作层次、授予优秀供应商牌匾等方式奖励优秀供应商。

由于建立了良好的物流能力采购和管理机制，供应商在满足宝供需要的同时，自身也获得了持续发展。在1 800多家仓储和公路运输供应商中，与宝供合作5年以上的达60%以上，与宝供合作10年以上的有25家，它们是宝供满足客户需求的一支可靠的保障队伍。在与宝供合作5年以上的供应商中，90%的供应商都具有先进的管理理念和模式，成功开拓了国内外著名企业客户，资产规模实现了大幅增长。

资料来源：改编自陈思云，谢明华．第三方物流企业的资源整合．中国物流与采购，2005（19）.

（2）建立供应链的信任机制，实现与供应链合作企业的信息共享。第一，信任机制有助于减少因供应链信息不确定带来的内部博弈产生的风险，提高供应链的整体绩效。第二，供应链信息共享有助于企业在整个供应链范围内预见需求的不确定性和易脆性，可减少牛鞭效应的发生，也可弱化供应链风险。

（3）在客户关系管理中，采用延迟策略和增加市场柔性策略改进响应能力。由产品的创新性和需求的不确定性带来的生产模式变革是实施生产延迟策略。通过产品设计和产品工艺的标准化、通用性和模块化缩小产品间的差异，为减少风险提供杠杆，以防止原材料和零部件的供应中断。例如，2000年3月，飞利浦的工厂因大火关闭，当它通知诺基亚不能交付零件时，诺基亚立即启动延迟策略部署应急计划。诺基亚最终通过迅速改变其一般蜂窝电话的结构设计，转而使用美国和日本供应商的零部件。这种柔性策略使诺基亚未因严重的中断出现重大问题。

2. 减少风险的战术规划

战术规划是指在具体实施战略的过程中，采取因地制宜的战术策略。应对风险的重要战术就是采取柔性化的管理模式，包括提供柔性产能、合理增加柔性库存、增加柔性供应商和增加提前期柔性。通过这些柔性化管理，实现对不确定的市场需求与供给的快速响应，在收益相同的情况下达到降低风险的目的。

（1）提供柔性产能。产能是指在一段时间内的生产能力，具有时间性。传统观念认为，产能过剩往往会导致企业的巨大损失。作为一种战术选择，提供柔性产能通常可以降低产能过剩的风险和物料流动的供应延迟风险。柔性产能可以通过劳动力柔性、产能预订契约、产能分散或集中等获得，达到分散产能风险的目的。

（2）合理增加柔性库存。库存是企业应对外部不确定需求的重要手段，柔性库存是在订单到达或提交订单前已提前生产出来的额外库存。对于供应链中物料流动的供应中断，如果能以合理的置信度预测出适当的库存量，就可以降低供应中断的风险。然而，持有库存是有成本的，库存管理不当会导致库存过剩、供应和需求不匹配，甚至影响财务绩效。在增加库存时，要充分考虑产品和外部需求环境的特点。

（3）增加柔性供应商。提供双源和多源的供应渠道、增加供应商的产量柔性，是提高供应网络稳健性的主要途径。例如，手机制造商不是建立快速贬值的库存，而是从多家供应商购买手机零件，为供应中断做准备。通过实施采购资源组合的策略，为批量大的产品选用多家供应商，为批量小的产品选用单个供应商，能够在供应商中迅速转换生产，在降低供应中断风险的同时，保持了供应商的规模经济。

（4）增加提前期柔性。提前期柔性是在指定的到期日后完成订单的柔性。提前期柔性需要对生产模式和营销手段进行变革。例如，通过网络化管理增加提前期的易变性；通过柔性化的合作契约，给客户提供错过到期日的折扣；与客户积极协商，使提前期时间形成区间型模式而不是单点型模式，以规避供应链的风险。

案例 6-8

打造透明化的供应链

从现实角度来讲，20年后货物运输的主要工具将依旧是飞机、轮船、火车以及卡车，那时的情形可能并不会太异于寻常。不过未来的货物运输将会获得接近分子水平的精确度。未来的供应链也许看上去并没有多大改变，但供应链的可见度将是非同凡响的，那时的供应链将与数据如影随形。

我们目前正在向上述透明度水平靠拢。不过，在未来的货物运输中，将实现前所未有的实时监测和追踪水平。供应链将得到整体优化，实现个性化服务。每个人都会拥有一座个性化的“控制塔”，并能通过智能手机、平板电脑或其他设备在掌上建立起自己的货物运输控制中心。很多大型公司已设立团队来管理“控制塔”，从而对供应链中的干扰因素进行监测，不管这些干扰因素是来自天气方面，还是来自机械故障，又或者是源于国家内乱。先进的计算机程序将针对每个用户进行货物运输速度以及成本比率分析，进而产生全局选项，对货物运输路径进行重新规划，以调整货物运输速度。

资料来源：Craig Simon. 未来的供应链．中国物流与采购，2013（14）.

此外，还存在其他的柔性策略。例如，对不确定需求实行动态定价和促销机制，可以做到对收益实现的收入管理；通过签订长期合同、期货合同以及在数量承诺合同下使用现货市场维护更多客户、分散风险；为减轻财务压力，可以在合同中使用稳定的货币以规避货币价值的波动和应收款项的风险，以及购买业务中断保险。

6.3.3　供应链风险管理的其他措施

供应链风险是由多种因素引起的，外部和内部环境的复杂性都会给供应链风险管理带来一些困难，因此供应链风险管理还存在许多需要研究的问题。下面是供应链风险管理的其他几项措施：

1. 健全供应链企业之间利润共享和风险分担的激励机制

供应链上各节点企业的物流、信息流、资金流运行不畅，很大程度上是企业间的不信任、企业监督机制不完善和道德风险问题造成的。因此，如何激励各节点企业，使它们主动参与更多的合作，并建立起比较稳固的安全供应链，成为防范道德风险、规范企业行为的首要问题。企业的高层管理者应该建立一套有效的供应链激励机制，将整个供应链优化产生的效益在供应链各企业间以及企业内部进行合理分配。只有供应链各节点企业从供应链管理中受益，才可能维护整条供应链的利益，整个供应链才会更加稳固，风险因素才有可能减到最少。

2. 供应链各企业共同制定风险防范计划

供应链是一个集成化的综合系统，任何环节出现问题都有可能波及整个供应链。因此，应全面系统地把握供应链风险管理，为供应链上下游企业制定风险防范计划，并将这些风险防范计划对供应链上的企业公开。

3. 建立风险应急处理机制

在预警控制系统发出警告后，应急系统马上对突发事件进行处理，以避免给供应链上各企业带来严重后果。通过启动应急处理系统，可以化解在供应链合作中出现各种意外情况的风险，减少损失。

本章小结

供应链的多参与主体、跨地域、多环节的特征，使供应链容易受到外部环境和链上各实体内部的不利因素的影响，形成供应链风险。作为一种特定领域的风险，供应链风险是指供应链企业在运营过程中，由于各种不确定因素使其实际收益与预期收益发生偏差的大小及可能性，也有学者从供需失衡的角度去理解供应链风险。

供应链风险具有必然性与客观性、偶然性与不确定性、多样性与复杂性、传递性与放大性、此消彼长性等特点。供应链风险的主要来源有：自然环境因素（如洪水、大火、地震、雷击、风暴、海啸、冰雪、火山爆发、山体滑坡、外界物体倒塌等），这些风险一般都是难以控制和预测的；社会环境因素（如经济政策变化、地区文化冲突、政治事变、恐怖事件、危机事件、战争、公共紧急事件等），这些不可预料的突发事件会给供应链系统带来难以防范的风险；经济环境因素（如市场因素、供应链企业自身管理性因素、企业间的合作性因素），会给供应链系统带来风险，其中企业间的合作性因素是最主要的供应链风险来源。

供应链风险管理是打造安全供应链、实施有效管控的必然选择，通常由风险识别、风险度量、风险处理、风险监控与反馈等环节构成。供应链风险管理的主要目标是规避和弱化供应链风险。为了对供应链风险进行科学的管理，有必要联合供应链上的企业，设计并建立供应链风险预警体系。同时，加强对供应链风险因素的管理，通过柔性策略减小供应链风险发生的概率。

关键概念

供应链风险　供应链风险识别　供应链风险度量　供应链风险处理　供应链风险监控与反馈　供应链风险预警体系

思考题

1. 供应链风险的内涵是什么？
2. 供应链风险有哪些类别？
3. 加强供应链风险管理有什么意义？
4. 供应链风险管理有哪些基本过程？
5. 请阐述供应链风险预警体系的基本结构和运作流程。
6. 减少供应链风险的柔性策略有哪些？

课堂讨论题

在经济全球一体化形势下，全球性的分工协作、业务外包成为一种重要的发展趋势。请分析和讨论全球供应链系统中供应链风险管理的策略主要有哪些。

补充阅读材料

1. 英国皇家采购与供应学会．供应链风险管理．北京：机械工业出版社，2014.
2. 孙家庆，等．物流风险管理．2版．大连：东北财经大学出版社，2012.
3. 曾能民，等．典型风险环境下供应链运作策略研究．重庆：重庆大学出版社，2020.

案例分析

美邦服饰：快时尚供应链风险

沿着上海康桥东路一路向北，很快就能看到一个很特别的过街天桥，它连接美特斯邦威总部两个办公区。订货会展厅就在“邦购”办公楼所在的东区，每一季新品推出前半年，周边加盟商都会赶来听会、订货。但记者去的时候，这里挂着3～5折的DM，堆积着两大品牌各个系列的旧款服装，稀稀拉拉的顾客正从杂乱的衣服堆里淘货，有年轻女孩捏着价签盘算过3折后的价格，念叨："幸好之前忍住没有买！"

同样的情景也在一位美邦服饰加盟商的店里上演，但3～5折促销对他来说无异于亏本甩卖。"五七折进购，加上运费、装修道具、租金、人力成本，八五折已经算是自负盈亏的临界点了。"但美邦更关心的是加盟商订更多货以保证每年的销售增长速度，而不是如何帮他们卖产品。

美邦高库存压力仍然在其供应连上蔓延。2011年前三季度美邦服饰的库存金额曾高达29.82亿元，净资产比重超过83%；随后几个月的甩货令其稍减压力，但据银河证券估计2011年全年美邦服饰的库存金额估计仍然达到25亿～26亿元（货柜、包装材料等）。甩货依旧是其2012年上半年的主要任务。

热爱越野的美特斯邦威创始人周成建，春节前去了一趟澳大利亚沙漠。接近他的人说，"他的压力太大了，需要放松一下。"美邦服饰高库存压力究竟来自何处？又该如何解决？周成建能想清楚吗？

1. 终端牛鞭效应

尽管美邦的库存问题2010年已经开始显露，但业绩仍然漂亮，2011年销售额达99.4亿元，同比增长33%；净利润12.12亿元，同比增长59.89%。以生产为导向的美邦，相当于把库存的压力转嫁给加盟商。

"2008年开加盟店以来，销售还不错，每年保持在200万元左右，但是会亏在库存上。每年订货额按销售额递增25%，压货很重。"一位不愿透露姓名的加盟商抱怨说。

2008年美邦上市之前，渠道扩张速度非常快，得益于其对加盟商相对合理的政策：不向加盟商施加苛刻的任务指标，而是按比例与加盟商分成销售额。而上市之后，这种利益共同体的关系开始割裂。加盟商一方面要遵守每年增长25%的订货规则，一些地区的加盟商还要面临与美邦直营店的竞争。

每一季的订货会都会让加盟商感到不安，虽然公司为了帮助加盟商降低风险，会在订货会上给出同期两年内销售数据、上市时间、货品数据、流行趋势，以及铺货量与陈列等方面的信息，但所有分析和反馈都要落到指标上。这使得他们也常常出现这样的念头——"指标过高就联合起来不订了"，同时又进退两难，"开店初期花了几十万元购买公司的装修道具，一旦公司取消加盟资格，光是这部分损失就让我们非常心痛"。

美邦当然也不希望占大头的加盟店惹来太大麻烦，在2009年秋冬季订货时，尝试将硬性指标调整成自由订货。但订单量下降对销售增长的影响立刻显现，优待政策自然难以持续，"公司完全受不了加盟商自主订货，2010年夏装指标给得很重，如果不订就取消合同"。在库存压力之下，让加盟商怨声载道的还有，以前可以通过特卖消化库存，但2010年却收到美邦的硬性规定：撤销特卖。

美邦试图用直营店扩张的方式，提高对零售终端的管理能力并优化供应链协调性，但发展初期的松散型加盟管理模式，使得美邦对终端渠道控制乏力，造成货品无法得到快速流转、市场预测的判断能力较差，应对风险时的反应能力无法提升。美邦内部人士称："让加盟商扛了指标，却没有从那时候开始考虑如果硬往下推，终端表现不好怎么办，货品没有真正被盘活。”

一位物流公司咨询人士认为，“门店开得越多，从销售预测到订单计划，再到生产，容易形成牛鞭效应，再加上服装的翻新速度很快，这一季没卖掉就会成为存货，库存就越来越高。”

2. 快时尚供应链风险

美邦依靠“虚拟经营”模式起家，只保留品牌和设计核心环节，将生产、物流等环节外包，这种轻资产基因使得美邦必须提升供应链管理能力。周成建从一开始就意识到供应链的重要性，不遗余力地投资信息系统。2011年上半年财报显示，上市募集资金中将有2亿元投资于信息系统升级，截至2011年4月1日，实际投入1.5亿元。

据前邦购事业部副总裁、在此之前一直负责美邦信息化建设的闵捷介绍，“美邦信息系统主要整合、打通供应链上从采购、生产到终端几个环节，希望实现一体化管理，从而提高供应链效率，加快货品流转。”

看上去，美邦已经是ZARA等快时尚品牌在中国最虔诚的学生。而事实上，周成建一直希望利用新品牌实现美邦品牌升级，摆脱学生休闲装的品牌形象。2008年创立Me&City确定多品牌战略之后，美邦真正开始走快时尚品牌路线。同时，原有老品牌Meters/bonwe也在不断推出新的时尚系列。

从2008年起，美邦用3年时间，先后推出米喜迪童装（Me&City kids）、“新国货”系列、创意产品系列MTEE、MJeans和M. Polar系列、线上专供品牌AMPM、线上鞋类专供品牌CHIN祺、Tagline系列、MooMoo童装系列。与此同时，周成建这些年也一直忙于在全国一二线城市圈地开直营店，而且几乎都实行大店策略，均地处黄金地段。

尽管周成建非常明确开发直营店对长远发展意味着什么，但投入成本剧增、管理难度加大、盈利回报周期拉长等问题无一不是重大考验。实际上，Me&City到目前为止还未实现盈亏平衡，不但加重美邦的库存量，过高的成本支出还造成公司在2010年第一季度净利润同比下滑90%。

“加价率相对不高的服装品牌，只能拼运营成本够低、周转够快、正价售罄率够高、存货够少，这对供应链快速反应能力的要求很高。如果做不到，轻则利润少、资金流紧张、发展缓慢，重则被库存压死，快时尚性价比品牌其实就是向供应链要利润，而非向消费者要利润。”NOP创始人刘爽认为。

拿ZARA来说，其供应链的本质在于以顾客为导向、以自营店为主的终端体系完全能够实现“设计、市场测试、铺货以及货品周转”的一体化管控。货品以“多品种小批量”方式投入终端进行市场测试，再由终端门店店长根据市场反应进行订货，这种模式使得货品在全球门店快速调拨从而做到零库存。

而周成建心中的理想状态则是，供应商直接与店铺对接，店铺的订单直接到工厂，工厂的货品直接分包到店铺，缩短从设计到物流交付的周转时间。也就是说，美邦供应链体系是基于以生产为导向、以产定销的模式，并没有真正按照市场变化确定销售目标。

“在直营体系还没能完全发力、加盟体系又难以真正打通的情况下，目前的美邦也很难做到像ZARA那样根据市场快速反应，使货品在整个终端体系内循环，而销售速度远远慢于生产速度，存货累积不可避免。”一位美邦内部人士表示。

3. 不寻常的前路

从国内休闲品牌的No.1，到快时尚再出发，美邦的冒进使它开始经历17年来最为艰难的时刻。

美邦没有资本像它的老师们那样完全直营化，而加盟店管理模式一时难以优化；尚不成熟的多品牌战略，仍然需要一边纠偏一边长期投资。作为这一切转变的基础，供应链模式也到了必须变革的时候。

“近两年，周成建承受的压力还是蛮大的。”美邦内部员工说，“公司的事他都是亲力亲为，控制欲很强，这使得美邦没有一个强有力的管理团队，大小事都是老板一通到底。所谓的分权和授权，几乎都是无效的。”

此时，竞争对手却在用合适的节奏继续向前。森马仍然坚持休闲品牌定位、加盟商模式，并且保持净利润高于美邦，2011年实现收入77.6亿元，同比增长23.44%，净利润12.06亿元。ZARA、优衣库、GAP等都已经纷纷向二三线城市渗透，加上互联网服装品牌的快速发展，美邦腹背受敌。

好在2010年处于峰值的高库存问题正在解决，除了适当降低销售目标，积极利用线上线下多渠道促销消化，调整渠道扩张策略外，美邦在2012年将以中小店型为主并在价格敏感地区拓展特卖店。

但未来，美邦不寻常的路要怎么走?

周成建从不吝啬向员工们谈及梦想和目标，他对美邦公司的未来曾有这样一段论述：“Meters/bonwe的目标是1 000亿元，Me&City的目标是1 000亿元，另外还有一个品牌目标也是1 000亿元。只有围绕三个1 000亿元的目标，才有做成一个1 000亿元的机会。”

但在美邦员工看来，这样的目标并不是完全鼓舞人心的，有内部人士质疑说，“今年增长40%还是80%，到底是谁来决定？是市场说了算还是老板说了算？如果仅仅是按指标找工厂生产，然后直接进卖场，不好卖就降价，这是做批发，不是供应链。”

美邦总部信息管理中心副总监董风云告诉记者，“要从先生产后卖的传统供应链模式中摆脱出来，实现适合快时尚的模式‘边买边卖’，一部分时尚款先做一小批出来，在某些区域做试销，如果好卖，马上去整合供应链上的制衣厂、面料供应商，快速生产出来投入市场，减少存货风险。而基本款、常年款，就可以用订货会模式生产。”这一切也需要在供应链前端改进原材料、制衣厂资源、物流交付资源、渠道资源的组织，最终才能实现模式的优化。

对于品牌重新定位所需的供应链管理变革，不知周成建是否能迅速作出决策。

资料来源：刘燕．美邦服饰：快时尚供应链风险．(2013－02－05). http：//www. chinavalue. net/Media/Article. aspx？ Articleld＝102561.

案例思考题

1. 美邦服饰面临怎样的供应链风险?
2. 销售模式与企业的供应链风险存在怎样的关系?
3. 你对优化美邦供应链运作模式有何具体的建议?

第 3 篇

运作篇

07
Chapter

第 7 章

综合计划管理

学习目标

通过本章的学习，读者应该能够：

- 了解物流需求预测的重要意义
- 掌握物流需求的基本特性
- 掌握物流需求预测的基本步骤
- 掌握物流需求预测的常用方法
- 了解按订单生产的制造企业物流综合计划调度管理
- 了解按订单生产的物流企业物流综合计划调度管理

7.1 物流需求预测概述

7.1.1 物流需求预测的重要意义

物流需求是指各类企业、事业单位和个体消费者在社会经济活动中，伴随产生的对运输、仓储、装卸搬运、配送等物流活动的需求。预测是指对未来不确定性事件的预见和推测。物流需求预测是根据市场过去的和现在的需求资料及其与物流市场需求变化因素的关系，利用合适的经验判断、技术方法和预测模型，对有关反映市场发展趋势的指标进行预测，以便采取适当的策略和措施，谋求最大的利益。

现代物流的发展和物流系统的复杂性给物流规划和决策带来了一定的困难，需要有科学的决策手段作为支持。预测作为决策的重要依据，在物流规划和管理中起到了极其重要的作用，无论是正在运行的物流系统还是拟建的物流系统，其物流需求预测都直接关系到整个系统设计方案的规划、生产计划的制定、原材料的采购、人员配置的合理性。

任何一个物流组织实体都处于一定的环境中，必然不断地受到外界环境的影响而调整自身的活动，同时物流组织实体的输出结果也不断改变其周围环境。由于外界环境是经常变化的，因此物流需求预测技术对物流组织实体的建设与发展具有重要的意义。

1. 物流需求预测是决定物流组织规模和发展战略的重要依据

物流需求预测直接决定物流组织规模和发展战略。以物流中心需求预测为例，物流中心的选址、发展规模以及发展战略直接取决于物流需求的预测结果。在物流需求预测中，必须考虑现在及未来的物流需求量、现在及未来的周边交通运输能力、现存及可能的竞争对手及其实力等相关因素，建立合理的预测模型，进行科学的预测。

2. 物流需求预测是实现科学物流管理的重要手段

对物流管理的简单理解是对物流活动进行计划、组织、指挥和控制，也就是做决策。无论是计划还是决策，首先要了解物流发展中诸因素的数据和发展趋势，预测在其中发挥着重要作用。一切物流管理活动都是从对信息的了解分析和预测入手的。物流需求预测是物流管理的重要环节，其作用和价值在于指导和调节物流管理活动，以便采取适当的策略和措施，更好地进行物流组织管理。

案例 7－1

钢铁行业的物流需求预测

钢铁行业大宗物资的运输主要包括两大部分：一是大宗原材料采购运输；二是钢材产成品的运输。钢铁行业物资运输的形式主要有海运、航运、铁路运输和公路运输。

在通常情况下，钢铁企业每生产 1 吨钢，需要 3 倍的原材料物资保障与消耗。再考虑到钢铁行业原材料与钢材成品运输量大的特殊性，中国钢铁行业总物资运输量往往是钢铁总产量的 4～5 倍，2012 年中国粗钢产量为 7.17 亿吨，其物资运输量至少超过 35 亿吨。分项来看，不考虑焦炭等其他钢铁物资，仅考虑钢材、铁矿石运输，中国钢铁行业物资运输量就超过了 20 亿吨。2012 年国内消费成品铁矿石约 10.5 亿吨，其中进口铁矿石的使用比例约占总量的 70%以上。进口矿主要来自澳大利亚、巴西、印度、南非、哈萨克斯坦、俄罗斯、蒙古国等地，除约 1 600 万吨的铁矿石通过铁路从哈萨克斯坦、俄罗斯、蒙古国等运输至国内，绝大部分铁矿石都是通过远洋运输运至国内，沿海和内河港口的接卸能力成为运输关键节点。如果剔除远洋运输，仅按照国内钢铁企业物资运输采用的运输方式来划分，可分为公路、铁路和水路，其中铁路约占 38%，水路约占 32%，公路约占 30%。

从钢铁行业物资运输市场需求增长趋势看，由于中国经济的转型，过去依靠能源与资源消耗的产业发展必将受到抑制，进入低速增长的发展阶段。未来，随着中国房地产调控加强，汽车工业总量趋于饱和，低端制造业进入低速增长阶段，中国钢材需求将进入低速增长阶段，未来中国钢铁行业物资运输的货运量也将进入低速增长甚至下降阶段。因此，科学的物流需求预测成为影响钢铁物流企业决策的重要方面。

资料来源：钢铁物流的现在与未来．（2014－01－02）．https：//www.59137.com/news/914080.html.

3. 物流需求预测是物流组织实体制定物流战略目标的依据

通过物流需求预测，可以揭示和描述市场需求的变动趋势，勾画未来物流需求发展的轮廓，并对物流需求发展可能出现的种种情况——有利方面和不利方面、成功的机会和失败的风险——进行全面系统的分析和预见，从而为制定物流战略目标和方向提供依据，避免决策的片面性和局限性，做到“运筹帷幄之中，决胜千里之外”。

7.1.2　物流需求的基本特性

物流需求预测必须充分考虑物流需求的基本特性，通常来说，物流需求的基本特性有以下几个方面：

1. 物流需求的时间性和空间性

物流需求的时间性是指物流需求随着时间的推移而发生变化，在企业中，这一变化往往反映了不同时间段销售的波动。引起这种波动的因素很多，既有外在因素，如外部经济环境的变化、政府政策的调整、科学技术的进步、消费人群习惯的变化、外来竞争者的加入等，也有企业内在因素，如营销策略的改变、物流战略的调整等。这种波动可能是长期的，也可能是短期的。

物流需求的空间性是指在某一时间内物流需求往往呈现出地域性分布，这些地域性分布显示出企业客户市场的分散程度。它也是物流需求决策着重考虑的因素之一。

2. 物流需求的规律性

随着时间的推移，大多数的需求呈现出一定规律的形状和模式，这种需求就是规律性的需求。例如，某地区的物流量基本上呈线性增长趋势（如图 7－1 所示）。当然，个别数据可能不完全遵循一定的规律，图 7－1 中 2010 年和 2012 年的数据呈现下滑趋势，但总体上是围绕增长趋势线上下波动的。在对物流需求数据进行分析时，应注重模型的发展趋势、周期性和随机因素三个方面。

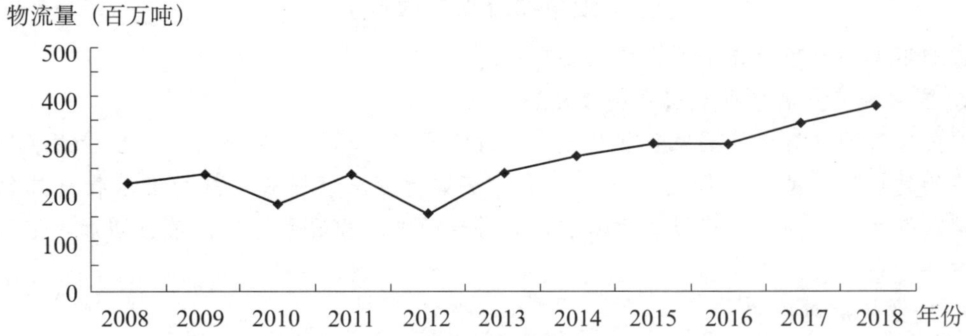

图 7－1　2008—2018 年某地区物流量增长情况

3. 物流需求模式的稳定性

由于物流服务来自实体产品的空间位移，因此，当实体产品在一定时间内保持稳定的需求时，这种物流需求模式就是稳定的。例如，我国的粮食需求量在近 10 年的时间里呈缓慢刚性增长，平均增长率为 0.906%，我国粮食物流基本上保持稳定，全国粮食年流通量约为 1.7 亿吨，跨省区粮食年流通量为 0.7 亿吨，流动品种为原粮稻谷、小麦、玉米和大豆，成品口粮大米、面粉、饲料粮、玉米粉及陈化稻谷、小麦加工的饲料。

一般来讲，产品的需求越稳定，物流需求就越容易预测。

4. 物流需求的派生性和复杂性

物流需求虽然具有一定的规律性和稳定性，但它作为社会经济活动特别是生产和经营活动所派生的一种需求，容易受到诸多因素的影响而具有复杂性。物流与社会生产、经济生活有着密切的联系，社会劳动生产率的提高、经济水平的发展、收入与消费的增加以及新政策的实施等都会使得物流需求产生变化；人们的生活方式、消费习惯的不同，物流基础设施的制约以及供应链企业间的平行、垂直和重叠关系的相互影响，使得物流需求在遵循一定趋势变化的基础上频繁波动，随机性不容忽视。

7.1.3 物流需求的可预测性分析

通常来讲，物流需求的可预测性根据预测难度可划分为三种：

（1）有规律需求，而且具有高度可预测性；

（2）无规律需求，但统计特征持续、统一；

（3）无规律需求，且不可预测。

从物流管理的角度讲，第一种需求模式最简单，不需要复杂的预测模型，就可能得到较为准确的预计销售额，直接用于运输安排和库存管理。而对于第二种需求，就需要借助统计预测的方法获得预测值，并在一定的概率水平下得到预计结果。如果属于第三种需求模式，则需要完善的库存管理系统，增强物流系统的柔性，尽可能增加物流需求的可预测性，减少企业存货，降低物流成本，满足客户需要。

案例 7－2

烟草物流需求预测

影响烟草物流市场需求的因素主要有：

1. 国家经济发展情况及宏观物流发展政策

国民经济的发展以及国家宏观物流发展政策会对烟草物流市场需求产生较大影响，国民经济的发展、国民生产总值的提高会推动烟草行业总值增长，推动烟草物流外包的增长，带动烟草物流固定资产投资的增加，同时带动烟草物流系统建设项目增加，烟草物流系统市场需求增长。

2. 烟草的流通量

烟草的流通量增长必然带来烟草物流作业量增加，带来烟草物流配送的市场需求增加，带动烟草物流分拣作业增加。作业量的增加也会带来烟草物流系统建设投资增长，并且对烟草物流系统装备有更高的要求。

3. 国家政策及烟草行业的新政策的影响

烟草行业是一个特殊行业，目前采用烟草专卖制，随着中国经济逐步融入世界经济体系，烟草专卖制度也将有所变化，对烟草物流产生影响。

此外，烟草行业已经出台了有关烟草物流发展的系列政策法规，对我国烟草物流产生了巨大影响。随着产业升级与结构调整，国家烟草专卖局还将陆续出台一系列新的政策。

资料来源：烟草物流市场需求影响因素分析．(2013-03-29). http://www.56products.com/News/2013-3-29/CD0EIHCEFDK6IBH1313.html.

7.1.4　物流需求预测的分类

对预测方法进行分类，可以更好地指导预测工作的开展。物流需求预测从不同角度可以划分为很多类别，常见的几种预测分类为：按预测的时间长短分类、按预测的空间范围分类和按预测采用的方法分类等。

1. 按预测的时间长短分类

按预测的时间长短分类，可以分为短期预测、近期预测、中期预测和长期预测。短期预测一般是以周、旬为预测时间单位，根据对事物变化的观察资料，结合当前和未来的变化而作出合理估计。近期预测一般是以月为单位，根据对事物变化的实际观察资料，结合当前的变化，对事物未来一年的发展变化作出预测。中期预测一般是3～5年的预测。中期预测结果可以为物流企业编制3～5年的经济发展计划提供重要的依据。长期预测一般是指5年以上的预测，是为制定国民经济和社会发展的长期规划而专门进行的市场预测，也有一些是物流企业为了制定企业长期规划而进行的预测。

2. 按预测的空间范围分类

按预测的空间范围分类，可以分为宏观预测、中观预测和微观预测。宏观预测是统观整体市场需求的发展变化趋势，其内容涉及国民经济全局的预测，其空间范围往往是全国性的。中观预测是涉及国民经济各个行业的预测，从空间范围来看，以省（自治区、直辖市）或经济区为总体。例如，在物流园区物流量的预测中，由于货流来源与流向范围很广，不仅仅来源于某个城市，还会扩展到城市周边的经济辐射带甚至更广阔的区域，因此，从空间范围来看，物流园区物流量的预测属于中观预测。微观预测一般是指企业进行的市场预测。它的范围较小，过程与内容比较具体细致，为企业提供更具体的信息。物流企业对业务量、营业收入等的预测是微观预测。

3. 按预测采用的方法分类

按预测采用的方法分类，可以分为定性预测和定量预测。定性预测是根据观察和经验，以逻辑思维和逻辑推理进行预测，具体包括德尔菲法、主观概率法、交叉概率法、类推法等。定量预测是根据历史数据，运用数学方法进行预测，又称统计预测，具体包括回归分析预测法、时间序列预测法等。

7.1.5　物流需求预测的基本步骤

物流需求预测应遵循以下几个基本步骤（如图7-2所示）。

1. 确定预测目的

这一步骤包括预测结果的用途、预测的时间跨度等，据此可确定预测所需的信息和

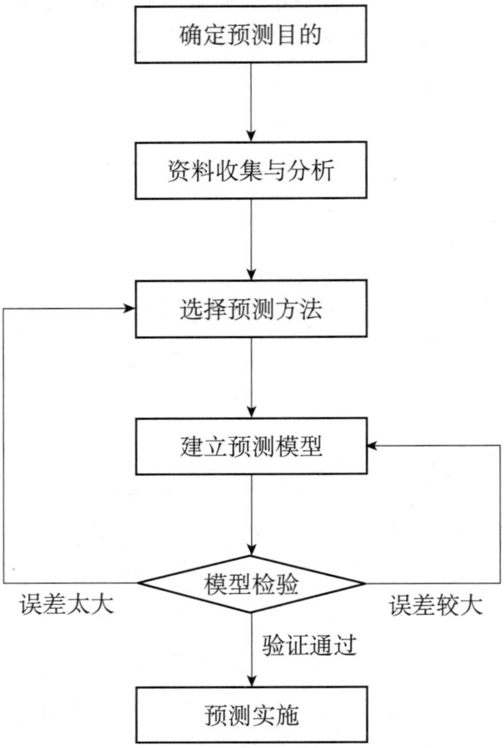

图 7－2　物流需求预测的基本步骤

投入。

2. 资料收集与分析

根据预测目的，收集和分析所需的数据。例如，在进行区域物流需求量预测时，需要收集区域国民经济和社会发展的资料、历年各种运输方式的运输量和周转量的资料、区域经济发展和生产力布局的资料等。

3. 选择预测方法

应充分考虑预测目的、时间跨度、需求特征等因素对预测方法的影响。

4. 建立预测模型

依据收集到的资料和分析结果，通过选定的预测方法建立预测模型，模型的建立要符合规范，并能描述对象的变化规律。

5. 模型检验

对建立的模型进行检验，检验的内容包括结果的显著性检验、模型的效度和合理性检验，依据检验的结果对模型进行修正。如果误差太大且难以修正，应重新选择预测方法；如果误差较大，则应对模型进行修正或重新建立预测模型，将误差降低到合理范围。

6. 预测实施

如果模型通过了检验，则可运用模型来预测结果，并分析预测结果的精度。

7.2 物流需求预测的方法

7.2.1 常用的定性物流需求预测方法

1. 德尔菲法

德尔菲法，即专家调查法。当要预测对象中长期的物流需求时，德尔菲法是常用的方法之一。定性的预测方法主观性、判断性较强，专家的选择和观点是企业或区域制定策略的主要依据。基本步骤为：由一组专家分别对调查表作答，组织者汇集调查结果，如果统计结果显示专家的意见比较分散，则需要重新设计调查表来进行新一轮的调查，直到专家的意见相对集中一致，则得到最终的调查预测结果。步骤如图 7－3 所示。

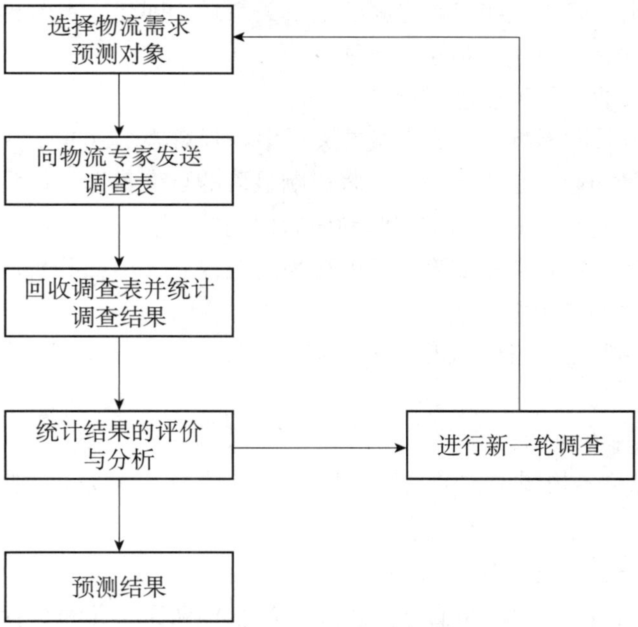

图 7－3　德尔菲法预测物流需求流程

2. 类推法

类推法是通过对同类事物在不同时间段或不同地点的发展进行类比推理获取结果的一种方法。类推法作为一种较为简单的定性预测方法，其工作原理是物流需求发展的稳定性和规律性，因而在宏观经济频繁变动的时期和物流需求结构复杂的地区，类推法有诸多局限。

（1）纵向类推预测法——不同时间。通过将当前的物流市场情况和历史上曾经发生过的类似情况进行比较来预测市场情况。

（2）横向类推预测法——同一时期，不同地区。在同一时期内对某一地区某种产品的市场情况与其他地区的市场情况进行比较，然后预测这个地区的市场情况。

7.2.2 常用的定量物流需求预测方法

1. 回归分析预测法

回归分析预测法是找出预测对象（因变量）与影响预测对象的各种因素（自变量）之间的关系，并建立相应的回归方程式，然后代入自变量的数值，求得因变量的方法。回归分析按照涉及的自变量的多少，可分为一元回归分析和多元回归分析；按照自变量和因变量之间的关系类型，可分为线性回归分析和非线性回归分析。如果回归分析中只包括一个自变量和一个因变量，且两者的关系可用一条直线近似表示，这种回归分析称为一元线性回归分析。如果回归分析中包括两个或两个以上的自变量，且因变量和自变量之间是线性关系，这种回归分析称为多元线性回归分析。

物流需求回归分析的主要内容如下：

● 从一组数据出发确定某些变量之间的定量关系式，即建立数学模型并估计其中的未知参数。估计参数的常用方法是最小二乘法。

● 对这些关系式的可信程度进行检验。

● 在许多自变量共同影响一个因变量的关系中，判断哪个（或哪些）自变量的影响是显著的，哪些自变量的影响是不显著的，将影响显著的自变量选入模型中，剔除影响不显著的变量，通常采用逐步回归、向前回归和向后回归等方法。

● 利用所求的关系式对某一物流需求进行预测或控制。回归分析应用广泛，统计软件包可使各种回归方法的使用更方便。

（1）一元线性回归法。设随机变量 Y 与普通变量 x 间存在相关关系，且假设对于 x 的每一个取值有：

$$Y \sim N(a+bx, \sigma^2)$$

式中，a、b 及 σ^2 都是不依赖于 x 的未知参数。记 $\varepsilon = Y-(a+bx)$，则对 Y 做这样的正态假设，相当于假设：

$$Y=a+bx+\varepsilon, \quad \varepsilon \sim N(0, \sigma^2) \tag{7-1}$$

式中，未知参数 a、b 及 σ^2 都不依赖于 x。式（7－1）称为一元线性回归模型，其中 b 称为回归系数。

式（7－1）表明，因变量 Y 由两部分组成，一部分是 x 的线性函数 $a+bx$，另一部分是随机误差 ε，是不可控制的。

下面是对 a 和 b 的估计。

（2）参数 a 和 b 的最小二乘估计。取 x 的 n 个不全相同的取值 x_1，x_2，…，x_n，做 n 次独立试验，得到样本

$$(x_1, Y_1), (x_2, Y_2), \cdots, (x_n, Y_n) \tag{7-2}$$

和样本观测值

$$(x_1, y_1), (x_2, y_2), \cdots, (x_n, y_n) \tag{7-3}$$

把式（7－3）代入式（7－1），得

$$y_i = a + bx_i + \varepsilon_i, \quad i = 1, 2, \cdots, n$$

以使

$$Q(a,b)=\sum_{i=1}^{n}\varepsilon_i^2=\sum_{i=1}^{n}(y_i-a-bx_i)^2$$

达到最小为原则，对未知参数 a 和 b 的估计称为未知参数 a 和 b 的最小二乘估计，估计值记为 $\hat{a}$ 和 $\hat{b}$。这时称

$$\hat{y}=\hat{a}+\hat{b}x$$

为 Y 关于 x 的经验回归方程，简称回归方程。其图像称为回归直线。

下面求未知参数 a 和 b 的最小二乘估计。

求 $Q(a,\ b)$ 的极值点，有

$$\frac{\partial Q}{\partial a}=-2\sum_{i=1}^{n}(y_i-a_i-bx_i)=0$$

$$\frac{\partial Q}{\partial b}=-2\sum_{i=1}^{n}(y_i-a-bx_i)x_i=0$$

得到方程组：

$$\begin{cases}na+\left(\sum_{i=1}^{n}x_i\right)b=\sum_{i=1}^{n}y_i\\ \left(\sum_{i=1}^{n}x_i\right)a=\left(\sum_{i=1}^{n}x_i^2\right)b=\sum_{i=1}^{n}x_iy_i\end{cases}$$

解方程组得唯一解：

$$\begin{cases}\hat{b}=\dfrac{n\sum_{i=1}^{n}x_iy_i-\left(\sum_{i=1}^{n}x_i\right)\left(\sum_{i=1}^{n}y_i\right)}{n\sum_{i=1}^{n}x_i^2-\left(\sum_{i=1}^{n}x_i\right)^2}=\dfrac{\sum_{i=1}^{n}(x_i-\hat{x})(y_i-\hat{y})}{\sum_{i=1}^{n}(x_i-\hat{x})^2}\\ \hat{a}=\dfrac{1}{n}\sum_{i=1}^{n}y_i-\dfrac{b}{n}\sum_{i=1}^{n}x_i=\hat{y}-\hat{b}\hat{x}\end{cases}\tag{7-4}$$

式中，$\hat{x}=\frac{1}{n}\sum_{i=1}^{n}x_i$，$\hat{y}=\frac{1}{n}\sum_{i=1}^{n}y_i$，$\hat{a}$ 和 $\hat{b}$ 为未知参数 a 和 b 的最小二乘估计值，而

$$\begin{cases}\hat{b}=\dfrac{n\sum_{i=1}^{n}x_iy_i-\left(\sum_{i=1}^{n}x_i\right)\left(\sum_{i=1}^{n}y_i\right)}{n\sum_{i=1}^{n}x_i^2-\left(\sum_{i=1}^{n}x_i\right)^2}=\dfrac{\sum_{i=1}^{n}(x_i-\hat{x})(y_i-\hat{y})}{\sum_{i=1}^{n}(x_i-\hat{x})^2}\\ \hat{a}=\dfrac{1}{n}\sum_{i=1}^{n}y_i-\dfrac{b}{n}\sum_{i=1}^{n}x_i=\hat{y}-\hat{b}\hat{x}\end{cases}\tag{7-5}$$

中的 $\hat{a}$ 和 $\hat{b}$ 为未知参数 a 和 b 的最小二乘估计量，即 $\hat{y}=\frac{1}{n}\sum_{i=1}^{n}y_i$。

回归方程也可写成 $\tilde{y}=\hat{y}+\tilde{b}(x-\hat{x})$，这表明，关于样本值（$x_1$，$y_1$），（$x_2$，$y_2$），…，（$x_n$，$y_n$）的回归直线通过散点图的几何中心（$\hat{x}$，$\hat{y}$）。

为了便于计算，我们引入记号

$$S_{xx} = \sum_{i=1}^{n}(x_i - \hat{x})^2 = \sum_{i=1}^{n}x_i^2 - \frac{1}{n}\Big(\sum_{i=1}^{n}x_i\Big)^2$$

$$S_{yy} = \sum_{i=1}^{n}(y_i - \hat{y})^2 = \sum_{i=1}^{n}y_i^2 - \frac{1}{n}\Big(\sum_{i=1}^{n}y_i\Big)^2$$

$$S_{xy} = \sum_{i=1}^{n}(x_i - \hat{x})(y_i - \hat{y}) = \sum_{i=1}^{n}x_i y_i - \frac{1}{n}\Big(\sum_{i=1}^{n}x_i\Big)\Big(\sum_{i=1}^{n}y_i\Big)$$

这样，a 和 b 的估计值可写成：

$$\hat{b} = \frac{S_{xy}}{S_{xx}}$$

$$\hat{a} = \frac{1}{n}\sum_{i=1}^{n}y_i - \Big(\frac{1}{n}\sum_{i=1}^{n}x_i\Big)\hat{b}$$

在物流需求预测中，常常可以用回归方法进行预测。例如，由于要预测的货运量与社会经济有着极其密切的关系，因此可以选取 n 个关系密切的社会经济指标作为自变量，研究它们和货运量的关系，并求出回归方程。只要取得这些社会经济指标，就能预测出货运量。下面简单介绍一元线性回归预测法。

➡ 例 7－1

已知某地区货运量与 GDP 密切相关，根据 2011—2020 年货运量与 GDP 的数据（如表 7－1 所示)，求 GDP 与货运量的回归方程。

表 7－1　2011—2020 年某地区货运量与 GDP 的数据

GDP（亿元）	100	110	120	130	140	150	160	170	180	190
货运量（百万吨）	45	51	54	61	66	70	74	78	85	89

这里的自变量 x 是普通变量，Y 是随机变量。画出的散点图如图 7－4 所示。

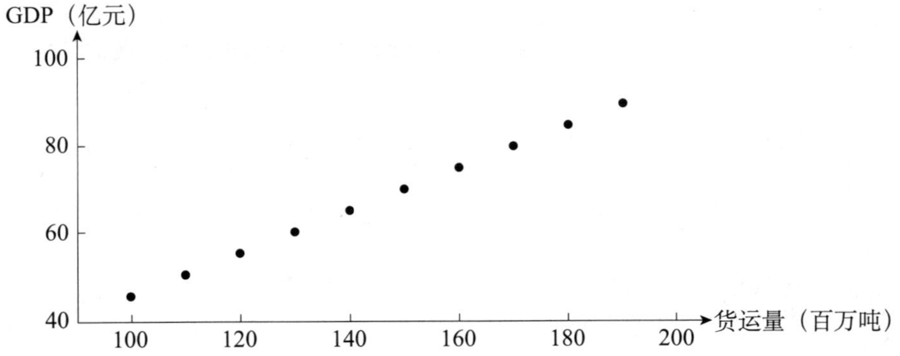

图 7－4　某地区货运量与 GDP 数据散点分布

由图 7－4 可以看出 Y 与 x 的相关关系，可用线性函数 $\mu(x)=a+bx$ 近似地描述，其中 $\mu(x)$ 为取确定值 x 时 Y 的数学期望。

解： $n=10$，经计算得

$$\sum_{i=1}^{10} x_i = 1\ 450\ ,\quad \sum_{i=1}^{10} y_i = 673\ ,\quad \sum_{i=1}^{10} x_i^2 = 218\ 500\ ,\quad \sum_{i=1}^{10} y_i^2 = 47\ 225$$

$$\sum_{i=1}^{10} x_i y_i = 101\ 570$$

$$S_{xx} = 218\ 500 - \frac{1}{10} \times 1\ 450^2 = 8\ 250$$

$$S_{xx} = 101\ 570 - \frac{1}{10} \times 1\ 450 \times 673 = 3\ 985$$

故得

$$\hat{b} = \frac{S_{xy}}{S_{xx}} = 0.483\ 03$$

$$\hat{a} = \frac{1}{10} \times 673 - \frac{1}{10} \times 1\ 450 \times 0.483\ 03 = -2.739\ 35$$

于是得到回归直线方程：

$$\hat{y} = -2.739\ 35 + 0.483\ 03x$$

或写成：

$$\hat{y} = 67.3 + 0.483\ 03(x - 145)$$

2. 时间序列预测法

时间序列预测法就是从纷繁复杂的历史数据中，分析预测对象的变化规律，并将变化规律作为预测的依据。在预测时，首先将某变量的数据按时间顺序排列，再根据时间序列中数值变化的基本类型，选取适当的数学模型描述数值变化情况，最后利用这个数学模型，根据过去的需求变化规律向未来延伸，得到预测值。下面介绍移动平均法。

移动平均法是用一组最近的实际数据值预测未来一期或几期内物流需求量的一种常用方法。移动平均法适用于即期预测。当物流需求既不快速增长也不快速下降，且不存在季节性因素时，移动平均法能有效地消除预测中的随机波动。移动平均法的基本原理是通过移动平均消除时间序列中的不规则变动和其他变动，从而揭示出时间序列的长期趋势。根据预测使用的各元素的权重不同，移动平均法可分为简单移动平均法和加权移动平均法。

简单移动平均法：简单移动平均法各元素的权重都相等。它的计算公式如下：

$$F_t = \frac{A_{t-1} + A_{t-2} + A_{t-3} + \cdots + A_{t-n}}{n}$$

式中，F_t——对下一期的预测值；

n——移动平均的时期数；

A_{t-1}——前期实际值；

A_{t-2}、A_{t-3}和A_{t-n}分别表示前两期、前三期和前n期的实际值。

加权移动平均法：加权移动平均法给固定跨越期限内的每个变量值以不等的权重。它的原理是：历史各期物流需求的数据信息对预测未来期内需求量的作用是不一样的。除了以n为周期的周期性变化外，远离目标期的变量值的影响力相对较低，应给予较小的权重。

加权移动平均法的计算公式如下：

$$F_t = w_1A_{t-1} + w_2A_{t-2} + w_3A_{t-3} + \cdots + w_nA_{t-n}$$

式中，w_1——第 $t-1$ 期实际物流需求的权重；

w_2——第 $t-2$ 期实际物流需求的权重；

w_n——第 $t-n$ 期实际物流需求的权重；

n——预测的时期数。

$$w_1+w_2+\cdots+w_n=1$$

在运用加权平均法时，应该注意对权重的选择。经验法和试算法是选择权重的最简单的方法。一般而言，最近期的数据最能预示未来的情况，权重应大些。例如，根据前一个月的货运量估测下个月的货运量比根据前几个月的货运量进行估测更好。但是，如果数据是季节性的，那么权重也应是季节性的。

使用移动平均法进行预测能平滑掉需求的突然波动对预测结果的影响。在运用移动平均法时也存在如下问题：

（1）加大移动平均法的期数（加大 n 值）会使平滑波动效果更好，但会使预测值对数据实际变动不敏感。

（2）移动平均值不能很好地反映趋势。移动平均法采用的基础数据为某段时期内的数据平均值，当数据既不快速增长也不快速下降，且不存在时间性波动因素时，移动平均法是非常有用的。如果未来呈现明显的数据波动，移动平均法就不适用了。

（3）移动平均法要有大量的历史数据的记录。

（4）将越来越多的新数据加入预测模型中，不断修改平均值，作为预测值。

3. 指数平滑预测法

指数平滑预测法是一种在逐次实际观察基础上系统地对某一预测模型的估计系统进行修正的预测方法。预测策略是将历史观察外推至未来，然后根据自适应原理，对变化的需求形式进行修正。这种方法经常用于呈现水平、线性、二次曲线三种趋势变化的情况。在指数平滑预测中，近期观察的数据比开始时的数据更为重要，应赋予更大的权重。这里介绍比较常用的一次指数平滑法，其基本数学表达式如下：

$$F_{n+1} = \alpha X_n + (1-\alpha)F_n$$

式中，α 为平滑常数，$0<\alpha<1$，其取值决定了不同数据的权重；F_{n+1} 为下一期的预测值；X_n 为时间序列中最后一期的观察值；F_n 为时间序列中最后一期的预测值。

一般情况下，

$$F_t = \alpha X_{t-1} + (1-\alpha)F_{t-1}$$

将上式展开，可得

$$F_t = \alpha X_{t-1} + \alpha(1-\alpha)X_{t-2} + \alpha(1-\alpha)^2X_{t-3} + \cdots + \alpha(1-\alpha)^{(p-1)}X_{t-p} + (1-\alpha)^pF_{t-p}$$

根据递推的需要，需赋初始值，定义 $F_1=X_1$，这就意味着 $F_2=F_1=X_1$，然后根据 F_t 的公式计算。

指数平滑预测法最关键的一步是要选择合理的平滑常数 α。α 直接影响过去各期观察值的作用。当 α 取值较大时，对时间序列的修匀程度较小，平滑后的序列能够反映序列的变化情况，适用于变化较大的时间序列，以便较快跟上变化。当 α 取值较小时，对时间序列的修匀程度较大，平衡后序列对原序列的变化反应较迟钝，适用于变化较小的、较平滑的时间序列。

在实际中，α 值需要经过比较才能确定。从理论上讲，α 取 0～1 之间的任意值都可以，其原则是保证预测的误差最小。根据经验，一般是选择 α 值进行试算，然后分别计算其误差均方差（MSE）或平均绝对误差（MAE），选择 MSE 或者 MAE 的最小 α 值。各期平滑预测值与观察值的误差用 e_t 表示，计算公式如下：

$$e_t = X_t - F_t$$

平均绝对误差为：

$$MAE = \frac{1}{N}\sum_{t=1}^{N} \mid e_t \mid = \frac{1}{N}\sum_{t=1}^{N} \mid X_t - F_t \mid$$

误差均方差为：

$$MSE = \frac{1}{N}\sum_{t=1}^{N}(e_t)^2 = \frac{1}{N}\sum_{t=1}^{N}(X_t - F_t)^2$$

➡ 例 7－2

某地区进行物流规划需要预测未来的货运量数据，已知 2011—2020 年的历史数据（如表 7－2 所示），请利用指数平滑预测法，预测 2021 年的货运量。

表 7－2　不同 α 值下的预测值

年份	对应的 t	货运量实际值（万吨）	F_t α=0.2	F_t α=0.4	F_t α=0.6	F_t α=0.8
2011	1	400	400.00	400.00	400.00	400.00
2012	2	430	400.00	400.00	400.00	400.00
2013	3	420	406.00	412.00	418.00	424.00
2014	4	440	408.80	415.20	419.20	420.80
2015	5	460	415.04	425.12	431.68	436.18
2016	6	440	424.03	439.07	448.67	455.23
2017	7	470	427.23	439.44	443.47	443.05
2018	8	430	435.78	451.67	459.39	464.61
2019	9	440	434.62	443.00	441.76	436.92
2020	10	420	435.70	441.80	440.70	439.38
2021（预测值）	11	—	432.56	433.08	428.28	423.88

解： 因为 $F_2 = F_1 = X_1$，如果 α=0.2，那么 F_3=0.2×430＋0.8×400=406，F_4=0.2×420＋0.8×406=408.8。

利用 α=0.2，α=0.4，α=0.6，α=0.8 四个值分别进行预测。

根据类似推算得知，在 2021 年，当 α=0.2 时，F_{11}=432.56；当 α=0.4 时，F_{11}=

433.08；当 $\alpha=0.6$ 时，$F_{11}=428.28$；当 $\alpha=0.8$ 时，$F_{11}=423.88$。

从图7-5中可以看出，不同的 α 值下的 F 值与实际值大不相同，为此，可以利用误差均方差计算方法选择合理的 α 值，选择过程如表7-3所示。

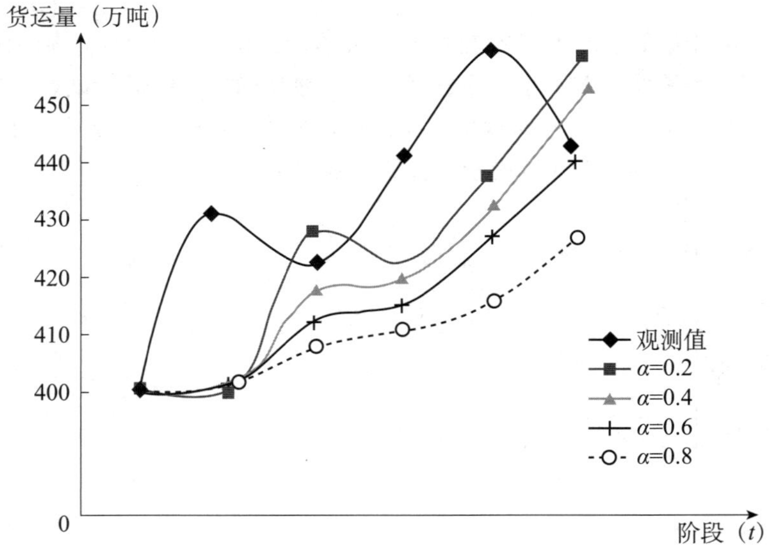

图7-5　不同观测值下的货运量曲线

表7-3　不同 α 值下的MSE值

α	MSE	最终 α 选择值
0.2	648.423	0.6
0.4	468.387	
0.6	421.308	
0.8	439.452	

因此，2021年的预测值最终为428.28万吨。

4. 弹性系数预测法

弹性系数是指一个变量的变化率与另外一个变量的变化率的比值。物流弹性系数是指物流量变化率与有关经济量变化率的比值。物流量变化率可用有关经济量变化率与物流弹性系数相乘得到。只要求出弹性系数和有关经济量变化率，即可求出物流量变化率。

➡ 例7-3

农产品物流需求的弹性系数计算

预测农产品物流需求，可以利用弹性系数的方法，通过计算历年的农业增长率和农产品物流总额的增长率，得到2001—2014年某地区农产品物流需求弹性系数（如表7-4所示）。从农业发展对农产品物流需求弹性系数的影响来看，由于多数年份的弹性系数在1

以上，只有个别年份的弹性系数较高，例如，2003年达到5.46，2004年达到13.30，2013年达到5.00，“十二五”时期弹性系数平均值为2.5左右，因此可以采用弹性系数2.5进行农产品物流需求预测，只需要知道未来一段时间（如2015年、2016年、2017年）内的农业增长率情况，就可以预测农产品物流总额的增长率。

表7-4　某地区农业发展对农产品物流需求的弹性系数

年份	农业增长率	农产品物流总额增长率	弹性系数
2001	0.9	—	—
2002	4.2	2.5	0.60
2003	5.2	28.4	5.46
2004	3.2	42.6	13.30
2005	7.9	30.3	3.83
2006	7.8	8.4	1.08
2007	4.5	4.4	0.97
2008	4.9	1.8	0.37
2009	4.3	0.2	0.05
2010	1.4	5.4	3.88
2011	3.6	6.8	1.89
2012	3.9	6.8	1.73
2013	0.5	2.5	5.00
2014	8.5	6.3	0.74

5. 灰色系统预测模型

灰色系统预测模型的理论思想是将离散变量连续化，用微分方程代替差分方程，用生成数序列代替原始时间序列，弱化原始时间序列的随机性，再通过一定的步骤生成数学模型。由于原始序列中常常混入随机量或噪声，因此，在控制系统理论中，通常需要用滤波的方法消除噪声，在灰色系统预测模型中对序列的处理采用滤波的处理方法，即建立灰色模块。下面介绍GM(1，1）模型和GM(n，h）模型。

（1）GM(1，1）模型。

1）设时间序列$X^{(0)}$有n个观察值，$X^{(0)}=\{X^{(0)}(1), X^{(0)}(2), \cdots, X^{(0)}(n)\}$，通过累加生成新序列$X^{(1)}=\{X^{(1)}(1), X^{(1)}(2), \cdots, X^{(1)}(n)\}$，则GM(1，1）模型相应的微分方程为：

$$\frac{\mathrm{d}X^{(1)}}{\mathrm{d}t}+\alpha X^{(1)}=\mu$$

式中，α称为发展灰数；μ称为内生控制灰数。

2）设$\hat{\alpha}$为待估参数向量，$\hat{\alpha}=\left\{\begin{matrix}\alpha\\ \mu\end{matrix}\right\}$，可利用最小二乘法求解。解得

$$\hat{\alpha}=(B^TB)^{-1}B^TY_n$$

求解微分方程，即可得预测模型：

$$\hat{X}^{(1)}(k+1)=\left[X^{(0)}(1)-\frac{\mu}{\alpha}\right]e^{-\alpha k}+\frac{\mu}{\alpha},\quad k=0,1,2,\cdots,n$$

3）GM(1，1）模型精度检验。设 $X^{(0)}$ 为原始序列，$\hat{X}^{(0)}$ 为模型模拟序列，$\varepsilon^{(0)}$ 为残值序列，$\hat{x}=\frac{1}{n}\sum_{k=1}^{n}X^{(0)}(k)$ 为 $X^{(0)}$ 的均值，$S_1^2=\frac{1}{n}\sum_{k=1}^{n}(X^{(0)}(k)-\hat{x})^2$ 为 $X^{(0)}$ 的方差，$\hat{\varepsilon}=\frac{1}{n}\sum_{k=1}^{n}\varepsilon(k)$ 为残差均值，$S_2^2=\frac{1}{n}\sum_{k=1}^{n}(\varepsilon(k)-\hat{\varepsilon})^2$ 为残差方差。

$C=\frac{S_1}{S_2}$ 为均方差比值；对于给定的 $C_0>0$，当 $C<C_0$ 时，称模型为均方差比合格模型。$p=P(|\varepsilon(k)-\hat{\varepsilon}|<0.674\,5S_1)$ 为小误差概率；对于给定的 $p_0>0$，当 $p>p_0$ 时，称模型为小误差概率合格模型。

可以利用 C 和 p 值检验模型是否合格。给定一组 C_0、p_0 取值，可确定检验模型模拟精度的一个等级。常用的精度等级分为以下几种（如表 7－5 所示）。

表 7－5　精度等级

等级	均方差比值 C_0	小误差概率 p_0
一级	0.35	0.95
二级	0.50	0.80
三级	0.65	0.70
四级	0.80	0.60

（2）GM(n，h）模型。

1）残差模型。当原始经济时间序列 $X^{(0)}$ 建立的 GM(1，1）模型检验不合格或精度不理想时，要对建立的 GM(1，1）模型进行残差修正或提高模型的预测精度，修正的方法是建立 GM(1，1）的残差模型。

2）GM(n，h）模型。GM(n，h）模型是微分方程模型，可用于对描述对象做长期、连续、动态的反映。从原则上讲，某一灰色系统无论内部机制如何，只要能将该系统的原始表征量表示为时间序列 $\{X^{(0)}(t)\}$，并有 $\{X^{(0)}(t)\}$ 和 $t\in N$，$X^{(0)}(t)\geqslant 0$（N 表示自然数集），即可用 GM 模型对系统进行描述。

6. 神经网络预测模型

神经网络是一些简单的（通常为自适应的）元件及其层次组织的大规模并行连接构造的网络，通过对大量样本的研究，发现数据中隐含的信息，建立起能够正确描述问题的神经网络结构。由于一个神经元构成的前馈网络可形成任意复杂的判断区域，即使模式空间的分布出现齿合状情况，网络也能对模式集进行正确分类，因此可用于物流需求预测。

上述六种物流需求预测定量方法有各自的优缺点和适用范围（如表 7－6 所示）。

表 7 - 6　常用的物流需求预测定量方法的优缺点和适用范围

预测方法	优点	缺点	适用范围
回归分析预测法	能对系统的结构进行描述和分析，使决策者能从模型中了解到影响预测目标值的主要原因，从而作出更为科学的决策	历史数据的质量要求高，系统结构要求稳定，回归模型的建立难度较大	系统预测所需的历史数据较完整，自变量和因变量之间存在较显著的相关性，适用于短期预测
时间序列预测法	不需要了解预测目标的影响因素，认为所有的影响因素都归在时间序列数据的波动之中；预测模型的建立比回归模型容易，短期预测精度较高	无法揭示系统内各因素之间的关系，仅将时间作为预测目标的影响因素	当与预测目标相关因素的历史数据难以收集时，仅需要了解预测目标的发展趋势
指数平滑预测法	在计算中将所有的观察值都考虑在内，对各期数据按时间的远近赋予不同的权重，使预测值更接近实际观察值	一般只能对近期需求进行预测	适合具有水平发展趋势的时间序列分析
弹性系数预测法	方法简单，易于计算	需做大量细致的调研工作	适用于宏观预测
灰色系统预测模型	处理复杂系统的准确度高，不需要很多的数据（一般需要 4 个数据），能解决历史数据少、序列不完整以及可靠性差的问题	计算复杂，对波动性不好的时间序列预测结果较差	模型使用的不是原始数据序列，而是生成的数据序列，适用于中长期的预测，尤其适合指数增长的预测
神经网络预测模型	逼近效果好，计算速度快、精度高，不需要建立数学模型；理论依据扎实，推导过程严谨，所得公式对称优美，具有很强的非线性拟合能力	无法表达和分析预测系统的输入和输出的关系，预测人员无法参与预测过程	可实现输入和输出间的任意非线性映射，适用于中长期的预测

7.2.3　物流需求的组合预测方法

由于不同的预测方法提供了不同的有用信息，并且预测精度、侧重点也不同，因此可以将不同的预测方法按一定的结构和参数进行适当的组合，从而求得更精确的预测结果。组合预测主要以两种思路进行分析：第一种思路认为不同模型的预测结果都有可能出现，只是出现的可能性大小不同。由此可以对各种预测结果进行“权”系数分析，从而得到各组合方法的结果。第二种思路从不同模型的预测误差分析着手，对误差较大的模型给予较小的“权”系数，反之，则给予较大的“权”系数，从而完成组合预测分析。组合预测分析的实质是“信息的最大化利用”原理在预测分析中的一种体现，它的预测结果更符合实际。

1. 物流需求组合预测的权重确定

集成化物流量的预测除了合理选择各单项预测方法外，还要确定各单项预测方法的权重。目前常用的权重确定方法主要有定常权重和时变权重两种。

人们对定常权重的研究开始较早，确定方法较为成熟，由此构成的组合预测方法的权重不随时间的变化而变化，其预测精度较差。定常权重的确定有算数平均法、方差倒数法、均方差倒数法、专家确定法等。

人们对时变权重的研究开始较晚，确定方法仍处于探讨阶段，由此构成的组合预测方法的权重会随时间改变，其预测精度明显高于定常权重组合预测方法。由于变权函数是随时间的变化而变化的函数，因此权重的确定比较困难。

2. 物流需求预测的组合方法应用

以某地区物流量和 GDP 数据为基础，采用一元线性回归和灰色系统预测方法相结合的方式，预测该地区的物流量。由于目前绝大多数的区域物流量预测均以货运量为基础数据，因此这里采用货运量作为物流量。

(1) 某地区 GDP 和各运输方式货运量的基础数据（如表 7-7 所示）。某地区各运输方式货运量变化趋势如图 7-6 所示。

表 7-7 某地区 GDP 和各运输方式货运量的统计

年份	GDP（亿元）	货运量（万吨）	货运量（万吨）			
			铁路	公路	航空	管道
1991	598.9	26 804	2 983	23 739	11	71
1992	709.1	29 888	2 912	26 881	14	80
1993	886.2	29 865	3 048	26 730	17	—
1994	1 145.3	30 825	3 006	27 700	19	99
1995	1 507.7	32 185	2 974	29 087	17	106
1996	1 789.2	32 907	2 851	29 960	18	78
1997	2 075.6	32 351	2 883	29 360	20	87
1998	2 376.0	30 127	2 563	27 490	22	52
1999	2 677.6	28 275	2 583	25 635	30	27
2000	3 161.0	30 717	2 612	28 010	35	60
2001	3 710.5	30 607	2 505	28 007	38	57
2002	4 330.4	30 961	2 348	28 375	44	194
2003	5 023.8	30 925	2 265	28 361	45	254
2004	6 060.3	31 700	1 959	29 256	73	412
2005	6 886.3	32 509	1 976	30 050	77	406
2006	7 870.3	33 547	1 956	30 953	89	549

(2) 采用一元线性回归法进行货运量预测（如图 7-7 所示）。

选取线性特征比较明显的值，以 2002—2006 年的数据进行线性回归分析（如图 7-8 所示）。

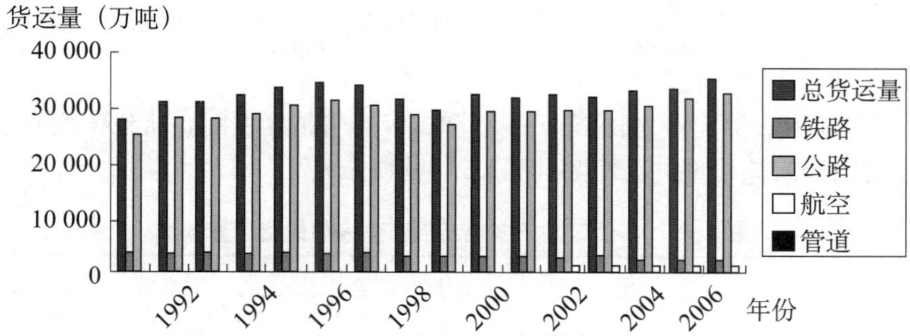

图 7－6　某地区各运输方式货运量变化趋势

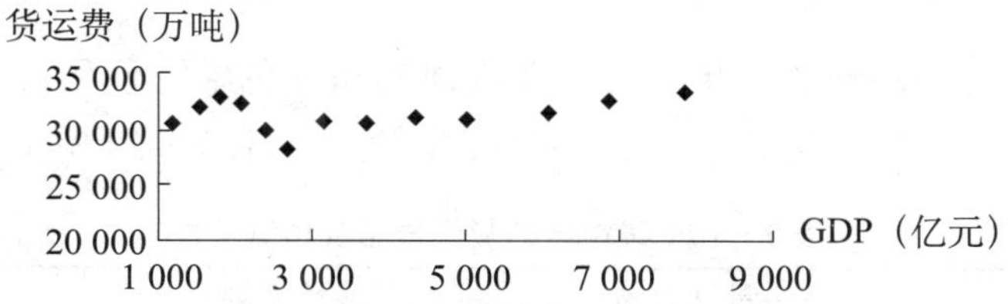

图 7－7　某地区 GDP 与货运量的关系

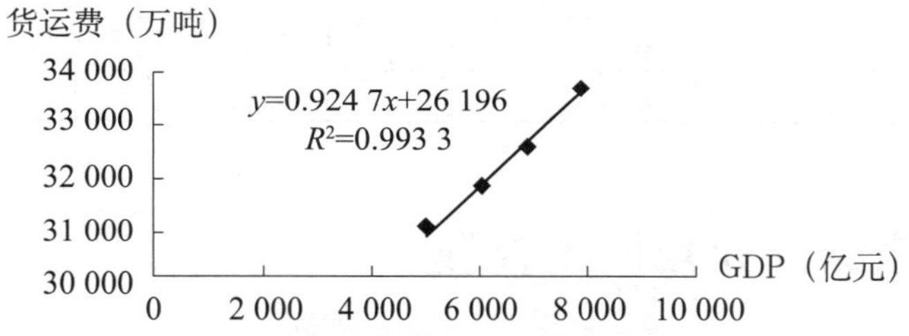

图 7－8　某地区 GDP 与货运量的线性回归分析

GDP 为自变量，货运量为因变量，回归方程为 $y=0.924\ 7x+26\ 196$，线性拟合度为 $R^2=0.993\ 3$。然后，根据该回归模型预测 2008—2017 年的货运量，具体数值如表 7－8 所示。

表 7－8　货运量随 GDP 变化的预测值

项目	2008 年	2009 年	2010 年	2015 年	2017 年
GDP（亿元）	12 020.30	14 236.40	16 860.90	39 291.10	55 113.70
货运量（万吨）	37 311.17	39 360.40	41 787.27	62 528.48	77 159.64

（3）采用灰色系统预测模型进行货运量预测。物流需求受多方面因素的影响，在物流系统的影响因素中，有很多因素是无法量化的，只能进行定性分析。另外，物流的各种社会、经济数据也不完整。就目前收集的数据来讲，直接反映物流规模的指标还没有统计数据，通常只能用货运量或货运周转量间接反映物流需求量，且这些指标反映的物流量只是物流规模的一部分，而非全部。因此，我们只能得到物流量的部分信息，即物流系统是一个“数据少，信息不完全”的灰色系统，在这种情况下，采用灰色系统预测模型对物流需求量进行预测，非常符合数据以及物流系统的特点，无疑是一种有效的工具。

采用 2000—2006 年的数据作为原始数据数列，灰色系统预测模型为：

$$\hat{X}^{(0)}(k+1)=30\ 000.457\ 2\ e^{0.018\ 274\ 452\ 4k}$$

$p=0.857$，$C=0.446\ 6$，其值介于一级和二级合格精度之间，所建模型有二级合格的预测精度，可以用所建模型进行预测（如表 7－9 所示）。

表 7－9　某地区基于灰色系统预测模型的货运量预测

年份	2008	2009	2010	2011	2012
货运量（万吨）	34 723	35 363	36 015	36 679	37 356
年份	2013	2014	2015	2016	2017
货运量（万吨）	38 045	38 747	39 461	40 189	40 930

（4）组合预测方法的预测结果。将线性规划法和灰色系统预测模型的预测值进行汇总，取两者所得货运量的平均值作为货运量的预测值（如表 7－10 所示）。

表 7－10　某地区的货运量组合预测结果

指标年份	货运量（万吨）	线性规划	灰色系统预测
2006（基年）	33 547.0	—	—
2010	38 901.1	41 787.27	36 015
2015	50 994.7	62 528.48	39 461
2017	59 044.8	77 159.64	40 930

7.3　物流综合计划调度管理

7.3.1　按订单生产的制造企业物流综合计划调度管理

1. 生产企业的生产过程物流

生产企业的物流过程大体为：原材料、零部件、外购件、燃料等辅助材料，从企业仓库或企业的“门口”开始，进入生产线的开始端并投入生产，经过下料、发料，运送到各加工点和存储点，以在制品的形态从一个生产单位（仓库）流入另一个生产单位，随生产加工过程在各环节中“流动”，在“流动”的过程中按照规定的工艺进行加工、储存，借助一定的运输装置，在某个点内流转，又从某个点内流出，始终体现物流实物形态的流转过程，同时产生一些废料和余料，直到生产加工终结，再“流动”至产成品仓库，终结企业生产物流过程。生产企业生产过程中的物流活动如图 7－9 所示。

2. 按订单生产的物流管理特点

多变的市场与产品的个性化需求，迫使许多制造企业不得不采用按订单生产方式。该方式具有库存成本低等特点。由于产品需求多变、生产组织灵活、物料种类繁杂、资金周转迅速，因此物流管理的复杂程度更高。建立一种合理高效的企业物流综合计划调度管理模式，已成为许多制造企业发展的必然要求。

与其他生产方式相比，按订单生产的物流管理具有以下特点和要求（戴治国，2008）：

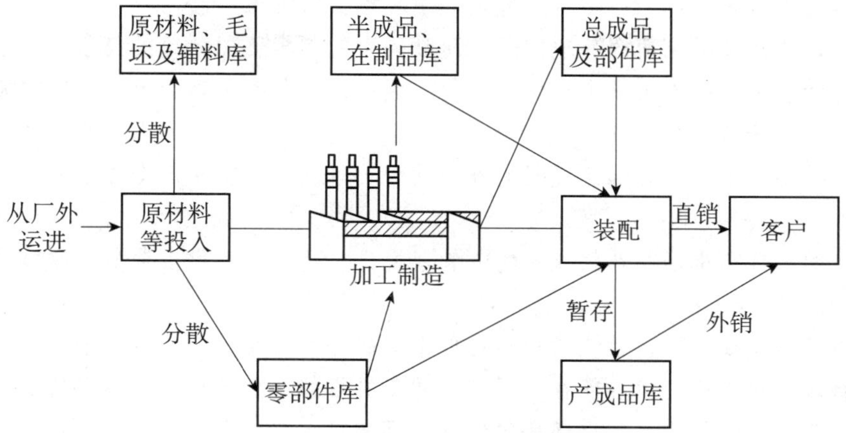

图7-9　生产企业生产过程中的物流活动

（1）产品种类多。当今客户已不满足于大众化的通用产品，希望制造企业能够按照特定的需求生产符合其特定的功能要求和环境要求的产品。因此，企业生产的产品种类多，需要的原料、辅料和配件都不一样，生产过程也有区别，这就需要充分考虑库存成本和缺货费用的关系。

（2）交货期短。由于市场活跃，客户普遍要求较短的交货期，而物流信息的传递速度直接影响交货期，这就需要企业尽可能缩短产品的生产过程和物流的流转过程。

（3）库存管理难度大。由于企业按订单生产，其成品库存量相对较小，但诸如原料、辅料、毛坯等的库存量较大。企业不仅要管理好库存的品种数量，而且要管理好库存的品种结构和比例关系。由于品种多、比例关系复杂，因此库存管理的难度大大增加。

可见，按订单生产的制造企业物流管理是一个多层次的、高度灵活的管理体系，如何有效地组织和管理企业物流运作是降低产品成本的关键问题。企业要想在复杂的市场环境中充分发挥物流管理的效能，必须把先进的管理思想与现代信息技术结合起来。

案例7-3

按订单生产的汽车入场物流

汽车整车物流和零部件物流是当前物流行业中最为复杂的行业物流，在汽车物流当中涉及数量庞大的零部件和漫长的生产、销售、售后服务流程，同时这些流程中各个环节必须衔接得十分顺畅。其中，汽车零部件的入厂物流因涉及大量的零部件和供应商，管理上体现出极高的专业性、复杂性。

从中国汽车工业协会的数据来看，中国汽车销售量已位居全球第二，汽车保有量逐年增长。按订单生产，满足消费者个性化需求的特点越来越显著。随着各汽车生产企业产能的不断扩展，生产企业自身已经无法实现对整个物流的全覆盖，因此越来越多的汽车生产厂家需要更为专业的物流服务，开始着手将整车物流、入厂物流以及售后物流等相关业务进行外包，希望通过物流业务外包的方式提高物流效率，进而降低自身物流成本，乃至整个供应链的运行成本。

在汽车物流体系中，入厂物流无疑是其中可挖掘的价值最高的环节。该环节中零部件繁多，不仅涉及众多供应商的管理问题，而且关系到整车装配环节的持续性，管理难度最大，但成功的管理能够带来更多成本的节约，因此该环节是汽车物流体系中的关键环节。

随着 JIT 生产模式的引入，我国汽车生产企业追求生产环节的即时供货和零库存。这一目标的达成要求不断提升物流过程的准确性和及时性，汽车生产企业的物流标准也不断提高。

目前，国内汽车生产企业的入厂物流管理模式大致可分为供应商物流模式和第三方物流模式两种。

在供应商物流模式下，物流的推动主要由零部件供应商进行，物流服务协议由零部件供应商与物流公司签订。供应商在获得订单并完成零部件生产后，将零部件交给物流公司送到汽车生产企业进行交货。有部分供应商自行送货上门。在这一模式下，汽车生产企业只能被动地接受相应的物流服务，对物流过程缺乏掌控能力。当汽车生产企业的生产流程或管理流程发生变化导致相应的物流需求发生变化时，汽车生产企业只能通过与供应商沟通来对第三方物流公司提出物流诉求，这一方面会造成真实需求在沟通过程中失真，另一方面也会增加物流协调难度，降低物流系统的运行效率。

在第三方物流模式下，物流服务合同直接由汽车生产企业与第三方物流企业签订。汽车生产企业与供应商之间仅签订价格采购合同，确定汽车制造企业相关零部件的取货价格。第三方物流公司提供汽车生产企业的一揽子物流解决方案，并按方案完成零部件的入厂物流工作。在该模式下，商流、物流相互分离，汽车生产企业对物流环节的控制能力也大大提升，有助于零部件入厂物流效率的持续改善。

目前，供应商物流模式越来越难以满足汽车生产企业的物流需求，第三方物流模式成为大多数汽车生产企业的选择。国内主要汽车生产企业已经选择第三方物流模式实施零部件入厂物流。相应地，第三方物流公司也获得了快速发展，其服务质量和物流水平逐步提升，这又促进了汽车生产企业采用第三方物流模式开展入厂物流管理工作。

资料来源：朱晓钟．按订单生产的 S 汽车公司入厂物流管理效率研究．成都：电子科技大学，2015.

3. 按订单生产的制造企业物流综合计划调度的作业流程

按订单生产的制造企业要实现物流综合计划的调度管理，必须采用先进的设计方法寻求优化方案，用科学的管理实现对物流管理的直接指导，推动方案的实施。其作业流程如图 7-10 所示。

（1）生产企业根据客户的订单需求和企业产能优化决策以确定企业的生产任务。将企业的生产任务与各生产要素进行反复的综合平衡，从时间和空间上对生产任务作出总体安排，并对生产任务进一步分解，具体落实到车间、班组，以保证计划任务的实现。此外，还要决定生产期和产品价格，根据企业的库存状态决定物料需求计划，将物料需求计划转交给采购部门。

（2）生产企业的采购部门根据生产部门的物料需求计划和请购单，制定采购作业计划。采购作业计划要在生产企业财务部门协调用款计划和成本核算。根据采购零部件的类

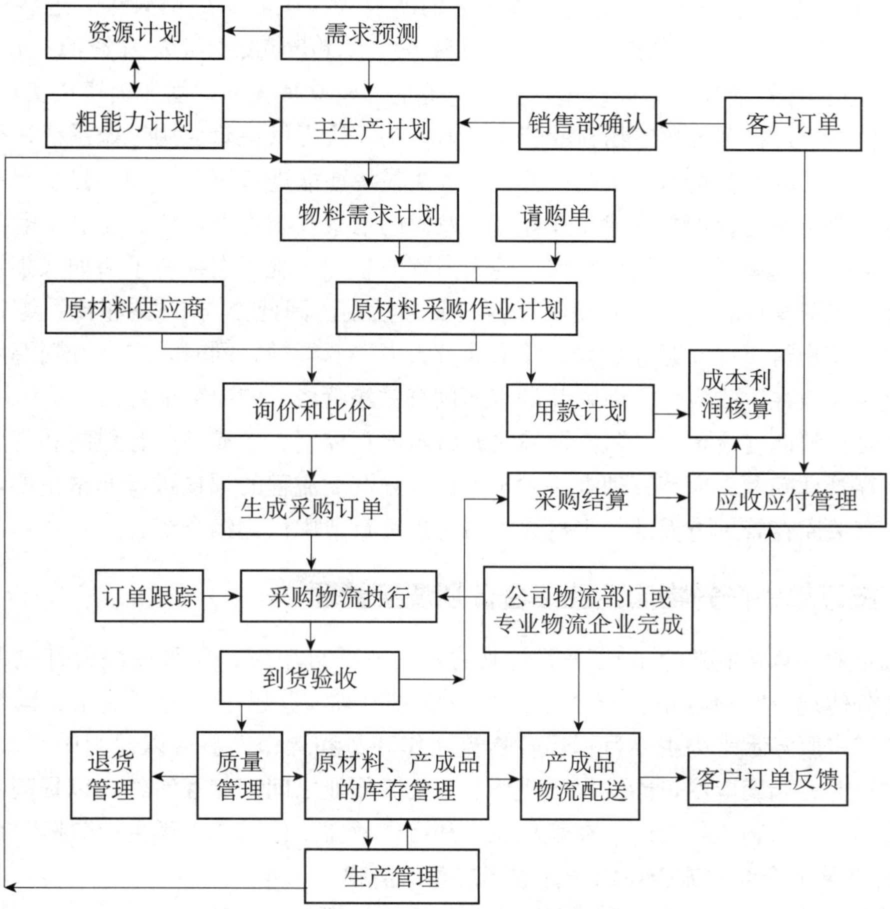

图 7-10　按订单生产的制造企业作业流程

别和数量，选择相应的供应商。一般来说，零部件供应商可以分为两类，一类是专用件供应商，另一类是通用件供应商。通常专用件供应商的数量较少，通用件供应商的数量较多，生产企业采购部门必须考虑零部件的供给需求情况，设定合理的采购提前期，然后与供应商进行询价和比价，确定合理的采购价格，生成采购订单。

（3）生产企业在发送采购订单后，订单的物流业务由生产企业物流部门或物流企业负责完成。采购部门对订单进行跟踪，同时与生产部门保持联系，沟通订单的到达时间和相应数量。在订单货物送达后，采购部门和生产部门联合对到货进行验收。在验收完成后，采购部门与生产部门会对订单货物的质量和数量作出评价：完好的货物，存放在生产企业的仓库中；有缺陷的货物，与供应商协调退货。在货物验收完成后，与供应商进行采购结算。

（4）生产企业根据库存的物料、产成品和客户的产品需求情况进行生产管理。

（5）生产企业根据客户订单的时间和数量需求，由生产企业的物流部门或物流企业将产成品配送给客户，客户提供物流配送和产品质量的反馈意见。

（6）生产企业的财务部门负责采购业务的结算和客户的应收应付管理。

这里需要说明综合计划调度流程与企业资源计划（ERP）的关系。与综合计划调度流程不同，ERP是运用应用程序模块对供应链的所有环节实施有效的管理，这些应用程序模块可以分成三大类：物流（logistics）、财务（accounting）与人力资源（human resources）。它们相互协作、共同作用，完成企业的经营管理任务。物流类模块实现对供应、生产、销售整个过程和各环节物料的管理。财务类模块提供一套通用记账系统，保证资产负债表与利润表的及时更新。除此以外，财务类模块还能进行资产管理，提供有关经营成果的报告，使企业的管理决策建立在客观、及时的信息基础之上，协助完成企业的整体控制。人力资源类模块可以提供一个综合的人力资源管理系统。它综合了诸如人事计划、新员工招聘、工资管理和员工个人发展等各项业务活动。因此，与ERP相比，综合计划调度流程仅涉及物料流程和财务流程，并未涉及人力资源管理，同时，综合计划调度的财务流程也仅仅局限在应收应付方面，并没有提供有关经营成果的决策信息。

在综合计划调度流程中，还涉及采购原材料库存控制、半成品库存控制和产成品库存控制等库存管理问题。库存管理方法对于保证计划调度流程的顺畅进行非常重要，应该合理选用。有关库存管理方面的知识将在本书的后续章节中做详细介绍。

7.3.2 按订单生产的物流企业综合计划调度管理

物流企业在承接制造企业或商贸企业的物流业务订单时，可采取综合计划调度的方式，这充分体现了客户订单在整个流程中的核心地位，并以了解客户需求、满足客户需求、提升客户服务水平为主要目标，各物流运作环节和运作人员应以此为中心开展业务。其次，物流业务调度应尽可能减少作业环节，消除作业之间的相互制约，以提高物流作业效率为重点，追求物流作业的外在表现能力和运作效益，使运作流程更加顺畅和有效。

1. 按订单生产的物流企业综合计划调度基本流程

按订单生产的物流企业综合计划调度基本流程如图7-11所示。

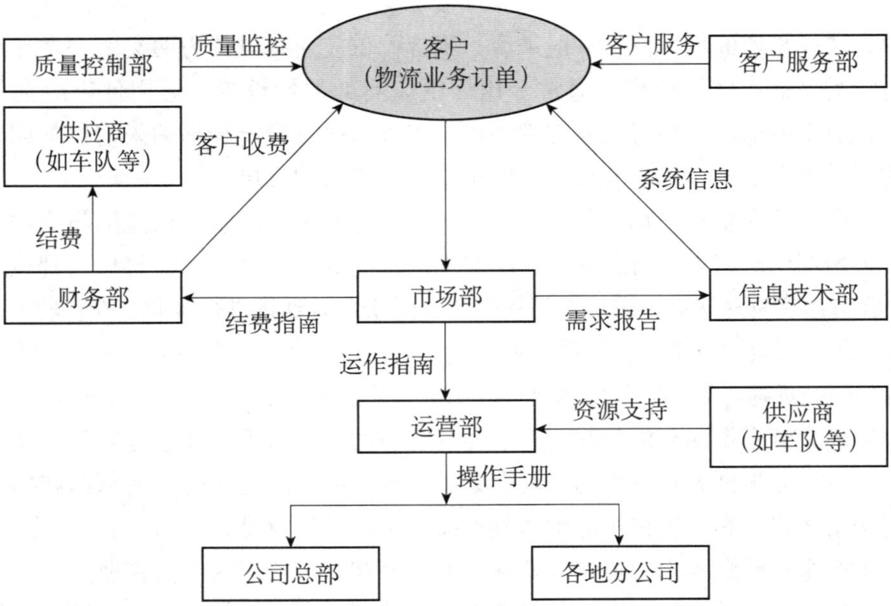

图7-11 按订单生产的物流企业综合计划调度基本流程

其运作流程大致如下：

（1）公司市场部与客户谈判成功后签订物流服务合同。必须说明的是，在谈判后期需要运营部、财务部、信息技术部和客户服务部等共同参与相关物流方案及服务承诺和规范的制定工作。

（2）以市场部为主，签订物流服务合同。市场部根据谈判过程中客户的需求和物流公司的承诺，分别向运营部传达该客户的运作指南，向财务部传达结费指南，向信息技术部传达客户系统的需求报告。

（3）信息技术部根据市场部传达的客户系统需求报告，向客户开通公司对外的物流信息系统，满足不同客户的信息服务需求。

（4）财务部根据市场部传达的结费指南，制定与客户衔接的收费目录、收费时间和收费标准计算方法，并按照物流服务合同的相应规定向客户收取物流运作服务费。同时，财务部还将根据公司租用的运作资源使用结果，在运营部呈报的付费请示和付费清单的基础上，向提供运作资源的各供应商（如车队等）支付资源使用费。由于这部分费用大多数情况下已有合同约定，财务部的工作更多的是审核，并参照资源成本的成本控制指标进行核算。

（5）运营部根据市场部传达的运作指南和合同规定的物流服务范围、服务方式，制定详细的操作手册，并将操作手册下发各具体执行操作的分公司，并由分公司实施。该操作手册同时抄送客户服务部和质量控制部。

（6）运营部在一定时间（一般为 30～45 天）内，将运作结果的原始单据交回财务部。财务部对原始单据进行审查后，向各供应商支付资源使用费。

（7）全国各分公司统一接受总公司运营部的运作指令，按照操作手册的规定，完成所属区域的物流操作服务。

（8）客户服务部负责与客户的沟通和服务工作，质量控制部负责物流服务质量管理体系的建立和质量事故的处理工作。

（9）物流公司其他各相关职能部门围绕业务工作的需要，分别提供运作所需的后勤支持。人事行政部招聘和培训管理人员、现场操作人员，并提供办公设施和后勤辅助等。

需要补充的是，该流程的设计和操作是建立在以下几个基础之上的。

（1）物流企业内部建立了支持物流运作的相关管理系统（如物流管理信息系统），系统的构建平台是企业内部网。

（2）物流企业已经建立了相关的管理制度和操作规范文件，如运费指南、结费指南、客户档案、成本档案以及服务指标（KPI 指标）等。

（3）在进行物流运作前，客户所有参与物流运作的产品资料已被物流企业了解和掌握，具体的资料包括：产品型号和规格、包装材料和外形尺寸、装载要求、生产日期和保质日期，不同地区的生产量和销售量，全国各地区分仓库的库存要求等。

2. 按订单生产的物流企业各岗位人员配备

按订单生产的物流企业各岗位人员的职责如下。

（1）总经理对公司总部和各分公司的物流业务状况、质量控制状况进行全盘了解和掌控。

1）市场方面：直接参与签订大客户合同，负责维护与大客户的关系。

2）质量方面：对分公司每月的质量得分、日常发生的质量事件、给客户的回信进行审批；每年至少参加一次质量回顾会议；对培训教师的资格认证进行批准；审批质量目标和质量方针。

3）运营业务方面：审核新客户的报价；与新客户签订运输协议，保证新业务能给公司带来利润；为增强公司的凝聚力，每年到各分公司巡查至少一次。

4）财务方面：负责公司的财务总体收支的控制。

5）人事行政方面：对人力资源的引进和削减进行动态平衡。

6）信息技术方面：负责公司信息技术的更新，并对物流系统构架作出决策。

（2）副总经理分管市场和运营，直接向总经理汇报。

1）市场方面：负责监控市场开发；直接参与大客户营销；保持与客户的联系，听取客户的建议，参与客户质量回顾。

2）运营方面：负责公司总部和全国各地分公司的运营；保持与外部供应商的联系；处理运营中的质量事故，及时向总经理汇报。

（3）副总经理分管客户服务和质量控制，直接向总经理汇报。

1）客户服务方面：全面了解和处理关于运作质量和运作效率的客户投诉；直接监督客户服务人员的客户关系管理情况；及时处理客户投诉的受理工作。

2）质量控制方面：负责物流业务质量体系的建立，并监督、保证质量体系的顺利执行；对质量体系不断完善，开展质量评价，及时处理质量事故。

（4）运营部经理负责物流业务的运作和日常管理，积极与市场部协调，落实市场部的运作指南。及时了解各分公司的物流业务，与客户加强沟通，保持联系。及时解决公司总部层面出现的运营问题。定期参加质量回顾会议。对于质量回顾中产生的与质量目标有差异的部分积极调查根本原因，写出行动计划，督促下属按照行动计划进行整改。处理突发的紧急情况，并及时汇报总经理。督促分公司经理的工作，要求各分公司及时上报质量事件。

（5）质量控制部经理负责物流业务质量体系的建立，并监督、保证质量体系的顺利执行，对质量体系不断完善。每月对分公司的质量得分进行考评。每季度组织一次质量回顾，每月进行一次客户回访，每季度必须对所有的客户回访一次。针对在质量回顾中发现的与质量目标有差异的问题，协助运营部找出问题的根本原因，并审核其整改计划的可行性，监督行动计划的完成。

（6）市场部经理根据公司的市场策略和市场方向，制定全公司年度或月度市场计划，进行市场现状与同行竞争分析、客户需求分析、既有客户市场份额分析；落实市场调查工作，发现潜在客户，确定目标客户；对目标客户/既有客户进行调查，制定物流方案报副总经理评估；与客户谈判，签订物流服务合同；向运营部、财务部、信息技术部等下达运作、结费和系统需求指令；制定业务宣传和企业形象策划的计划；监督市场专员开展具体的市场开发工作，协同运营总监、质量部经理开展客户回访工作。

（7）信息技术部经理负责信息技术供应商的评估和采购、公司内部信息及网络系统的构建和维护运营；协同市场部，构建和维护客户信息网络、信息系统，保障系统及设备的安全，编制系统及设备维护、升级需求报告；负责为各分公司开通相关的信息服务，监督各分公司信息专员的工作。

（8）客户服务部经理负责公司的客户档案建立、跟进，以及客户关系管理；接受并处理客户关于运作质量和运作效率的投诉；派遣和管理客户服务专员；协同质量控制部开展质量事故处理工作。

（9）人事行政部经理负责物流企业文化的营造、倡导和执行；负责组织员工的招聘、选拔与面试；负责劳动人事工资（薪酬）的设计与管理；负责员工岗位培训的设计与实施；负责公司行政后勤事务管理与协调；负责公司公共关系的建立和外部环境的营造；负责与市场监督、税务部门以及其他政府机构的协调。

（10）财务部经理负责建立和完善公司的财务制度，管理资本的运作和流动资金；接受市场部的结费指南，及时收取客户的物流运作服务费；审查运营部提交的支付申请，向供应商支付物流费用；建立运作成本档案，参与物流方案制作和客户谈判，承担物流业务投保及保险理赔工作。

（11）运营业务服务专员负责完成运营部部门职能规定的工作，如物流作业的日常管理和调度等。

（12）质量控制员负责物流业务质量体系各相关环节的具体执行工作。

（13）市场专员负责完成市场部部门职能规定的工作，如市场策划、市场开发、客户关系管理等。

（14）信息技术专员负责完成信息技术部部门职能规定的工作，如公司内部信息及网络系统的构建和维护运营、信息技术供应商的采购和评估、信息系统及设备需求报告的编制等。

（15）客户服务专员负责完成客户服务部部门职能规定的工作，如客户接洽和沟通、客户问题的处理和反馈等。

（16）人事专员负责完成公司的招聘、考核、培训、员工调动等相关人力资源业务。

（17）分公司经理监控分公司的运营情况，将分公司运营状况、质量状况及时反馈总部，并指派统计员、质量控制员每月及时上传表单；协调解决分公司在运营中出现的问题，对经协调仍无法处理的问题，及时向总部上报。按照总部的指示开展工作，接洽新的客户及业务，并及时反馈总部市场部；积极与客户沟通，并接受客户的全部反馈；根据客户的需求，合理安排日常工作。

（18）分公司质量控制员全面负责所在分公司的质量管理日常工作，发现运作中的质量隐患，加以控制，及时上报总部质量部；每月按照要求上传报告如月质量报告。

（19）统计人员全面负责分公司的统计工作，并及时将报表上报总部运营部。例如，每日对运量、残损、运输成本进行统计，上报工作日报表。

（20）现场人员对照车辆检查记录表，对车辆进行认真检查并做好记录；协助司机办理进库（厂）手续，提醒司机遵守库（厂）纪律规定，指挥司机将车辆停靠指定位置；仔细核对产品名称、型号、批号，清点数量；发现问题及时汇报；监督装卸工的操作；协助仓储管理人员进行施封，填写现场作业记录表。

（21）仓储管理人员主要负责分公司的仓储管理业务，包括入库、出库、在库管理、商品养护、盘点、包装、流通加工等。

7.3.3 综合计划调度管理与物流功能运作的关系

综合计划调度管理是企业实施物流战略的重要环节，其调度效果直接影响后续物流功能（如运输、仓储、装卸搬运、流通加工等）的运作。综合计划调度管理与物流功能运作之间既有本质区别，也有紧密联系。

第一，两者在层次上有重要区别。如果把企业发展战略看作企业的宏观决策层面，那么企业综合计划调度管理就属于企业的中观执行层面，物流功能运作属于企业的微观操作层面。

第二，两者的侧重点有所不同。综合计划调度管理强调计划功能，而物流功能运作强调控制功能。计划功能是指管理者为实现组织目标对工作进行的筹划活动，控制功能是指管理者为保证实际工作与目标一致而进行的活动。

第三，两者之间存在密切的联系。如果没有综合计划调度的科学决策，很难实现对物流功能的有效执行；如果没有物流功能运作的有效反馈，也很难进行科学的综合计划调度。科学的计划调度必须以功能运作的实际反馈效果为基础，而功能运作必须依靠科学的计划调度。因此，两者相辅相成，相互影响，缺一不可。

本章小结

物流需求预测的常用方法在物流规划和管理中起到极其重要的作用，无论是正在运行的物流系统还是拟建的物流系统，其物流需求预测都直接关系到整个系统设计方案的规划、生产计划的制定、原材料的采购、人员配置的合理性。

物流需求预测必须充分考虑物流需求的基本特性，它既在一定时间空间内具有稳定性和规律性，作为经济活动的派生需求，也具有相当程度的复杂性。物流需求预测从不同角度可以划分为很多种，常见的几种预测分类为：按预测的时间长短分类、按预测的空间范围分类和按预测采用的方法分类等。在物流需求预测过程中，应遵循确定预测目的、资料收集与分析、选择预测方法、建立预测模型、模型检验和预测实施六个步骤。

物流需求预测的常用方法包括定性的德尔菲法、类推法；定量的回归分析预测法、时间序列预测法、指数平滑预测法、弹性系数预测法、灰色系统预测模型、神经网络预测模型等，这些方法有各自的优缺点和适用范围。

由于不同的预测方法提供不同的有用信息，并且预测精度、侧重点往往也不同，因此可以将不同的预测方法采用一定的结构和参数进行适当的组合，从而求得更精确的预测结果。

按订单生产的制造企业要实现物流综合计划的调度管理，必须采用先进的设计方法寻求优化方案，并用科学的管理实现对物流管理的直接指导，推动方案的实施。

物流企业在承接制造企业或者商贸企业的物流业务订单时，应采取综合计划调度的方式，充分突出客户订单在整个流程中的核心地位，并以了解客户需求、满足客户需求、提升客户服务水平为主要目标。各物流运作环节和运作人员均应以此为中心开展业务。

关键概念

物流需求预测　德尔菲法　类推法　回归分析预测法　时间序列预测法　指数平滑预测法　弹性系数预测法　灰色系统预测模型　神经网络预测模型　组合预测方法　综合计划调度

思考题

1. 物流需求预测有哪些意义？请举例说明。
2. 物流需求有哪些基本特性？
3. 物流需求预测的基本步骤是什么？
4. 如何使用物流需求的组合预测方法？
5. 按订单生产的制造企业物流综合计划调度的作业流程是什么？
6. 按订单生产的物流企业综合计划调度的基本流程是什么？

课堂讨论题

常见的定量预测方法各有什么优缺点？

补充阅读材料

1. 张庆英，等．物流系统工程——理论、方法与案例分析．2 版．北京：电子工业出版社，2015.
2. 周晓蓉，莫以为．现代物流运输与调度．北京：科学出版社，2017.
3. 马克·穆恩．供应链与需求管理：精准预测需求与高效匹配供需．北京：人民邮电出版社，2020.

案例分析

招商局物流外协公路运输标准化管理模式

外协公路运输标准化是指通过对承运商选择评价与管理、操作流程实施与监控、客户维护与异常服务处理过程的方法进行标准化，完善并严格执行外协公路运输标准化制度文件，实现外协公路运输的可复制性和在各网络单位运作效果的一致性，提升运作质量保障能力和成本管控能力。

1. 通过规范承运商的采购、管理及培训，确定外协运力组织满足公司需求

外协公路运输资源包括外协承运商及其操作团队、外协车辆及其附属设施设备、公司运作团队，运作资源配置标准化包括业务分包采购标准化、外协承运商管理标准化、运作体系组织架构设置及管理标准化。

首先，完善并严格执行业务分包管理规定，公路运输外协承运商管理规定，运作岗位设置、职责、任职资格与人才达标管理办法等标准文件。

其次，加强业务分包管理。建立“三权分立”物流业务分包采购规定，确保招投标组织、过程管理公平公正；归纳优势承运商的基本特征，选用优势承运商；推广“集疏运”业务分包模式，不同项目相同线路、区域业务整合进行联合招标；将订单分类整合，合理选用车型，提高车辆利用率，控制运作成本，倡导绿色物流，促进节能减排。

再次，加强承运商管理。树立扁平化管理理念，建立外协承运商分级管理制度，开展承运商的培训工作（培训人员包含承运商的负责人、操作人员及其下游的车主、驾驶员等，培训内容包括运作项目的SOP、KPI、客户要求、运作安全、企业文化和管理理念等）、KPI考核工作（按月度进行，对考核不达标的，制定整改计划并督促限期整改，逾期未达标将取消其承运商资格），培育公司核心承运商。

最后，实行组织架构标准。明确运输部门职能，建立标准组织架构，明确岗位职责、工作流程、任职要求、培训要求及考核要求等，确保每个岗位都由通过培训且符合要求的人员就职，减少操作失误及异常事件发生。

2. 通过规范各类运作流程、加强过程化管理，提升外协公路运输管理的可控性

操作流程标准化包括内部操作流程与运作质量业绩考核标准化、项目操作流程与运作质量业绩考核标准化，涉及操作流程执行标准、订单执行监控管理标准、KPI考核标准等。

首先，严格执行操作流程标准。完善内部操作流程，包括客户订单处理程序、运输运作程序、项目启动程序、应急保障程序等标准文件。要求各经营单位在此框架下，按照客户合约要求，建立项目操作流程手册，规范项目的调度、装载、交付、监控。

其次，加强订单执行监控管理。完善运作过程监控标准化，加强SAP与GPS相关联的运输过程的监控跟踪、二次中转配送运输过程的监控跟踪；完善运输回单跟踪标准，制定回单管控流程制度性文件，发挥公司SAP系统的回单在线监控功能的作用；建立健全日常化、层级化的标准化工作检查机制。

最后，完善项目运作质量业绩考核指标及内部运作质量业绩考核指标，加强KPI指标达成的监管及不达标项目的整改跟进，确保提供的服务满足客户需求。

3. 加强运输交付环节管控，做好客户维护与异常服务处理工作

内容包括：(1) 送货人员在运输交付环节应遵守的规定；(2) 运输拒收及退货处理程序；(3) 运输交付跟踪管理规定；(4) 异常服务处理管理规定；(5) 对开展运作培训、客户拜访、客户满意度调查、动态管理检查、交付过程抽查、项目运作回顾等工作的要求；(6) 试行建立客户服务热线；(7) 试行建立终端客户维护质量考评体系等。

4. 通过量化效率与成本挖潜考核标准，使用运输成本结构测算模型，提高运作效率，降低运输成本

运输效率与成本控制标准化包括：运作效率与成本统计标准、外协运输合同运价执行及临时外协运输协议使用标准、运输效率与成本挖潜等内容。

首先，建立运作效率与成本统计标准。完善并严格执行运作信息采集与统计分析管理

规定、物流业务经营分析统计标准类制度等标准文件。

其次，监督外协运输合同运作的执行情况，确保按合同价格支付费用，规范临时外协运输协议使用的情况、范围及审批办法。

最后，量化效率与成本挖潜考核指标。制定实施运作效率与成本挖潜工作方案，层层分解运作效率与成本挖潜指标；建立运输成本结构测算模型，根据市场调查的实载车型、效率与成本情况进行单位成本的理论测算，辅助评价项目线路外协成本水平，提高外协成本议价能力。

5. 建立定期回顾总结优化机制

举办提升外协公路运输管控能力论坛，确定外协公路运输的全部环节，找出客户关注、运作较为薄弱、存在提升空间的6大环节，就分拨点管控、在途信息及时准确、业务分包方选择与管理、回单管理、终端客户信息反馈、订单分类整合等提出管理思路与具体办法。通过巩固已取得的成果和持续提升重要环节管控能力，保障物流运作质量。

资料来源：中国物流与采购联合会，中国物流协会．物流行业企业管理现代化创新成果（2013—2014），北京：中国财富出版社，2014.

案例思考题

1. 标准化管理对物流企业运作有何重要意义？
2. 招商局物流是如何改进外协公路运输管理模式的？
3. 招商局物流公路外协标准化模式对你有何启发？

08
Chapter

第8章
运输战略与决策

学习目标

通过本章的学习，读者应该能够：

- 正确理解运输和配送的基本概念
- 理解运输与配送在物流中的作用
- 掌握运输和配送服务的基本方式及其特点
- 了解多式联运的概念与特点
- 掌握运输管理与决策的基本思想和方法
- 理解运输和配送合理化的思想和方法
- 理解供应链环境下的越库运输方法

8.1 运输与配送的基础知识

8.1.1 运输与配送的概念

根据国家标准《物流术语》(GB/T 18354—2006)，运输是用专用运输设备将物品从一个地点运送到另一个地点，其中包括集货、分配、搬运、中转、装入、卸下、分散等一系列操作；配送是在经济合理区域范围内，根据客户要求，对物品进行拣选、加工、包装、分割、组配等作业，并按时送达指定地点的物流活动。

运输和配送都强调输送的过程与功能，两者之间既有密切的关系，也有许多明显的区别，总结起来有以下几点：

(1) 运输是人和物的载运与输送，有时专指物的载运与输送。它是在不同地域范围内(如两个城市或两个地点之间)，以改变物品的空间位置为目的的活动，对物品进行空间位移。运输和配送的区别在于，运输是较大空间范围内的活动，而配送往往是在同一地域之内的活动。

（2）运输是物流的主要功能要素之一，而配送是物流中一种特殊的、综合的活动形式，是商流与物流紧密结合，包含物流中若干功能要素的一种物流活动。一般的配送集装卸、包装、保管、运输于一身，通过这一系列活动达到将物品送达客户的目的。特殊的配送还要以加工活动为支撑，包括的内容更加广泛。

（3）在企业的物流活动过程中，运输是指将货物大批量、长距离地从生产工厂直接送达客户或者配送中心；配送是指货物再从配送中心就近发送到地区内的各个客户手中。运输的范围既可以是长距离的，也可以是中短距离的，而配送的辐射范围一般是中短距离的。许多物流业内人士认为，配送是“物流的最后 100 米”，这句话形象地表达了配送是中短距离运输。

8.1.2　企业物流运输系统的总体描述

运输是各经济单位之间货物往来的输送过程，其中以企业之间的输送活动最为明显。下面对企业物流运输系统进行简要描述（如图 8-1 所示）。

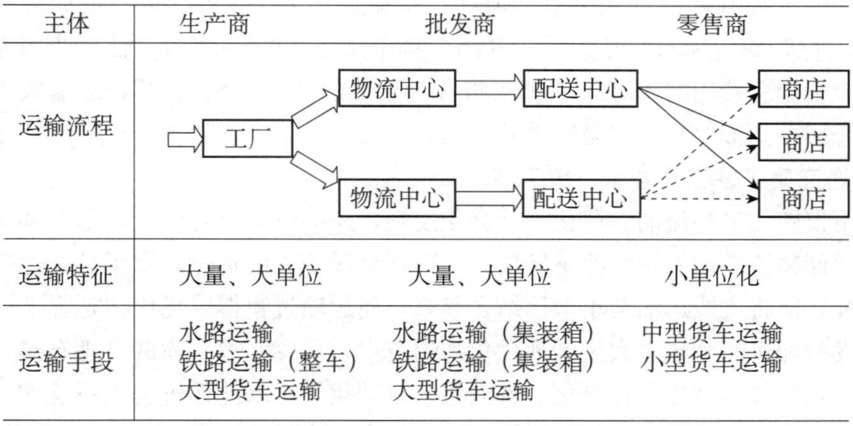

图 8-1　物流运输系统的总体描述

（1）供应环节的运输活动。企业在从事生产活动时，需要采购和调运原材料和零部件。由于原材料和零部件的送达常常是大量运输，因此需要选择与大量运输相适应的运输手段。例如，我国钢铁生产企业所需的原材料铁矿石需要从国外大量进口，以海洋运输为主。

（2）销售环节的干线运输。原材料和零部件在工厂进行加工，制成成品以后，商品就会从工厂仓库大规模地运输到全国主要物流中心，这种形态的运输常称为“干线运输”。干线运输涉及工厂和物流中心之间的长距离运输。例如，中国石油化工固体西北销售公司的干线运输网络涵盖从 3 个生产地到 4 个前沿销售大区，平均铁路运输距离达 1 200 多千米。

（3）销售环节的短途配送。在商品进入物流中心后，接下来的运输业务主要是针对顾客订货而进行的发货，包括将商品向批发业的配送中心或大型零售商的配送中心运输，甚至直接向零售店运输。在实践中，常常把向零售店进行商品运输的活动称为配送。配送需要将商品进行分拣，实行小单位化，再由中型或小型货车运输。

8.1.3 运输与配送在物流中的作用与地位

1. 运输是社会物质生产的必要条件之一

运输是国民经济的基础，马克思将运输称为“第四个物质生产部门”，即生产过程的继续。由于运输这种生产活动和一般的生产活动不同，能使生产继续下去，使社会再生产不断推进，因此可将其看作一个物质生产部门。

2. 运输可以创造场所效用

场所效用的含义是指同种物品由于空间场所不同，其使用价值的实现程度不同，其效益的实现也不同。改变场所能最大限度地发挥使用价值，最大限度地提高投入产出比，因此称为场所效用。运输承担了改变空间状态的主要任务，承担了物流的很大一部分责任，是物流运作的主要组成部分。

3. 运输是节约物流成本的主要源泉

运输成本在整个物流系统中所占的比例很大。从社会物流总费用的构成看，2019 年全国社会物流总费用为 14.6 万亿元，其中，运输费用为 7.7 万亿元，占社会物流总费用的 52.7%；保管费用为 5.0 万亿元，占社会物流总费用的 34.3%；管理费用为 1.9 万亿元，占社会物流总费用的 13.0%。物流被称为企业的“第三利润源”，运输成本的有效控制对物流总成本的节约具有举足轻重的作用。

4. 配送完善了输送及整个物流系统

配送不仅能促进物流的专业化、社会化发展，还能以其特有的运动形态和优势调整流通结构，促使物流活动向规模经济发展。配送环节属于支线运输，灵活性、适应性、服务性都比较强，能将支线运输与小搬运结合起来，使运输过程得以优化和完善。

通过发展配送制和建立大型的现代化物流节点，可以实现仓库的合理布局，货物包装的集装化以及装卸机械化、托盘化、省力化、自动化等，以此促进物流系统的完善。配送制的发展可以提高专业营运车辆的比例和运输效率，降低空载率，减少迂回运输，完善整个社会的输送系统。

8.1.4 运输的分类

按照不同的标准，运输可进行如下分类。

1. 按运输的范围划分

（1）干线运输。指利用铁路和公路干线、大型船舶的指定航线等进行的长距离、大批量的运输。它是进行远距离空间位置转移的重要运输形式。干线运输的运输速度较同种工具中的其他选择更快，成本也更低，是运输的主体形式。

（2）支线运输。指与干线相接的分支线路上的运输。支线运输是干线运输与收发货地点之间的补充性运输形式，路程较短，运输量相对较小。

（3）二次运输。这是一种补充性运输形式，是指干线、支线运输到站点后，站点与用户仓库或指定地点之间的运输。由于单个用户的需要有限，所以运量较小。

（4）厂内运输。指在大型工业企业内，直接为生产过程服务的运输。小企业内的这种运输被称为“搬运”。从工具上讲，厂内运输一般使用卡车，而搬运使用叉车、输送机等。

2. 按运输的作用划分

（1）集货运输。指在货物集中后利用干线运输形式进行远距离、大批量的运输。

（2）分拨运输。指在干线运输完成后将货物分发给零散分布的各个用户。

3. 按运输中途是否换装划分

（1）直达运输。指将物品从发运地运送到接收地，中途不需要中转的运输。它可以避免因中途换装而出现的运输速度减缓、货损增加、费用增加等一系列弊端，所以能缩短运输时间、加快车船周转和降低运输费用。

（2）中转运输。指将物品从发运地运送到接收地，中途经过至少一次落地并换装的运输。它可以将干线、支线运输进行有效的衔接，可以化整为零或集零为整，方便用户，提高运输效率。

4. 按运输的协作程度划分

（1）一般运输。指运输工具和运输方式单一、运输服务的适应性不强的运输模式。

（2）联合运输。指在一次委托中，由两个或两个以上运输企业协同将一批货物运送到目的地的活动。

（3）多式联运。指联运经营者受托运人、收货人或旅客的委托，为委托人实现两种以上（含两种）运输方式的全程运输，以及提供相关运输物流辅助服务的活动。多式联运比一般的联合运输规模要大，并且反复地使用多种运输手段，以实现运输服务最优化。

8.1.5 配送的分类

在不同的市场环境下，为适应不同的生产和消费需要，配送表现出多种形式。这些配送形式各有优势，同时也有各自的适用条件。

1. 按配送服务的范围划分

（1）城市物流配送。即向城市范围内的众多用户提供服务的配送。它的辐射区域较小，多使用载货汽车配送，机动性强、供应快、调度灵活，能实现少批量、多批次、多用户的“门到门”配送。

（2）区域物流配送。这是一种辐射能力较强、活动范围较大，可以跨市、省的物流配送活动。它具有以下特征：经营规模较大，设施齐全，活动能力强；货物批量较大，批次较少；区域配送中心是配送网络或配送体系的支柱。

2. 按配送时间及数量划分

（1）定时配送。即按规定时间或时间间隔进行配送。每次配送的品种与数量可按计划，也可在配送前由供需双方商定。定时配送分为小时配送、日配送、准时制配送、随时配送（快递模式）等。

（2）定量配送。即按事先协议规定的数量进行配送。由这种方式配送的货物数量固定，备货工作有较强的计划性，容易管理。

（3）定时定量配送。即按规定的配送时间和数量进行配送，兼有定时、定量两种方式的优点，是一种精密的配送服务方式。

（4）定时定路线配送。即在规定的运行路线上，按配送车辆运行时间表进行配送，用户在指定时间到指定位置接货。

（5）即时配送。即完全按用户突发的配送要求随即进行配送的应急方式，是对各种配送服务的补充和完善，其特点是灵活，但配送成本很高。

3. 按配送品种和数量划分

（1）单（少）品种、大批量配送。这种方式配送的商品品种少、批量大，不需要与其他商品搭配即可使车辆满载。

（2）多品种、少批量配送。即按用户要求将所需各种物资配备齐全，凑整装车后由配送据点送达用户的一种配送方式。

（3）成套配送。即按生产企业的需要，将生产每件产品所需的全部零部件配齐，按生产节奏定时送到生产线以供装配产品。

4. 按配送企业业务关系划分

（1）综合配送。即配送的商品种类较多，在一个配送网点中组织不同专业领域的产品给用户的配送方式。

（2）专业配送。即按产品性质、形状的不同适当划分专业领域的配送方式。其优势是可以根据专业的共同要求优化配送设施、优选配送机械及配送车辆、制定适用性强的工艺流程等，从而提高配送各环节的工作效率。

（3）共同配送。即为提高物流效率，由多个配送企业联合在一起共同合作的配送方式。

5. 按加工程度划分

（1）加工配送。指在配送据点中设置流通加工环节，当社会现有产品不能满足用户需要，或用户提出特殊的工艺要求时，可以在加工后进行分拣、配货再送达客户。流通加工与配送的结合，可使流通加工更有针对性，同时获得加工增值收益。

（2）集疏配送。这是只改变产品数量组成形态而不改变产品本身的物理、化学形态，与干线运输相配合的一种配送方式。例如，在大批量进货后进行小批量、多批次发货，零星集货后以一定批量送货等。

6. 按配送的方式划分

（1）直送。指生产厂商或供应商根据订货要求，直接将商品运送给客户的配送方式。其特点是需求量大，每次订货往往大于或接近一整车，且品种类型单一。

（2）集取配送。也叫往复配送，是指与用户建立稳定的协作关系，在将用户所需的生产物资送到的同时，将该用户生产的产品用同一车运回的配送方式。这种配送不仅充分利用了运力，而且降低了生产企业的库存。

（3）交叉配送。指在配送据点将来自各供应商的货物按客户订货的需求进行分拣、装车，并按客户规定的数量与时间进行送货。这种配送有利于减少库存、缩短周期、节约成本。

7. 按配送的模式划分

(1) 企业自营配送。指企业物流配送的各个环节由企业自身筹建并组织管理，实现对企业内部及外部货物的配送的模式。这是国内目前生产、流通或综合性企业所广泛采用的一种物流模式，通过独立组建物流中心，实现对内部各部门、场、店的物品供应。

(2) 单项服务外包型配送。这种模式主要是由具有一定规模物流设施设备（库房、站台、车辆等）及专业经验、技能的批发、储运或其他物流业务经营企业，利用自身业务优势，承担其他生产性企业为在该区域内开拓市场、营销产品而进行的纯服务性的配送任务。

(3) 社会化的中介型配送。在这种模式中，从事配送业务的企业通过与上游企业（生产、加工企业）建立广泛的代理或买断关系，与下游商家（零售店铺）形成较稳定的契约关系，从而将生产、加工企业的商品或信息进行统一组合、处理后，按客户订单的要求配送到店铺。

(4) 共同配送。根据国家标准《物流术语》(GB/T 18354—2006)，共同配送（joint distribution）是由多个企业联合组织实施的配送活动。它是配送合理化的重要形式，即为提高物流效率，对某一地区的用户进行配送时，由多个配送企业联合起来完成。它是在配送中心的统一计划、统一调度下展开的。

8.2　运输与配送服务

8.2.1　运输的基本方式及其特点

1. 运输的基本方式

根据运输设备与运输工具的不同，可将运输分为铁路运输、公路运输、航空运输、水路运输和管道运输五种方式。

(1) 铁路运输。铁路运输是使用铁路设备设施运送旅客和物品的一种运输方式。其特点是运输能力强、连续性强，在长距离运输中，其送达速度仅次于航空运输。但在过短距离的运输中，其送达速度不如公路运输。

铁路运输可以分为整车运输、零担运输和集装箱运输三类。整车运输是按整车办理承托手续、组织运送和计费的货物运输。一批货物的重量、体积、性质或形状需要一辆或一辆以上铁路货车装运（用集装箱装运除外）的运输为整车运输。零担运输是按零散货物办理承托手续、组织运送和计费的货物运输。一批货物的重量、体积、性质或形状不需要一辆铁路货车装运（用集装箱装运除外）的运输为零担运输。集装箱运输是使用铁路专用的集装箱设备进行运输的一种方式，是铁路和公路联运的一种复合型直达运输，其特征是送货到门，可以从一个地点直达另一个地点，适合化工产品、食品、农产品等多种物品的运输。

根据铁路运输的上述特点，铁路运输主要适用于以下作业：大宗低值货物的中长距离运输；散装货物与罐装货物的运输；大量货物的一次性高效率的运输。对于运费负担能力弱、货物批量大、运输距离长的货物运输来说，运费比较便宜。

铁路运输的经济里程一般在 200 千米以上。在短距离运输中，铁路运输竞争不过公路运输。但从成本、环保等方面考虑，今后铁路货运有望占据重要地位。铁路货运应在提高运输服务水平，采用具有伸缩性的运费规定，提高运送能力和运送效率，向综合物流服务业转轨，扩充货运车站机能，增加货运车站、货运专用新线，大规模进行车站设施建设等方面加大投入。

案例 8-1

中国铁路总公司与民营物流企业合作，释放货运能力

2017 年，国务院办公厅印发的《关于进一步推进物流降本增效促进实体经济发展的意见》明确指出："进一步提高铁路货运量占全国货运总量的比重，探索发展高铁快运物流，支持高铁、快递联动发展。"为了响应政策号召，中国铁路总公司联手原中国南车、中国北车启动研制货运动车组项目；中国中车集团牵头国家重点研发计划"先进轨道交通"，启动了"轨道交通货运快速化关键技术"的相关研发。

就企业自身而言，公路货运及航空货运等运输方式已经不能完全满足快递企业对于时效和成本的双重要求，高铁货运便成为各企业实现这一目标的首选。数据显示，截至 2018 年 8 月，顺丰高铁极速达产品已扩展到 44 个城市，使用了 161 条线路、254 列车次，收件量达 150.8 万票。同年，中国铁路总公司正式与顺丰合作，组建中铁顺丰国际快运有限公司，主营高铁快运、快速货物班列等业务。

二者的合作成果中最引人注目的是"云珍出滇"高铁快运松茸列车。中国铁路昆明局集团公司携手中铁顺丰共同探索松茸公铁空联运模式，进一步优化"山中娇客"松茸从山林到餐桌运输物流链。2019 年 8 月 18 日 22 点 40 分，首趟"云珍出滇"高铁快运松茸列车载着来自云南迪庆藏族自治州的 367 千克松茸，准点到达昆明南站。列车刚停稳，早已准备就绪的工作人员迅速进行接卸接装，把这批松茸及时转运到云南昆明长水机场，通过国际航班出口。总运输时间从原来的 6～7 小时压缩至 3 小时的"云珍出滇"高铁快运松茸专车的成功开行，是铁路部门进一步推进"高铁＋快递"联合运营，为社会大众带来更快捷优质服务体验的成功尝试。

资料来源：云南：高铁快运助力"云珍出滇"．（2019－08－19）．https://www.sohu.com/a/334816262_120047127.

（2）公路运输。公路运输是使用公路设备设施运送物品的一种运输方式。其特点是机动、灵活，投资少，受自然条件限制小，能够取货（接客）到家，对铁路运输、水运、空运起到集散作用。

公路运输有很多优点。"门到门"是公路运输的最大优点。"门到门"运输是指运输经营人由发货人的工厂或仓库接收货物，负责将货物运到收货人的工厂或仓库交付的一种运输服务方式。在这种交付方式下，货物的交接形态都是整体交接，由于公路运输途中不需

要中转，且汽车的道路适应性能很强，可以实现“门到门”的直达运输，因此货损、货差少。此外，公路运输机动灵活，运输方便，可随到随走；公路运输的原始投资少，经济效益高。

公路运输也存在一些不足。例如，载运量较小、效率低；长途运输成本较高、燃料消耗大；环境污染比其他运输方式严重得多；容易发生事故；等等。

由于公路运输的上述特性，公路运输主要承担近距离、小批量的货运，水运、铁路运输难以到达地区的长途、大批量货运以及铁路、水运难以发挥优势的短途运输。由于公路运输有很强的灵活性，近年来，随着我国高速公路的快速建设，在有铁路或水运的地区，较长途的大批量运输也开始使用公路运输。

公路运输的经济半径一般在200千米以内。随着我国高速公路网的逐步完善和车辆性能的提高，公路运输的经济距离不断延长，许多企业的公路运输经济半径已经达到500～800千米。

（3）航空运输。航空运输简称空运，是使用飞机运送客货的运输方式。它具有航线直、速度快，可以飞越各种天然障碍，做长距离不着陆运输的优点，能保证贵重、急需或时间性要求很强的小批量物品的运输。

航空运输也有相应的缺点，主要表现在：

1）载运能力弱、单位运输成本高。飞机的机舱容积和载重能力有限，单位运输周转量的能耗较大。除此之外，机械维护和保养成本很高。

2）受气候条件限制。航空运输对飞行条件要求很高（保证安全），在一定程度上受到气候条件的限制，影响运输的准点性与正常性。

3）可达性差。在通常情况下，航空运输难以实现客货的“门到门”运输，必须借助其他运输工具（主要为汽车）进行转运。

航空运输适合运载的物品主要有四类：第一类是价值高、运费承担能力很强的物品，如贵重设备的零部件、高档产品等；第二类是紧急需要的物品，如救灾抢险物资等；第三类是鲜活易腐等特种货物以及价值较高的物品的运输；第四类是邮政运输，如国际、国内的物品快递。

航空运输的及时性和快速性决定了航空运输的高成本，但依然有越来越多的托运人考虑使用航空运输服务。运输速度的优势是航空运输的魅力所在，这是其他运输方式都无法企及的。在正常运作条件下，航空运输服务的可靠性和可得性都是不错的。空运服务在避免货物损毁方面具有明显优势，所需要的保护性包装也相对较少。空运的能力在很大程度上受飞机货舱尺寸和飞机载重能力的限制，随着大型飞机的投入使用，这种限制将减小。

案例8-2

大兴机场成为顺丰航空货运航班服务网络重要部分

2020年6月11日上午，一架满载的顺丰航空有限公司B757-200型全货机从杭州平稳飞抵北京大兴国际机场。这是大兴机场自2019年9月25日正式启用以来接收的首个全货运航班。随着这架全货机落地，顺丰航空也成为国内首个飞入大兴机场的货运航空公司，实现首都机场、大兴机场两场运行。

作为顺丰旗下专注于提供快件空运服务与定制化航空物流解决方案的货运航空公司，顺丰航空于 2011 年开通北京航线，正式启用自有全货机服务北京进出港航空快件的运输。2015 年，顺丰航空在北京首都国际机场设立航空基地，快速实现了该基地地面保障业务的自营。同时依托顺丰速运华北分拨中心打造华北航空枢纽，全面强化北京进出港全货机航班的保障实力，促进航空快件运输时效及客户服务体验的不断提升。顺丰航空是目前国内最大的货运航空公司，国内外通航城市及地区已达 68 个，"覆盖国内，辐射亚洲，触达欧洲"的货运航线网络渐成规模。近年来，顺丰航空立足北京开通的重点航线包括"北京—深圳""北京—广州""北京—杭州""北京—仁川"等。将顺丰航空深圳、杭州、北京三大航空基地的运力优势、货源优势高效串联，"枢纽飞"的规模效应正逐步显现。

大兴机场定位为大型国际航空枢纽、国家发展新的动力源、支撑雄安新区建设的京津冀区域综合交通枢纽，对顺丰航空而言，大兴机场是能够与世界对话的新的航空货运门户，也是搭建安全可控的国际物流供应链的布局重点。率先通航大兴机场、实现两场运行是顺丰航空强化北京枢纽功能、优化货运航线网络的标志性突破，同时也是顺丰航空服务京津冀地区航空物流产业发展的全新着力点。

货运物流网络是为社会经济发展输送养分与能量的"动脉"，货运枢纽则是保障"动脉"健康、提升"动脉"机能、具有"心脏"功能的动力源。大兴机场将成为驱动京津冀地区航空货运产业腾飞的新引擎，同时也将成为汇聚全国乃至全球航空货运资源的新门户。连通新引擎、入驻新门户，翻开了顺丰航空参与地区航空物流产业发展，服务国家物流供应链建设的新篇章。2020 年下半年，顺丰航空机队规模将突破 60 架，全球通航城市与地区将突破 70 个。随着大兴航线的开通，顺丰航空的运行实力与服务能力将实现大跨步的提升。未来，顺丰航空将继续秉持"立足航空，共赢物流"的发展理念，充分发挥自身航空物流优势，增航线、投运力、强运行，着力支持大兴机场建设国际货运枢纽，共同促进高端产业向大兴机场临空经济区聚集，为国家推进"一带一路"倡议、打造安全可控的国际物流供应链而努力。

资料来源：顺丰航空执飞！大兴机场迎来首个全货运航班．(2020 - 06 - 01). https://www.sf-express.com/cn/sc/news/detail/-01414/.

(4) 水路运输。水路运输是指利用船舶、排筏和其他浮运工具，在江河、湖泊、人工水道以及海洋上运送旅客和货物的一种运输方式。水路运输主要承担大批量、长距离的运输，是在干线运输中起主力作用的运输形式。在内河及沿海，水路运输也常作为小型运输方式，来补充及衔接大批量干线运输。

水路运输按其航行的区域，大体上可分为远洋运输、沿海运输和内河运输三种类型。

水路运输有以下优点：可以利用天然水道，线路投资少，且节省土地资源；船舶沿水道浮动运行，可实现大吨位运输，降低运输成本，例如，对于非液体商品而言，水路运输一般是运输成本最低的方式；江、河、湖、海相互贯通，沿水道可以实现长距离运输。

水路运输也有一些缺点：船舶平均航速较低；船舶航行受气候条件影响较大，例如，在冬季常存在断航现象，断航将使水运用户的存货成本上升，这决定了水运主要承运低值商品；水路运输对货运的载运和搬运提出了更高的要求，与其他运输方式相比可达性较差。

（5）管道运输。管道运输是利用管道输送气体、液体和粉状固体的一种运输方式。其运输功能是靠物体在管道内顺着压力方向循序移动实现的。与其他运输方式相比，最主要的区别在于管道设备是静止不动的。

管道运输的主要优点是，采用密封设备，在运输过程中可避免散失、丢失等损耗，也不存在其他运输设备本身在运输过程中消耗动力所形成的无效运输问题。此外，它还具有运输量大、连续作业的优点，适合批量大且需要连续不断运送的物品。

2. 运输方式的特点

各种运输方式成本结构的比较如表8-1所示。各种运输方式的营运特征如表8-2所示，表中采用打分的方式对各营运特征的优劣进行评价，分值越低表明效果越好。表8-3给出了各种运输方式的适用范围。

表8-1 各种运输方式成本结构的比较

运输方式	固定成本	变动成本
铁路	高（车辆及轨道）	低
公路	高（车辆及道路）	适中（燃料、维修）
水路	适中（船舶、设备等）	低
航空	低（飞机、机场）	高（燃料、维修）
管道	最高（铺设管道）	最低

表8-2 各种运输方式营运特征的比较

营运特征	铁路	公路	海洋	内河	航空	管道
运输能力	2	4	1	3	5	6
运价	2	4	1	3	6	5
速度	3	2	4	5	1	6
连续性	2	3	5	6	4	1
灵活性	3	1	5	4	2	6
可行性	2	1	4	5	3	6
可靠性	3	2	5	4	6	1
频率	4	2	6	5	3	1

表8-3 各种运输方式适用范围的比较

运输分类	适用范围
公路	具有很强的灵活性，主要承担近距离、小批量的货运，可实现“门到门”运输
铁路	主要适用于长距离、大批量的货运和没有水运条件地区的货运
水路	承担大批量、长距离的运输，并在内河及沿海补充及衔接大批量干线运输
航空	主要适用于对时效性要求高的高价值货物运输
管道	主要适用于大宗流体货物，如石油、天然气、煤浆、矿石浆体等

上述五种基本运输方式可以组成不同的综合运输方式。各种运输方式都有其特定的运输路线、运输工具、运输技术、经济特性以及合理的使用范围。只有熟知各种运输方式的效能和特点，结合商品的特性、运输条件和市场需求，才能合理地选择和使用各种运输方式，获取较好的运输绩效。

8.2.2 配送服务的特点与主要流程

1. 配送服务的特点

配送是在使用各种运输方式的基础上，综合考虑企业的成本、服务水平所确定的合理的输送模式，它具有如下特点：

（1）配送是送货、分货、配货等活动有机结合的整体，同时还与订货系统紧密联系，其功能是多样化的。

（2）配送的全过程有现代化技术和装备的保证，在规模、水平、效率、速度、质量等方面远远超过以往的送货形式。

（3）配送是一种专业化的分工方式，是大生产、专业化分工在流通领域的体现。

（4）配送是按用户需求进行的商品组配与送货活动，用户处于主导地位，配送企业处于服务地位。

2. 配送的主要流程

配送的主要流程如图 8－2 所示。

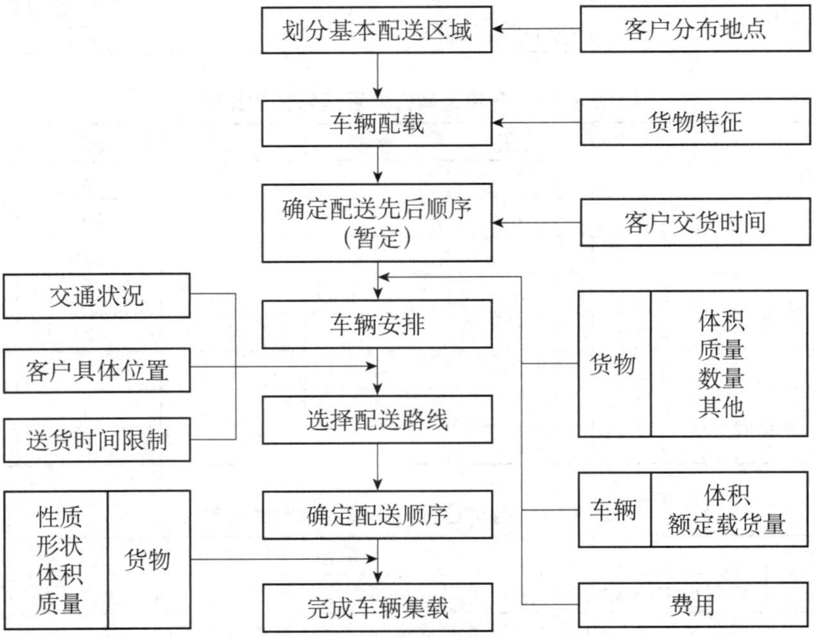

图 8－2　配送的主要流程

（1）划分基本配送区域。先将所有客户所在的具体位置进行统计并作出划分，再将每一个客户划分在不同的基本配送区域中。例如，按行政区域或交通条件划分不同的配送区域，再做弹性调整。

（2）车辆配载。首先对特性差异大的货物进行分类，分别采取不同的配送方式和运输工具，如按冷冻食品、速冻食品分类配载。然后，初步确定哪些货物可配在同一辆车中，并做好车辆的初步配装工作。

（3）确定配送先后顺序（暂定）。根据客户订单要求的送货时间将配送的先后作业次序做大致的预计，保证送货时间，提高运作效率。

（4）车辆安排。这是指安排什么类型和吨位的车辆进行最后的送货，必须考虑车辆的容量和载重量是否满足订单的要求。当企业的车辆无法满足要求时，可使用外雇车辆，也可组建自营车队，选哪种方式，须视经营成本而定。

（5）选择配送路线。在考虑车辆安排、交通状况、客户具体位置、送货时间约束等情况时，选择最佳的配送路线，可实现车辆运行效率和效益最大化。

（6）确定配送顺序。在配送路线选择的基础上，根据不同客户的送货时间、客户要求的具体到货时间等要求，确定最佳的配送顺序。

（7）完成车辆积载。根据货物的特点和车辆承受能力，将已装上车的货物合理地、适当地摆放，实现车辆利用率最大化。

8.2.3　运输服务的提供商

在物流中，运输的参与者主要有托运人和收货人、承运人或运输服务的提供商。

托运人和收货人要在规定的时间内以最低的成本将货物从起始地转移到目的地。承运人或运输服务的提供商期望以最低的成本完成运输任务，同时获得最大的运输收入。

一般而言，运输服务的提供商主要有单一方式经营人、专业承运人、联运经营人和作业中间商。

1. 单一方式经营人

单一方式经营人是仅利用一种运输方式提供服务的经营人，这种集中程度使承运人高度专业化，有足够的能力和较高的效率。航空公司和公路运输公司就是单一方式承运人的例子。

2. 专业承运人

在传统的小批量货物装运和交付运输业务中，承运人很难提供价格合理的小批量装运服务，而且服务质量特别差。那些提供专业化服务的公司就进入小批量装运服务市场或包裹速递服务市场，如中国邮政、EMS、UPS等。

3. 联运经营人

联运经营人使用多种运输方式，利用各自的内在经济性，在最低成本的条件下提供综合性服务，组成托运人眼中的"一站式"服务机构。

国际上通用的联运方式有卡车—火车—卡车、卡车—船舶—卡车、卡车—飞机—卡车、卡车—船舶—火车—船舶—卡车等。

4. 作业中间商

运输服务中间商通常不拥有或经营运输设备，但向其他厂商提供经济服务。典型的中间商从各种托运人手中汇集一定数量的装运业务需求与订单，然后购买运输。中间商的利润率是向托运人收取的费率和向承运人购买的运输服务成本的差额。运输服务中间商主要有货运代理人、托运人协会以及经纪人。

货运代理人是以盈利为目的，把来自各种顾客手中的小批量货物转运整合成大批量货物装载，然后利用专业承运人或单一方式经营人进行运输。在目的地，货运代理人把大批量装载拆成原来的小批量装载。货运代理人的主要优势在于大批量的装运可以获得较低的费率，而且在很多时候可以使小批量装运的速度快于个别托运人直接与专业承运人打交道的速度。货运代理人是社会分工的产物。

托运人协会的作业方式类似于货运代理人，把小批量的装载整合成大批量的装载可以获得成本经济。托运人协会是自愿组织起来的，不以盈利为目的，在频繁发运地设立办事处。办事处累计货运量，在整合后运往成员所在地。成员自己支付装运费用，再分摊协会的固定费用。

经纪人实际上是运输代办，以收取服务费为目的。

中间商在整个物流运输活动中起到了润滑剂的作用，使托运人和承运人有机地结合起来，方便了小型托运人的托运活动，简化了承运人的作业行为。

8.2.4 配送服务的提供商

按照配送服务的提供主体，大致有以下几种配送模式：

（1）配送中心配送。配送的组织者为专职从事配送业务的配送中心。配送中心配送的货物数量大、品种多，辐射区域的半径大，配送能力强，可以承担企业生产用主要物资的配送以及向商店补充性配送等。它是配送的主体形式，由于需要大规模的配套设施，投资较大，且一旦建成机动性较差，因此也有一定的局限性。

（2）商店配送。配送的组织者是商业或物资经营网店，主要从事零售业务，规模一般不大，但经营品种齐全，容易组织配送；其实力有限，但网点多，配送半径小，比较机动灵活，可承担生产企业非主要生产用物资的配送，是配送中心配送的辅助及补充形式。

（3）仓库配送。这是以一般仓库为据点进行的配送，在仓库保持原有功能的前提下，增加配送功能。仓库配送的规模较小，专业化程度低，可以利用仓库的原有资源而不需要大量投资，上马较快。

（4）生产企业配送。配送的组织者是生产企业，尤其是进行多品种生产的企业。由生产企业直接配送，无须将产品发运到配送中心进行中转。由于避免了一次物流的中转，因此具有一定的优势，但无法像配送中心那样依靠产品凑整运输取得优势。

8.2.5 国际货物运输

国际货物运输是国家与国家、国家与地区之间的运输，与国内货物运输相比，具有以下几个主要特点：

1. 国际货物运输涉及国际关系问题，是一项政策性很强的涉外活动

国际货物运输是国际贸易的组成部分，在组织货物运输的过程中，需要经常与国外发生广泛的直接或间接的业务联系，这种联系不仅是经济上的，也常常涉及国际政治问题，是一项政策性很强的涉外活动。因此，国际货物运输既是一项经济活动，也是一项重要的外事活动，我们不仅要用经济观点办理各项业务，而且要有政策观念，按照我国对外政策的要求从事国际运输业务。

2. 国际货物运输是有很多中间环节的长途运输

国际货物运输是国家与国家、国家与地区之间的运输。一般来说，运输的距离都比较长，往往需要使用多种运输工具，多次装卸搬运，要经过许多中间环节，如转船、变换运输方式等，经由不同的地区和国家，要适应不同的法律和规定。任何一个环节出现问题都会影响整个运输过程，这就要求做好组织、环环紧扣，避免出现脱节带来损失。

3. 国际货物运输涉及面广，情况复杂多变

国际货物运输涉及国内外多个部门，需要与不同国家和地区的货主、交通运输部门、商检机构、保险公司、银行或其他金融机构、海关、港口以及各种中间代理商等打交道。同时，各个国家和地区的法律、政策规定不一，贸易、运输和经营上的做法不同，金融货币制度存在差异，加之政治、经济和自然条件的变化，都会对国际货物运输产生影响。

4. 国际货物运输的时间性强

按时装运进出口货物、及时将货物运至目的地，对履行进出口贸易合同、满足商品竞争市场的需求、提高市场竞争能力、及时结汇，都有重大意义。特别是鲜活商品、季节性商品和敏感性强的商品，更要求迅速运输、不失时机地组织供应，才有利于提高出口商品的竞争能力、巩固和扩大销售市场。国际货物运输必须加强时间观念，争时间、抢速度，以快取胜。

5. 国际货物运输的风险较大

国际货物运输的环节多，运输距离长，涉及面广，情况复杂多变，加之时间性又很强，在运输沿途国际形势的变化、社会动乱，各种自然灾害和意外事故，以及战乱、封锁禁运或海盗活动等，都可能直接或间接地影响国际货物运输，甚至造成严重后果。因此，国际货物运输的风险较大。为了使运输过程中的风险损失最小，各种进出口货物和运输工具都需要办理运输保险。

8.3 多式联运

8.3.1 多式联运的概念与特点

根据国家标准《物流术语》(GB/T 18354—2006)，多式联运是指联运经营者受托运人、收货人或旅客的委托，为委托人实现两种或两种以上运输方式的全程运输，以及提供相关运输物流辅助服务的活动。它是吸取铁路、公路、水路、航空等所有运输方式的长处，将其有机地结合起来，实行多环节、多区段、多工具相互衔接进行商品运输的一种方式。多式联运与联合运输既有联系也有区别。根据国家标准《物流术语》(GB/T 18354—2006)，联合运输是指在一次委托中，由两个或两个以上运输企业协同将一批货物运送到目的地的活动。因此，多式联运强调运输方式的多样性和联合性，而联合运输强调运输组织过程的集成性。

集装箱作为联结各种运输工具的通用媒介，起到了促进多式联运的作用。多式联运的优势表现在：一方面，克服了单个运输方式或手段所固有的缺陷，在整体上保证了运输全过程的最优化和效率化；另一方面，从流通渠道来看，有效地解决了因地理、气候、基础设施建设等各种市场环境的差异造成的商品在产销空间和时间上的分离，促进了生产与销售的紧密结合以及企业经营的有效循环运转。

国际多式联运的产生和发展是国际货物运输组织的革命性变化。随着集装箱运输的发展，以多式联运形式运输的货物越来越多。与传统运输方式相比，多式联运具有以下优点：

1. 统一化，简单化

所有运输事项均由多式联运经营人负责办理，货主只需办理一次托运，订立一份运输合同，投一次保险。一旦在运输过程中发生货物的灭失和损害，由多式联运经营人负责处理。国际多式联运采用一张单证，单一费率，大大简化了运输与结算手续。

2. 减少中间环节，提高运输质量

多式联运以集装箱为运输单元，可以实现“门到门”的运输，货损货差事故、货物被盗的可能性大大减少。另外，由于全程运输由专业人员组织，可做到各环节与各种运输工具之间衔接紧凑、中转及时、停留时间短，使货物的运达速度大大加快，有效地提高了运输质量，保证了货物安全、迅速、准确、及时地运抵目的地。

3. 降低运输成本，节约运杂费用

多式联运经营人一般与运输企业订有长期协议，可以享受更优惠的运价。我国交通运输部门的相关制度规定，凡交通部门直属运输企业，对多式联运的运费一律核减 15%；地方经营船舶运输时，运费一律核减 10%。根据交通运输部的调研结果，大多数多式联运线路运输费用低于公路直达运输费用，成本平均降低约 30%。另外，通过合理选择运输路线和运输方式，可以降低全程运输成本，提高利润率。

4. 能实现“门到门”运输

“门到门”运输的概念是指物品从发货点运达收货点的全部运输过程均由运输部门直接承担的一种运输业务，即不论运程远近或全程经过几个运输环节，承运人对所承运物品的责任期限，从承运人仓库收货开始，至物品交给收货人仓库时止。

多式联运实行全程负责、多种运输方式综合使用，能很方便地实现“门到门”运输。这对保证供应链管理和产、销、物结合管理目标的实现，具有积极意义。

8.3.2 多式联运的形式

我国的多式联运可分为两大类：一类是运输部门之间的联运；另一类是产、供、销之间的联运。前一类是两种以上的运输方式或同一运输方式的不同区段的联运，其形式有水陆联运、水上联运、陆陆联运、陆空联运等；后一类联运已发展成为“一条龙运输”。

1. 水陆联运

水陆联运是指船舶运输与铁路运输相衔接的一种形式。按距离可以分为陆水、水陆两段联运，水陆水、陆水水三段联运，以及水陆水陆四段联运等形式。例如，上海—大连—东北三省的运输形式就是水陆联运。此外，还有水路、铁路、公路联运。

案例8-3

港铁联运助力物流运输结构优化

发展铁水联运有利于优化运输结构、降低物流成本。国务院、国家发展和改革委员会、交通运输部等部门出台了近10个多式联运相关政策文件，具体包括《关于共同推进铁水联运发展合作协议》《关于加快铁水联运发展的指导意见》《关于开展多式联运示范工程的通知》《关于进一步鼓励开展多式联运工作的通知》等，实施了一期16个、二期20个多式联运示范工程。其中，铁水联运示范项目一期工程10个，占比62.5%；二期工程13个，占比66.7%。

2020年，在合肥港区内，一批奇瑞“瑞虎7”汽车装进铁路集装箱，通过合肥—莫斯科中欧班列专线，顺利出口到“一带一路”沿线国家俄罗斯。合肥港作为铁水联运中转枢纽，充分发挥港口资源和区位优势，为“一带一路”互联互通提供优质高效的港航服务支撑。

此次奇瑞汽车出口约6 000辆，共需近2 000个集装箱高箱。与采用铁路运输相比，奇瑞汽车以水运物流方式从上海调运空箱到合肥港，既能实现批量调运，又降低了空箱调运成本，实现了备箱储存、随时装箱和高效中转。此次物流合作项目，既避免了同质竞争，又形成了协同合力，成为合肥水运港和内陆港合作典范。

合肥港凭借成熟的装箱团队、完善的配套基础设施和丰富的服务经验，依托腹地企业货源优势，成功引入奇瑞中欧班列项目，实行铁水融合、智慧运行协同，实现了“皖货皖运”“皖货水运”，助推全省港口一体化发展，助力“一带一路”。开港以来，合肥港已累计助力江淮汽车等企业发运集装箱近10万大箱，出口至中东、南美等新兴市场区域。

资料来源：省港航集团所属合肥港铁水多式联运助力“一带一路”.（2020-06-19）. http://www.mot.gov.cn/difangxinwen/xxlb_fabu/fbpd_anhui/202006/t20200619_3355706.html.

2. 水上联运

水上联运是指同一水系不同路线，或同一水运路线不同类型船舶之间的接力运输形式。具体形式有江海联运、江河联运、河海联运、海江河之间的联运。

3. 陆陆联运

陆陆联运是指铁路与公路相互衔接的运输形式。

4. 陆空联运

陆空联运是指公路与飞机相互衔接的运输形式，它的一般形式为汽车—飞机—汽车（航空集装箱）。

5. 一条龙运输

“一条龙运输”是产、供、销大协作的运输形式，参与的有路、港、船、货等各方。

“一条龙运输”打破了一切路界、港界、厂界，把产、供、销多种运输方式及运输企业各环节全面贯穿起来，可以说，它是供应链管理的表现形式之一。

“一条龙运输”从本质上体现了产、供、销之间的新型合作关系，具有很多优点：第一，可以节约运力，减轻交通压力；第二，采取了“四定”（定船、定运量、定周转期、定泊位），有利于提高运输能力；第三，充分利用水运，可以节约运输费用。

近年来，越来越多的运输使用两种以上的运输方式。铁路运输和卡车运输的组合常称为“驮背运输”，卡车运输与水上运输的组合称为“鱼背运输”，这两种方式是得到广泛运用的运输组合方式。近年来，随着航空业的发展，汽车—飞机运输组合也获得了更快的发展。

8.4 运输管理与决策

运输管理与决策主要包括运输方式的选择、路径规划与选择、行车路线和时刻表的制定等内容。

8.4.1 运输方式的选择

运输方式的选择（或某运输方式服务内容的选择）取决于运输服务的众多特性。这些特性主要由运输物品的种类、运输量、运输距离、运输时间、运输成本等体现。在上述五个选择条件中，运输物品的种类、运输量和运输距离三个条件是由物品自身的性质和存放地点决定的，属于不可变变量。事实上，对这几个条件进行大幅度变更，从而改变运输方式的可能性很小。与此相反，运输时间和运输成本是不同运输方式相互竞争的重要条件，运输时间和运输成本必然带来运输方式的改变，换句话说，这两个因素作为运输机构竞争要素的重要性日益增强。

关于运输服务特性重要程度的调查显示，运输成本、速度和可靠性最重要，其他特征与之相比显得微不足道。运输服务的成本、平均运输时间（速度）和运输时间的波动性（可靠性）是选择运输模型的基础。

运输时间和运输成本之所以如此重要，是因为企业物流需求发生了改变。运输服务的需求者一般是企业，目前企业对缩短运输时间、降低运输成本的要求越来越强烈，主要是因为在当今市场竞争不断加剧的环境下，只有不断降低各方面的成本，加快商品周转，才能提高企业经营效率，取得竞争优势，达到最终提高企业经济效益的目的。在企业的物流体系中，准时制运输快速普及，这种运输方式要求为了实现客户库存最小化，对其所需的商品在必要的时间、以必要的量进行运输。准时制运输方式要求缩短从订货到进货的时间。正因如此，从进货方来讲，为了实现迅速进货，必然会在各种运输方式中选择最有效的手段从事物流活动。

此外，削减成本是企业在任何时期都十分强调的战略，尤其是在企业经营面临挑战与困难的时候，这也是企业生存发展的重要手段之一。物流成本一直被称为企业经营中的“黑暗大陆”，只有真正高度重视运输成本的削减，选择合适的运输方式，才能使物流成为企业利润的第三大来源。从运输方式的发展看，不同的运输方式具有不同的成本构成。目前兴起的甩挂业务能提供低成本的运输服务，正处于发展的时期。

缩短运输时间与降低运输成本是一种此长彼消的关系，如果要利用快速的运输方式，就有可能增加运输成本；同样，运输成本下降有可能导致运输速度放缓。如何有效地协调两者间的关系，使其保持一种均衡状态，是企业选择运输方式时必须考虑的重要问题。

在考虑竞争因素的条件下，选择合适的运输方式，有助于创造有竞争力的服务优势。如果供应渠道中的买方向多个供应商购买商品，那么物流服务会影响买方对供应商的选择。反之，如果供应商针对各自的销售渠道选择不同的运输方式，就可以控制其物流的各项要素，进而影响买方的购买。

案例 8-4

卡利奥箱包公司运输方案的分析与比较

卡利奥箱包公司（Carry-All Luggage Company）生产系列箱包产品，它的分拨计划是将生产的成品先存放在工厂，然后由公共承运人运往公司的基层仓库。卡利奥公司希望选择使总成本最小的运输方式，可供选择的运输服务如表 8-4 所示。

表 8-4　运输服务方式

运输服务方式	运输费率（美元/件）	门到门运送时间（天）	每年运送批次
铁路运输	0.10	21	10
驮背运输	0.15	14	20
卡车运输	0.20	5	20
航空运输	0.40	2	40

目前，该公司的分拨系统采用铁路运输方案，此时工厂或基层仓库的平均库存 $Q=$ 100 000 件箱包。箱包的平均价值 $C=30$ 美元，库存成本 $I=$ 存储价值的 30%/年。据分析，运输时间从当前的 21 天每减少一天，平均库存水平可以下降 1%。每年基层仓库卖出 $D=700\ 000$ 件箱包，其中采购成本和运输时间的变化可以忽略不计。设 R 为运输费率，T 为运送时间，C' 为产品在基层仓库的价值（出厂价加运输费率即 $C+R$），$t=$ 某种运输的运送批次/铁路运输的运送批次，则运输方式的成本如表 8-5 所示。

表 8-5　不同运输方式下的成本比较

成本类型	计算方法	铁路运输	驮背运输	卡车运输	航空运输
运输成本	RD	70 000	105 000	140 000	980 000
在途库存	$ICDT/365$	362 465	241 644	86 301	34 521
工厂库存	ICQ/t	900 000	418 500	378 000	182 250
基层库存	$IC'Q/t$	903 000	420 593	380 520	184 680
总计		2 235 465	1 185 737	984 821	1 381 451

结果显示，铁路运输的运输费率最低，航空运输的库存成本最低，卡车运输的总成本

最低。如果采用卡车运输，运输时间可缩短到 5 天。

资料来源：Ronald H. Ballou. 企业物流管理——供应链的规划、组织和控制：第 2 版 . 北京：机械工业出版社，2006.

8.4.2 路径规划与选择

由于设备和人员费用在整个运输成本中占 1/3～2/3，因此，最大限度地利用运输设备和人员，提高运作效率，是物流系统关注的首要问题。

货物运输在途时间的长短，可以通过运输工具在一定时间内运送货物的次数和所有货物的总运输成本来反映。其中，最常见的决策问题是找到运输工具在公路网、铁路线、水运航道和航空线网运行的最佳路线，尽可能地缩短运输时间或运输距离，使运输成本降低，客户服务得到改善。路径规划与选择问题可以归纳为三类：

- 起讫点不同的单一路径规划问题；
- 多个起讫点的路径规划问题；
- 起点和终点相同的路径规划问题。

1. 起讫点不同的单一路径规划问题

这类问题可以采用网络图的最短路径算法（Dijkstra）进行求解。已知一个由链和节点组成的网络，其中节点代表由链连接的点，链代表节点之间的距离（时间或距离和时间的加权平均），最短路径算法的基本思想是：从起点 V_s 出发，逐步向外探寻最短路径，与每个节点对应，记录下一个数 V_i，它表示从 V_s 到点 V_i 的最短路径。执行过程中分为已解节点集 P 和未解节点集 T，搜寻 T 中所有与 P 中节点直接相连的点，分别计算这些点到起点的最短距离，进一步从中确定具有最短距离的节点，让该点从 T 集转入 P 集，并记录该点到起点的距离，以及经过 P 的节点（路径）。经过若干次循环后，一旦终点 V_p 进入了 P 集合，计算结束，反向追踪获得最短距离的路径，这就是所要搜索的最短路径。

➡ 例 8－1

起讫点不同的单一路径规划问题求解

某公路网络如图 8－3 所示，寻找从 V_s到 V_p之间行车时间最短的路线。节点代表公路的连接处，每条链上都标有相应的行车距离。

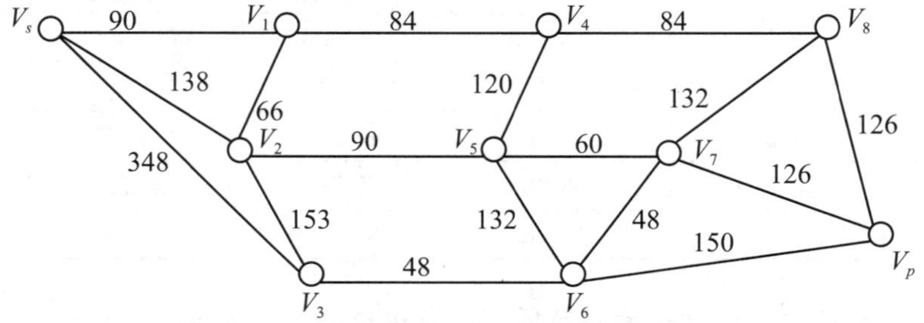

图 8－3　起讫点不同的单一路径规划运输网络

求解过程如下：

第一步，第一个已解的节点是起点 V_s，与起点直接相连的点是 V_1、V_2和 V_3，分别计算它们与起点的距离（如表 8－6 所示），可以看出 V_1距起点最近，因此 V_1选择进入已解节点集合 P，其与起点的距离为 90。

第二步，找出与 V_s和 V_1直接相连的点，它们是 V_2、V_3和 V_4，分别计算它们与起点的最短距离，V_2最近，因此 V_2进入已解节点集合，与起点的距离是 138，经过的路径是 V_s—V_2。

第三步，重复上述步骤，找出与已解节点直接连接的最近的未解节点，直至到达终点 V_p。

通过求解，得到最佳路径为 V_s—V_1—V_4—V_8—V_p。这类问题非常适合利用计算机进行求解。

表 8－6　起讫点不同的单一路径规划运输网络求解运算

步骤	已解节点	与已解节点直接相连的未解节点	相关总成本	第 n 个最近节点	最小成本	最新连接
1	V_s	V_1	90	V_1	90	V_s—V_1
2	V_s V_1	V_2 V_2	138 90＋66＝156	V_2	138	V_s—V_2
3	V_s V_1 V_2	V_3 V_4 V_5	348 90＋84＝174 138＋90＝228	V_4	174	V_1—V_4
4	V_s，V_2 V_2，V_4 V_4	V_3 V_5 V_8	min{348,138＋153}＝291 min{138＋90,174＋120}＝228 174＋84＝258	V_5	228	V_2—V_5
5	V_s V_2 V_4 V_5	V_3 V_3 V_8 V_7 V_6	348 138＋153＝291 174＋84＝258 228＋60＝288 228＋132＝360	V_8	258	V_4—V_8
6	V_s，V_2 V_2，V_4 V_8	V_3 V_5 V_7 V_p	min{348,138＋153}＝291 min{138＋90,174＋120}＝228 258＋132＝390 258＋126＝384	V_5	228	V_2—V_5
7	V_s，V_2 V_5 V_8	V_3 V_6 V_7 V_7 V_p	min{348,138＋153}＝291 228＋132＝360 228＋60＝288 258＋132＝390 258＋126＝384	V_7	288	V_5—V_7
8	V_s V_2 V_5，V_7 V_7，V_8	V_3 V_3 V_6 V_p	348 138＋153＝291 min{228＋132,288＋48}＝336 min{288＋126,258＋126}＝384	V_3	291	V_2—V_3

续表

步骤	已解节点	与已解节点直接相连的未解节点	相关总成本	第 n 个最近节点	最小成本	最新连接
9	V_3 V_5 V_7 V_8	V_6 V_6 V_6 V_p V_p	291＋48＝339 228＋132＝360 288＋48＝336 228＋126＝354 258＋126＝384	V_6	336	V_7—V_6
10	V_6 V_7 V_8	V_p V_p V_p	336＋150＝480 288＋126＝414 258＋126＝384	V_p	384	V_8—V_p

2. 多起讫点的路径规划问题

如果有多个货源地可以服务多个目的地，面临的问题就是确定各目的地的供货地，同时要找到供货地、目的地之间的最佳路径，有的甚至需要寻找最佳供货量分配方案。该问题经常发生在多个供应商、工厂或仓库服务多个客户的情况。这类问题可以用线性规划方法求解。

➡ 例 8 - 2

带有产品供需分配的路径选择问题

不同分厂对原料的需求以及原料供应地的距离和产量如表 8 - 7 所示。

表 8 - 7　产品供销系统矩阵

	工厂 1	工厂 2	工厂 3	工厂 4	总供应量（万吨）	表示符号
供应商 1	3	11	3	10	7	S_1
供应商 2	1	9	2	8	4	S_2
供应商 3	7	4	10	5	9	S_3
总需求量（万吨）	3	6	5	6		
表示符号	R_1	R_2	R_3	R_4		

求解过程如下：

设 x_{ij} 为第 i 个供应商供应给第 j 个工厂的供货量，且 $i=1, 2, 3, j=1, 2, 3, 4$；P_{ij} 为单位产品运输费用，单位为百元/吨。则目标函数为：

$$\min\sum_{i=1}^{3}\sum_{j=1}^{4}P_{ij}x_{ij}$$

约束条件为：

$$\begin{cases}\sum_{i=1}^{3} x_{ij} = R_j, & j=1,2,3,4 \\ \sum_{j=1}^{4} x_{ij} = S_i, & i=1,2,3 \\ x_{ij} \geqslant 0, & i=1,2,3; j=1,2,3,4\end{cases}$$

将有关参数代入，计算得到最优产品分配方案和运输路线（如表 8-8 所示），此时总运费为 8 500 万元。

表 8-8　最优产品分配方案与运输路线

	工厂 1	工厂 2	工厂 3	工厂 4	总供应量（万吨）
供应商 1	0	0	5	2	7
供应商 2	3	0	0	1	4
供应商 3	0	6	0	3	9
总需求量（万吨）	3	6	5	6	

3. 起点和终点相同的路径规划问题

物流管理人员经常会遇到起讫点相同的路径规划问题。在企业自己拥有运输工具时，该问题是相当普遍的。例如，从某配送中心送货到商店，再返回配送中心。这类路径问题是起讫点不同的问题的扩展形式，但是由于要求车辆必须返回起点行程才算结束，问题的难度提高了。目标是找出途经点的顺序，使其满足必须经过所有点且总出行时间或总距离最短的要求。

起讫点重合的路径问题可以参考运筹学的旅行商问题求解。感知式和启发式求解法是求解这类问题的好办法。

8.4.3　行车路线和时刻表的制定①

行车路线和时刻表的制定问题是运输路径问题的扩展形式，对于车辆调度非常重要。从更接近实际的情况考虑，还会有一些限制条件，例如：(1) 在每个站点既要取一定量的货，又要送一定量的货；(2) 使用多辆车，每辆车的载货重量和容积不同；(3) 司机的总驾驶时间达到一定上限时，必须休息至少 8 个小时（运输部门的安全限制）；(4) 每个站点只允许在特定的时间内取货或送货（称为时间窗口）；(5) 途中只有在送货后才能取货（以便腾出空间）；(6) 允许司机每天在特定的时间休息和用餐。这些限制条件增加了问题的复杂性，运用制定合理路线和时刻表的原则或启发式求解法，可以得到这类问题的满意解。

下面针对多辆卡车从仓库出发，送货到若干站点，然后对当天返回仓库的情况进行讨

① 本小节参考了 Ronald H. Ballou. 企业物流管理——供应链的规划、组织和控制：第 2 版．北京：机械工业出版社，2006.

论。总体上讲，合理路线和时刻表的制定原则主要有以下几点：

（1）安排车辆负责相互距离最近的站点的货物运输。卡车的行车路线围绕相互靠近的站点群进行规划，以使站点之间的行车时间最短（如图 8－4 所示）。

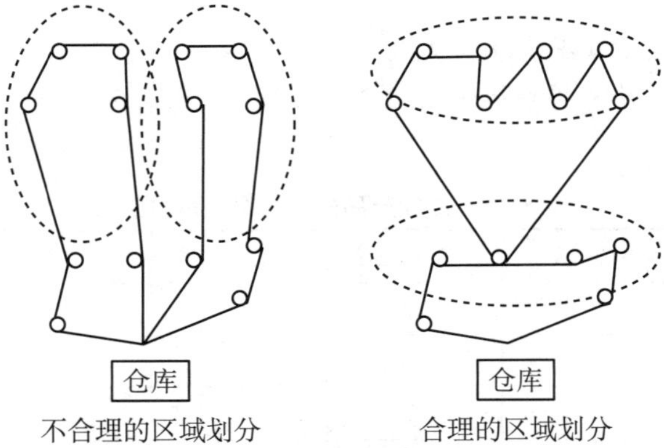

图 8－4　划分站点群以分派车辆

（2）在安排车辆每天途经的站点时，应注意使站点群更加紧凑，同时站点群的划分应避免重叠。如果一周内各自服务的站点不同，应该针对每天的路线和时刻表问题进行站点群划分。

（3）从距离仓库最远的站点开始设计路线。要设计有效的路线，首先要划分出距离仓库最远的站点周围的站点群，然后逐步找出仓库附近的站点群。

（4）在安排行车路线时，各条路线之间应该没有交叉。时间窗口和送货之后才能取货的限制可能造成线路交叉。

（5）尽可能使用载重量最大的车辆进行运送，这样设计出的运输路线的有效性更高。在理想状态下，用一辆载重量足够大的卡车运送所有站点的货物，将使总的行车距离最短。在车辆可以实现较高的利用率时，首先安排车队中载重量最大的卡车进行运送。

（6）取货、送货应该混合安排，不应该在完成全部送货任务后再取货。尽可能在送货过程中安排取货，以减少路线交叉的次数。

（7）对于偏远而无法归入群落的站点，可以采用其他配送方式，如采用小型卡车或外租运输服务等。

（8）避免时间窗口过短。各站点的时间窗口过短，会使行车路线偏离理想模式。

在实践中，行车路线和时刻表问题的种类繁多，其约束条件的数量和种类也不计其数。此外，在日常运作中，总会有一些例外情况需要处理。在实践中，应该具体问题具体分析。对于此类问题可以通过建立线性规划（或非线性规划）方程进行精确求解。

8.5　运输与配送合理化

8.5.1　实现运输合理化的方法

运输和配送是物流中最重要的活动，物流合理化在很大程度上依赖于运输和配送合理化。

运输合理化是指在物品从生产地到消费地的运输过程中，要从全局利益出发，力求运输距离短、运输能力省、运输费用低、中间转运少、到达速度快、运输质量高，并充分有效地发挥各种运输工具的作用和运输能力，这是运输活动所要实现的目标。

运输合理化的影响因素很多，起决定性作用的因素有五个，称作合理运输的“五要素”，分别是运输距离、运输环节、运输工具、运输时间和运输费用。

提高运输合理化程度的方法有很多，常见的方法有提高运输工具实载率、减少车船空驶和不满载行驶、减少动力投入、增加运输能力、发展社会化的运输体系、进行中短距离铁路公路分流、实行“以公代铁”的运输、尽量发展直达运输、实施配载运输、实行“四就”直拨运输、发展先进的运输技术和运输工具等。

案例8-5

中粮屯河糖业运输合理化具体措施

崇左以中国“糖都”的美誉闻名，在全国蔗糖生产中占据重要地位。崇左市70%左右的耕地面积用于甘蔗种植，蔗糖生产成为崇左的战略支柱产业，制糖业产值占全市GDP的30%以上。然而制糖业的发展受到运输效率低的制约，具体表现在：车辆调度无序，缺乏可调控性；路线规划模糊，运输耗时过长；运输程序烦琐，敏捷能力较低；缺少技术指导，组织化能力弱；机械设备较少，信息化水平低。对蔗糖原料运输环节进行研究有利于提高运输效率，降低物流成本，提高企业经济效益。下面以中粮屯河在崇左的运输为例加以分析。

（一）掌握运输资源，整体灵活调度

中粮的主要做法是运输外包，为此要对运输车辆及人员进行管理，制定一套有效的方案。糖厂可成立专门管理运输车辆、人员的部门，实行优胜劣汰的考核机制，签约规定在榨季期间司机有义务遵守公司规章制度。培养司机的归属感和责任感，以便对签约车辆统一调度。任务按小组分配，同一小组成员相互合作，不同小组间良性竞争，以实现运输合理化，提高运输效率。

（二）合理规划路线，避免不当运输

原料产地、产量与运输距离的不同要求企业根据节约里程法调配车辆，设计最优路线，以取得最佳空间效益。首先，把靠近的几个原料产地集合起来形成站点群，分派具有足够载货能力的卡车。其次，选用载重量尽可能大的车辆，提高车辆利用率，减少行车路线的交叉，避免增加拥堵。最后，对于特殊情况可采用灵活的运送方式，比如大卡车难以进山，可考虑使用拖拉机等。

（三）精简运输程序，缩短运输时间

中粮现有运输模式下，80%的时间消耗在排队上。研究显示，采用可卸式车厢运输模式，每辆车的效率是现有运输模式的5～6倍，每天运蔗次数显著增加，每台车运蔗量由30吨提高到100吨以上。中粮可引进车厢运输模式，减少车辆排队耗时。改变由人工领取料单的现状，建立专门系统，由小组长统一在网上领取，节省时间。

（四）采用先进设备，提高装卸水平

新型器械的使用能大幅提高装卸效率，中粮应重视先进设备的投入。如：(1) 在距离糖厂较远的天等县试点，采用新型厢式运输模式，节省大量人力；(2) 在外包的运输车辆上安装新型检测仪，甘蔗入厢期间能感应车厢重量，避免由于装载过多导致意外事故；(3) 给车辆配置 GPS 设备，司机及时掌握糖厂与蔗地间的路况动态，糖厂也能加强对运输车辆的监控，掌握车辆的运行情况。

资料来源：翁世洲，刘明英．蔗糖原料运输合理化及高效化研究——以中粮屯河崇左糖业为例．广西民族师范学院学报，2016 (6).

运输批量越大费率越低，将小批量货物合并成大批量货物进行运输，是降低单位运输成本实现运输合理化的主要方法之一。这种集合运输通常有以下途径：

1. 配载运输

配载运输是充分利用运输工具载重量和容积，合理安排装载的物品及载运方法以求合理化的一种运输方式，也是提高运输工具实载率的一种有效形式。配载运输往往是轻重商品的混合配载，在以重质物品运输为主的情况下，同时搭载一些轻泡物品。例如，海运矿石、黄沙等重质物品，在舱面捎运木材、毛竹等；铁路运矿石、钢材等重物上面搭运农副产品等。在基本不增加运力投入也不减少重质物品运量的情况下，解决了轻泡物品的搭运问题，运输效果显著。

2. 运输车辆合并

这是指在拣取和送出的货物都达不到整车载重量的情况下，为提高效率，安排同一辆车到多个地点取货/送货。为实现规模经济，需要对行车路线和时间表进行规划。

3. 仓库合并

物流配送中心的形成和发展为集运创造了有利的条件。首先以大批量方式远距离运送货物到配送中心，然后在配送中心作出配送安排，实现近距离运送小批量货物。

4. 时间合并

企业在一定时间内积累客户订单，就可以一次性发运较大批量的货物，而不是多次小批量送货。由于没能在收到订单和履行订单之后及时发送货物，可能造成服务水平的下降，因此要在运输成本与对服务水平的影响之间寻求平衡。运输成本的节约是显而易见的，但对服务水平下降的影响是很难估计的。

通过对大批量货物的运输路径进行规划，以及实现单位运输费率的降低，企业可以获得运输的规模效益。

8.5.2 实现配送合理化的方法

实现配送合理化的方法有很多，一般选用以下几种：

(1) 推行一定综合程度的专业化配送。通过采用专业设备、设施以及操作程序，取得较好的配送效果，降低配送综合化的复杂程度及难度，实现配送合理化。

(2) 推行送取结合。物流企业不仅成了用户的供应代理人，而且是用户的储存据点，甚至成为产品代销人。在配送时，将用户所需的物资送到，再将该用户生产的产品用同一车运回，这种产品也成了配送中心的配送产品之一，或者作为代存、代储品，省去了生产企业的库存。这种送取结合，使运力充分利用，也使配送企业功能得到更充分的利用。

（3）推行共同配送。通过共同配送，可以以最短的路程、最低的成本完成配送，实现合理化。

（4）推行准时配送系统。准时配送是配送合理化的重要内容。只有做到配送准时，用户才能把握资源，放心地实施低库存或零库存，有效地安排接货的人力、物力，追求工作的最高效率。另外，准时供应可以保证企业的供应能力。从国内外的经验看，准时供应配送系统是许多配送企业追求配送合理化的重要手段。

（5）推行加工配送。通过加工和配送相结合的方式，充分利用本来应有的中转，而不增加新的中转，实现配送合理化。同时，加工借助配送，其目的更明确，与用户联系更紧密，避免了盲目性。加工与配送有机结合，可以在投入增加不多的条件下获得优势和效益，这是配送合理化的重要经验。

（6）推行即时配送。即时配送是最终解决企业担心断供之忧，大幅提高供应保证能力的重要手段，也是配送企业快速反应能力的体现。

8.5.3 共同配送

共同配送的思想是将不同货主的货物或商品集中在一起，统一进行配送作业。共同配送一方面可以扩大业务批量，提高单车装载率；另一方面也有利于削减在途运行车辆数量，削弱汽车运输对社会产生的外部不经济。实施共同配送，可通过信息网络提高车辆使用效率，解决往返运货等问题，尽可能降低城市配送的运作成本。

例如，日本“建立物流系统的效率化调查”显示，城市物流配送体系的发展，集约化公共配送中心的建设以及共同配送的实施，使城市配送效率大幅提高，其中，运送车驾驶员减少了18%～19%，运送车辆行驶距离减少了47%～83%，一辆配送车一日的配送量增加了1.31～9.6倍（赵树军，2003）。京阪神地区12家百货公司实施共同配送后，配送车辆数、超勤务时间、配送距离、配送时间分别减少到原来的93%、48%、72%、89%。日本福冈天神地区实施共同配送的效果也很明显，如表8－9所示。

表8－9 福冈天神地区的共同配送效果定量分析

评价指标	共同配送实施前	共同配送实施后	效果
使用货车数量（辆/天）	75.0	26.0	↓65%
货车总行驶距离（公里/天）	815.8	251.4	↓69%
地区内总行驶距离（公里/天）	104.8	17.4	↓83%
总停车次数（次/天）	502.0	139.0	↓72%
总停车时间（小时/天）	100.4	82.9	↓17%
单次停车平均时间（分）	12.0	35.8	↑198%

资料来源：Ieda H，Kinltira A，Yin Y. Why don't multi-carrier joint delivery services in urban areas become popular? a gaming simulation of carrier's behaviour. City Logistic，2001（2）.

德国运输与物流研究所对不来梅市的城市配送体系进行了调查（王孝坤等，2007），收集了4家零售商、16个种类、9万多个品种的商品共计540万个数据，使用计算机对数据进行处理，得出了不来梅市物流的分布情况，提出了统一组织配送方案，即由不来梅物流中心发展公司牵头，14家物流企业共同组成城市物流配送有限公司，设立公共配送中心，将分散的配送变为统一的配送，车辆实行统一调度，在每辆车上安装GPS装置。在方案实施后，每天只需12辆车向市区送货，每天能减少400车次，节省运力80%。

8.6 供应链环境下的越库运输方法

8.6.1 越库运输的含义

根据国家标准《物流术语》（GB/T 18354—2006），越库运输（cross-docking）是指物品在物流环节中，不经过中间仓库或站点存储，直接从一个运输工具换载到另一个运输工具的物流衔接方式，也称直接换装。越库运输是一种先进的物流运作模式，因沃尔玛而出名，因为它帮助沃尔玛扩大了市场份额，降低了物流成本，提高了利润率。在沃尔玛的越库运输系统中，供应商按照混装整担的形式将产品运到配送中心后，配送中心根据销售门店的需求，将从不同的供应商处运来的产品进行分拣配装，再以整车的形式送到目的地。在这种模式下，产品在配送中心停留的时间一般不会超过24小时。国际上很多大公司（丰田等）都运用越库运输的方式改进自身的物流过程，降低物流成本。

8.6.2 传统仓储管理模式与越库作业模式的比较

1. 传统仓储管理模式

在传统的储运库存管理中，主要有以下三种模式：拼货中心、拆货中心、混合式拼拆中心。

（1）拼货中心。这种模式适用于将很多小批量零担货物整合成一票或者几票的整车货物的运输。在布局上，拼货中心通常靠近供应源，这样零担运输的成本会比较低，而从拼货中心运出的大批量整车装运货物会被运送到很远的最终目的地，企业努力通过形成规模效应来降低成本。

（2）拆货中心。这种模式是将整车大批量货物从一个或少数几个供应商处运到仓库分拣中心，然后将这些大批量集中的货物根据不同分销商的需求分拣成小批量货物，以零担货物运输的方式送往更小的零售商或者距离较近的客户手中。拆货中心与拼货中心做法相反，但在布局选址上相似，拆货中心的仓库通常靠近分销商，以降低零担运输成本。

（3）混合式拼拆中心。一般来说，从不同供应商处运进来的货物都是以整车运抵的，然后拆分整车货物，最后将零担货物重新拼装成含有不同供应商货物的整车发运。这种含有多个供应商目录的整车货物每一票都是通过直达运输送到零售商或者用户手中的，因此，将这类集拼货和拆零于一身的配送中心称为混合式拼拆中心。

2. 越库作业模式

从模式上讲，拥有越库作业的配送中心与传统的混合式拼拆中心较为相似。但在某些方面，两者有很大的区别，最显著的区别是时效性。越库作业强调商品或者货物运达配送中心以后很快地配送出去，不作为存货储存停留。商品项目通过越库作业环节后，并不放置在储存区域或者订单拣选货架，而是直接从收货站台搬运到发货站台出货。从理论上讲，越库式配送中心储存的货物可以停留更长的时间，这取决于配送中心流程和技术状况。但在实践中，越库式配送中心的商品在库时间最多不超过 24 小时。典型的传统混合式拼拆中心与越库式配送中心的主要区别如表 8－10 所示。

表 8－10　典型的传统混合式拼拆中心与越库式配送中心的主要区别

比较类别	典型的传统混合式拼拆中心	越库式配送中心
在库时间	商品入库储存或进入拣选区域，整个在库时间至少一天	商品从入库到出库在一天内完成，无须在储存区和订单拣选区停留
存货目录录入情况	商品项目录入仓储管理系统的存货目录	商品项目不记入仓储管理系统的存货目录
标签和包装情况	在配送中心内部完成再贴标签和再包装活动	不需要再贴标签和再包装等活动

在实际操作中，很多配送中心不以越库作业为唯一的策略，越库作业策略往往与其他传统的仓储配送方法相结合使用。例如，对一些品类商品用越库作业来处理；而对另一些商品采用传统的仓储配送策略，通过保持较高的存货水平确保优质的客户服务和商品的畅销。

8.6.3　越库作业的适用条件

越库作业作为一种先进的仓储物流管理模式，并非在任何条件下都可以实施。它的成功实施需要满足一系列基础条件，包括：稳定的市场需求情况、供应链各环节之间的协作、供应商较高的质量管理能力、较高的信息化程度以及规范通用条码和标准化包装的使用等。

1. 稳定的市场需求情况

对于可以实施越库作业的商品，需要满足以下三个方面的要求：较低的需求变异、较高的市场容量和较低的缺货成本。实施越库作业的关键在于保证需求与供应相匹配，如果需求不稳定，就很难实施越库作业模式。除了要减少需求变异外，还要有较大的需求量保证越库中心能够持续作业。如果需求量太低，那么频繁运送小批量货物会增加运输费用，这时选择仓库存储作业也许更具经济效益。同时，越库作业零库存的特点增加了缺货风险发生的可能性，为了尽量降低风险带来的损失，实施越库作业的应该是缺货成本较低的商品。

2. 供应链各环节之间的协作

尽管越库作业模式是一种先进的仓储管理模式，但其涉及的环节并不只是仓库或配送中心，越库作业的成功实施要求供应链各环节的协调配合，这一点在越库作业运作流程中已有所体现。例如，在实施越库作业的最初阶段，供应链各成员都会经历因设备投入、设施完善等带来的费用增加，尽管这些费用以后会通过越库作业得到补偿，但需要一定的时间。在实施的初期需要供应链各环节之间合理协商。另外，由哪一方负责贴条码或标价，由哪一方负责开发信息管理系统软件等具体问题，都需要供应链成员进行协调与合作。

3. 供应商较高的质量管理能力

在越库作业的过程中减少了货物的登记、入库等环节，货物到达仓库后，只进行简单的分装与组配，同时也因时效的限制，无法像传统仓储模式一样对供应商发来的货物进行充分的质量检验。在这种条件下，质量检验要由上游的供应商完成，以保证发出的货物满足质量要求。实际上，对供应商较高的质量管理能力要求也属于供应链各环节相互协作的一部分，由于越库作业对整体的实施效果有较大影响，应高度重视。

4. 较高的信息化程度

越库作业最大的优势是缩短了产品流通时间，降低了库存。为达到这样的目标，必须在供应链成员间建立强大的信息共享系统，以实现整个供应链的资源共享，协助完成大量的数据处理。另外，整个供应链应使用通用条码和标准化的包装，以简化产品流动过程中的信息处理程序。

5. 规范通用条码和标准化包装的使用

越库作业实现的是一个从供应商到销售商的流畅的供货渠道，在这个渠道的各环节中，应采取一些标准化的措施保证渠道的畅通。比如使用通用条码和标准化包装以方便供应链各环节的设备选择、布局设计，提高货物在各环节的识别、分拣、发配的效率。

案例 8-6

越库作业模式的应用

越库作业模式已经被国内一些物流企业采用，分析这些应用实例，有助于企业对越库作业模式有进一步了解。

图 8-5 显示了上海某汽车零部件配送公司的越库作业配送流程。

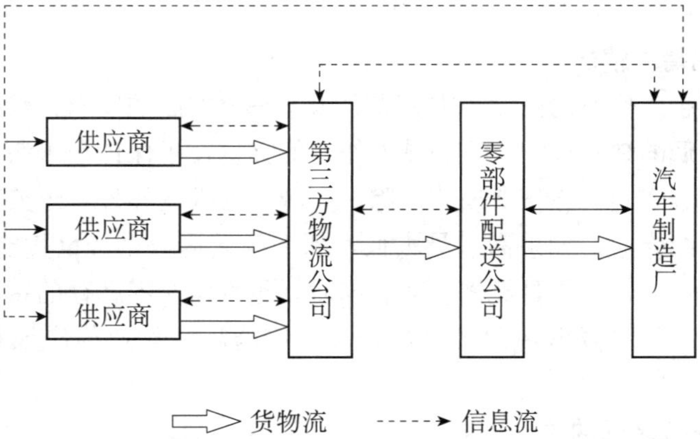

图 8-5　上海某汽车零部件配送公司的越库作业配送流程

上海某汽车零部件配送公司的主要客户为上海某汽车制造厂，公司负责该制造厂的物料配送。汽车制造厂根据生产计划通过 EDI 系统向供应商订购物料，同时通知第三方物流公司及零部件配送公司。由第三方物流公司负责与各供应商及零部件配送公司沟通，确定取送货时间，将物料从各供应商处送至零部件配送公司。零部件配送公司根据订单在接收物料后选择放入暂存处或货架上，然后，根据汽车制造厂通过EDI系统传递的实时需求订单，在规定的时间内将所需物料送至制造厂的物料接收处，直接供应流水线作业。为了配合汽车制造厂的准时制造，有时需要根据不同的需求信息将所需物料进行整合、分拣或排序。在整个供应链中，各成员之间共享需求信息及物料流动信息，每天根据实际需求进行物料配送。这种配送模式为汽车制造厂实施准时制造提供了保障，在杜绝因物料送达不及时造成车间停产的同时，降低了库存费用，最终降低了汽车制造企业的生产运作成本，提高了整体效益及客户满意度。

资料来源：马东彦．越库——物流领域的准时制策略．物流科技，2008（1）；金频生．浅析越库作业模式的应用．物流工程与管理，2013（9）.

本章小结

运输是用专用运输设备将物品从一个地点运送到另一个地点，其中包括集货、分配、搬运、中转、装入、卸下、分散等一系列操作。配送是在经济合理区域范围内，根据客户要求，对物品进行拣选、加工、包装、分割、组配等作业，并按时送达指定地点的物流活动。

运输与配送在物流中的作用非常重要，地位非常突出。它们是社会物质生产的必要条件之一。运输可以创造场所效用，也是节约物流成本的主要源泉。依据不同的标准，运输可分为不同类型。配送完善了输送及整个物流系统，同样具有多种类型。

根据运输设备以及运输工具的不同，可以将运输分为铁路运输、公路运输、航空运输、水路运输和管道运输五种方式。在不同的市场环境下，为适应不同的生产和消费需要，配送表现出多种形式。配送的基本作业流程包括划分基本配送区域、车辆配载、确定配送先后顺序（暂定）、车辆安排、选择配送路线、确定配送顺序、完成车辆积载等步骤。

在物流中运输的参与者主要有：托运人和收货人、承运人或运输服务的提供商。托运人和收货人要在规定的时间内以最低的成本将货物从起始地转移到目的地。承运人或运输服务的提供商期望以最低的成本完成运输任务，同时获得最大的运输收入。

多式联运是吸取铁路、公路、水路、航空等所有运输方式的长处，将其有机地结合起来，实现多环节、多区段、多工具相互衔接并进行商品运输的一种方式。该运输方式的主要方向是实现杂货运输的现代化。集装箱作为联结各种运输工具的通用媒介，起到了促进多式联运的作用。

运输管理与决策主要包括运输方式的选择、路径规划与选择、行车路线和时刻表的制定等内容。运输是物流中最重要的功能要素之一，物流合理化在很大程度上依赖于运输合理化。运输合理化是指在物品从生产地到消费地的运输过程中，要从全局利益出发，力求运输距离短、运输能力省、运输费用低、中间转运少、到达速度快、运输质量高，并充分有效地发挥各种运输工具的作用和运输能力。运输合理化也是运输活动所要实现的目标。

越库运输是一种先进的物流运作模式，其实施的成败受到稳定的市场需求状况、供应链各环节之间的协作、供应商较高的质量管理能力、较高的信息化程度以及规范通用条码和标准化包装的使用等一系列因素的影响。

关键概念

运输　配送　铁路运输　公路运输　水路运输　航空运输　管道运输　运输合理化　多式联运　运输管理与决策　共同配送　越库运输

思考题

1. 运输与配送有哪些区别与联系？
2. 各种运输服务方式的特点是什么？在应用上有哪些差别？
3. 多式联运的基本思想是什么？
4. 如何实现运输合理化和配送合理化？
5. 运输服务方式的选择条件是什么？
6. 配送的基本作业流程是怎样的？
7. 供应链环境下实施越库作业必须具备哪些条件？

课堂讨论题

电子商务的发展对实现配送合理化有哪些促进作用？请结合我国的典型案例进行讨论。

补充阅读材料

1. 《运筹学》教材编写组．运筹学．4 版．北京：清华大学出版社，2012.
2. 周晓光，杨萌柯，方亮．物流配送路径优化与物流跟踪实训．北京：北京大学出版社，2017.
3. 周晓蓉，莫以为．现代物流运输与调度．北京：科学出版社，2017.

案例分析

解决储运公司运能紧张的瓶颈

一天，地处兰州的西北化工储运公司（以下简称储运公司）收到了总公司未来五年的产能发展规划。储运公司隶属于西北化工有限公司，主要负责将西北化工有限公司在西北地区生产基地的化工产品运往全国各地。如今，面对未来的产能规划，储运公司将要在未来承担起更多的调运任务，能否拿出有效的运输能力解决方案将直接影响西北化工有限公司的正常运作。

1. 公司背景

西北化工有限公司是从事化工产品的生产和销售的大型流程型制造企业，公司的生产基地集中在西北部地区，有乌鲁木齐、独山子、兰州和宁夏四个生产基地，产品销往全国多个地区，主要包括华北、华东和西南地区。公司根据业务特点成立了三个子公司，负责生产、调运和销售。其中，储运公司主要负责从生产基地到各大销售区域的产品调运工作。

近年来，随着化工产品需求的持续增长，西北化工有限公司的业务量增长较快，公司决定扩建，预计未来产能年增加15%以上。

西北化工有限公司生产基地生产出来的产品首先进入公司位于基地附近的仓库储存，然后储运公司根据各个销售大区的销售计划将仓库内的产品调运至各个销售区域。从运输流量看，在生产能力一定的情况下，储运公司的调运量基本保持较为稳定的状态，具有货源充足、运量大、运输稳定等特点。储运公司的仓储能力是根据现有的生产能力设计的。未来生产能力的增加给储运公司带来了压力，但西北化工有限公司对现有仓库并没有扩建计划。

由于地理原因，储运公司主要采用陆路运输的方式进行产品的调运，陆路运输中又以铁路运输为主。公路运输在储运公司的运输量中所占的比例不大，只是完成西北地区内部的运输任务，其辐射范围在生产基地的300～800千米内。在铁路运能紧张时，部分长距离运输也由公路承担，但成本非常高，目前只作为应急的解决办法。

在铁路运输中，专线装车和整车分流是其主要运输方式。专线装车是指公司产品直接在生产基地的铁路专用线上进行装车和发车，整车分流是将公司产品先用公路短驳运往附近的铁路货运站再进行装车。在铁路运输中，棚车是公司产品装运最为经济实用的铁路车型，当棚车的数量不足时，补充采用集装箱、敞车进行装车，或者使用行包车、冷藏车等特种车型进行临时的装运。当然，这样做的代价是铁路运费增加。

2. 储运公司运能分析

(1) 铁路运能。铁路运输能力的大小主要体现在两个方面：铁路运输线路的通过能力；铁路运载车辆的数量。随着我国经济持续、稳定、高速发展和西部大开发战略的实施，国民经济各物资部门对铁路运输的需求迅猛增加，铁路运能与运量的矛盾日渐突出。

线路能力紧张是最突出的问题，京沪、京广、京哈、陇海、沪杭、浙赣六大铁路干线的运输承载量已经达到美国的7倍、德国的20倍。各主要铁路干线的运输通过能力已经饱和，其中京沪线运能缺口高达50%以上，京广、陇海、浙赣线绝大多数区段的线路能力利用率已在90%以上，不少区段达到了100%。而客流量的大幅增长，使得本来就捉襟见肘的货运能力更加紧张。

运载车辆不足也是严重的问题。全国铁路日均请车满足率只有35%左右。从使用的车型来看，通用型的路用棚车数量不够，因此经常要用行包车、冷藏车等其他车型来承担铁路运输任务。

从储运公司所处的地区看，运载能力不足表现得更加严重，请车满足率低于全国平均水平。西北地区是我国煤炭、棉花、番茄、土豆等重要原材料和农副产品基地，遇上临时的大宗货物紧急调运，路用车皮就更得不到保证。

(2) 公路运能。相对于紧张的铁路运能而言，公路运输的线路流通能力和社会车辆的装载能力都相对较为充足。从储运公司的现状看，公路运输全部外包给第三方的运输公司或者返空车，不存在运能紧张的状况。

3. 对新运输模式的考虑

运能的紧张一直让储运公司穷于应付，而随着产能的增加，对于运能的要求越来越大，尤其是长途调运的运能安排更成为亟须解决的问题。显然，现有的运输组织模式已经不能适应未来发展的需要，储运公司必须拿出解决方案。

(1) 自备车方案。铁路自备车运输是指由企业自行购置车辆，在国家铁路过轨运输的一种运输方式。采用自备车能够解决企业请车满足率不高的问题，但是铁路部门不太支持。

铁路部门对自备车加强控制的最重要原因是，自备车在很大程度上影响了铁路本已紧张的线路运用，自备车通常为单向的货物流动，基本上是满去空回，占用了铁路线路能力，给铁路运输组织带来了很大的压力。

对于储运公司而言，申请自备车运输的硬件条件是具备的，但自备车的回空是让人头疼的问题。铁路运输运距长、跨地区，涉及多个铁路局和多个环节，自备车的管理和控制难度大。

如果使用自备车运输，储运公司要进行一些前期投入，包括购置车辆，对生产基地铁路专用线、站台进行改造等。后期的运营成本主要包括运输费用、车辆维修费用、管理费用等。单从费用的角度看，使用企业自备车并没有多少优势，但是使用自备车可以保证装载能力，减少缺货，这对西北化工有限公司具有不可忽视的价值。

(2)“五定”班列方案。为适应市场经济的发展，我国铁路开发了定点、定线、定车次、定时、定价的直达快运货物列车，即“五定”班列。“五定”班列按照管理规范化、运行客车化、服务承诺化、价格公开化的原则开行，具有运达快捷、手续简便、价格优惠、安全优质等优点。通过“五定”班列运输的货流具备运量大、运输时间稳定等特点，其直达快运的运输方式也使货物减少了在铁路沿线车站过多停靠，降低了铁路运输组织的复杂程度，对于减少货损货差、减少铁路编组量和编组事故等都有好处。

从储运公司的角度看，满足“五定”班列的开行条件不成问题。但“五定”班列使用的是铁路车辆，如果没有足够的空车，想开行也难，另外通过审批也不容易。过多地寄希望于“五定”班列不是解决之道。

(3) 陆水联运方案。陆水联运也是一种增加运能的办法。西北化工储运公司四大生产基地的产品可以通过陆路方式运到西南地区的长江上游港口，通过水运方式运到下游港口，再采用陆路方式运到最终目的地。陆水联运的方式为公司产品的运输开辟了一条新的通道，虽然水路运输的两端依然采用铁路运输的方式，但是从西北地区到西南地区的铁路运能相对充足，而且陆路运输距离的缩短使得公路运输也可以参与进来。

水运运能相对充足，而且长江水运具有天然的运价优势。据专家测算，同样的货物，从重庆运至上海，长江水运运输费用仅为铁路的1/2、公路的1/3。从陆水联运的全过程来看，陆水联运增加了很多环节，运费之外的费用增加了很多，总费用比单纯的铁路整车运输至少增加20%。但是，陆水联运的费用与全程铁路集装箱运输或者冷藏车、行包车运输的运费相比仍有一定的优势。从时间的角度来看，陆水联运的总运输时间比单纯铁路整车运输时间增加了20%以上。由于陆水联运的装卸次数是单纯铁路运输的3倍，货损率也有可能大幅增加。

案例思考题

1. 你认为西北化工储运公司存在哪几个方面的能力问题？
2. 西北化工储运公司运输能力紧张的局面可以用哪几种方式解决，各有什么优缺点？
3. 如果让你来做这个物流能力规划，你准备如何做，从哪些方面着手？

09

Chapter

第9章 仓储管理与存货战略

学习目标

通过本章的学习，读者应该能够：

- 正确理解仓储和库存的基本概念
- 了解库存及其管理产生的原因
- 了解仓储管理的基本功能
- 理解准时制库存的基本思想
- 掌握库存决策模型的基本思想和方法
- 了解总体库存控制策略的基本思想
- 掌握供应链环境下的VMI管理方法
- 掌握供应链环境下的JMI管理方法
- 掌握供应链环境下的CPFR管理方法
- 了解仓储技术的发展趋势

仓储管理是每个物流系统不可或缺的组成部分，在以最低的总成本提供令人满意的客户服务方面具有举足轻重的作用。它是生产者与客户之间的一个主要的联系纽带。近年来，随着供应链管理思想的应用，仓储管理从企业物流系统中一个相对较小的方面发展成为企业物流系统的重要职能之一。

9.1 仓储与库存的基本内容

9.1.1 仓储与库存的基本概念

现代仓储管理系统涉及仓储和库存两大基本概念。国家标准《物流术语》(GB/T 18354—2006）指出，仓储是指利用仓库以及相关设施设备进行物品的入库、存贮、出库的作业。人们在日常活动中往往将所需要的物资、用品和食物暂时储存起来，以备将来使用或消费，仓储就是为了解决供应（生产）与需求（消耗）之间不协调的一种措施。

国家标准《物流术语》(GB/T 18354—2006) 还指出，库存是指储存作为今后按预定的目的使用而处于闲置或非生产状态的物品。广义的库存还包括处于制造加工状态和运输状态的物品。库存是在企业生产和物流渠道中各仓库堆积的原材料、供给品、零部件、半成品和成品。

现代仓储管理系统的形成一般基于五个方面的原因：降低运输与生产成本、协调供求关系、辅助生产、平衡流通资金的占用和支持市场销售。

1. 降低运输与生产成本

物流的二律背反定律告诉我们，库存一方面会增加费用，另一方面也可能提高运输和生产效率、降低运输和生产成本，达到新的平衡。

案例 9-1

京东"亚洲一号"智能物流系统实现成本降低

"亚洲一号"是京东立志将自动化运营中心打造成亚洲范围内 B2C 行业建筑规模最大、自动化程度最高的现代化运营中心的一个项目名称。2019 年"6·18"全球年中购物节期间，京东物流启用了亚洲电商物流领域规模最大的智能物流仓群，全国 23 座"亚洲一号"智能物流园区投入运营。至此，京东物流智能物流园区建设已经形成北京、上海、广州、成都、武汉、沈阳、西安和杭州为中心的八大物流枢纽。未来 5 年，京东物流还将在全国 30 多个核心城市陆续建造"亚洲一号"，实现对全国各大省、市、区、县的全面辐射。

目前，所有"亚洲一号"单体仓库的订单日均处理能力在 10 万以上，重庆智能仓库的日处理能力超过 50 万量级。京东方面称，"亚洲一号"运营效率是传统仓库的 3 倍以上，开发成熟的机器人、自动打包机的订单处理速度更是传统人工的 5 倍以上。

"重庆亚洲一号"智能物流中心位于巴南物流园，2017 年全面启用，建筑面积近 20 万平方米，是集商品存储、订单处理、分拣配送和运转、行政办公等于一体的现代化综合性物流中心，在西南地区自动化程度最高、规模最大。该园区内拥有全国最先进的分拣系统，分拣机总长度达到 180 米，日处理能力达到 55 万单，存储商品涉及 3C、百货、母婴等中小件以及冰箱、洗衣机等大家电品类。

众多商品中，冰箱、洗衣机等家电体积大，不易搬运，"重庆亚洲一号"在修建时便充分考虑了其配送特点：配套修建了货车卸货场、配送车辆调度场，可以缩短配送车辆发车时间，有效提升商品的流转速度。在收/发货月台建设和库内各品类存放区的设计上充分考虑了流通速率问题，相比原有的仓库，"重庆亚洲一号"在生产和配送效率上提升了 1 倍，而整体仓储和配送成本下降到之前的 60%。

资料来源：孙磊．探访京东"重庆亚洲一号"：机器人忙 成本降 40%．(2019-06-06)．http://cq.people.com.cn/n2/2019/0606/c367698—33015101.html.

2. 协调供求关系

许多产品的生产具有季节性，例如，粮食生产具有季节性，但粮食需求是连续的，因此必须协调好供求关系。库存是协调供求关系的方式之一。从商品价格的角度考虑，有时候也需要进行仓储。某些原料和产品的市场价格随时间波动非常大，如石油、钢材等，一些企业为了享受低价而提前购买。这时就要进行仓储，且仓储成本可以与购买商品的低价格相平衡。

在整个供应链中，库存是缓冲器。由于供应链中的成员在地理位置上是相互分离的，因此，为了成功地实现产品在时间和空间上的衔接，有必要在供应链的各环节即供应与采购、采购与生产、生产与销售、分销与中介、中介与消费者之间建立库存，以便起到缓解和缓冲的作用。

3. 辅助生产

仓储可看作生产过程的一部分。有些产品在生产制作过程中需要存储一定的时间，以使产品发生变化，例如，酿造的葡萄酒或白酒需要一定时间进行发酵变成陈酿。

为了避免因关键设备出现故障而引起停工，也为了使存在速度差异的作业工序实现均衡物流，通常需要在工厂内的制造作业之间保持在制品库存。制造组织中在制品库存的存在，有可能使生产实现最大的经济性（保障满负荷运转），但过量的库存也会增加库存持有成本，越来越多的管理者开始考虑合理控制在制品库存。

4. 平衡流通资金的占用

库存的材料、在制品及成品是企业流通资金的主要占用部分，因而库存量的控制实际上是为了实现流通资金的平衡。例如，加大订货批量会降低企业的订货费用，保持一定量的在制品库存与材料，会减少生产转换次数，提高工作效率，但要找到最佳控制点。

5. 支持市场销售

物流中的一项重要功能是支持销售。为实现这一功能，除了要快速运输以外，还要有合理的库存。市场营销部门考虑的首要问题是，市场是否可以随时得到产品。仓储系统可以用来增加产品的价值，即仓储使产品更接近客户，常常会缩短运送时间或使供给随时可得。通过缩短交货时间，企业可以改善客户服务，并增强销售能力。

产成品库存的存在，可以极大降低因无法预料的需求或提前期的变动引起缺货的概率。因此，增加库存投资可使制造商提高产品供应能力，进而提高客户服务水平。

案例 9－2

保税仓库的发展有效促进化妆品行业销售

2020 年 6 月，位于南京东路上的新世界大丸百货掀起一场购物狂潮：公司 5 周年庆当天，10 万消费者豪掷 1.7 亿元，其中进口化妆品单日销售额突破 4 000 万元。来自上海市统计局的一组数据显示，2020 年第一季度在全市社会消费品零售总额同比下降 20.4%的情况下，化妆品类零售额逆势增长 3.4%，其中个别进口化妆品甚至出现三位数的销售增长。进口化妆品在疫情背景下异军突起，并非偶然。从 2017 年开始，上海就在外高桥保税区率先试点非特化妆品进口备案改革，近年来又积极探索构建完善的产业链服务体系，在人们看不到的地方，“改革之手”一直在为内需市场建设提供着“助燃剂”。

人们看到了欣欣向荣的化妆品市场，但很少有人知道，这一切与远在 20 多公里之外的一个公共保税仓库有着密切的关系。位于福特西三路77号9幢的外高桥进口化妆品公共保税仓库，每天早上8时，6个卡车位就已停满了等候装货的车辆。自上海购物节举办以来，这个仓库每天进出20多车次，每个月进出100个标准集装箱，从仓库发往上海各地销售柜台的化妆品数量达到一个月800万件，较往年同比增长了80%。

外高桥与南京路相距24公里，位于城市两端。在外高桥，化妆品公共保税仓库有3个，占地共2.6万平方米，目前全部处于饱和状态，为了满足持续增长的需求，还有一个新的仓库准备开放。

化妆品进入港口以后，贴标和套装组配等环节需要在保税的状态下完成，如果每一个化妆品品牌都各自建立保税仓库，对企业来说是笔不小的成本，保税区也无法容纳这么多独立仓库。公共保税仓库就像一个集散地，让众多化妆品品牌从上海入境后，有了一个可供存储的公共空间。公共仓库的服务覆盖了商品从港区到综保区再到市场销售的所有环节，货物进入港口以后，保税仓库负责与船务公司联系，安排运输车运到仓库，进行分拣核对，提供贴标、组套、增加外包装等增值服务，最后负责物流配送上门。高效的服务不仅解决了进口商品的仓储问题，更打通了前端和后端的流通环节，同时还满足了在线新经济的需求。

资料来源：黄尖尖，王志彦．进口化妆品销售火爆居然与20公里外的一座仓库密切相关．(2020-06-21). https://www.jfdaily.com/wx/detail.do?id=261429.

9.1.2 仓储系统的功能

仓储是指通过改变物的时间状态和克服产需之间的时间差异以获得更好的效用。仓储系统有三个重要功能：持有库存（存储）、物料搬运和信息传递。持有库存是指货物在仓库中存放一段时间，物料搬运是指装货、卸货、分拣货物、产品在仓库不同地点之间的转移等活动，信息传递是指将仓储活动产生的相关信息传递给信息需求方。图9-1显示了仓储系统的典型功能和流程。

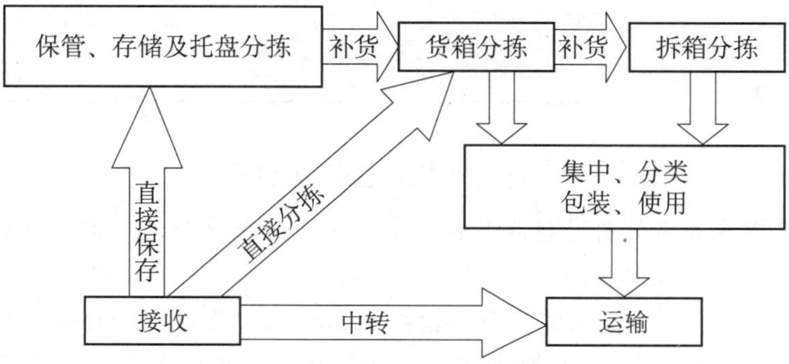

图9-1 仓储系统的典型功能和流程

1. 存储功能

仓储设施的设计常常围绕保管、集中、拆装和混装或延迟等功能展开，仓库的设计和布局通常可以反映出该仓库侧重满足上述一项或几项功能。这几项功能的实现往往与配送业务密不可分。

（1）保管。商品在储存过程中，因其自然属性及外界因素的影响，随时会发生各种变化，降低甚至丧失产品的使用价值。在研究商品性质以及商品在储存期间质量变化规律的基础上，企业对仓储商品积极采取各种有效措施和科学的保管方法，创造一个适宜商品储存的条件，维护商品在储存期间的安全，保护商品的质量和使用价值，最大限度地降低商品的损耗。

（2）集中。运输费率的结构会影响仓储设施的使用。如果货物供应来源较多，建立货物集中地的方法就更经济，这样可以将零星货物集中成较大批量的运输单位，从而降低总的运输成本。

（3）拆装。拆装是在仓储期间进行，与集中运输正好相反，在以低费率、大批量运输的货物运进仓库后，再根据客户的需要将小批量的货物送到客户手中。

（4）混装或延迟。在全球市场中，由于不同国家和地区的客户偏好、语言、环境以及所遵循的法律法规不同，同一产品常常需要有多个型号和版本以满足客户的特定要求。例如，售往不同国家的计算机，为适应当地电压、频率和插头型号，其电源模件会有所不同；说明书必须使用当地语言；由于通信协议不同，通信产品也会有所差异。在某些情况下，一种产品的本地化版本是政府干预下产生的。即使在同一地区，由于产品的不同功能和效用，一个产品族也会有多个产品型号。

为了降低供应链的整体风险，有效满足客户个性化的需求，将最后的生产环节或物流环节推迟到客户提供订单以后，这一种经营战略称为延迟策略（postponement strategy）。仓储是实现延迟策略的重要手段。例如，在仓储期间进行产品混装，可以带来运输中的经济效益。如果没有这样的混装点，就要直接在生产地履行客户订单，由于客户订单的货运量小，运输费率普遍偏高。通过混装点可以将各地生产的零部件通过大批量运输集中到一个地点，然后根据订单组合零部件，再将组装后的货物运送到客户手中。

通过混装或延迟，在最后工序里根据客户订单或需求配置标签或包装，实现个性化的定制，再加上在前面环节里已实现了大批量生产，综合起来可以大大降低物流系统运营的总成本。

案例 9-3

惠普打印机的生产与供应

惠普公司是世界著名的打印机生产销售商，位于全球五个地点的分支机构负责打印机的生产、装配和运输。DeskJet 是其主要产品之一，从原料采购到最终产品生产的周期为 6 个月。北美、欧洲和亚洲是它的三个分销中心，欧洲和亚洲对于台式打印机的电源供应（电压分别为 110 伏和 220 伏，电源插件不同）、语言（操作手册）等有不同的要求。以前，这些地区产品的供应由温哥华的公司完成，即成品厂装配好通用打印机之后直接进行包装，经过分销中心销往各地。为保证客户订单实现 98%的及时满足率，各成品配送中心需要保证大量的安全库存量，在需求波动较大时，销往不同区域的产品很难进行调剂（因为已经针对不同地区用户进行包装)。后来，公司意识到存在的问题，对生产、销售组织模式进行了调整，改由在温哥华生产通用打印机，然后运到欧洲和亚洲，再由当地分销中心（或代理商）装配上与当地需求一致的变压器、电源插头和使用当地语言的说明书，完成整机包装后，由经销商送到消费者手中。将包装的定制工作推迟到在分销中心进行，大大缩短了产品供应提前期，降低了库存，进一步提高了客户服务效率。

资料来源：马士华．供应链管理．武汉：华中科技大学出版社，2010.

2. 物料搬运功能

仓储系统的另一个重要功能是物料搬运功能。物料搬运是指在同一场所范畴内进行的以改变物料存放状态和空间位置为主要目标的活动。物料搬运对仓库作业效率的提高十分重要，物料搬运直接影响生产效率。在生产型企业中，物流经理通常要对货物搬运入库、货物在仓库中的存放、货物从存放地点到订单分拣区域的移动以及最终到达出货区准备运出仓库等环节负责。

在实际操作中，由于装卸与搬运是密不可分的，两者是伴随在一起发生的，因此，在物流学中并不过分强调两者的差别，而是将两者作为一种活动来对待。

具体的物料搬运作业主要有：水平或斜面运动；搬运作业、垂直运动；装卸作业、码垛或取货；提升或下降作业、转向；绕垂直线转动作业和翻转；绕水平轴线转动作业。

在物流过程中，装卸搬运活动是不断出现和反复进行的，所消耗的人力很多，所以装卸搬运费用在物流成本中所占的比重较高。据我国对生产物流的统计，机械工厂每生产 1 吨成品，需进行 252 吨次的装卸搬运，其成本占加工成本的 15.5%。

此外，在进行装卸搬运操作时，往往需要接触货物，在此过程中易造成货物破损、散失、损耗、混合等。

由此可见，仓储中的装卸搬运活动是影响物流效率、决定物流技术经济效果的重要环节。

3. 信息传递功能

信息传递是仓储管理的第三种功能，与搬运、存储功能同时产生。为了更好地控制仓储活动，管理者通常需要及时、准确的信息。有关存货水平、产量水平（即仓库流动的货物数量)、存货地点、进货和出货运输、客户数据、设施空间利用情况、人事等信息，对于仓储运营的成败至关重要。企业越来越依赖运用电子数据交换、互联网以及条形码等技术提高信息传递的速度和准确性。

9.1.3　准时制库存的基本概念

也许有的管理者会说，“库存是经营管理的错误之源。”这句话有一定的道理，库存本身即使不是错误，也在以极高的代价掩盖着错误。

准时制库存（just-in-time inventory）是维持系统完整运行所需的最少库存。有了准时制库存，所需商品能按时、按量到位。为了实现准时制库存，必须从削减库存开始。削减库存可以使那些有差错和问题的库存暴露出来，管理者就可有针对性地解决暴露出来的问题。理想的目标是库存问题得以消除。

准时制库存不等于零库存。准时制库存强调在准时生产方式下，上下游工序之间的原材料在时间、数量等方面的合理匹配，也就是在恰当的时间提供恰当的原材料。零库存是指上下游没有仓库储存或某些物品的储存数量很低的状态，甚至可以为“零”，即不持有库存。

显然，准时制库存与仓储系统的形成本身就是一对矛盾。因此，库存的战略决策是在物流系统总体成本的最小化与客户服务水平的最大化之间寻求一种平衡。

案例 9－4

广汽向“零库存”模式迈进

在不断变化的新能源市场，追逐市场热点，适应变化是车企所必备的生存技能。而最新的补贴政策所指引的新能源发展方向是——高续航、高能量密度、低电耗。在补贴政策的影响下，一众车企自然毫不犹豫地展开对高续航里程车型的追逐。广汽新能源便是其中积极的一员。

事实上，在广汽新能源第一款产品广汽新能源 GE 3530 上市前夕，汽车头条 App 与古惠南对话时，他便特别强调了新能源产品控制成本的重要性，而在广汽新能源第二款产品上市前夕，古惠南给出了广汽新能源成本控制的办法。古惠南曾在接受汽车头条 App 采访时表示，现阶段唯有将成本降下来，消费者才能得到实惠，这个行业才能生存下来。在权衡之下，广汽新能源决定兼顾质量和价格两大时代要求。在打造 Aion S 之时，广汽新能源提出了“广汽生产方式”，决定在制造端严格控制成本。古惠南介绍：“所谓广汽生产方式，其核心是定制化生态的思想，就是消除一切浪费。怎么消除浪费？我们的方式是零库存。”

零库存的概念是由丰田率先提出来的，是丰田精益化生产的一部分。通过对库存的精益化管理，丰田不但大大降低了生产过程中库存和资金的积压，而且在实现准时制的过程中提高了管理效率。如今，广汽新能源试图吸收其精华。古惠南解释道：“我们的零库存并不是说工厂里没有一台车就是零，销售店没有一台车叫零库存，我们讲的是‘标准在制品’，就是工厂正常的流动，叫一个流的生产。”他举例说明，例如 Aion S 有炫与魅两款车型，生产一台炫，接下来第二台就可以切换成魅，可以一台一台生产，这样就可以消除一切浪费，实现零库存。零库存的标准就是“一个流”模式。实现定制化生产，靠的就是“一个流”的生产方式，不然成本就会很高。

广汽作为新能源时代的企业，已经摸索出了通过续航里程和定制化服务吸引消费市场，同时通过“零库存”模式实现成本控制的运作模式。

资料来源：零库存控制成本，古惠南详解“广汽生产方式”．（2019－03－06）．http://baijiahao.baidu.com/s?id=1627221231356988726&wfr=spider&for=pc.

9.2　存货策略与库存决策

目前，人们已经采取了多种措施降低库存，包括在整个供应渠道中推行准时制管理、时间压缩（time compression）管理和快速反应（quick response）管理。尽管如此，生产商、零售商和批发商在库存上的投资仍然很高。

9.2.1　存货的总体控制策略

1. ABC 分类控制法

库存总量管理的常见做法是将产品划分为有限的几类，然后对每类产品使用不同的管理策略。这样做的原因在于，不同类别产品的销售、市场份额、利润和竞争力对企业的重要程度是不一样的。对不同类别的产品选择使用不同的库存策略，能够在更低的库存水平下实现服务目标。

ABC 分类控制法的原理是处于生命周期不同阶段的产品对销售利润的贡献不同。某些产品的销售量可能很大，但是销售额和销售利润较低，一些产品的销售量虽然较少，但带来的销售利润较高。ABC 分类控制法依据产品的数量和带来的价值将产品分为三类，分别采取不同的策略进行管理，具体的分类方法如表 9－1 所示。

表 9－1　ABC 分类控制法的分类规则

类别	库存价值占库存总价的百分比	库存数量/类别占库存总量的百分比
A	75%～80%	15%～20%
B	10%～15%	20%～25%
C	5%～10%	60%～65%

一般来讲，依据 ABC 分类控制法实施的分类管理策略可以表述如下：

A 类物资价值高、数量少，一般属于热销产品，享有最高优先级。对 A 类物资需要重点管理，严格控制其收发货物，适当增加安全库存量，保证库存数据的准确性和较短的数据更新周期。

C 类物资数量多，但价值低，一般是大众化产品，属于最不重要的优先级别。C 类物资可以采用简化控制，成批更新，可以适当降低安全库存量。

B 类物资介于 A 类和 C 类之间，在有些情况下可以进行重点管理。

2. 储存合理化的控制办法

储存合理化是指用最经济的办法实现储存功能。

与运输相对应，储存是以改变物的时间状态为目的的活动，通过克服产需之间的时间差异获得更好的效用。如果不能保证储存功能的实现，其他方面无从谈起。储存的不合理往往表现在对储存功能实现的过分强调，这是由过分投入储存力量和其他储存劳动所造成的。所以，合理储存的实质是在保证储存功能实现的前提下，实现最少的系统投入。

一般来讲，储存合理化的实施要点主要有以下十个方面。

（1）储存物品的 ABC 分析。ABC 分析是实现储存合理化的基础，在此基础上可以进一步解决各类物品的结构关系、储存量、重点管理、技术措施等合理化问题。

（2）实施重点管理。在 ABC 分析的基础上，分别决定各种物品的合理库存储备数量以及经济地保有合理储备的办法，乃至实施零库存。

（3）适当集中储存。在形成一定社会总规模的前提下，追求经济规模，适度集中储存是合理化的重要内容。适度集中储存是利用储存规模优势，以适度集中储存代替分散的小规模储存实现合理化。

集中储存将面临两个制约因素，即储存费和运输费。如果过分分散储存，每一处储存的物品对象有限，互相难以调度、调剂，需分别按各物品的具体要求确定库存量；相反，过分集中储存，存储点与客户之间距离拉长，储存总量虽然降低，但运输距离拉长，运费支出加大，在途时间长，又迫使周转储备增加。所以，适度集中储存要在总储存费及运输费之间取得最优均衡。

集中储存除了降低总成本外，还有其他的好处：第一，对单个客户的保证能力提高；第二，有利于采用机械化、自动化方式；第三，有利于形成一定批量的干线运输；第四，有利于成为支线运输的始发站。

（4）加快总的周转速度，提高单位产出。储存合理化将静态储存变为动态储存，加快周转速度，带来一系列的好处，如资金周转快、资本效益高、货损少、仓库吞吐能力增加、成本下降等。具体做法包括采用单元集装存储、建立快速分拣系统等，有利于实现快进快出、大进大出。

（5）采用有效的先进先出方式。先进先出是一种有效保证物品储存期不至于过长的合理化措施，也是储存管理的准则之一。

（6）增加储存密度，提高仓容利用率。其主要目的是减少储存设施的投资，提高单位储存面积的利用率，以降低成本、减少土地占用量。具体做法主要包括：采用高垛的方法增加储存的高度；缩小库内通道宽度以增加储存有效面积；减少库内通道数量以增加储存有效面积；等等。

（7）采用有效的储存定位系统。如果定位系统有效，不仅能大大减少寻找、存放、取出的时间，还能防止差错，便于清点以及管理订货点。储存定位系统采用先进的计算机管理方式，也可采用一般的人工管理。

（8）采用有效的监测清点方式。对储存物品数量和质量的监测既是掌握基本情况的需要，也是科学控制库存的需要。在实际工作中稍有差错就会导致账物不符，因此必须及时准确地掌握实际储存情况，经常与账卡核对，无论是人工管理还是计算机管理，都是必不可少的。此外，经常监测也是掌握储存物品质量状况的重要手段。

（9）采用现代储存保养技术。这是储存合理化的重要方面。具体做法主要有气幕隔潮、塑料薄膜封闭等。

（10）采用集装箱、集装袋、托盘等储运设备一体化方式。集装箱等集装设施的出现，给储存带来了新观念。在采用集装箱后，集装箱本身便能起到储存物品的作用，在物流过程中省去了入库、验收、清点、堆垛、保管、出库等一系列储存作业，对改变传统储存作业有很重要的意义，是储存合理化的一种有效方式。

9.2.2　库存决策中的成本结构

库存管理需要在产品的现货供应能力（或客户服务水平）与支持该现货供应能力的成本之间进行权衡。在库存决策中，有三类成本起着重要作用，即采购成本、库存持有成本和缺货成本。在确定订购库存量不足的某种产品时，需要对其相关成本进行权衡。补货时采购商品的相关成本往往是决定再订货数量的重要经济因素。

1. 采购成本

采购成本（procurement cost）是由货物成本和订购成本组成的。货物成本包括不同订货批量下产品的价格或制造成本、货物运输成本（若采购价格不包含运输费用）、在收货地点的所有物料搬运或商品加工成本等。随着订货批量和规模的变化，货物成本也会不同程度地发生变化。订购成本是指与订购有关的手续费、电信往来费用、人员外出费用、与订单处理有关的费用等，包括订单经过财务和采购部门的处理成本、订单传输成本，如果由企业内部供货，那么订购成本还包括生产启动成本（也叫生产准备费用）。订购成本相对每个订单而言是固定的，只与订货次数有关，不随订单规模变化。

2. 库存持有成本

在一段时期内存储或持有商品形成了库存持有成本（carrying cost）。库存持有成本与所持有的平均库存量成正比。主要包括库存空间占用成本、库存占用资金的成本、库存服务成本（如保险费用）以及与损坏、变质、短少等有关的库存风险成本。

库存空间占用成本是指占用存储建筑内的立体空间所支付的费用。如果是租用仓库，存储费用一般按照单位时间内存储产品的重量（或体积）计算，单位为元/吨/月。若是自营仓库，其空间成本取决于分担的运营成本。对于库存占用资金的成本，一些企业使用资金成本（利息）的平均值进行计算，一些企业使用企业投资的平均回报率进行计算，有人认为以最低资金回报率进行计算最能反映真实的资金成本。库存服务成本与保险、税收等有关，保险和税收构成库存持有成本的一部分。保险作为一种保护措施，可帮助企业预防意外损失；税收取决于保有库存的平均水平。库存风险成本包括与产品变质、短少、破损、报废等相关的费用，可以用重新生产产品或从备用仓库供货的成本估算。

3. 缺货成本

当存储供不应求时会产生缺货成本（out-of-stock cost），这包括失去销售机会的成本和保留订单的成本。如果出现缺货，客户选择收回购买需求，企业失去销售机会，就会产生失销成本，该成本是本应获得的这次销售的利润，也可能包括缺货对未来销售造成的消极影响。如果客户愿意等待订单履行，就会出现订单履行延期，可能增加额外的办公或销售费用，即产生订单保留成本。在这些成本中，有些成本是很难衡量的，一般事先假定客户会作出某种反应，据此计算引起的损失，但由于客户的反应随机性很大，因此很难准确衡量缺货成本。

为了保证不缺货，必须根据产品的需求方式进行恰当的订货。一般来说，常见的订货方式有定量订货制（fixed-quantity system，FQS）和定期订货制（fixed-interval system，

FIS）两种。定量订货制是指当库存量下降到预先设定的库存数量（订货点）时，立即按经济订货批量进行订货的一种库存管理方式。定期订货制是指按预先设定的订货间隔期进行订货的一种库存管理方式。

产品的订货数量（批量）与订货次数会影响总的仓储成本，它们之间的关系如图 9-2 所示。

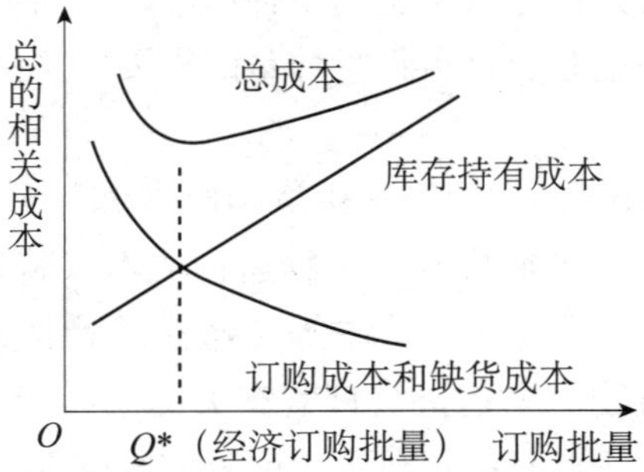

图 9-2　订购批量与总成本的关系曲线

9.2.3　确定性环境下的库存决策

1. 即刻补货（instantaneous resupply）的库存决策模型

库存管理决策的内容是进行库存控制，即确定定期补货的数量（订货批量）和补货的频率（补货时间间隔）。在库存决策中，应时刻关心两个基本问题：（1）需要订多少货；（2）什么时候订货。

模型 1：如果需求是连续的，且需求速度稳定，不允许缺货，补货时间很短（可以忽略不计）。这时可以假设：（1）缺货费用无穷大；（2）当存储降至零时，迅速得到补充（如图 9-3 所示）。

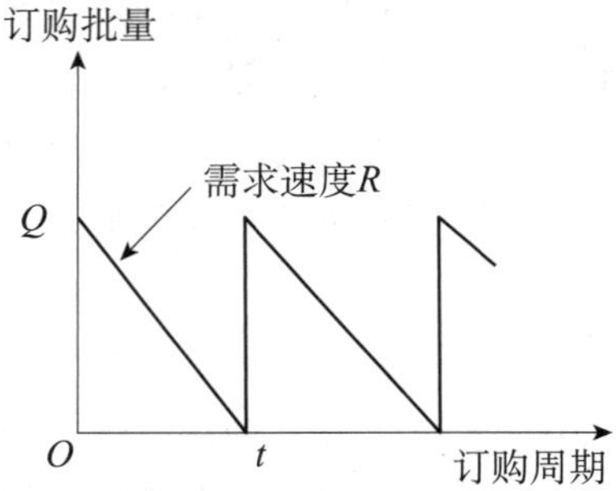

图 9-3　即刻补货的存储变化

总成本中包括订购成本、库存持有成本和货物成本。其单位时间的总费用表达式如下：

$$C(t)=\frac{1}{t}\left(C_3+\frac{1}{2}Rt\cdot t\cdot C_1+KRt\right)=\frac{1}{t}C_3+\frac{1}{2}C_1Rt+KR \tag{9-1}$$

式中，$C(t)$ ——平均单位时间的总仓储费用，t 为订购周期；

R——需求速度（单位时间货物需求量），$Rt=Q$，Q为订购批量；

C_3——订购费（每次订购花费的成本），或自己生产时的装配费；

C_1——单位存储费（元/单位产品·单位时间），$Rt/2$为平均存储量；

K——货物单价（元/单位产品）。

对式（9-1）求极值，得到最佳订购周期 t_0 的经济订购批量 Q_0：

$$t_0=\sqrt{\frac{2C_3}{C_1R}};\quad Q_0=\sqrt{\frac{2C_3R}{C_1}};\quad C_0=\sqrt{2C_1C_3R} \tag{9-2}$$

这是著名的经济订购批量（economic order quantity，EOQ）公式，由福特·哈里斯于1913年提出。由于 Q_0 和 t_0 皆与 K 无关，因此可以在费用函数中略去 KR 这项费用（有特殊需要时除外），公式中 C_0 为除去货物成本之外的单位时间的总成本。

➡ 例 9-1

某钢厂月产角钢3 000吨，每月每吨存储费5.3元，每次生产需调整生产设备等，装配费为2 500元。求每次最佳生产批量和全年最佳生产批次。

解：按EOQ模型计算每次最佳生产批量：

$$Q_0=\sqrt{2\times C_3\times R\div C_1}=\sqrt{2\times 2\,500\times 3\,000\div 5.3}\approx 1\,682(\text{吨})$$

利用 Q_0 计算全年最佳生产批次：

$$n_0=\frac{3\,000\times 12}{1\,682}\approx 21.4(\text{次})$$

两次生产间隔时间：

$$t_0=365\div 21.4\approx 17(\text{天})$$

进一步计算全年总费用为108 037元（计算过程略）。

与此相似的一种特殊情况是具有提前期的订货（a lead time for resupply）。由于发出订单和得到货物之间通常有一定的时间间隔，所以在货物库存降到最低量之前进行订购，在内部供货情况下要求提前进行生产（如图9-4所示）。设提前期为 LT，这时的总成本构成和订货周期并未因为有提前期而发生改变。同样可以用经济订购批量公式进行计算，其订货周期 $T=t$，只是订货时间提前了 LT 而已。

2. 非即刻补货（noninstantaneous resupply）的库存决策模型

模型2：在EOQ模型中假定任何订货批量都可以即刻补进，但在有些制造和供应环节中，生产需要持续一段时间，而且可能和需求同步进行，这样持有库存的基本锯齿形模式就会改变（如图9-5所示）。设生产批量为 Q，所需生产时间为 T，则生产速度为 $P=Q/T$。已知需求速度为 $R(R<P)$，则存储量 S 在 $[0,T]$ 区间内以速度 $(P-R)$ 增长，而在 $[T,t]$ 区间内以速度 R 减少。

单位时间平均总费用（除去货物成本，以下除特别注明外都与此同）为：

$$C(t)=\frac{1}{t}\left[\frac{1}{2}C_1(P-R)Tt+C_3\right]=\frac{1}{t}\left[\frac{1}{2}C_1(P-R)\frac{Rt^2}{P}+C_3\right] \tag{9-3}$$

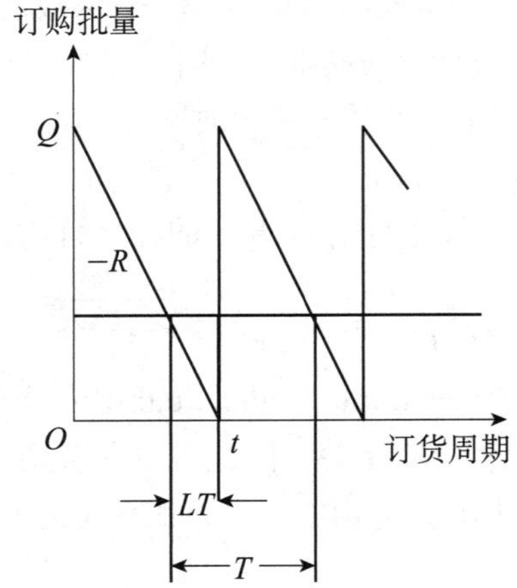

图 9-4　有提前期的订货

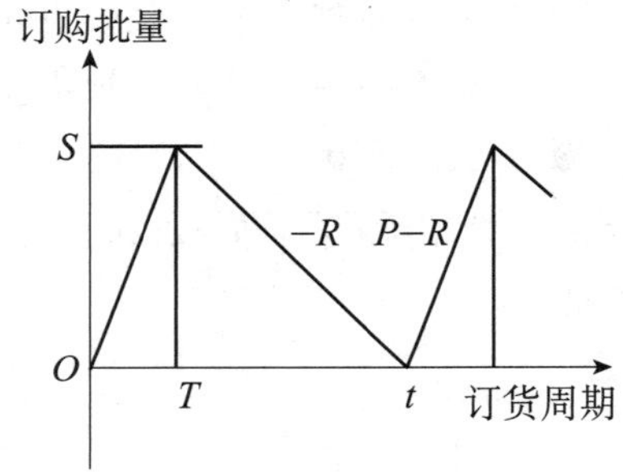

图 9-5　非即刻补货的库存变化

求一元函数极值，得到最佳订购批量和最佳订购周期（S_0为最大库存量）：

$$Q_0=\sqrt{\frac{2C_3RP}{C_1(P-R)}}$$

$$t_0=\sqrt{\frac{2C_3P}{C_1R(P-R)}} \qquad (9-4)$$

$$S_0=\sqrt{\frac{2C_3R(P-R)}{C_1P}}$$

➡ 例 9-2

某厂每月需甲产品 100 件，每月生产率为 500 件，每批装配费为 5 元，每月每件产品存储费为 0.4 元，求最佳生产批量及最低费用。

已知：$C_3=5$，$C_1=0.4$，$P=500$，$R=100$

代入式（9-4）计算最佳生产批量：

$$Q_0=\sqrt{\frac{2\times5\times100\times500}{0.4\times(500-100)}}=\sqrt{3\ 125}\approx56(\text{件})$$

每次生产所需装配费和存储费最低为：

$$C_0=\sqrt{\frac{2C_1C_3R(P-R)}{P}}\approx 17.89(\text{元})$$

3. 允许缺货（订单延期）、即刻补货的库存决策模型

模型3：由于允许缺货，企业可以在存储降到零后再等一段时间订货，这就意味着企业可以少付几次订货的固定费用，少支付一些存储费用。一般来说，当顾客遇到缺货时不受损失，或损失很小，而企业除支付少量的缺货费外也无其他损失，这时发生缺货现象可能对企业是有利的。

允许缺货、即刻补货的库存变化如图9-6所示。

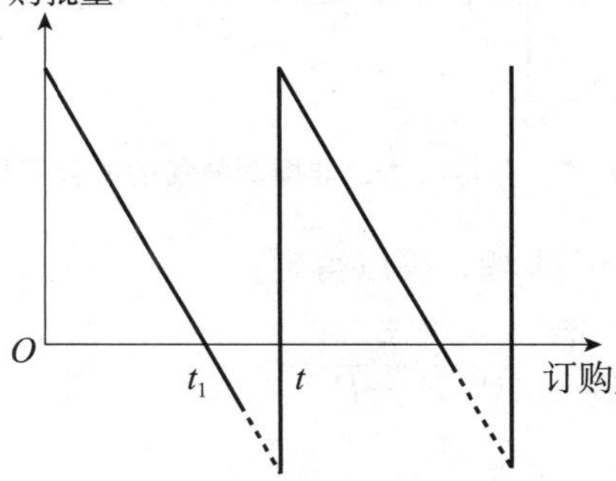

图9-6 允许缺货、即刻补货的库存变化

对缺货损失可以采用定量化研究，设缺货费用为 C_2（单位缺货损失）。这时的单位时间总费用为：

$$C(S,t)=\frac{1}{t}\left[C_1\frac{S^2}{2R}+C_2\frac{(Rt-S)^2}{2R}+C_3\right] \tag{9-5}$$

求二元函数极值，得到：

$$t_0=\sqrt{\frac{2C_3(C_1+C_2)}{C_1C_2R}}$$

$$Q_0=\sqrt{\frac{2RC_3(C_1+C_2)}{C_1C_2}} \tag{9-6}$$

$$S_0=\sqrt{\frac{2RC_3C_2}{C_1(C_1+C_2)}}$$

➡ **例9-3**

已知：C_2=0.15元，其他已知条件同例9-2。求最大存储量 S_0 和最低成本 C_0。

解：代入式（9-6），求解得到：S_0=26(件)

将 S_0 代入式（9-5）得到：C_0=10.46(元)

4. 允许缺货（订单延期）、非即刻补货，缺货费用已知的库存决策模型

模型 4：库存变化如图 9－7 所示，[0，t] 为一个周期，t_1为开始补货时刻，t_3为结束补货时刻。

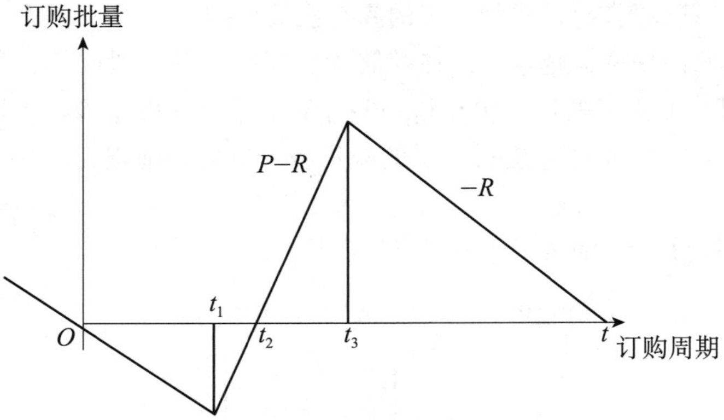

图 9－7　允许缺货、非即刻补货的库存变化

按照模型 2 和模型 3 的计算步骤，可以得到：

$$t_0 = \sqrt{\frac{2C_3}{C_1 R}} \cdot \sqrt{\frac{C_1 + C_2}{C_2}} \cdot \sqrt{\frac{P}{P-R}} \tag{9-7}$$

订货量为：

$$Q_0 = Rt_0 \tag{9-8}$$

以此可以进一步计算出最大存储量：

$$S_0 = \sqrt{\frac{2C_3 R}{C_1}} \cdot \sqrt{\frac{C_2}{C_1 + C_2}} \cdot \sqrt{\frac{P-R}{P}}$$

最大缺货量：

$$B_0 = \sqrt{\frac{2C_3 C_1 R}{(C_1 + C_2) C_2}} \cdot \sqrt{\frac{P-R}{P}}$$

最优成本：

$$C_0 = \sqrt{2C_1 C_3 R} \cdot \sqrt{\frac{C_2}{C_1 + C_2}} \cdot \sqrt{\frac{P-R}{P}}$$

9.2.4　价格有折扣的存储问题

模型 5：以上讨论的货物单价是常量，得出的存储策略都与货物单价无关。在某些情况下，产品的订购价格会随订货批量的不同而变化，即存在价格折扣。在一般情况下，订货批量越大，产品单价越低；但在某种产品限额供应时，超额部分的单价反而要高。这时的货物单价是订购批量的函数，例如，单价有三个数量等级，可以表示为：

$$K(Q) = \begin{cases} K_1, & 0 \leqslant Q \leqslant Q_1 \\ K_2, & Q_1 \leqslant Q \leqslant Q_2 \\ K_3, & Q_2 \leqslant Q \end{cases}$$

一个周期内所需费用为：

$$C^{j}(Q)=\frac{1}{2}C_1\frac{Q}{R}+\frac{C_3}{Q}+K_j,\quad j=1,2,3 \tag{9-9}$$

价格函数和费用曲线如图9-8和图9-9所示。如果三种不同价格下的成本曲线不考虑定义域，那么它们只差一个常数，它们的导函数相同。

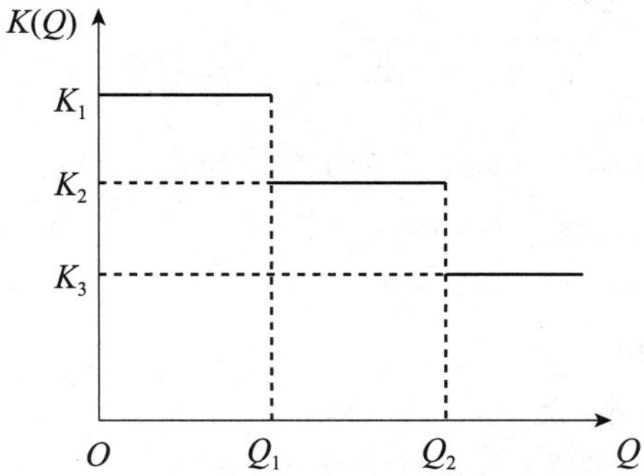

图9-8 价格函数曲线

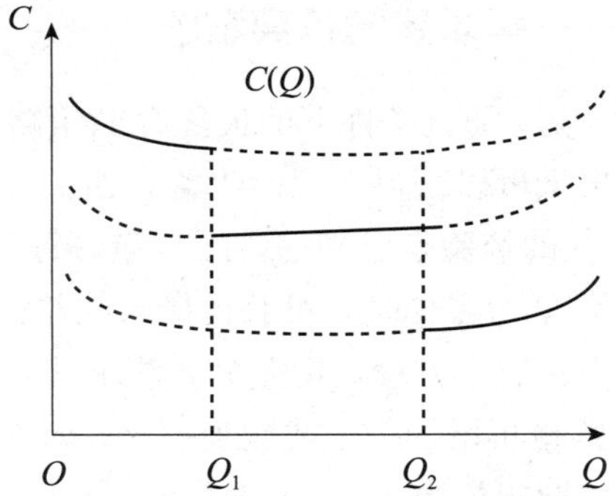

图9-9 成本函数曲线

最优决策的求解步骤如下：

对 $C(Q)$ 求极值（不考虑定义域），得极值点 Q_0（经济订购批量公式），Q_0 可能落在三个不同的区间内：(O,Q_1)，(Q_1,Q_2)，$(Q_2,+\infty)$。

若 $Q_0<Q_1$，计算：

$$C^{\mathrm{I}}(Q_0)=\frac{1}{2}C_1\frac{Q_0}{R}+\frac{C_3}{Q_0}+K_1 \tag{9-10}$$

$$C^{\mathrm{II}}(Q_1)=\frac{1}{2}C_1\frac{Q_1}{R}+\frac{C_3}{Q_1}+K_2 \tag{9-11}$$

$$C^{\mathrm{III}}(Q_2)=\frac{1}{2}C_1\frac{Q_2}{R}+\frac{C_3}{Q_2}+K_3 \tag{9-12}$$

由 $\min\{C^{\mathrm{I}}(Q_0),C^{\mathrm{II}}(Q_1),C^{\mathrm{III}}(Q_2)\}$ 得到单位货物最小费用的订购批量 Q^*。

若 $Q_1\leqslant Q_0\leqslant Q_2$，计算 $C^{\mathrm{II}}(Q_0)$ 和 $C^{\mathrm{III}}(Q_2)$，由 $\min\{C^{\mathrm{II}}(Q_0),C^{\mathrm{III}}(Q_2)\}$ 决定 Q^*。

若 $Q_2\leqslant Q_0$，则 $Q^*=Q_0$。

➡ 例 9-4

某厂每年需某种元器件 5 000 个，每次订购费用 $C_3=50$ 元，保管费每年每件 $C_1=1$ 元，不允许缺货，元件单价随着采购数量发生变化。当订购量小于1 500个时，每年每件 2.0 元，当订购数量超过 1 500 时，每年每件 1.9 元，求最佳订购量。

解：利用 EOQ 公式，计算：

$$Q_0=\sqrt{\frac{2C_3R}{C_1}}=\sqrt{\frac{2\times50\times5\ 000}{1}}\approx707(个)$$

由于 707 小于折扣价格时的订购量 1 500 个，因此，分别计算每次订购 707 个和 1 500 个元件时的平均单位费用（按式（9-10）计算）：

$$C(707)=2.141\ 4(元/个)$$

$$C(1\ 500)=2.083\ 3(元/个)$$

所以，最佳订购量是 1 500 个/次。

9.2.5 随机型存储模型——需求是随机离散的

模型 6：以报童问题为例说明随机条件下的最优存储策略。报童每天售报的数量是一个随机数，报童每售出一份报纸可以获得 k 元的收益，如果未能售出将赔 h 元，每日售出 r 份报纸的概率 $P(r)$ 根据以往的经验是已知的。报童最好每日准备多少份报纸？

问题可以变为：在订购量 Q 为多少时，可获得最大收益？目标是使期望的缺货损失和过剩的损失达到最小。建立损失成本方程，用差分方法求解。考虑问题的出发点是，当经济订购批量为 Q 时，无论订购量再增加一个或减少一个，都会使费用损失（缺货费和订购过量损失之和）增加。损失的期望值为：

$$C(Q)=\sum_{r=0}^{Q}h(Q-r)P(r)+\sum_{r=Q+1}^{\infty}k(r-Q)P(r) \qquad (9-13)$$

存在不等式：

$$\begin{cases}C(Q)\leqslant C(Q+1)\\C(Q)\leqslant C(Q-1)\end{cases} \qquad (9-14)$$

联立求解，得到：

$$\sum_{r=0}^{Q-1}P(r)<\frac{k}{k+h}\leqslant\sum_{r=0}^{Q}P(r) \qquad (9-15)$$

经济订购批量 Q 值完全由上式确定。

➡ 例 9-5

某商场拟在新年期间出售一批贺卡，每售出 1 000 张可以获利 70 元，如果在新年期间不能售出，必须削价处理（一定可以售完），此时每 1 000 张损失 40 元。根据以往的经验，市场的需求概率如表 9-2 所示，年前一次订货应订购贺卡多少张？

表9-2　需求量与需求概率

需求量（千张）	0	1	2	3	4	5
需求概率 $P(r)$	0.05	0.10	0.25	0.35	0.15	0.10

已知：$k=70$，$h=40$，$P(0)=0.05$，$P(1)=0.10$，$P(2)=0.25$，$P(3)=0.35$。

解：代入计算公式，可得：

$$\frac{k}{h+k}=\frac{70}{70+40}=0.637$$

由于

$$\sum_{r=0}^{2}P(r)=0.40;\quad \sum_{r=0}^{3}P(r)=0.75$$

因此，$r=3$（千张），应该订购3 000张贺卡。

9.2.6　随机型存储模型——需求是连续的随机变量

模型7：设货物单位成本为k，货物单位售价为P，单位存储费为C_1，需求r是连续的随机变量，密度函数为$\phi(r)$，生产或订购数量为Q，$F(a)$为需求分布函数，则

$$F(a)=\int_0^a\phi(r)\mathrm{d}r$$

$$F(Q)=\frac{P-K}{C_1+P}=\int_0^Q\phi(r)\mathrm{d}r \tag{9-16}$$

利用$F(Q)$求出经济订购批量Q^*的值。若$P-K\leqslant 0$，由于必须$F(Q)\geqslant 0$，此时等式不能成立，所以取$Q^*=0$，即当售价低于成本价时，不需要订货（或生产）。

9.2.7　（s，S）型存储策略

模型8：s为存储量下限，每阶段初期检查存储量：当库存$I<s$时，需要订货；当$I\geqslant s$时，本阶段不订货。S为存储量的上限，每次订货时，使库存量达到存储量S，每次订购批量为$Q=S-I$。

设货物单位成本为K，单位存储费用为C_1，单位缺货费用为C_2，每次订购费用为C_3，需求为r的随机变量，密度函数为$\phi(r)$，起初存储量为I，订货量为Q，请问如何确定Q值，使盈利的期望值最大（即损失的期望值为最小）？

计算公式为：

$$\sum_{r\leqslant S-1}P(r)<\frac{C_2-K}{C_1+C_2}\leqslant\sum_{r\leqslant S_i}P(r) \tag{9-17}$$

利用上式计算出S，然后确定本阶段的订货量为$Q=S-I$。

➡ 例9-6

某公司把塑料制成产品出售，已知每箱塑料购价为800元，订购费每箱$C_3=60$元，

存储费每箱 $C_1=40$ 元，缺货费每箱 $C_2=1\,015$ 元，原有存储量 $I=10$ 箱，已知对原料需求的概率为：$P(r=30$ 箱$)=0.20$，$P(r=40$ 箱$)=0.20$，$P(r=50$ 箱$)=0.40$，$P(r=60$ 箱$)=0.20$。求经济订购批量。

解：计算临界值：

$$N=(1\,015-800)/(1\,015+40)=0.204$$

选择使不等式成立的最小 S，因为：

$$P(30)=0.20<0.204$$

$$P(30)+P(40)=0.40>0.204$$

因此，$S=40$。

经济订货批量为：

$$Q=S-I=40-10=30(\text{箱})$$

存储策略为：当 $I>30$ 时，不必补充存储；反之，补充存储，并使存货量达到40箱。

9.2.8 其他类型的存储问题

在实际库存问题中，可能有很多其他方面的限制条件，如库存容积受到限制、购货资金数额受到制约、采购过程的限量供应等，诸如此类的问题可以采用线性规划的方法求解。该方法以收益（或成本）为目标，各种限制条件为约束条件，建立规划方程进一步求解。

9.2.9 库存决策模型方法汇总

库存决策模型方法汇总如表9-3所示。

表9-3 库存决策模型方法汇总

类型	序号	模型名称	适用范围	特点	计算参数
确定性	1	即刻补货	需求速度稳定，不允许缺货，补货时间很短	计算简单	订购批量、订购周期
	2	非即刻补货	需求速度稳定，补货需要一定时间	库存增速是补充速度与需求速度之差	订购批量、订购周期、最大存储量
	3	允许缺货、即刻补货	允许缺货（延迟交货），补货时间很短	缺货将遭受一定损失	订购批量、订购周期、最大缺货量
	4	允许缺货、非即刻补货	允许缺货，补货需要一定时间	缺货将遭受一定损失	订购批量、订购周期、最大缺货量、最大库存量
	5	存在价格折扣	不同订购批量下存在价格优惠	寻求不同价格下的全局最优订购策略	经济订购批量

续表

类型	序号	模型名称	适用范围	特点	计算参数
随机型	6	需求随机离散	需求概率已知（或可得）	寻求最佳收益期望值	经济订购批量
	7	需求随机连续	需求概率分布已知（或可得）	寻求最优收益期望值	经济订购批量
	8	(s,S) 型	需求随机未知	设置存储量的上限与下限	经济订购批量
其他	9	库存/仓储资源受到限制	库存容量、运输量等受到限制	用规划方程求解	

9.3　供应链环境下的库存协调策略

案例9－5

供应链环境下实现零库存的途径和方法

从企业运作实践看，在供应链环境下，实现零库存管理的模式有很多种：

● 无库存储备。无库存储备事实上是仍然保有储备，但不采用库存形式，以此达到零库存。

● 委托营业仓库存储和保管货物。这是指企业委托专业化的仓库进行存储货物的管理活动，并依法向其支付相关费用，以在某种程度上实现零库存或者进行无库存式生产。

● 协作分包。这是制造企业的一种产业结构形式。若干企业协同柔性生产进行及时供应，使主企业的供应库存为零，同时主企业的集中销售库存使若干分包劳务及销售企业的销售库存为零。

● 适时适量生产。准时制（JIT）是日本丰田汽车公司在20世纪60年代实行的一种现代化、高效率的生产方式，目标在于消除一切浪费。JIT能够缩短生产周期，加快资金周转和降低成本，是实现零库存的主要方法。

● 按订单生产。生产管理模式分为推动式生产和拉动式生产两种。MRPⅡ就是典型的推动式生产管理模式，拉动式生产管理模式的典型就是JIT。按订单生产就是指在拉动式生产下，企业只有在接到客户的订单后才进行生产，进行相应的采购、制造和配送。物料是根据订单流动的，物流达到了高效率，就可以有效消除库存。

● 供应商管理库存。例如，戴尔公司在厦门设厂，自身并没有零部件仓库和成品仓库。其零部件实施供应商库存管理；成品完全是订单式的，用户下单，戴尔组织送货。

资料来源：何向军，周鼎．零库存管理及其实现条件．中国物流与采购，2012（22）.

9.3.1 库存协调策略一：供应商管理库存

国家标准《物流术语》（GB/T 18354—2006）指出，供应商管理库存（vendor managed inventory，VMI）是按照双方达成的协议，由供应链的上游企业根据下游企业的物料需求计划、销售信息和库存量，主动对下游企业的库存进行管理和控制的库存管理方式。VMI 是一种以用户和供应商双方都获得最低成本为目的，在一个共同的协议下由供应商管理库存，并不断监督协议执行情况和修正协议内容，使库存管理得到持续改进的合作性策略。这种库存管理策略打破了传统的各自为政的库存管理模式，体现了供应链的集成化管理思想，适应市场变化的要求，是一种新的、有代表性的库存管理思想。目前，VMI 在供应链运作中的作用十分重要，被越来越多的企业重视。

1. 实施 VMI 策略的前提

VMI 不同于以往任何库存优化模型与方法。以往的库存控制理论与方法是站在使用者的角度，始终没有跳出这个范围。VMI 是把库存控制的决策权交给了供应商，对供需双方来说都是挑战。实施 VMI 策略有两个前提：一方面，VMI 要求供应链上下游供需双方建立互信的战略伙伴关系，即要求需求方（如制造商）向供应商提供足够透明的库存变化信息，以便供应商能及时准确地作出补充库存的决定。公开库存信息是个难题，制造商和供应商必须建立起互信的战略伙伴关系以解决这一难题。这也是实施 VMI 的基础，没有这个基础，VMI 不可能成功实施。

案例 9-6

信息系统是家乐福与雀巢实施 VMI 运作的核心

VMI 是 QR（快速响应）系统的一种重要物流运作模式，也是 QR 走向高级阶段的重要标志。VMI 的核心思想在于零售商放弃商品库存控制权，而由供应商掌握供应链上的商品库存动向，即由供应商依据零售商提供的每日商品销售资料和库存情况来集中管理库存，替零售商下订单或连续补货，从而实现对顾客需求变化的快速反应。VMI 不仅可以大幅改进 QR 系统的运作效率，即加快整个供应链面对市场的回应时间，较早得知市场准确的销售信息，而且可以最大限度降低整个供应链的物流运作成本，即降低供应商与零售商因市场变化带来的不必要库存，达到挖潜增效、开源节流的目的。

正是看到了 VMI 的上述特殊功效，家乐福在引进 QR 系统后，一直努力寻找合适的战略伙伴以实施 VMI 计划。经过慎重挑选，家乐福最后选择了其供应商雀巢。就家乐福与雀巢的既有关系而言，双方只是单纯的买卖关系，唯一特殊的是，家乐福对雀巢来说是一个重要的零售商客户。在双方的业务往来中，家乐福具有十足的决定权，决定购买哪些产品、购买多少。

两家公司经协商，决定由雀巢建立整个 VMI 计划的机制，总目标是提高商品的供应效率，减少家乐福的库存天数，缩短订货前置时间，以及降低双方物流作业的成本率等。

由于双方各自有独立的内部 ERP 系统，彼此并不相容，因此家乐福决定与雀巢以 EDI 连线方式来实施 VMI 计划。在 VMI 系统的经费投入上，家乐福主要负责 EDI 系统建设的花费，没有其他额外的投入；雀巢除了 EDI 建设外，还引进了一套 VMI 系统。经过近半年的 VMI 实际运作后，雀巢对家乐福配送中心的产品到货率由原来的 80%左右提升至 95%（超越了目标值），家乐福配送中心对零售店铺的产品到货率也由 70%提升至 90%左右，并仍在继续改善中；库存天数由原来的 25 天左右降至 15 天以下，在订单修改方面也由 60%～70%降至现在的 10%以下，每日商品销售额则上升了 20%左右。总体而言，VMI 使家乐福受益无穷，极大地提升了其市场反应能力和市场竞争能力。

雀巢公司也受益匪浅。最大的收获便是与家乐福的关系改善。过去雀巢与家乐福只是单向买卖关系，所以家乐福要什么就给它什么，甚至是尽可能地推销产品，彼此都忽略了真正的市场需求，导致好卖的商品经常缺货，而不畅销的商品却有很多存货。这次合作使双方愿意共同解决问题，从而有利于从根本上改进供应链的整体运作效率，并使雀巢及时掌握家乐福的销售资料和库存动态，以更好地进行市场需求预测和采取有效的库存补货计划。

资料来源：家乐福：从 VMI 中受益无穷.（2012－01－16）. http://www.linkshop.com.cn/web/Article_News.aspx? ArticleId=64608.

另一方面，需求方应和供应商共同建立 VMI 执行协议框架和运作规程，建立起对双方有利的库存控制系统。库存信息管理在 VMI 中具有重要意义，传统的人工管理方式已无法适应其要求，必须依靠先进的信息技术，建立起先进的 VMI 运行平台。

2. 实施 VMI 策略的九大步骤

实施 VMI 的运作策略，需要采取以下九个步骤：

(1) 改变需求方企业的仓储人员的思想。供应链中需求方企业的仓储人员可能认为 VMI 对他们在企业中的地位是一种威胁，要做好他们的工作，保证有效地实施 VMI。

(2) 需求方企业拟定一份粗略的存货品种和补充库存计划，讨论 VMI 包含哪些存货品种，开始应该管理多少产品，何时增加新产品。

(3) 需求方决定供应商应该在哪里建立仓库、其仓储面积能否保证产品的进出和不断增长的产品需求、供应商使用什么样的工具交货等。

(4) 需求方制定出参与实施 VMI 的供应商资格认定标准、潜在的符合条件的供应商选择、供应商培训和退出计划。

(5) 需求方进行供应商选择，确定哪个供应商是符合运作要求的。在进行供应商选择时，要考虑其管理能力、声誉、业务范围、运作经验、财务状况、人力资源等是否达到既定的标准。

(6) 供应商与需求方进行有关 VMI 运作的详细洽谈，确定供应商运作的一系列标准，如送货时间、送货地点、存货怎样送达工厂、怎样保证存货安全等。

(7) 供应商与需求方共同商定使用何种信息系统和网络平台以满足供需双方的信息集成和共享的要求。

(8) 需求方制定适用于评价 VMI 绩效的评估体系、退货条款（包括退货的提前期、退货的运费支付等）、例外条款（包括什么样的意外事件需要报告、报告的渠道、时间间隔等）、付款条款（包括付款方式、有关文件准备等）、罚款条约等。

（9）双方开展 VMI 运作实践，总结成功经验并进行完善。

9.3.2 库存协调策略二：联合库存管理

1. 联合库存管理概述

联合库存管理（joint managed inventory，JMI）与 VMI 不同，国家标准《物流术语》（GB/T 18354—2006）指出，联合库存管理是指供应链成员企业共同制定库存计划，并实施库存控制的供应链库存管理方式。它是一种风险共担的库存管理模式，而 VMI 是一种供应链集成化运作的决策代理模式，即把客户的库存决策权交给供应商，由供应商代理客户行使库存决策权的方式。

联合库存管理的思想起源于地区配送中心的联合库存功能，地区配送中心体现了一种简单的联合库存管理思想。传统的分销模式是：分销商根据市场需求，直接向工厂订货。例如，汽车分销商根据客户对车型、款式、颜色、价格等的不同需求，向汽车制造厂订货，由于订单的履行需要一定的前置期，分销商为了提高服务水平，不让顾客等待过长时间，同时降低缺货成本，不得不持有大量库存，由此产生的成本巨大。采用地区分销中心的销售方式后，各分销商只需要少量的库存，大量的库存仍由地区分销中心储备，也就是各分销商将其库存的一部分交给地区分销中心负责，从而减轻了各分销商的库存压力，分销中心也具备了联合库存管理的功能。

2. 联合库存管理的实施方法

（1）构建供需协调机制。为了发挥联合库存管理的优势，供需双方应积极合作，建立供需协调管理的机制，统一目标，并明确各自责任，建立合作沟通的渠道。建立供需协调管理机制，应从以下几个方面着手：

1）建立共同合作目标。要建立联合库存管理模式，供需双方必须本着互利的原则，建立共同的合作目标。为此，要了解供需双方在市场中的共同之处和冲突点，通过协商形成共同的目标，例如，使用户满意、利润共同增长和风险减少等。

2）建立联合库存的协调控制方法。联合库存管理中心担当着协调供需双方利益的角色。库存优化包括库存在多个需求商之间的调节与分配、库存最大量和最低库存水平的确定、安全库存的确定、需求预测等。

3）建立信息共享系统。信息共享是供应链管理的特点之一，为了保持整个供应链的需求信息畅通，应建立一种信息沟通渠道，将条码技术、扫描技术系统和 EDI 集成起来，充分利用互联网在供需双方之间建立一条畅通的信息高速公路。

4）建立利益分配激励机制。为了有效进行基于协调中心的库存管理，还必须建立一种公平的利益分配制度，以对参与联合库存管理中心的各企业（供应商、制造商、分销商和批发商）进行有效的激励，提升其合作性和协调性。

（2）应用成熟的技术。为了发挥联合库存管理的作用，在供应链库存管理中可以利用目前较成熟的两种资源管理系统，即制造资源计划（manufacturing resources planning，MRPⅡ）系统和分销资源计划（distribution resources planning，DRP）系统。原材料库存联合协调管理中心应采用 MRPⅡ系统，产品联合库存协调管理中心应采用 DRP 系统。

（3）做到快速响应。国家标准《物流术语》（GB/T 18354—2006）指出，快速响应（quick response，QR）是指供应链成员企业之间建立战略合作伙伴关系，利用电子数据交换等信息技术进行信息交换与共享，用高频率、小批量配送方式补货，以实现缩短交货周期、减少库存、提高顾客服务水平和企业竞争力为目的的一种供应链管理策略。

快速响应系统是 20 世纪 80 年代末在美国服装业发展起来的一种管理策略，其目的在于减少原材料到用户这一过程的时间和库存，最大限度提高供应的运作效率。快速响应系统经历了三个发展阶段：第一阶段为商品条码化，通过商品的标准化加快订单的传输速度；第二阶段是内部业务处理的自动化，应用自动补货与电子数据交换系统提高业务自动化水平；第三阶段是企业间有效合作，消除供应链组织间的障碍，提高供应链的整体效率，例如，通过供需双方合作，确定库存水平和销售策略等。

（4）依靠第三方物流的帮助。第三方物流系统是供应链集成的一种技术手段。将库存管理的部分功能交给第三方物流企业，可以使生产企业集中精力于自己的核心业务。第三方物流系统可以起到供应商和用户之间的桥梁作用，为企业提供诸多好处。

9.3.3　库存协调策略三：协同计划、预测与补货

1. 协同计划、预测与补货的概述

国家标准《物流术语》（GB/T 18354—2006）指出，协同计划、预测与补货（collaborative planning，forecasting and replenishment，CPFR）是指应用一系列的信息处理和模型技术，提供覆盖整个供应链的合作过程，通过共同管理业务过程和共享信息改善零售商和供应商之间的计划协调性，提高预测精度，最终达到提高供应链效率、减少库存和提高客户满意程度的目标的供应链库存管理策略。

1995 年，商业零售连锁店沃尔玛与其供应商 Warner-Lambert、世界最大的企业管理软件商 SAP、国际著名的供应链软件商 Manugistics、美国著名的咨询公司 Benchmarking Partners 等 5 家公司联合成立了零售供应与需求链工作组，进行 CPFR 的研究和探索，其目的是开发一组业务过程，使供应链中的成员利用它能够实现从零售商到制造企业之间的功能合作，显著改善预测准确度，降低成本、库存总量和现货百分比，发挥出供应链的全部效率。

工作组的第一阶段工作是进行概念性试验，在取得成功后，组成了由 30 多家单位参加的 CPFR 理事会，致力于 CPFR 的研究标准制定、软件开发和推广应用工作。美国商业部的资料表明，1997 年美国零售商品供应链中的库存约为 1 万亿美元，CPFR 理事会估计通过全面成功实施 CPFR，可以减少 15%～25%的库存，即相当于 1 500 亿～2 500 亿美元。由于 CPFR 巨大的潜在效益和市场前景，一些著名的企业软件商，如 SAP、Manugistics、仁科（Peoplesoft）、i2Technology 和 Synara Software 等正在开发 CPFR 软件系统和从事相关的服务（王焰，2002）。

2. 协同计划、预测与补货的实施方法

实施 CPFR 的指导性原则有三条：

（1）供应链伙伴框架结构和运作过程以消费者为中心。

（2）供应链伙伴共同负责开发单一共享的消费者需求预测系统，这个系统驱动整个价值链计划。

（3）供应链伙伴均承诺共享预测，并在消除供应过程约束上共同承担风险。

与传统的供应链运营模式相比，CPFR 在改善供应链合作关系、提高消费者满意度和供应链整体运作效率方面无疑是一个极大的进步，具有重要的理论和应用意义。CPFR 的实施分为三个阶段，共九个步骤（梭伦，2001）：

第一阶段为计划，包括步骤一和步骤二。步骤一是供应链合作伙伴（零售商、分销商和制造商等）共同达成一个通用业务协议，包括对合作的全面认识、合作目标、机密协议和资源授权；步骤二是制造商和零售商交换公司战略和业务计划信息，以发展联合共同业务计划。

第二阶段为预测，包括步骤三～步骤八。步骤三是利用零售商销售数据，创建一个支持共同业务计划的销售预测；步骤四是识别分布在销售预测约束之外的项目，每个项目的例外准则需在步骤一中得到认同；步骤五是通过查询共享数据、电子邮件、电话、交谈、会议等解决销售预测例外，并提交销售预测的改变结果；步骤六是合并 POS 数据、因果关系信息和库存策略，产生一个支持共享销售预测的共同业务计划的订单预测；步骤七是识别分布在订单预测约束之外的项目，而例外准则在步骤一中已建立；步骤八是通过查询共享数据、电子邮件、电话、交谈、会议等调查研究订单预测例外，并提交订单预测的改变结果。

第三阶段为补给，包括步骤九。步骤九是将订单预测转换为已承诺的订单，订单的产生可由制造商或分销商根据能力、系统和资源来完成。

9.4 仓储技术的发展趋势

科学技术的进步，特别是以计算机技术、通信技术以及网络技术为代表的高新技术的发展以及在物流领域的应用，必然推动仓储技术的发展。具体来讲，仓储技术的发展趋势主要表现在以下几个方面。

1. 仓储信息网络化

仓储信息网络是一个利用现代信息技术、数学和管理科学方法对仓储信息进行收集、加工、存储、分析和交换的人机综合系统。通过该系统可以对仓储物资的动态进行实时跟踪、调查、评估，仓储更加透明，并可根据组织的任务、性质以及所需的物资品种、数量等，动态调整仓储物资储备，确定最佳决策，提供最可靠、最快捷、最经济的保障。

随着计算机技术和通信技术的发展以及全球信息网络的建立，仓储信息网络化趋势将进一步发展。信息技术不仅用于处理仓储的具体业务，而且用于控制各种储运设备，进行物流保障分析与预测，以制定物流储备计划和保障方案，使仓储信息化上升到一个新的高度。仓储信息网络必将使供应商、制造商、分销商、客户等连成一体，从而实现供应链各成员信息共享，减少供应环节，缩短物资周转时间，压缩库存物资，提高保障的精确性和可靠性，实现仓储物资全过程的可视化。

2. 储运作业自动化

仓储自动化建设是一项系统工程，实现仓库物资储运作业自动化，仓储机械设备、设施以及管理、信息、人才系统配套与协调发展是重要的趋势。从我国仓库自动化建设和科技发展来看，主要有以下一些发展方向：

（1）物资储运集装化。建立运输工具、储存和装卸设备的标准化体系，加强集装箱、托盘、集装袋等在物资储运中的推广应用，争取 90%以上的物资实现集装化、单元化储存和运输。通过物资集装化，实现“门到门”的直达运输，减少运输环节，加快物资周转，提高储运质量和效率，降低物流成本。

（2）库房自动化。目前，自动化技术在仓储中的应用越来越广泛。射频数据通信、条码技术、扫描技术等将更多地应用于仓库堆垛机、自动导引车和传送带等运输设备上。信息技术已经成为仓储自动化技术的核心。在满足仓储要求的条件下，规模小、反应速度快、用途广的自动化库房将发挥越来越重要的作用。

（3）仓储装卸搬运机械高效化。通过引入计算机、自动控制技术对仓储机械进行技术改造，仓储机械的技术性能将大幅提高。载重量大、机动性强、操作方便、可维修性好的叉车、牵引车、托盘搬运车、码垛机、管道输送机、带状输送机、自动拣选机等先进的装卸搬运机械设备将广泛应用于仓储系统中。

21 世纪，人工智能技术应用于仓储中，会出现各种智能化的仓储机械。例如，在自动导向车和智能车中应用专家系统确定行走路线和运行方案；在物料存取过程中应用专家系统指挥机器人进行入架和出架操作；将多媒体技术和专家系统应用于仓储机械的人员培训、操作指导、远程现场监控、异地故障分析和诊断等。随着时间的推移，智能化仓储设备将会更多、更加完善，仓储机械将会更安全、更可靠。

3. 仓储安全监控电子化

计算机技术和电子技术的发展促进了仓储安全管理的科学化和现代化，仓储安全管理必将突破传统的经验管理模式，增加科技含量，依靠科技手段，推广应用仓储安全监控技术，提高仓储安全水平。

仓储安全监控技术是随着科技的发展而发展的，从现代科技发展来看，仓储安全监控技术有以下发展趋势：

（1）智能化程度提高。计算机技术的发展将促进各种仓储安全监控专用设备和传感器的可靠性和智能化程度的提高。

（2）监控信号传送手段多样化。仓库可根据实际情况选择直接线缆传输、电话线传输、电力线传输、网络线传输以及多种方式的混合传输、无线传输等。

（3）监控模式更加全面可靠。仓储安全监控模式将由集中监视、集中控制向集中监视、集中管理、分散控制转变。中央计算机监控系统由通信网络将分散控制现场的区域智能分站连接起来，实现对仓库内各种安保防范措施和集中监控管理、报警处理和联动控制等功能的一体化监控。

仓储监控系统主要包括闭路电视监控功能、防盗报警功能、火灾报警与控制功能、出/入库监控功能、紧急报警功能、巡更管理功能、周界防卫功能、门锁控制功能和智能卡系统等。

4. 仓储决策智能化

计算机技术和管理科学的发展及其在仓储中的应用，为开发仓储辅助决策系统提供了重要的技术手段和科学方法。

案例 9-7

马士基在中国的全自动化仓储项目助力供应链创新实践

2020 年 7 月 15 日，马士基梅山国际物流中心一期项目正式投入运营。该项目总投资约 2 亿元，占地 150 亩，是马士基集团在中国投资的第一个全自动化仓储项目。

马士基集团抓牢梅山综合保税区整合优化的发展契机，开拓在中国的广阔市场，成为国际化、智能化、规模化、集约化、自动化的国际物流分拨及配送中心，打造管理高效、服务最优的样板工程，将为宁波“225”外贸双万亿行动奠定坚实基础，为梅山建设国际级综合保税区和国际供应链创新试验区提供有力支撑。马士基集团选择在梅山投建中国第一个全自动化仓库，不仅因其得天独厚的地理位置，更因得到了当地政府及相关部门的大力支持。马士基集团将携手梅山，利用各自领域的优势，做大做强港航及国际供应链延伸服务，发掘市场潜能，共同打造集数字化、自动化和创新产品于一身的国际航运物流经济体。

合资方宁波梅山保税港区泉合投资有限公司总经理王伟国表示马士基在中国的全自动化仓储项目于 2018 年 6 月开工，得到了梅山政府及各职能部门的大力支持，参与项目建设的全体人员克服各种困难，经过两年的努力，按时按预算顺利完成建设工作。马士基梅山国际物流中心将凭借丰富的仓储管理经验、先进的设施设备、国际标准化的操作、成熟的解决方案及专业物流管理团队，致力于为客户提供一体化仓储物流服务。

马士基梅山国际物流中心共分两期建设。一期项目拥有全自动立体仓库和 1.2 万平方米通用货架仓库，可同时存储 5 万立方米货物。配套堆场面积约 4 万平方米，可同时堆存 1.2 万余标箱。梅山自动化仓库拥有约 2.2 万个存储位，配备 10 台高货架全自动堆垛机、40 台潜伏式 AGV、10 门全自动仓库卸货门，均配备进仓流水线及全自动缠膜机，5G 网络全覆盖。二期项目计划占地 200 亩，旨在打造一个规模化、集约化、自动化的国际物流分拨及配送中心，致力于开发包括国际中转集拼、跨境进出口电商物流、区域分拨、冷链物流在内的物流生态圈。

马士基大中华区总裁吴冰青说，中国市场是马士基最重要的市场之一，作为全球综合的集装箱航运物流服务供应商，马士基梅山国际物流中心将更好地为客户提供端到端量身定制的一体化解决方案、马士基全球化航运物流网络，为时尚、零售、化工、快消以及科技等各个细分领域客户提供专业化的服务和数字化创新的思维，进一步连接并简化客户的供应链。

资料来源：王健，李一．好消息！马士基在中国投建的首个全自动化仓储项目今天在梅山启用.(2020-07-15). https://zj.zjol.com.cn/news/1486096.html.

本章小结

仓储管理是每一个物流系统不可缺少的组成部分，在以最低的总成本提供令人满意的客户服务方面具有举足轻重的作用。仓储是指利用仓库以及相关设施设备进行物品的入库、存贮、出库的作业。库存是指在企业生产和物流渠道中各仓库堆积的原材料、供给品、零部件、半成品和成品。

现代仓储管理系统的建立，一般基于五个方面的原因：降低运输与生产成本、协调供求关系、辅助生产、平衡流通资金的占用、支持市场销售。仓储通过改变物的时间状态，克服产需之间的时间差异获得更好的效用。仓储系统有三个重要功能：存储功能、物料搬运功能和信息传递功能。

在库存决策中，有三类成本起着重要作用，即采购成本、库存持有成本和缺货成本。在确定订购库存量不足的某种产品时，需要对其相关成本进行权衡。库存管理决策的内容是进行库存控制，即确定定期补货的数量（订货批量）和补货的频率（补货时间间隔）。在现实中，根据库存需求的不同前提，有多种库存决策模型可供使用。

在库存总量管理中通常实行 ABC 分类法进行管理，通过对不同类别的产品选择使用不同的库存策略，能够在更低的库存水平下实现服务目标。准时制库存是维持系统完整运行所需的最少库存。有了准时制库存，所需的商品就能按时、按量到位。

VMI 的库存管理策略打破了传统的各自为政的库存管理模式，体现了供应链的集成化管理思想，适应市场变化的要求。VMI 的实施要求供应链上下游双方拥有互信的关系，同时建立共享的信息平台。具体来说，VMI 的实施包括九个工作步骤。JMI 是指供应链成员企业共同制定库存计划，并实施库存控制的供应链库存管理方式。CPFR 是指应用一系列的信息处理技术和模型技术，提供覆盖整个供应链的合作过程，通过共同管理业务过程和共享信息改善零售商和供应商之间的计划协调性，提高预测精度，最终达到提高供应链效率、减少库存和提高客户满意程度的目标的供应链库存管理策略。

以计算机技术、通信技术以及网络技术为代表的高新技术的发展及其在物流领域的应用，必然推动仓储技术的发展。现代仓储技术正朝着仓储信息网络化、储运作业自动化、仓储安全监控电子化、仓储决策智能化等方向发展，仓储管理应顺应这种变革趋势。

关键概念

仓储　库存　仓储管理　库存控制　准时制库存　存储　物料搬运信息传递　采购成本　库存持有成本　缺货成本　ABC 分类法　储存合理化　VMI　JMI　CPFR

思考题

1. 为什么保有库存要消耗很多的成本？
2. 供应渠道中持有库存的原因是什么？
3. 请分析和说明订货周期的缺货概率与服务水平之间的关系。
4. 实施 VMI 的前提是什么？如何实施 VMI？
5. 实施 JMI 的前提是什么？如何实施 JMI？
6. 实施 CPFR 的前提是什么？如何实施 CPFR？

课堂讨论题

JMI、VMI、CPFR 三种库存控制策略的优缺点和适用范围是什么？如何考虑在供应链环境下将这三种策略进行集成？

补充阅读材料

1.《运筹学》教材编写组．运筹学．4 版．北京：清华大学出版社，2012.

2. 肯尼斯·莱桑斯，布莱恩·法林顿．采购与供应链管理：第 9 版．北京：机械工业出版社，2018.

3. 供应链管理专业协会，等．供应链与库存管理：库存控制、流转与绩效评估．北京：人民邮电出版社，2020.

案例分析

青岛啤酒改革仓储管理，实现仓储成本有效控制

自 1993 年成立以来，通过兼并重组、破产收购、合资建厂等多种方式，青岛啤酒股份有限公司（以下简称青岛啤酒）目前在全国已经拥有 50 多家啤酒生产企业及 2 家麦芽厂，生产规模和市场份额在同行业中居于领先地位。公司的经营范围是啤酒制造、销售以及与之相关的业务。产品实行“1＋3 战略”，1 为青岛啤酒这一主品牌，3 分别是崂山啤酒、山水啤酒、汉斯啤酒这三大子品牌，满足不同层次的消费需求。为满足海外市场的不同需求，公司对出口产品进行了重新设计，目前已远销美国、日本、德国、法国、英国等 70 多个国家和地区。

青岛啤酒为了解决由于急速扩张带来的产品运输及配送问题，采取了向日本朝日啤酒学习、重新审视和设计公司的仓库结构和物流路线等一系列措施。青岛啤酒的销售网络遍布全国，公司以集成意识为指导，对整个体系进行了架构重组。

青岛啤酒重点对仓储物流进行了改革，在总体管理方面，首先成立了仓储调度中心，对全国市场区域的仓储活动进行重新规划，对产品的仓储、转库实行统一管理和控制；成立独立法人资格的物流有限公司，提高物流效率并增强实力；同时应用建立在互联网信息传输基础上的 ERP 系统，筹建了青岛啤酒技术中心，将物流、信息流、资金流全面统一，在计算机网络的智能化管理之下，建立起各分公司与总公司之间的快速信息通道；对运输仓储过程的各个环节进行重新整合、优化，减少运输周转次数，压缩库存，缩短产品仓储和周转时间。正因为对仓储的全面改革，青岛啤酒能够及时掌握各地最新的市场库存、货物和资金流动情况，为制定市场策略提供准确的依据，物流网使产品销售速度加快，甚至能让青岛本地消费者喝上当天酒、当周酒。青岛啤酒利用这套科学的仓储管理系统，合理调整生产，减少积压货物并在旺季充足供应货物，向 JIT 管理方向迈进。同时能够根据要货计划和市场预测，及时向生产企业传递要货信息，利用物流公司调度运力，确保交货质量和交货期。这套仓储管理系统，大大减少了青岛啤酒在人、财、物方面的成本；减少了

库存，使资金占用下降3 500万元，仓储费用下降187万元。

青岛啤酒的改革体现了仓储业顺应社会现代化的发展趋势，彰显了仓储对于企业的重要性，为其他企业的仓储改革提供了思路：

（1）仓储业社会化、功能化、机械化、自动化、信息化、信息网络化势在必行，商业仓储必须发展成为独立的市场经济主体，按照独立市场经济主体的要求进行现代企业制度的改造和开展科学化的现代企业管理，使仓储企业产权独立，给予企业充分的经营自主权，按照满足社会需要的原则向社会提供服务。企业以追求利润最大化为目标。

（2）仓储企业内部应实施现代企业科学管理，建立高效的组织结构，实行规章化的岗位负责制，建立有利提高生产率的奖励分配制度，实施有效和系统的职工教育培训制度，采取科学的管理方法，培养积极向上的优秀企业文化。要重视现代化仓储工作人员的培训工作。实现仓储业现代化的关键在于科学技术，而发展科学技术的关键又在于人，没有知识，没有人才，现代化就是一句空话。要实现仓储人员的知识化、专业化，必须按现代化管理的要求，根据不同类型的仓库和工作岗位制定和实施人才培训计划，培养出一批具有现代科学知识和管理技术、责任心强、素质高的专门从事仓储管理的干部队伍。这是实现我国仓储业乃至物流业的社会化、现代化的重要保证。

资料来源：王皓．仓储管理．2版．北京：电子工业出版社，2017；孙英超．青岛啤酒集团物流运作对企业经营绩效的影响研究．青岛：中国海洋大学，2013.

案例思考题

1. 青岛啤酒是如何改进物流仓储的？从哪几个方面着手？
2. 从青岛啤酒的物流仓储改革方案中，你受到哪些启发？

10 Chapter

第 10 章

其他功能性活动管理

学习目标

通过本章的学习，读者应该能够：

- 了解包装的作用与包装合理化应注意的问题
- 了解装卸搬运的分类及其合理化措施
- 了解流通加工的基本形式及其合理化措施
- 了解物流信息的特点及物流信息技术的应用

10.1 包装

国家标准《物流术语》(GB/T 18354—2006) 对包装 (packaging/package) 的定义是：为在流通过程中保护产品、方便储运、促进销售，按一定技术方法而采用的容器、材料及辅助物等的总体名称。也指为达到上述目的而在采用容器、材料和辅助物的过程中施加一定技术方法等的操作活动。由该定义不难理解包装的目的和意义。包装可以分为两类：一类是销售包装 (sales package)，即直接接触商品并随商品进入零售店与消费者直接见面的包装；另一类是运输包装 (transport package)，即以满足运输、仓储要求为主要目的的包装。

10.1.1 包装在物流中的地位和作用①

包装是物流的七大功能之一，也是物流系统活动中最基本的要素。一般情况下，包装

① 本小节参考了靳伟．《现代物流系列讲座》第三十五讲 包装．中国物流与采购，2003 (18).

始于生产的终点，结束于消费的始点。在整个流通过程中，包装的结实性、美观性和标准性决定了产品能否以完美的使用价值使用户满意。如果中途有散包、破损、雨淋、受浸、变质、异味、溢泄、变形、撞裂等现象发生，说明包装不善；如果包装规格尺寸不标准，不符合托盘、叉车作业要求，不能进行集装单元化保管和运输，说明包装设计考虑不周；如果为了节约而选择不适用的包装材料，运输或装卸搬运过程中就有可能出现问题；如果包装材料使用过多，包装过剩或过繁，会造成资源浪费，给回收造成困难，给消费者带来不便；如果包装大小、形状不适合摆放、陈列，或包装过繁，会影响销售。此外，包装还直接影响装卸搬运、保管、运输的质量和效率，关系到整个物流成本和销售效果。所以，包装在物流中的地位和作用十分重要。

案例 10-1

网络购物时代低碳物流包装的设计

有人说："包装是无声的推销员"，一名优秀的推销员会激发消费者购买产品的欲望，精美的包装设计也会令人感受到产品的质感与品位的提升，从而产生购买欲。包装是一个品牌的理念、产品的特性加上消费者心理的综合反映，它会直接刺激消费者的眼球，影响到消费者的购买欲。全球化的今天，包装与商品已经融为一体，成为商品营销最有效的工具之一。随着近年来网民对网络购物的认知度和接受度的迅速提升，网购产品到达网民手中都要经过一个重要的物流步骤，物流公司在整个环节中起到纽带作用。在网络购物时代，物流包装的发展也有了悄然的变化，作为"无声的推销员"，物流包装将推销员的职责发挥出来，起到和推销员相同甚至更好的推销作用。目前这种物流包装形式还有待改进，无论是淘宝卖家还是其他销售网站，都对自己展示的商品进行了装饰，却忽略了对产品做更好的外观包装，忽略了对产品的保护做更多的调整，等等。事实证明，商品的多方面展示和详尽的介绍会给卖家带来更多的销售量，也就是说物流包装对网络商品的销售和物流公司的整体形象起着相当关键的作用。好的包装不但会保护好产品，更会让消费者感觉到产品的品质；而不好的包装会令产品在物流过程中受损，也会影响消费者的感觉，很有可能会打消消费者再次购买的欲望。

做好物流包装的设计是网络卖家推销的最好方式之一。物流包装设计要体现产品特点和品牌个性，使用低碳环保的材料，给消费者留下良好的印象。

资料来源：刁雪．网络购物时代低碳物流包装设计研究．长春：吉林大学，2012.

10.1.2　包装材料及包装形式

包装材料的选择十分重要，直接关系到包装质量和包装费用，有时也影响运输、装卸搬运和保管。常用的包装材料分为以下几种类型。

（1）纸包装材料。利用纸进行包装的商品非常广泛，用量最多，这是由于纸包装材料耐摩擦、耐冲击、质地细腻、容易黏合、无味、无毒，价格相对较低。纸作为包装材料，使用方便灵活，包装物可大可小，形状多变。包装纸经装帧设计后使用效果会更好，还可再生利用。

（2）木制包装材料。木制包装材料具有抗压、抗震、抗挤、抗冲撞的特点，一般用于外包装。为了节约木材，除了采用框架式包装方式外，改用塑料、复合材料、胶合板材料进行包装越来越普遍。

（3）金属包装材料。液体（如饮料等）和气体（如煤气、天然气等）一般用金属片和金属板制作包装材料，其中，镀锡薄钢片（俗称马口铁）和金属箔两大品种用量较大。马口铁坚固、耐腐蚀，而且防水、防潮、防摔，容易加工，应用十分广泛。

（4）塑料包装材料。塑料包装材料包括聚乙烯、聚丙烯、聚苯乙烯、聚氯乙烯以及钙塑材料等。

（5）玻璃、陶瓷包装材料。用玻璃或陶瓷材料制成的瓶、罐、坛子，很适宜用来盛装食品、饮料、酒、药品等。玻璃和陶瓷不仅耐腐蚀、强度高，而且能进行装潢和装饰，有利于销售。

（6）复合包装材料。常见的复合材料有几十种，广泛应用的复合材料有塑料与塑料复合、塑料与玻璃复合、金属箔与塑料复合、纸张与塑料复合以及金属箔、塑料、玻璃复合等。

包装形式可划分为三大类：第一类是包装袋，如塑料袋、麻袋、草袋、水泥袋、纸袋等；第二类是包装箱，如木箱、框板箱、纸箱、塑料箱、框架箱、集装箱等；第三类是包装盒、包装罐、包装笼、包装筒等。

10.1.3 包装合理化的要求

包装合理化非常重要，对于减少环境污染，降低物流成本，提高运作效率都有十分重要的意义。具体来说，包装合理化的要求主要有以下几个方面：

（1）包装合理化要从产品的设计阶段开始。包装合理化应从源头抓起，产品设计便是包装合理化的源头。传统工业在产品设计时，往往主要考虑产品的质量、性能、款式、原材料选用、成本、大小以及紧凑性等，不太重视包装的合理性、包装材料的节省性，以及搬动、仓储、运输的方便性和合理性。企业及其产品设计人员都应该认识到物流的重要性，在产品的设计阶段充分考虑包装的合理性、包装模具标准化、包装模具与托盘尺寸的一致性、包装物回收以及资源再生利用等问题。

（2）包装合理化要与外围因素相协调。包装只是物流系统中的一个环节，要综合、全面地考虑包装的合理性，就要与其他活动协调一致。例如，有些商品无包装或简易包装比有包装或复杂包装有利，总物流成本更合理；国外商店采取大包装或简易包装的方法，靠节约下来的包装费降低商品售价，以吸引消费者。实际上，散装水泥、管道运输等都是无包装化物流的例子。无包装化物流既能节约包装费用，降低整体物流成本，又能省去包装物的回收和处理作业。

（3）包装合理化要强调科学包装和减少浪费。包装是一个重要产业，随着经济的发展和销售竞争的日益激烈，包装所消耗的材料资源越来越多，过度包装十分严重，科学包装、减少浪费应引起各行业的重视。解决办法之一是多采用集装箱、集装罐、集装袋和集装架。

（4）包装合理化要考虑人格因素和环境保护。包装除了考虑物流因素外，还要考虑人格因素和环境保护。包装的商品要适合携带、陈列、摆放，包装要美观大方，兼顾装饰性，有的包装设计还要考虑人的情感、宗教信仰、民族习俗、消费心理等，如怀旧包装、动物形象包装。包装材料不能对人体健康造成危害，要便于回收和再利用，应强调绿色环保意识，提高环保水平。

10.1.4　现代物流技术对包装技术的新要求[①]

现代物流技术的发展对包装技术提出了更高的要求，绿色化、安全化、标准化和简单化等正成为包装技术的发展潮流。

1. 运输包装技术绿色化、安全化

日益枯竭的自然资源和日益严峻的生态环境要求我们最大限度地采用绿色包装，包括从材料选择、产品制造、销售、运输、使用到回收等整个过程都应满足绿色物流的需要。在选取包装材料时应遵循5R1D原则，即轻量化（reduce）、可重复（reuse）、可回收（return）、拒绝非生态材料（refuse）、可循环（recycle）和可降解（degradable）原则。在整个运输过程中，首要任务是保证产品从生产厂家安全运送到消费者手中，包装应具有良好的结构设计和缓冲防震性能，把流通过程中的损失降到最低。

2. 包装技术标准化、器具化

包装生产（规格尺寸）决定了流通，而流通又对包装生产起反作用。包装技术的标准化、器具化极大地提高了装载和搬运的效率，包装尺寸与运输车辆、船舶、飞机等运输工具的货箱舱容积相匹配，方便了运输，提高了运输效率。

3. 包装设计简单化、通用化

包装成本在商品价值中占很大比例，降低包装成本就是提高产品的竞争力。若对包装强度值设计过高，包装材料选择不当，会导致包装成本过高，影响可能获得的收益。在进行包装设计时，应把握简单实用的原则，防止过度包装。同时，通用化包装不必专门安排回收使用，可方便用于其他产品包装。

10.1.5　第三方物流包装

1. 第三方物流包装的内涵

第三方物流包装在我国物流行业中仍然是一个比较新鲜的名词，它的核心内涵是把产品的物流包装委托给专门的物流包装企业完成。第三方物流包装是当今世界物流包装的发展趋势之一，已成为产品生产企业的明智之举，有人说这是物流包装行业的一场革命。

从事第三方物流包装的企业，可以为产品生产企业提供经过优化的整体包装解决方

---

① 本小节参考了徐伟民．现代物流对包装技术的新要求．上海包装，2004（3）．

案，整体包装解决方案的英文有两种，一种是 integrated packaging solution，简称 IPS，另一种是 complete packaging solution，简称 CPS。该概念发源于美国，流行于发达国家，随着国外大型生产企业进驻中国，开始受到国内有远见的企业的青睐。

2. 第三方物流包装的三种典型模式

模式一：第三方物流企业承接制造企业的包装工作。该模式是指第三方物流企业承接制造企业的包装业务，但并不对制造企业的包装物进行回收。例如，德国某大型企业为了制定第三方物流包装的实施方案，在厂房和库房十分紧张而无法扩大生产的情况下，将物流包装委托给既有专业经验又有生产实力的物流包装企业，把现有的厂房和库房全部用于生产核心产品，把大量从事物流包装的操作工人和管理人员转移到产品的生产和管理上，完成了一次投入少而收效显著的结构调整。

模式二：第三方物流企业承接制造企业包装工作并负责物流运作。该模式是指第三方物流企业承接制造企业的包装业务，同时负责制造企业的物流运输和仓储工作。这种物流包装是单向的，在生产企业向销售地的运输中，包装物是一次性使用的，并不进行回收。目前，我国有些物流企业所用的物流包装属于这种模式。主要原因是包装物不适宜回收，或者第三方物流企业未对产品包装进行改进。

模式三：第三方物流企业为制造企业做包装设计并进行物流网络化回收。该模式比第二种模式更进一步，第三方物流企业与制造企业的协同关系也更加深入。第三方物流企业不仅做包装设计，还利用自身的网络进行包装物的回收，进一步降低了制造企业的包装成本。例如，潍柴集团是我国著名的发动机制造企业，在对自有的运输车队及相应仓储设施进行整合和剥离的基础上，该集团将柴油机的全国物流配送业务外包给山东博远物流公司。博远物流公司在柴油机下线后，利用自己开发的专用铁皮包装箱（这种铁皮包装箱适合十几种型号的柴油机）进行包装，负责将柴油机送至潍柴集团全国各地的客户，并将专用铁皮包装箱回收。此前，潍柴集团的物流包装是一次性的，用的是木质材料，很难进行回收和再利用，包装成本很高。与博远物流公司合作后，潍柴集团的包装成本减少了 1/3，同时也节省了物流配送方面的人力、物力和财力。据不完全统计，潍柴集团在物流包装方面每年节约成本 3 000 万元以上。

10.2　装卸搬运

装卸搬运是衔接运输、保管、包装、流通加工、配送等各物流环节所必不可少的活动。根据国家标准《物流术语》（GB/T 18354—2006），装卸（loading and unloading）是指物品在指定地点以人力或机械载入或卸出运输工具的作业过程；搬运（handling）是指在同一场所内，对物品进行空间移动的作业过程。从原材料供应到商品送至消费者，再到废弃物回收、再生利用等整个循环过程，装卸搬运出现的频率最高，作业技巧最复杂，科技含量最高，时间和空间移动最短，费用比例最大。解决好装卸搬运环节的技术和管理问题，可以大幅降低物流成本，提高物流作业效率，加快商品流通速度，其作用不可低估。

10.2.1　装卸搬运的分类[①]

1. 按设施和设备对象分类

（1）仓库、配送中心的装卸搬运。包括出入库、堆码、上架、取货、分类、分拣、传送、掏集装箱、装车、卸车等作业方式。

（2）铁路货物的装卸搬运。包括往车厢中装货、从车厢中卸货，直接将汽车、坦克开上或开下火车，用传送带直接将煤炭、粮食等散货装进车厢等作业方式。

（3）港口货物的装卸搬运。装卸船一般利用大型岸吊，将货物直接吊上火车或卡车，还可利用管道直接将粮食、水泥等散货用气压方法吸进吸出，小船靠接大船"过驳"，可将卡车直接开上或开下船。

（4）汽车货物的装卸搬运。包括叉车作业、吊车作业、传送带作业和人工作业等，灵活性强，汽车可以转向、掉头，并靠近货物装卸，也可只装卸，不搬运。

2. 按作业方式分类

（1）叉上叉下方式。该方式用叉车将货物托起并通过叉车的转向和行走，将货物放入目的地（如卡车车厢、集装箱箱内、货架或地面之上等）。叉车最适合对托盘货物进行作业，使用托盘堆码，叉车的装卸具有明显优势。

（2）吊上吊下方式。包括从轮船货舱、火车车厢、卡车车厢将货物吊出或由外面将货物吊入，使用岸边装卸桥（岸吊）、龙门吊、卡车吊和集装箱跨车操作等。

（3）滚上滚下方式。该方式利用半挂车、卡车或叉车载货直接开上轮船，抵达目的港后再直接开下轮船。该方式在铁路运输中也有应用，如装有货物的卡车直接开上火车，到达目的车站后直接开下火车。

（4）移上移下方式。该方式是将处于相同高度的火车与汽车靠接，平行地将货物移向对方车厢中。当卡车与仓库、配送中心的货台高度一致时，也可采用移上移下的装卸方式。

3. 按作业特点分类

（1）连续装卸搬运。如配送中心的辊道式输送线、生产车间中的生产流水线、流水作业台以及皮带输送机等作业都属此类方式。其特点是作业连续，中间不停顿，装卸搬运对象相对稳定，作业量大。

（2）间歇装卸搬运。如吊装机具、叉车、铲车、抓斗、吸盘（用磁铁吸废钢、废铁）等作业属此类方式。其特点是机动性强，作业范围大，装卸搬运货物的种类多。

4. 按作业动态分类

（1）垂直装卸搬运。如垂直升降电梯、巷道起重机、电动传输装置以及吊车等作业属此类方式。该类型的作业机具有通用性强、应用范围广、灵活性强等特点。

（2）水平装卸搬运。如辊道输送机、链条输送机、悬挂式输送机、皮带输送机以及手推车、无人搬运车等作业属此类方式。

---

① 本小节参考了靳伟．《现代物流系列讲座》第三十三讲 装卸搬运．中国物流与采购，2003（16）．

10. 2. 2　装卸搬运机械的分类

1. 按作业性质分类

按作业性质，可分为装卸机械、搬运机具和装卸搬运机械。装卸机械包括电动葫芦、单梁起重机、卡车吊、悬臂吊等。搬运机具包括搬运车、手推车、托盘、输送机等。装卸搬运机械包括叉车、铲车、跨运车、龙门吊车、电动输送机等。

2. 按机具工作原理分类

按机具工作原理，可分为叉车类、吊车类、输送机类、作业车类和管道输送机类。叉车类包括通用叉车、高架叉车、专用叉车、无人控制叉车。吊车类包括门式吊车、桥式吊车、履带式吊车、轮胎式吊车、岸壁式吊车、巷道式吊车等。输送机类包括皮带式输送机、辊道式输送机、链式输送机、轮式输送机、悬挂式输送机等。作业车类包括无人搬运车、手推车、普通搬运车、笼车、台车等。管道输送机类包括粉状管道输送机、颗粒状管道输送机、液体管道输送机等。

3. 按动力分类

按动力，可分为动力式装卸搬运机械、重力式装卸输送机械和人力式装卸搬运机械。动力式装卸搬运机械分为内燃式和电动式两种。重力式装卸输送机分为辊式、滚轮式等。人力式装卸搬运机械分为手动叉车、手推车、手动升降平台等。

10. 2. 3　装卸搬运合理化的主要原则

装卸搬运作业是衔接运输、保管、包装、配送、流通加工等各物流环节的活动，本身不创造价值，因此应尽量节约时间和费用。在装卸搬运作业合理化方面，可遵循以下原则。

1. 省力化原则

省力就是节省动力和人力。集装化装卸、多式联运、集装箱化运输、托盘一贯制物流等都是有效的做法；利用货物本身的重量和落差原理，如利用滑槽、滑板等工具；减少从下往上的搬运，多利用斜坡，以减轻负重；水平装卸搬运，如仓库的作业台与卡车车厢处于同一高度，手推车可直接进出；卡车后面带尾板升降机，仓库作业月台设装卸货升降装置等。总之，省力化装卸搬运的原则是：能往下不往上、能直行不拐弯、能用机械不用人力、能水平不上斜、能滑动不摩擦、能连续不间断、能集装不分散。

2. 活性化原则

活性化是指从物的静止状态变为装卸状态的难易程度。如果装卸搬运容易或适宜下一步装卸搬运作业，则活性化程度高。例如，仓库中的货物乱七八糟与整齐堆码的差别；货物散乱状态与放在托盘上的差别；等等。此外，在装卸机械灵活性方面的例子有叉车、铲车、带轨道的吊车、能转动 360 度的吊车和带轮子、履带的吊车等。

3. 顺畅化原则

顺畅化是指作业场所无障碍，作业不间断，作业通道畅通。例如，叉车在仓库中作业，应留有安全作业空间，转弯、后退等动作不应受面积和空间的限制；在人工进行货物搬运时，要有合理的通道，脚下不能有障碍物，头顶要留有空间，不能人撞人、人挤人；在用手推车搬运货物时，地面不能坑坑洼洼，不应有电线、工具等杂物影响小车行走；在人工操作电葫芦吊车时，地面防滑、行走通道两侧无障碍有利于作业顺畅。对机械化、自动化作业途中停电、线路故障、作业事故的防范等是确保装卸搬运作业顺畅和安全的关键。

4. 短距化原则

短距化是以最短的距离完成装卸搬运作业，最典型的例子是生产流水线作业。它把各道工序连接在输送带上，通过输送带的自动运行，使各道工序的作业人员以最短的动作距离实现作业，大大节约了时间，减少了人员体力的消耗，大幅提高了作业效率。缩短装卸搬运距离，不仅省力、省能，又能使作业快速、高效。

5. 单元化原则

单元化是采用集装工具将小件或散装物品集成一定质量或体积的组合件，以便利用机械进行作业。它是提高装卸搬运效率的有效办法，例如，对集装箱、托盘等单元化设备的利用等都是单元化的例证。

10.2.4　实现装卸搬运合理化的措施①

实现装卸搬运合理化，需要做好以下几方面的工作。

1. 防止无效装卸

无效装卸是对有用货物消耗必要装卸劳动之外的多余装卸劳动，主要包括以下几种情况：

（1）过多的装卸次数。在物流过程中，货损主要发生在装卸环节，而在整个物流过程中，装卸作业又是反复进行的，从发生的频率来看，超过了其他的活动，所以，过多的装卸次数必然导致损失的增加。从发生的费用来看，一次装卸的费用相当于几十公里的运输费用，每增加一次装卸，费用就会有较大比例的增加。此外，过多的装卸也是物流速度放慢的重要因素。

（2）过大的包装装卸。在装卸时包装过大或过重，会消耗较多的劳动力，这一消耗不是必需的，会形成无效的劳动。

（3）无效物品的装卸。进入物流过程的货物，有时混杂着没有使用价值或使用价值不大的各种物品，在反复装卸时，对这些无效物品进行重复劳动，形成了无效装卸。

2. 充分利用重力和消除重力影响，进行消耗少的装卸

在装卸时考虑重力因素，可以利用货物本身的重量，进行有一定落差的装卸，以减少动力的消耗，这是合理化装卸的重要方式。例如，从卡车、货车卸货时，利用车与地面或小搬运车之间的高度差，使用溜槽、溜板之类的简单工具，依靠货物本身的重量，从高处自动滑到低处，免去了动力消耗。在装卸时，应尽量消除或减少重力的影响，以减轻体力劳动及其他劳动消耗。将货物从甲工具平移到乙工具上，可有效消除重力影响，实现合理化。在进行人力装卸时，人负重行走，不仅要持续抵抗重力的影响，同时还要向前行进，体力消耗较大，容易产生疲劳。此时如果能配合简单的机械，做到“持物不步行”，则可大大减少劳动量，做到装卸合理化。

---

① 本小节参考了蒋秀梅，林秀敏．装卸搬运及其合理化．中国物资与采购，2003（17）．

3. 充分利用机械，实现“规模装卸”

规模效益早已被大家所认识。在装卸时也存在规模效益问题，主要表现在一次装卸量或连续装卸量要充分发挥机械的最优效率。为了更多地降低单位装卸工作量的成本，装卸机械也存在规模问题，装卸机械的工作量达到一定规模，才会有最优效果。追求规模效益，主要是通过各种集装实现间断装卸时一次操作的最合理装卸量，使单位装卸成本降低，也可通过散装实现连续装卸的规模效益。

4. 提高装卸搬运作业的灵活性

装卸搬运作业的灵活性是指在装卸搬运作业中对物料进行装卸搬运的难易程度。在堆放货物时，就要考虑到物料装卸搬运作业的方便性。

根据物料所处的状态，即物料装卸搬运的难易程度，可将装卸搬运的灵活性分为不同的级别。

0 级——物料杂乱地堆在地面上的状态。

1 级——物料装箱或经捆扎后的状态。

2 级——箱子或被捆扎后的物料，下面放有枕木或其他衬垫后，便于叉车或其他机械作业的状态。

3 级——物料被放于台车上或用起重机吊钩钩住，即刻移动的状态。

4 级——需装卸搬运的物料，已经被启动、直接作业的状态。

从理论上讲，活性指数越高越好，但也必须考虑到实施的可能性。

为了说明和分析物料搬运的灵活程度，通常采用平均活性指数。具体方法是对某一物流过程物料的活性指数累加后计算其平均值，用“δ”表示。δ 值的大小是确定改变搬运方式的信号。

当 $\delta<0.5$ 时，所分析的搬运系统半数以上处于活性指数为 0 的状态，即大部分处于散装情况，其改进方式为采用料箱、推车等存放物料。

当 $0.5<\delta<1.3$ 时，大部分物料处于集装状态，其改进方式为采用叉车和动力搬动车。

当 $1.3<\delta<2.3$ 时，装卸搬运系统大多处于活性指数为 2 的状态，可采用单元化物料的连续装卸和运输。

当 $\delta>2.3$ 时，则说明大部分物料处于活性指数为 3 的状态，其改进方式为选用拖车、机车车头拖挂的装卸搬运方式。

10.3 流通加工

案例 10－2

博远物流的钢筋加工配送业务

博远物流公司建立之初，公司做的是简单贸易。博远物流卖出的是原始钢筋，建筑商在浇筑混凝土之前，需要工人在工地现场将钢筋切割，并轧成“成型钢筋”。这种后续作业，不仅人工成本高、效率低，还得注意安全，一不小心就容易出事故。博远物流董事长王明寿早就察觉其中的问题，他想：如果在原料的基础上进行增值加工，提高产品附加值，市场更有前景。于是，他按照自己的想法开始改变原来的模式，从过去的"卖钢筋"变成了"卖成型钢筋"。

只是，仅改进产品，没有质量保证，生意不会长久。

为了提高对建筑行业用户服务的质量水平，2005年初，博远物流选择由中国建科院和意大利Schnell集团提供的成套钢筋加工设备和技术，组建现代化钢筋加工配送中心。投产后的加工中心，能够为建筑施工单位专业配送各种规格、尺寸、形状的成型钢筋。

对于施工周期长的大型工程，为降低运输费用，博远物流将钢筋加工厂设在施工现场或附近。这种钢筋加工方式，能够代替传统的使用人工和半机械化设备在工地现场加工的方式，具有降低加工成本、提高生产效率、提高加工质量、减少钢筋浪费、加快施工进度、降低能耗、降低劳动强度等特点。

当时国内还没有这类服务，为让客户一听就明白，博远物流给这种产品起了个新名字叫商品钢筋（因为加工好的混凝土行内都称为商品混凝土）。由于商品钢筋是成型产品，送到工地就能够直接安装，而且价格便宜，在面市之初就大受欢迎。随着施工技术的快速发展，钢筋加工配送项目逐渐和已经普遍应用的商品混凝土配送项目一样广泛应用。

有了底气的博远物流，逐渐与几家大型建筑公司建立战略合作关系，进一步拓宽销售渠道。到现在，博远物流拥有50多个高端客户，其中90%是央企。博远物流已为上百个国家重点项目提供商品钢筋，如京沪高铁、青岛跨海大桥等工程。

钢筋加工配送中心形成批量生产，和传统的工地现场加工方式相比具有明显的竞争优势。根据工程项目统计，博远物流具有以下特点：

明显降低原料损耗，工地加工钢筋废料率一般为10%左右，而博远物流的钢筋废料率只有2%；工地月加工3 000吨钢筋需要100个左右的人工，而博远物流只需10个生产人员；博远物流钢筋加工配送中心能够直接为工地供货，减少中间运输环节；博远物流具有日加工200吨钢筋的生产能力，能够大大加快施工进度；博远钢筋加工配送中心的生产过程由计算机控制，加工质量大大高于传统方式；为施工承包商解决了现场钢筋加工管理难题，消除了钢筋采购垫资风险。

对于施工承包商，现代化钢筋加工配送这种供货方式能够为其节省综合钢筋加工成本10%～40%；对于博远物流，则增加了利润，利润主要来自节省的钢筋。因为按过去的方式会形成大量损耗，但博远物流用的是从意大利进口的数控设备，在经过精密计算后，钢筋的成材率达到97%以上，比现场作业提高了10个百分点。

要做到更低的损耗，需要达到一定规模。上了规模，就能够直接向钢厂定制个性化尺寸的钢筋。另一个好处就是，如果博远物流定制的钢筋用不完，钢厂还能够退货。具体的方法是，博远物流和银行及钢厂签署三方协议，博远物流每定制一批钢筋，只需先支付30%的货款到银行，再由银行付全款给钢厂。这样钢厂很快能拿到货款，但必须无条件接受博远物流的退货。

资料来源：博远物流．把钢筋变"轻"．(2013-03-06). http://www.p5w.net/news/cjxw/201303/t20130306_56435.htm.

在国家标准《物流术语》（GB/T 18354—2006）中，对流通加工（distribution processing）的定义为：根据顾客的需要，在流通过程中对产品实施的简单加工作业活动（如包装、分割、计量、分拣、刷标识、拴标签、组装等）的总称。

流通加工是商品在从生产者向消费者流通过程中，为了增加附加价值、满足客户需求、促进销售而进行简单的组装、剪切、套裁、贴标签、刷标识、分装、检量、弯管、打孔等加工作业。这些流通加工作业多在配送中心、流通仓库、卡车终端等物流场所进行。由于流通加工并非在所有物流活动中必然存在，因此有的书籍不把流通加工列入物流的主要功能。随着销售竞争的日益激烈和用户的个性化、多样化需求不断增多，流通加工逐渐显现出不可替代的重要地位和作用。

10.3.1 流通加工与生产加工的区别

流通加工是在流通领域中进行的简单生产活动，具有生产制造的一般性质（如图 10－1 所示）。从根本上说，生产加工与流通加工有明显的区别。生产加工改变的是加工对象的基本形态和功能，是一种创造新的使用价值的活动。而流通加工并不改变商品的基本形态和功能，是一种完善商品的使用功能、提高商品附加值的活动。两者的区别如表 10－1 所示。

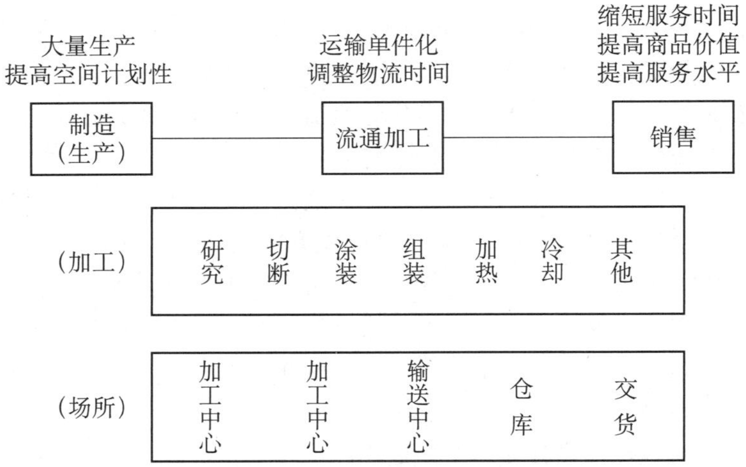

图 10－1　流通加工的过程

表 10－1　流通加工与生产加工的区别

项目比较内容	流通加工	生产加工
加工对象	进入流通过程的商品	原材料、半成品、零配件
所处环节	流通过程	生产过程
加工难度	简单	复杂
价值	完善或提高价值	创造价值和使用价值
加工单位	流通企业	生产企业
目的	促进销售、维护产品质量、实现物流高效率	消费

10.3.2　流通加工发展的原因①

流通加工的兴起有以下几个原因。

1. 流通加工是社会化分工的产物

流通加工原本属于生产领域，我国至今尚未改变这种状况，但在经济发达的国家，流通加工已从生产领域中剥离出来，作为社会化分工的产物而备受推崇。企业为了增强核心竞争力，将非核心业务分离出去以便发挥自己最“拿手”、最有优势的生产技能，消除臃肿，减轻负担，集中人力、物力、财力和精力，专注于自身业务中最精华的部分，才能最大限度地创造企业的附加价值。在消费者对产品质量、功能、款式、便利性等要求越来越复杂的今天，企业必须专注于自身业务，不必过多顾及辅助性生产和加工活动。

2. 流通加工创造附加价值，提高用户服务水平

生产商品的目的是创造价值，流通加工是在此基础上完善商品的价值，增加商品的价值。集中、大批量的生产与分散、小批量的消费之间存在一定的空间，形成规模化大生产与千家万户之间的场所价值和时间价值的空白，使商品的存在价值和使用价值需要通过流通加工来实现。流通加工在生产者和消费者之间起着承上启下的作用。它是把分散的用户需求集中起来，使零星的作业集约化，作为广大终端用户的汇集点发挥作用。生产者几乎无法直接满足用户的要求，也达不到服务标准，只有利用流通加工业者来弥补。

3. 流通加工可节约材料，降低物流成本

节约材料是流通加工的十分重要的特点之一。由于流通加工属于深加工性质，直接面对最终用户，因此要综合多家需求，集中下料，合理套裁，充分利用边角余料，减少废钢、角铁、碎块的浪费，最大限度地物尽其用，以节约原材料。流通加工一般都在干线运输和支线运输的节点进行，这样能使大量运输合理分散，有效地缓解长距离、大批量、少品种物流与短距离、小批量、多品种物流的矛盾，实现物流的合理流向和物流网络的最佳配置，从而避免不合理的重复、交叉、迂回运输，大幅节约运输、装卸搬运和保管等费用，降低物流总成本。

10.3.3　流通加工的种类及作用

流通加工的种类有很多，通常包括以下几类。

1. 钢卷剪切的流通加工

汽车、冰箱、冰柜、洗衣机等生产制造企业每天需要大量的钢板，除大型汽车制造企业外，一般规模的生产企业若自己剪切钢板，难以解决因用料高峰和低谷的差异引起的设备忙闲不均和人员浪费问题。如果委托专业钢板剪切加工企业，就可以解决这个矛盾。专业钢板剪切加工企业能够利用专业剪切设备，按照用户设计的规格和形状进行套裁加工，其优点是精度高、速度快、废料少、成本低。专业钢板剪切加工企业在国外有很多，大部分由流通企业经营。这种流通加工企业不仅提供剪切加工服务，还出售原材料、加工后的

---

① 本小节参考了靳伟．《现代物流系列讲座》 第三十六讲 流通加工．中国物流与采购，2003（19）．

成品，提供配送服务。这种委托加工方式让用户省心、省力、省钱。

2. 木材的流通加工

木材的流通加工一般有两种情况，一种是在树木砍伐后，先在原处去掉树杈和树枝，将原木运走，也有将原木在产地磨成木屑，采取压缩方法加大容重后运往外地造纸厂造纸，再将剩下的树杈、树枝、碎木、碎屑掺入其他材料，在当地木材加工厂进行流通加工，做成复合木板。另一种情况是在消费地建木材加工厂，将原木加工成板材，或按用户需要加工成各种材料，供应给家具厂和木器厂。对木材进行集中流通加工和综合利用，可使出材率提高到 72%，原木利用率达到 95%，经济效益相当可观。

3. 水泥的流通加工

很多国家建有大量的水泥流通服务中心，在那里将水泥、沙石、水以及添加剂按比例进行初步搅拌，然后装进水泥搅拌车，事先计算好时间，水泥搅拌车一边行走一边搅拌，到达工地后，搅拌均匀的混凝土即可直接进行浇铸。

4. 水产品、肉类的流通加工

深海渔船出海，有时一个月回来一次，在此期间打捞上来的鱼、虾等海产品，在船上开膛、去尾、剔骨后冷冻保存，这样既可节省轮船舱容，又能保鲜存放。牛肉、猪肉、鸡肉等肉类食品，在屠宰厂分割、去骨后进行冷冻运输和保管。随着生活水平的提高，水产品、肉蛋类乃至蔬菜都趋向从产地到消费地的全程冷冻或冷藏状态的包装、运输和保管。因此，流通加工必不可少，流通加工的作用也越来越大。

5. 自行车、助力车的流通加工

整车运输、保管和包装自行车和助力车，费用高、难度大、装载率低，而这类产品装配简单，不必进行精密调试和检测，可以将同类部件装箱，进行批量运输和存放，在商店出售前再组装。这样做可大大提高运载率，有效地衔接批量生产和分散消费。这是一种只改变商品状态，不改变商品功能和性质的流通加工形式。

6. 服装、书籍的流通加工

这里的服装流通加工，不是指材料的套裁和批量缝制，而是指在批发商的仓库或配送中心进行缝商标、拴价签、改换包装等简单的加工作业。近年来，由于消费者的要求逐步提高，退货量大大增加，退回的服装一般在仓库或配送中心进行重新分类、整理、改换价签和包装。书籍的流通加工作业主要有简单的装帧、套书壳、拴书签以及退书的重新整理、复原等。

7. 酒类、化妆品的流通加工

酒类（如啤酒、葡萄酒等）和化妆品（如香水等）都是液体，可将原液从产地批量运至消费地进行配制、装瓶、贴商标、包装、出售。这样既节约运费，又安全保险，以较低的成本卖出较高的价格，附加值大幅增加。

8. 平板玻璃的流通加工

平板玻璃的运输难度比较大，运输货损率较高。在消费比较集中的地区建玻璃流通加工中心，按照用户的需要对平板玻璃进行套裁和开片，可使玻璃的利用率从 62%～65%提高到 90%以上，这大大降低了玻璃破损率，增加了玻璃的附加价值。

9. 煤炭的流通加工

煤炭的流通加工例子很多。例如，将煤炭在产地磨成煤粉，用水将煤粉调成浆，再用管道运输浆液；除去杂煤中的矸石后，可提高煤炭的纯度；把混在煤炭里的垃圾、木片等杂物彻底拣除，可避免商业索赔；将煤粉加工成蜂窝煤，供应给居民，也是一种流通加工方式。

10. 牛奶、蔬菜、水果等食品的流通加工

牛奶已走进千家万户，其运输和配送十分复杂。为了提高运输和配送效率，一般的做法是把各养牛场的牛奶集中到牛奶厂，牛奶厂用大型奶罐批量地将牛奶分送到各地分厂，在分厂进行检疫、灭菌和均质化，装袋后配送给各商店或家庭用户。

由于牛奶的产量一年四季基本不变，冬季和夏季对牛奶的需求又有一定的差别，因此，可将鲜奶做成奶粉、奶酪和奶油进行保存。为了减少运费，也可将牛奶进行浓缩加工（牛奶提纯后体积缩小 1/3），这也是一种很有成效的加工方法。

如今超市货柜里摆放的各类洗净的蔬菜、水果、肉类等均是流通加工的产物。这些商品在摆进货柜之前，已进行了加工作业，包括分类、清洗、贴商标和条码、包装、装袋等多种作业工序。这些流通加工都不是在产地，而是在流通领域。这种加工形式节约了物流成本，保证了商品质量，增加了商品的附加价值。

10.3.4　实现流通加工合理化的措施①

流通加工合理化的含义是实现流通加工的最优配置，不仅能避免各种不合理的情况，使流通加工有存在的价值，而且能实现选择最优化。为避免各种不合理的现象，对是否设置流通加工环节、在什么地点设置、选择什么类型的加工、采用什么样的技术装备等，都需要作出正确的抉择。我国在实现流通加工合理化方面积累了不少经验，也制定了一些措施。

1. 加工与配送相结合

将流通加工设置在配送点中，就可按配送的需要进行加工。此时加工成为配送业务流程中的一环，加工后的产品直接投入配货作业，这样就将流通加工与中转流通巧妙地结合在一起。在配送之前进行加工，还可使配送服务水平大大提高。加工与配送相结合的方式已在煤炭、水泥等产品的流通中表现出较大的优势。

2. 加工与生产配套相结合

有些商品（如工程机械等）在交付时，需要配套相关的设施设备，这些配套的设施设备大多来自商品的生产企业。当配套无法完全依靠现有的生产企业时，需进行适当的流通加工，以有效满足商品的配套需求，提高流通的效率。

3. 加工与合理运输相结合

在支线运输转干线运输或干线运输转支线运输的过程中，通常会产生运输的停顿时间，此时，如果按干线或支线的运输合理化要求对商品进行适当加工，可以改变原有的运

① 本小节参考了杨双林．基于流通加工环节的物流运输合理化策略分析．科技信息，2009（19）.

输转载情况，提高运输的合理化程度。

4. 加工与节约相结合

节约能源、设备、人力和资金是实现流通加工合理化要重点考虑的因素。

10.4 物流信息管理

10.4.1 物流信息、物流信息管理与物流信息系统

1. 物流信息

信息（information）是现代社会中广泛使用的一个概念。信息的概念不同于数据。数据是反映客观实体的属性值，或是对客观事物的记载。信息是对数据进行加工处理后得到的有用数据，是具有一定含义的数据，也是对决策有价值的数据。

物流信息是整个物流过程中产生的有关信息，主要包括物品信息、物品流转信息、物流作业与管理控制信息、物品交易信息、保证信息识别/传递/处理/应用的信息等。从信息的产生背景看，物流信息可以分为物流活动产生的信息以及物流相关活动产生的信息。

与其他领域的信息相比，由于物流活动涉及的范围广（不同地区、不同行业、不同企业），信息产生的环节多（从生产到消费的每个环节都利用信息并产生新的信息），物流信息具有数量多、形式多样、内容复杂、动态变化等特点。

2. 物流信息管理

物流信息管理是对物流信息进行采集、处理、分析、应用、存储和传播的过程，也是完成物流信息从分散到集中、从无序到有序的过程。在这个过程中，通过对涉及物流信息活动的各种要素（如人员、技术、工具等）进行管理，可以实现资源的合理配置。物流信息具有范围广、跨地域、随时间变化快的特点，而且不同的用户对信息的要求也不同，因此在信息的收集、整理、加工过程中，尤其要注意避免信息的缺损、失真和失效，以保证信息的及时、准确和全面。除了技术保障外，实现对信息的有效管理还需要强化物流信息活动过程的组织和控制，建立有效的管理机制。要加强交流，因为信息只有经过传递交流才会产生效用，才会增值。还要建立信息交流和共享机制，以便形成信息积累和优势转化。

3. 物流信息系统

与先进管理思想相结合的信息技术给传统物流带来了根本性的变化。物的流动伴随着信息的流动，而信息流又控制着物流。正是对信息技术手段的应用，使得原先独立的各物流环节有效地整合在一起，满足了不断发展的物流服务要求。计算机技术、网络技术、电子数据交换技术、条形码技术、无线射频识别技术、全球卫星定位技术、地理信息系统等技术的广泛应用，使物流管理的自动化、高效化、及时性得以实现，保证了物流活动的顺畅进行和有效控制。

物流信息系统是由人、硬件、软件和数据资源所组成的实现物流信息管理的系统，其目的是及时、正确地收集、处理、存储、传输和提供物流信息。随着互联网技术的发展和

应用，物流信息系统通常基于全球通信网络平台实现物流活动的管理。

10.4.2　物流信息管理基础技术

现代物流服务的核心目标是在物流全过程中以最小的综合成本满足顾客的需求。随着信息技术的发展和应用，为加快物流速度、降低物流成本，许多新兴的信息技术广泛地应用于物流领域。

根据决策层次进行划分，物流信息系统一般包括作业管理、管理控制和战略管理三个层次的应用。物流信息管理基础技术包括条形码与自动识别技术、全球卫星定位技术与地理信息系统、无线射频识别技术、企业间电子数据交换技术及IC卡数据采集技术等，主要用来实现数据的自动、快速、批量采集，满足作业管理层面的应用需要，因而构成整个物流信息系统的基础。应用这些技术所采集的数据将用于业务的处理和满足决策的需要，例如，在仓储管理中，出入库数据用来更新库存状态与统计商品库存等，实现盘点处理；在零售业务中，POS终端采集的商品条形码信息用于后台信息管理系统的查询并作为自动订货系统的输入；在运输管理中，全球卫星定位系统所采集的数据用作车辆调度的决策分析依据；等等。

1. 自动数据采集与条形码技术

物流信息管理中最基本的一项工作是数据采集，该项工作应该摆脱人工收集的种种弊端，走向自动化。在企业基于单品管理的进销存业务中会产生大量的数据，人工录入数据既要花费大量的时间，又容易造成录入错误，因此数据的自动识别和录入在整个物流信息系统中至关重要。作为物流商品的身份标识，条形码是实现自动识别和录入的基础。

世界各国（特别是经济发达国家）把条形码技术的发展重点定位于生产与物流自动化、交通运输现代化、金融贸易国际化、医疗卫生高效化、票证金卡普及化、安全防盗防伪保密化等领域。除大力推行13位商品条形码（EAN）外，还重点推广应用128码、39码、二维条形码等；在条形码种类上，除纸制条形码外，还在研究开发金属条形码、纤维织物条形码、隐形条形码，以增加信息量、扩大应用领域，并保证条形码标识在各领域和各种工作环境中的应用。在发展方向上，国际物品编码协会和一些经济发达国家已由单纯地推广物品条形码标识转向生产流通领域的电子数据交换的开发和推广应用。

2. 全球卫星定位技术与地理信息系统

全球卫星定位系统（global positioning system，GPS），是由美国建设和控制的一组卫星所组成的24小时提供高精度的全球范围的定位和导航信息的系统。它是由24颗沿距地球12 000公里高度的轨道运行的NAVSTAR GPS卫星组成的，不停地发回精确的时间和它们的位置等信息。GPS接收器可同时接收3～12颗卫星的信号，从而判断地面上或接近地面的物体的位置、移动速度和方向等。

最初，GPS是为美国军方提供精确定位而发明的，至今仍由美国军方控制。军用GPS产品主要用来确定并跟踪在野外行进中的士兵和装备的坐标，为海中的军舰导航，为军用飞机提供位置和导航信息等。

进入21世纪，越来越多的适合普通消费者消费的GPS接收器面市。随着技术的进步，这些设备的功能越来越完善，不断有新的功能出现，而价格在下降，尺寸也越来越小。GPS 在商业领域大显身手，消费类 GPS 主要用于勘测制图、航空航海导航、车辆追踪系统、移动计算机和蜂窝电话平台等。一些 GPS 接收器还集成了收音机、无线电话和移动数据终端的功能，以适应车队管理的需要。

随着 GPS 设备的普及，GPS 与地理信息系统（geographic information system，GIS）的结合也日益紧密。在物流领域的应用中，GPS 用于实时监控车辆等移动目标的位置，根据道路交通状况向移动目标发出实时调度指令，GIS 则利用强大的地理数据管理功能完善物流规划、导航及成本分析，将 GIS、GPS 和无线通信技术有效结合，再辅以车辆路线模型、最短路径模型、网络物流模型、分配集合模型和设施定位模型等，建立功能强大的物流信息系统，使物流活动变得实时、透明，并且成本最低。

3. 无线射频识别技术

无线射频识别（radio frequency identification，RFID）技术，最早出现在 20 世纪 80 年代，用于条形码识别技术无法使用的特殊场合，许多行业和企业利用它识别、确认以及跟踪物料、产品或其他供应链上的目标。

RFID 是一种非接触式识别技术，由于无线电波能“扫描”数据，所以 RFID 技术可做成隐形的，有些 RFID 技术还可识别数公里外的标签，并且 RFID 标签是可读写的。在应用 RFID 技术时，应考虑反射距离、工作频率、标签的数据容量、尺寸、重量、定位、响应速度以及选择能力等因素。

RFID 技术有很多优势，应用已相当广泛，例如，最常见的应用有货物管理、交通运输、物料处理、废物处理、资产回收、医疗应用、防盗应用、动物监控、自动控制、联合票证、门禁管理等。

案例 10 - 3

葡萄酒行业应用 RFID 技术提高物流效率

葡萄酒行业在供应链管理方面取得了长足的发展，特别是物联网技术的应用，使整个产业的供应链管理更高效、更便捷。说到葡萄酒供应链管理的革新，不得不提 eProvenance 公司，该公司早在 2008 年就开始用 RFID 标签跟踪、监管瓶装葡萄酒。对于葡萄酒来说，储藏温度对品质的保证很关键，而当时有很多美国葡萄酒贸易商、进口商、分销商对葡萄酒的储存温度漠不关心，有 10%～25%在美国销售的葡萄酒的损坏是因为暴露于高温环境下。eProvenance 的创立者和他的团队为解决此问题进行了试点实验，将装有集成温度感应器的 13.56MHz 非接触标签贴在 1 200 个红酒木箱内。这批酒原产自法国波尔多，运往英国、美国和日本。从红酒装瓶到货轮运送再到转运，温度一直在保险范围内。其中一批葡萄酒在到达东京后温度变得有点高，接到该信息报警后，商家根据标签上的温度数据重新考虑如何保存这批酒，这样就达到了尽量避免因温度过高造成损失的目的。

受科技浪潮和先进理念的影响，国内葡萄酒企业也开始采用 RFID 技术加强物流监控。张裕酒庄是国内第一个“吃螃蟹”的，也是我国首次将 RFID 技术大规模应用于生产领域的成功案例。一瓶非常普通的葡萄酒，运用 RFID 技术，就能够通过“产品追溯系统”查询其原料出产地、葡萄采摘时间以及灌装生产线、储存仓库、经销商等全部物流信息，不仅能极大地提升葡萄酒二次拆装的效率，而且解决了令葡萄酒厂家头疼的经销商“窜货”问题。由此可见，在其他酒类的供应链中运用 RFID 技术，无论对企业、消费者还是链条上各节点企业，都是有利的。

资料来源：赵艳丰．解码白酒企业物流管理之——RFID 技术．信息与电脑，2013（12）.

4. 企业间电子数据交换技术

电子数据交换（electronic data interchange，EDI）是一种在企业之间传输订单、发票等作业文件的电子化手段。它通过计算机通信网络将贸易、运输、保险、银行和海关等行业信息，用一种国际公认的标准格式，实现各有关部门或公司与企业之间的数据交换与处理，并完成以贸易为中心的全部过程。EDI 是 20 世纪 80 年代发展起来的一种新型的电子化贸易工具，是计算机、通信和现代管理技术相结合的产物。国际标准化组织（ISO）将 EDI 描述成“为贸易（商业）或行政事务处理，按照一个公认的标准，形成结构化的事务处理或消息报文格式，从计算机到计算机的数据传输”。

由于使用 EDI 可以减少甚至消除贸易过程中的纸质文件，EDI 又被称为“无纸贸易”。从上述 EDI 的定义不难看出，EDI 包含三个方面的内容，即计算机应用、通信与网络、数据标准化。计算机应用是 EDI 的条件，通信与网络是 EDI 的基础，数据标准化是 EDI 的特征。这三个方面相互联系、相互依存，构成了 EDI 的基础框架。

物流系统的信息由作业过程中的实时数据组成，包括购进物料流程信息、生产状态信息、产品库存信息、装运及新到订货信息等。对外需要应用 EDI 技术与卖主或供应商、金融机构、运输商及顾客等就订货装运和相关单据事宜进行交流，对内将 EDI 技术应用于生产领域的计划和控制方面等。

5. IC 卡数据采集技术

IC（integrated circuit）卡的概念是在 20 世纪 70 年代初提出来的，法国布尔（Bull）公司于 1976 年首先研制出 IC 卡产品，并将这项技术应用到金融、交通、医疗、身份证明等多个领域。IC 卡将微电子技术和计算机技术结合在一起，提高了人们生活和工作的现代化程度。

IC 卡芯片具有写入数据和存储数据的能力，IC 卡存储器中的内容根据需要可以有条件地供外部读取，并完成相关信息处理和判断。IC 卡一出现，就以其超小的体积、先进的集成电路芯片技术、特殊的保密措施、无法破译及仿造的特点受到普遍欢迎。

IC 卡按使用方法和信息交换方式可分为接触式 IC 卡和非接触式 IC 卡（射频卡）。接触式 IC 卡是通过物理接触方式，将卡插入卡座后，与外界交换信息；非接触式 IC 卡是通过电磁波与外界交换信息。

在物流管理活动中，非接触式 IC 卡的使用非常普遍，特别是在仓储管理与运输管理等领域，常用于物料跟踪、运载工具和货架识别等要求非接触数据采集和交换的场合。

10.4.3 物流信息系统的体系结构

1. 物流信息系统的应用结构

一般来讲，物流信息系统的应用结构（如图 10－2 所示）包括两个方面：一是企业组织内部各物流活动的信息化管理，在内联网（intranet）的基础上，采用手工录入方式或利用条形码、GPS 技术等实现现场作业的数据采集，经过仓储、配送等各相关功能模块的处理，为管理决策提供信息服务；二是通过互联网为企业客户提供订单服务和有关的信息查询，借助 EDI 技术等与各业务相关部门（如市场监督、税务、银行、海关、供应商）交换数据，实现支持供应链合作的信息平台。

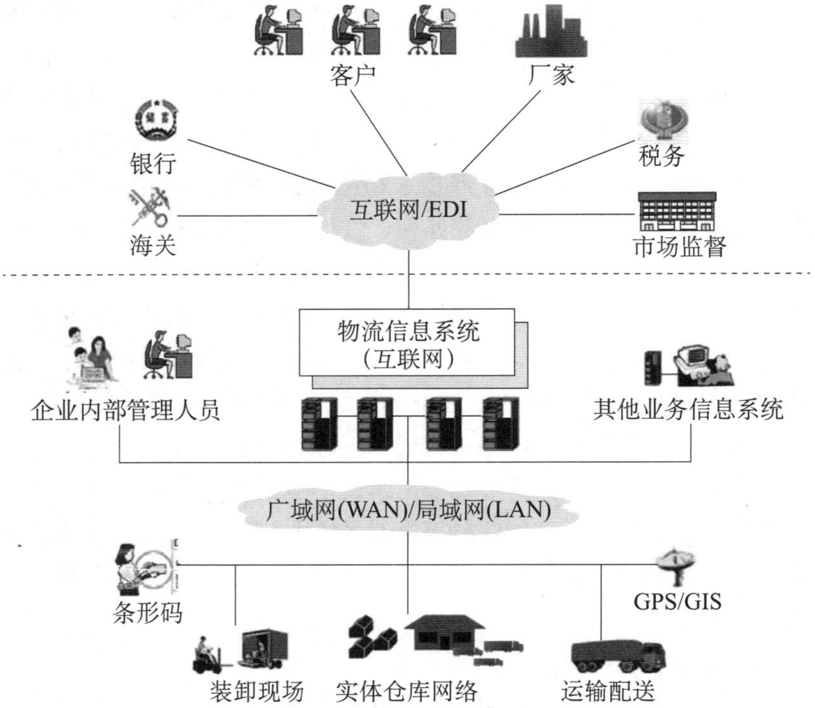

图 10－2　物流信息系统的应用结构

2. 物流信息系统的软件体系结构

从应用系统开发和建设的角度看，物流信息系统的软件体系结构可以划分为五个层次（如图 10－3 所示），包括门户层、业务应用层、应用支撑层、基础环境层和网络层。

门户（portal）是一种基于网络（web）的应用系统，通过该系统，企业的客户、员工和合作伙伴以统一的、个性化的、多渠道的方式访问企业提供的信息和服务。门户是整个企业的电子门户，是信息系统的统一入口，也是实现企业形象、电子商务、内部物流业务组织的整体框架。在门户层，以不同的发布途径为企业的客户提供物流信息服务，发布途径包括综合信息门户网站、电子邮件服务、电话语音服务、短消息服务等。

业务应用层是指各种物流业务应用系统，如仓储管理系统、配送管理系统、车辆管理系统等。根据企业的业务需要，针对物流全过程中某个或某几个特定的业务环节进行信息

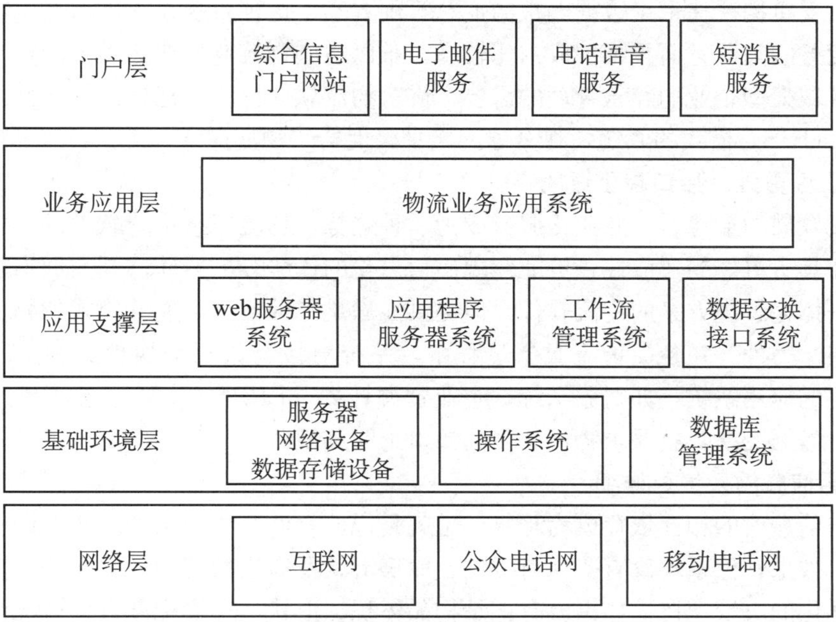

图 10－3　物流信息系统的软件体系结构

化管理。

应用支撑层是指为物流业务应用提供技术支撑的各种中间件系统，如 web 服务器系统、应用程序服务器系统、工作流管理系统、数据交换接口系统等。

基础环境层是指物流信息系统的基础运行环境，包括服务器、网络设备、数据存储设备等硬件设施，以及操作系统、数据库管理系统等系统软件。

网络层是指物流信息系统的外部支撑环境，可以为物流信息系统提供信息发布的多种传输方式，包括互联网、公众电话网（public switching telephone network，PSTN）、移动电话网（GSM/CDMA）等。

10.4.4　物流信息系统的未来发展

随着现代物流的发展和物流信息化建设的推进，综合物流信息化建设将成为未来发展的主题。综合物流信息化建设不同于那些用信息技术在某一方面或者一定程度上改善企业物流的过程，而是着眼于全方位地提升企业物流，体现在商务活动、物流战略、库存、运输、组织以及信息处理系统等方面。通过综合物流信息化建设，可以提高物流企业以及生产流通企业的服务效率，带来巨大的经济效益。

物流信息系统的发展和应用趋势主要表现在如下几个方面。

1. 软件体系结构发生变化

随着经济全球化加快，物流跨地域服务的特性越来越显著。我国物流业的重组和并购也迫在眉睫，拥有跨区域仓库网点的物流企业、生产流通企业不断增多。因此，物流信息系统软件提供商需要在软件功能及其体系结构上满足这种发展的要求。在系统体系结构上，我国基于局域网的物流信息系统比较多，适合地理范围有限的业务管理；对于分属不同地域的分支机构往往采用数据上报的汇总管理方式。这种系统在跨区域范围内无法解决数据实时性差的问题，而且维护成本比较高，难以适应物流业务快速增长的需要。为了适应国内跨区域大型企业的经营管理的需要，许多物流软件提供商把目光转向开发基于服务器/浏览器（B/S）模式的系统，在全球网络平台上构筑物流信息系统。

2. 专业性更强，接口趋于透明

从物流发展的形势看，专业化服务成为一种趋势。物流信息系统软件的专业化程度比较高，往往具有更好的适应性，更能体现出信息化的优势。虽然软件开发商追求提供“大而全”的一体化解决方案的物流软件，但提供能满足某种或某类业务模式的物流信息系统软件更现实。另外，在各类物流服务过程中，系统对接与数据交换也成为一种需要。例如，与其他的应用系统，如财务系统、企业资源计划（ERP）、物料需求计划（MRP）等方便地进行数据交换，就要求物流软件的接口透明和规范。

3. 数据信息的采集更详细

物流与信息流的相互依存成为趋势，也就是说，软件系统记录的“物”的有关信息将更为精确。如果软件系统没有实现对货位、库房形状及通道的管理，就无法实现货物在库移动路径优化的决策支持；如果没有记录物品体积、形状，车辆配载设计就无法实现。现今的物流信息系统软件已不再是简单的料账管理系统或报表汇总系统，生产作业管理系统正在成为主流。

案例10-4

5G时代的物流管理

5G即第五代移动通信技术，被誉为全球科技革命和产业变革的核心技术之一。5G给新一代物流的实现带来了契机，随着5G的逐渐商用化，5G与新一代物流结合的场景会经历eMBB、mMTC、uRLLC和全面推广四个阶段。例如，在第三个阶段，物流AR技术将会依赖5G作为其数据通信的支撑，如阿里巴巴的菜鸟-AR智慧物流系统中工作人员可以通过AR眼镜看到系统提供源源不断的订单，按照最优路线行走就能完成表单扫描以及快递派送，降低了人员培训成本。

大数据已成为一种新的生产要素，企业必须确保基本生产工序和设备之间的互联互通，以感知实时决策所需的各项数据。物联网（Internet of things，IoT）又称传感网，传感器在该网络构建中具有重要意义，大量数据感知终端都由传感器构成。通过物联网传感器和5G无线网络，感知的信息数据被快速准确地传输到数据中心，实现智能决策。

企业还可以借助5G构建区块链物流安全平台，实现从采购、设计、生产到销售各个环节的互联互通与分布式管理，提高资源配置效率。区块链为供应链提供了一个完整、可信赖且防篡改的审计轨迹，能可靠地让参与供应链的各方查看相关的信息、库存和资金的流动。如跨国制造和工程公司艾默生的总裁认为区块链可以解决交货时间不可预测的问题，从而降低供应链延迟风险；IBM成立了IBM Food Trust，并与沃尔玛合作，使用区块链来追踪生鲜农产品；沃尔玛（加拿大）公司与卡车运输公司一起使用区块链，在不干预企业内部流程的情况下，让同步物流数据和跟踪发货成为可能。

5G推动下的智联网覆盖了企业设计、采购、生产、物流、交付全供应链，能贯通商流、物流、资金流、信息流，带来整个供应链的智能化升级及效率提升，进而实现产业的智能化升级。

资料来源：Vishal Gaur，Abhinav Gaiha. 用区块链打造透明供应链．哈佛商业评论，2020（5）；物流信息互通共享技术及应用国家工程实验室．5G网络技术在新一代物流行业中的应用报告，2019.

4. 自动化管理的程度不断提高

随着物流业务的提升，物流信息系统软件的自动化管理程度也在不断提高。这既包括仓储设施和运输、配送作业的自动化，又包括物流作业调度和作业管理的自动化。

5. 决策支持功能加强

随着信息技术在物流管理中的应用不断深入，物流信息系统软件不再仅限于支持数据信息的处理，而是向更高层次发展，通过提供数学模型分析数据，支持物流管理决策。

6. 社会化物流信息平台的建设受到重视

资源共享、专业化分工是社会发展的趋势，建设社会化的物流信息平台是提高我国社会物流服务效率的基础。通过提供物流软件的应用服务提供商（application service provider，ASP），可以做到资源充分共享，迅速提升我国物流管理的信息化水平。

本章小结

包装可以保护产品、方便储运和促进销售，在维持产品的存在价值和实现产品的使用价值方面发挥作用。包装合理化非常重要，对于减少环境污染、降低物流成本、提高运作效率有十分重要的意义。目前，国内正在兴起第三方物流包装业务。

装卸搬运是衔接运输、保管、包装、流通加工、配送等各物流环节所必不可少的活动。解决好装卸搬运环节的技术和管理问题，可实现装卸搬运合理化，大幅降低物流成本，提高物流作业效率，加快商品流通速度。

随着销售竞争的日益激烈和用户个性化、多样化需求的增多，流通加工逐渐显现出不可替代的重要地位和作用。流通加工与生产加工有着重要的区别。实现流通加工合理化，可以实现流通加工的最优配置，使流通加工成本最小而利益最大。

物流信息不仅作用于物流，也作用于商流，是流通过程中不可缺少的管理和决策依据。利用各种物流技术（如条形码、GIS、GPS、EDI等），可使物流与供应链管理更加科学，产生更大的效益。

关键概念

包装　包装合理化　装卸搬运　流通加工　物流信息

思考题

1. 如何实现包装合理化？
2. 第三方物流包装的典型模式是什么？

3. 装卸搬运合理化有哪些原则？
4. 实现流通加工合理化的具体措施是什么？
5. 信息技术在物流管理中有哪些具体应用？

课堂讨论题

当前，许多物流企业大力发展流通加工，将其作为增值服务的重要方面。你是如何理解流通加工在物流服务中的地位的？

补充阅读材料

1. 郑少峰．现代物流信息管理与技术．北京：机械工业出版社，2016.
2. 傅莉萍．物流信息系统管理．北京：清华大学出版社，2017.
3. 张如云，等．物流包装与实务．北京：清华大学出版社，2018.

案例分析

解码白酒企业物流管理之 RFID 技术

RFID 技术可以广泛应用于白酒业供应链各环节，譬如在白酒的酿造环节，温度与湿度的控制对制曲、制糟、原酒酿造及原酒洞藏扯兑等过程都至关重要，如果将 RFID 标签设置在每份酒曲、酒坛以及存储的山洞中，通过 RFID 技术对温度和湿度进行实时监测，并预置监控报警装置，一旦温度和湿度高于或低于设定值就发出报警提醒，就能减少人工测试操作成本，降低手工测试带来的误差。下面重点就白酒供应链中，从产成品到客户手中这一物流过程如何运用 RFID 技术进行探讨。

在产成品—经销商—零售商—消费者这一过程中，白酒企业面临着白酒及外包装的储藏、运输、产品追踪监控等一系列问题。我国白酒的产销量是比较可观的，与之对应的白酒产品出入库管理的工作量也就很大，大量货品的入库保存、货物的分配发送等环节的管理需要企业摸索出一套科学合理的方法。

白酒产品的出入库管理，需要做到识别各类白酒和及时获取入库产品的信息。一直以来，企业基本采用人工操作或者条形码进行识别，纸制品的条形码容易污损或破损，不易长期留存，而且条形码的识别必须使用条形码扫描仪，逐条近距离读取，这些缺陷都会影响白酒产成品出入库管理效率。另外，产品出入库时，企业需要对库存品进行各类信息的登记，如名称、规格、数量、时间以及接洽的经销商等，这样信息在传统模式下是由员工人工操作的，自动化程度非常低，还很容易出现差错。如果在白酒产品出入库管理系统中应用 RFID 技术，则可以打破传统模式的桎梏，轻松实现整个出入库操作一体化，具体流程如下：

（1）入库前的产品识别。美国 AutoID 研究中心提出了应用于电子标签的编码规范，将 EPC 作为白酒识别系统的核心，根据编码规则对入库前的白酒进行逐个编码和识别。整个白酒的识别系统由两部分组成：RFID 标签和读写器。每瓶白酒都有自己专属的 RFID

标签，这个标签内存储着一个唯一的EPC，这就是该瓶白酒的“身份证”。白酒仓库的入口处设置读写器，当打上RFID标签的白酒入库时，读写器将自动捕获RFID标签中EPC的专属编码，该瓶白酒对应的编码即通过相应的数据采集接口传输至下一阶段，也就是入库管理模块，等待后续处理。与传统的条形码标签不一样，RFID标签有更多的优势：电子标签很小巧，可以应用在任意形态的白酒外瓶上；标签是防水的，只要是在电磁波可以穿透的情况下，标签可以应用在任何环境下，这就比条形码只能印刷在商标上要灵活得多。

（2）白酒的入库管理。在入库管理模块中，所有的数据传输都由相应的接口完成，入库系统一共包含三个接口：数据采集接口、远程数据接口、本地数据接口。正是这三个接口将系统中的其他功能模块相连接，使各功能模块之间通过接口传送的数据信息进行交互，实现白酒产品自动入库管理的信息化和自动化。

模块中的三个接口对数据的传导串联起了入库管理系统的全部工作，对系统起着至关重要的作用：当白酒成品通过仓库入口处时，读写器自动记录酒瓶上的EPC编码，EPC芯片的内容通过数据采集接口全部传送至入库管理模块，等待处理；进入入库管理模块后，EPC编码通过远程数据接口接入互联网，访问远程对应的PML服务器（由产品生产商建立并维护的产品信息服务器），EPC所标记的该瓶白酒的所有信息即被记录，并由系统自动生成入库产成品的清单，清单陈列该产品的所有信息，一般包括EPC编码、白酒名称、企业名称、分类名、生产日期、保质期、入库时间以及产品说明等；最后，通过互联网远程访问PML服务器而获取的白酒信息通过本地数据接口接入本地数据中心，并及时更新中心的数据信息。

在白酒入库管理的整个过程中，企业可以做到通过电子标签实现产品的自动识别、自动入库。尤其值得一提的是，包含产品详尽信息的入库清单是由系统自动生成的，避免了大量人力手工操作，节约了成本，并且数据完整、信息全面，降低了清点的错误率，企业产品入库管理的自动化和智能化水平可大幅提高，也进一步满足企业对产品信息高正确率的要求，这对企业制定科学合理的库存量管理决策起着重要作用。

产品识别和产品信息获取是白酒企业产品入库管理中最关键的方面，RFID技术可以将电子标签与物联网相结合，利用RFID标签的唯一性来识别产品，利用物联网来获取入库产品的详细信息并自动生成入库清单。

RFID标签在物流运输中具有以下特点：通过预先的设置，在预定的时间内读取实时温度；记录从出库、运输到下货的具体时间，并能全程记录每个节点的时间段；标签体积不大，却有强大的存储功能，在读取的同时也能写入；RFID标签的信息通过既定的手段就能轻易读取，也可以根据企业的需要进行加密。具体应用如下：

（1）白酒运输过程的跟踪。当白酒产成品作为销售商品出库时，通过RFID信息采集技术，在标签内写下该商品的各类信息，如出库地、准备装载的车辆信息、出库时间等，同时，在商品必须经由的车辆、码头、港口、收费站、经销商、零售商等站点布置读写器，沿途中读写器随时以特定的频率自动无线扫描经过的RFID标签，记录下电子标签中的EPC编码，将所读信息传输至监控中心，信息通过监控中心的地理信息系统（GIS）录入数据库，同时电子地图能实时显示白酒商品的来源、去向、数量、种类等信息，管理人员能根据该数据随时进行运输工作的管理。RFID标签不仅能读，还能写入，当运输过程中出现特殊状况或者商品遭受损坏时，能及时更改标签中的信息，这样，在途经站点接受读写器扫描时，监控中心就能及时获取标签信息更改的信号，及时在电子地图上标示货品运输车辆的改道方位和白酒商品的新信息。

（2）温度的控制。白酒作为一种特殊的商品，其酿造过程对温度的要求是很高的，同样，在运输过程中保持适当的温度，对保证酒的口感品质也很重要。白酒企业可以借鉴eProvenance在温度控制上的解决方案：在每件出库的酒箱上打上RFID温度感应标签，这类标签可以预先设定，在特定的时间感应读取箱内温度，并将信息记录在标签的内存中，在途经站点时，读写器即时扫描、记录温度信息并向监控中心反馈，这一信息也可以方便地通过web浏览器来访问获取。由于使用了RFID技术，每个酒箱，甚至每瓶酒都有自己的温度记录，在获取信息时，只需读取一箱酒当中一瓶酒的标签的信息就可以了。

（3）白酒销售状态的监控。对于企业来说，产品的销量是企业持续生存发展的关键，但随时掌握货架上每件商品的销售状态并不容易。如果应用了RFID技术，企业就有可能根据RFID标签追踪商品的销售状态。当消费者购买白酒并结账时，设置的读写器就能自动捕获EPC编码，并记录其已销售的状态，同时将相应的信息传送至信息监控中心。依托RFID标签，企业就可以随时掌握产品的销量信息，及时作出调整库存量、发货量的决策，并且免去了传统人工盘点清货的流程，为企业节约了人工开支。

白酒企业要借鉴国内外酒业同行成功的RFID应用案例，跟上科技发展的步伐，将传统供应链中的物流模式进行优化整合，获得竞争优势，抢占市场先机。

资料来源：赵艳丰．解码白酒企业物流管理之——RFID技术．信息与电脑，2013（12）．

案例思考题

1. 在白酒出入库管理中，RFID扮演了什么角色？

2. 在白酒的运输过程中，利用RFID可以解决什么问题？

3. 有人说，RFID等新技术的应用确实可以提高运作效率，但也明显增加了企业的运营成本。你是怎么看待这个问题的？

11
Chapter

第11章
物流运作绩效评价

学习目标

通过本章的学习，读者应该能够：

- 了解物流运作绩效评价的基本原则
- 熟悉物流运作绩效评价的基本步骤
- 掌握物流运作绩效评价指标体系
- 理解和掌握物流运作绩效评价的方法

11.1 物流运作绩效评价的意义及原则

物流运作绩效评价是按照一定的程序和评价标准，采用特定的指标体系，运用数理统计和运筹学的方法，通过定量、半定量或定性分析，对在一定经营期内的物流经营效益和经营活动的业绩，作出实事求是的客观判断和衡量。

对物流运作绩效进行评价与分析，有利于及时发现物流经营管理过程中存在的疏漏、缺陷和问题，正确判断企业的实际经营水平，为改善物流管理提供依据；同时能够帮助物流管理人员树立正确的行为导向，激发其积极性、主动性，进而增强企业的经营能力，提高企业的整体效益。

案例11－1

世界银行物流绩效指数报告

2018年7月24日，世界银行发布的《联结以竞争：全球经济中的贸易物流》报告提供的物流绩效指数（LPI）显示，德国在168个经济体物流绩效排名中名列榜首。中国名列第 26 位。

报告发现，物流绩效与供应链可靠性和服务质量密切相关，供应链弹性和可持续性正成为国家政策关注点，该报告为物流中的网络安全威胁和电子交易平台的使用提供了新见解。

物流绩效指数最高的 10 个国家是高收入国家，它们主导了全球供应链产业。绩效最差的经济体都是最不发达国家，这些国家往往属于内陆国家、小岛屿国家或者冲突后国家。然而，物流绩效不仅仅是由人均收入所决定的，各个收入组别都有很多国家的表现超过同组其他国家。

在中等偏上收入国家里，物流绩效较之前没有显著变化，名列前茅的国家包括南非、中国和泰国。在中等偏下收入国家里，印度、印度尼西亚和南非的物流绩效改善超出平均水平，这些国家离主要的运输中心很近。而在低收入国家里，绩效最好的国家位于东非和西非。

资料来源：让-弗朗索瓦·阿维斯，等．世界银行物流绩效指数报告（2018）——联结以竞争：全球经济中的贸易物流．北京：中国财富出版社，2018.

为了客观准确地评价物流系统运作绩效，必须遵守一些基本原则。

1. 系统性原则

物流运作绩效评价的主要对象是物流经营活动的经济成果。进行物流绩效分析，既要分析经营成果，又要分析经营过程；既要看到内部系统的影响，又要看到外部系统的变化。要在充分掌握信息资料的基础上对物流系统进行全面系统的分析，评价指标体系应涵盖实现物流系统目标所涉及的一切方面，以免出现片面性的评价。

2. 科学性原则

物流运作绩效评价必须采用科学的方法和手段，做到定量分析与定性分析、静态分析与动态分析相结合，科学、全面、准确地评价和反映物流系统绩效和存在的问题。

3. 客观性原则

物流运作绩效评价的目标是为决策者提供有效的决策依据，评价的质量影响着决策的正确性，客观性、全面性、可靠性和正确性是对评价的基本要求。为保证达到上述要求，要防止评价人员有倾向性，同时要谨慎选择评价人员（人员的组成应具有代表性）。评价人员只有站在中立的立场上，没有顾虑、不带偏见，才能科学、客观地对物流绩效作出公正的评价。

4. 真实性原则

物流运作绩效评价应树立实事求是、一切从实际出发的观念。评价所用的资料必须准确可靠，能真实地反映企业物流系统的实绩。其真实性有两方面的要求：一是评价资料和评价结论能真实反映被评价者的客观实际情况；二是被评价者所提供的各种数据资料的数量要合理、内容要准确、误差要小，这样才能得出客观准确的评价结论。

5. 可操作性原则

在进行物流运作绩效评价时，由于很多数据涉及企业的商业机密，常常会面临数据获取的问题。应从实际出发，尽量选择能够得到并且计算方式相同的数据，注重所选择的指标数据的可得性和可比性；同时，抓住核心问题，解决关键矛盾，防止面面俱到。

11.2　物流运作绩效评价的基本步骤

对于不同的企业，如生产制造企业、商贸流通企业、物流企业，其物流活动的范围和内容有所不同。不同企业的决策目标也会有所差异，这会导致物流运作绩效评价的思路与方法有所不同。无论何种情况，正确地执行物流运作绩效评价的步骤是有效进行评价的基本保证。一般来讲，物流运作绩效评价的步骤如图 11－1 所示。

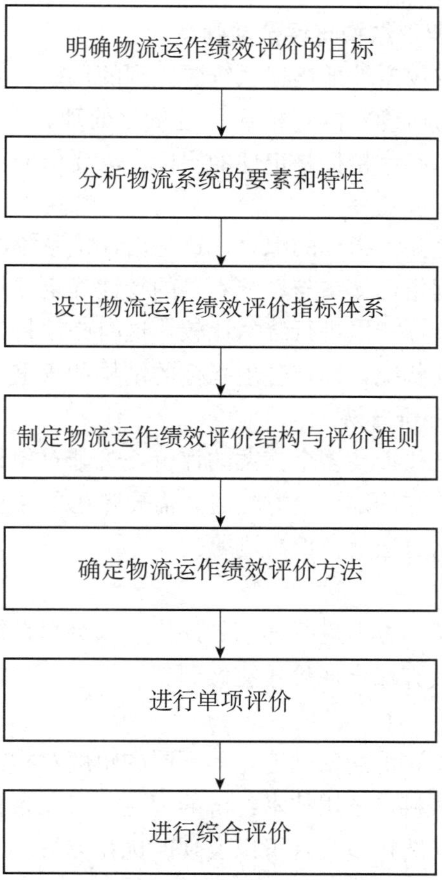

图 11－1　物流运作绩效评价的步骤

1. 明确物流运作绩效评价的目标

为了进行科学的定量评价，必须反复调查，了解建立该系统的目标和为完成目标所考虑的具体事项，熟悉各种可能的方案，进一步分析和讨论已经考虑的各因素。

2. 分析物流系统的要素和特性

根据评价目标，集中收集有关资料和数据，对组成物流系统的各要素及物流系统本身的性能特征进行全面的分析，找出评价的项目。

3. 设计物流运作绩效评价指标体系

物流活动的多样性、复杂性以及经营管理主体的多方性，决定了物流绩效指标的多样性，如何选择合理的指标对于正确衡量物流绩效具有重要的意义。对于所评价的系统，必须建立能对照和衡量各方案的同一尺度（评价指标体系）。评价指标体系必须科学、客观、全面地考虑各种因素，包括组成系统的主要因素以及有关系统性能与费用、效果等方面的内容，这样可以明确地对各方案进行对比和评价，并对其缺陷提出相应的对策。指标体系的选择是由评价系统的目标和特点决定的，指标体系可以在大量的资料、调查、分析的基础上得到，它是由若干单项评价指标组成的整体，能反映出所要解决问题的各项目标要求。

4. 制定物流运作绩效评价结构与评价准则

在评价过程中，如果仅仅定性地描述系统要达到的目标，而没有定量的描述，难以做到科学的评价。因此，要对所确定的指标进行定量化处理。有些指标本身是定量的数字，这时不需要做更多的处理；有些指标是定性的指标，需要借助模糊数学的理论与方法进行相应的处理。

每项具体的指标可能是几个指标的综合，这是由评价系统的特性和评价指标体系的结构决定的，在评价时应根据指标体系与系统本身的特性确定评价的结构。同时由于各指标的评价尺度不同，不同的指标难以进行统一比较，这时必须将指标规范化，制定出评价准则，根据指标所反映要素的状况，确定各项指标的结构和权重。

5. 确定物流运作绩效评价方法

在物流系统的管理中往往涉及多个方案的评价，管理对象的具体要求不同，其评价方法也有所不同。总的来看，在确定评价方法时，需要考虑的主要因素有系统目标、系统分析结果、费用与效果测定的方法及评价准则等。

6. 进行单项评价

单项评价是对系统的某一方面进行详细的评价，以突出系统的特征。单项评价不能解决最优方案的判定问题，只有综合评价才能做到。

7. 进行综合评价

按照评价标准，在单项评价的基础上，从不同的角度对物流系统进行全面的评价。综合评价是利用模型和各种资料，运用技术经济的理论，对比各种可行方案，从系统的整体观点出发，综合分析问题，选择适当且可以实现的优化方案。

11.3 物流运作绩效评价指标体系

案例 11-2

世界银行 2018 年物流绩效评价调查

物流绩效指数（LPI）是指基于对跨国货运代理商和快递承运商的绩效调研得出的一

系列数据指标。它是一种交互式的基准测试工具，帮助各国识别它们在贸易物流绩效方面面临的挑战和机遇，并助其改善提高。该指数范围从 1 到 5 ，较高的分数代表更好的性能。LPI 调查为这些国家运输大宗商品的难易程度提供了数据支撑。2018 年调查的近千名国际货运代理涵盖 160 个国家的国际 LPI 和 100 个国家的国内 LPI，受访者使用从 1（最差）到 5（最好）的指标范围来对八个市场的六大核心维度进行评估，其中包括海关与边境管理通关效率、贸易和运输基础设施质量、安排有竞争力的价格及出货容易程度等维度。这些市场是最重要的出口市场和进口市场，把内陆国家和周边国家与国际市场连接起来。调查方法和指标计算方法的详情可以查阅世界银行发布的《联结以竞争：全球经济中的贸易物流》。

资料来源：Logistics Performance Index.（2018－07－24）. http：//data. worldbank. org/data-catalog/logistics-performance-index.

11.3.1 SCOR 供应链绩效关键评价指标

物流运作绩效评价既有基于财务角度的指标体系，也有基于流程的指标体系，比较有代表性的是供应链运作参考模型（supplychain operations reference（SCOR）model）。

美国供应链协会在 2017 新版供应链运作参考模型（12.0 版本）中推荐的供应链绩效关键评价一级指标共有 10 个（如表 11－1 所示）。这些指标从供应链的交货可靠性、响应性、柔性、成本和资产管理效率五个方面构建了供应链运作绩效评价指标体系。

表 11－1 SCOR（12.0）供应链绩效关键评价指标

特征	特征定义	一级指标
供应链交货可靠性	正确的产品、正确的地点、正确的时间、正确的数量、完好的质量，没有瑕疵，文档齐全	订单完美履行率
供应链响应性	商品送达客户的速度	订单履行周期
供应链柔性	应对市场和需求变化或保持竞争优势的供应链敏捷度	上调供应链适应度
		下调供应链适应度
		整体风险值
供应链成本	与供应链运作相关的成本	供应链管理总成本
		商品销售成本
供应链资产管理效率	反映企业为支持需求所进行的资产管理的效率，包括所有的固定资产和资金	应收账款周转天数
		供应链固定资产收益
		营运资本收益

表中一级指标的具体含义如下：

（1）订单完美履行率（perfect order fulfillment），即满足全部交货要求的订单完成百分比，同时达到按时、按质、按量，具有完整的和准确的单证，且没有出现货损。

（2）订单履行周期（order fulfillment cycle time），即从客户放单到收到订货实际所需的平均时间。

（3）上调供应链适应度（upside supply chain adaptability），即在无事先计划下增产20%所需要的天数。

（4）下调供应链适应度（downside supply chain adaptability），即在没有存货和损失的情况下能够承受的 30 天提前运送订单减少的百分比。

（5）整体风险值（value at risk），评估了组织基于历史波动的交易组合的风险敞口。

（6）供应链管理总成本（total supply chain management cost），即供应链相关成本总和，包括管理信息系统、财务、计划、存货、物料采购和订单管理成本等。

（7）商品销售成本（cost of goods sold），即购买原材料和加工制造的成本，包括直接成本和间接成本。

（8）应收账款周转天数（days sales outstanding），也称为应收账款的收现期，表明从销售开始到回收现金平均需要的天数。

（9）供应链固定资产收益（return on supply chain fixed assets），衡量了一个组织在供应链固定资产投资上获得的回报。

（10）营运资本收益（working capital return），反映企业经营业绩的营运利益与营运资本的比率。

11.3.2 中国企业供应链管理绩效水平参考模型（SCPR）

SCOR 模型支持所有工业行业不同复杂程度的供应链管理，特别是在制造业得到了很好的运用并不断发展完善。在 SCOR 模型提出后，为了规范中国供应链管理行业的服务行为和提升中国企业核心竞争力，中国电子商务协会供应链管理委员会借鉴 SCOR 模型，于 2003 年 10 月提出了中国企业供应链管理绩效水平参考模型（SCPR），这是中国第一个正式由全国行业组织制定并推荐使用的定量评价供应链管理绩效水平和科学实施供应链管理工程的指导性工具。不同于 SCOR，SCPR 模型并不涉及业务流程，因此，它只适用于评价中国企业供应链管理的绩效水平。该模型包括订单反应能力、客户满意度、业务标准协同、节点网络效应与系统适应性 5 个一级指标和 18 个二级指标，具体指标如表 11－2 所示。

表 11－2 SCPR 模型指标

一级指标	二级指标
订单反应能力	反应速度
	反应可靠性
	反应适应性
客户满意度	产品质量
	产品价格
	客户服务水平
	产品可靠性

续表

一级指标	二级指标
业务标准协同	业务标准相关性
	业务标准协同管理能力
	业务标准灵活性
	业务标准执行能力
节点网络效应	系统覆盖率
	节点互动性
系统适用性	系统依赖性
	系统拥有成本
	系统实现方式
	系统扩展性
	系统建设风险

SCPR 模型提供了基于评价结果、针对单项指标的改进措施。此外，SCPR 模型强调“渠道能力，平台租用”的中国特色供应链管理模式，提倡外包租用是中国企业实现供应链管理的理想方式，既容易移植或扩张，又能降低实施成本。

11.3.3　连锁超市物流中心运作绩效评价指标

连锁超市作为一种零售业态，在中国还非常年轻。20 世纪 80 年代后期我国才出现了第一家真正意义上的超市，之后超市如雨后春笋般发展起来。从世界各国连锁超市业的成功经验来看，连锁经营方式之所以能够产生高效率和高效益，原因在于连锁超市实行了统一采购、统一配送、统一价格，并拥有实现这一职能的物流配送中心，从根本上实现了“决策权向连锁超市总部集中，物流活动向商品配送中心集中，做到一套资金、一套库存，集中优势将单个门店不可能投入的人力、物力、财力用于采购供应活动中”。

连锁超市以连锁制为轴心，以广泛的门店网络为市场依托，集中采购，利用现代化的物流配送中心进行商品集合运输（如图 11-2 所示）。连锁超市与商品的纽带是物流配送，配送中心的功能是汇集连锁门店的订货信息进行采购，从供应商手中接收多品种的大量商品，进行储存保管、配货、分拣、流通加工、信息处理，再按各门店的要求，配齐商品，进行补货，迅速、及时、准确、安全、低成本地进行配送。连锁超市的运营机制决定了物流管理的重要性、必要性，物流运作的水平直接影响超市的经营成果。

国内学者许胜余归纳总结了评价物流配送中心各项作业的八个指标：（1）商品与订单的效率，衡量商品销售贡献是否达到预定的目标；（2）作业规划能力，衡量管理人员所做的规划是否合理；（3）时间效益率，衡量各项作业是否掌握最佳时间；（4）质量水平，衡量服务质量是否达到客户满意的水平；（5）成本率，衡量作业的成本费用是否合理；

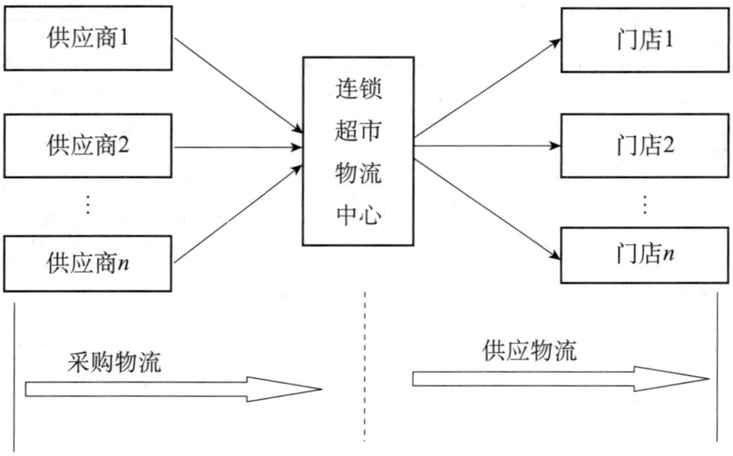

图 11－2 连锁超市物流活动的构成

(6) 设施空间利用率，衡量空间设施是否充分利用；(7) 人员利用率，衡量人员的工作量是否饱满；(8) 设备利用率，衡量设备设施是否发挥最大的作用。

结合某连锁超市的运行实践，我们围绕物流配送中心的服务水平和成本水平，设计了物流运作关键绩效指标（key performance indicator，KPI）体系，主要包括服务指标、成本指标两大类。其中，服务指标反映物流服务的客户满意度、柔性、准确性等，成本指标反映满足企业物流服务要求的成本消耗。在 KPI 指标体系中，KPI 分为两级，其中一级 KPI 指标有 3 个，二级 KPI 指标有 7 个（如图 11－3 所示）（王舒军，2007）。

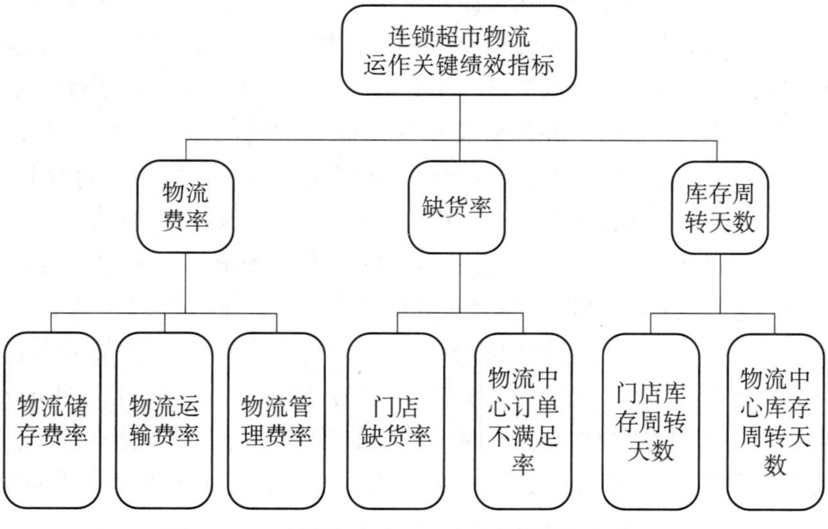

图 11－3 连锁超市物流运作关键绩效指标体系

该连锁超市物流运作绩效一级 KPI 指标和二级 KPI 指标的定义如表 11－3 和表 11－4 所示。

表 11－3　一级 KPI 指标

指标名称	指标的定义
物流费率	物流支出/同期物流出库商品金额
缺货率	出现缺货而无法满足客户订单的次数，用缺货次数与客户订货次数的比率表示
库存周转天数	日均库存/日均销量

表 11－4　二级 KPI 指标

一级 KPI 指标	二级 KPI 指标	二级 KPI 指标的定义
物流费率	物流储存费率	储存活动费用支出合计/同期出库金额合计
	物流运输费率	运输支出/同期出库金额合计
	物流管理费率	物流管理费用/同期出库金额合计
缺货率	门店缺货率	在经营目录上的商品无货品种数/总经营商品数
	物流中心订单不满足率	门店订单未满足金额/订单总金额
库存周转天数	门店库存周转天数	日均库存金额/日均销售金额
	物流中心库存周转天数	日均库存金额/日均出库金额

一级 KPI 指标的三项内容比较全面地反映了连锁超市物流运作的整体水平，图 11－4 反映了一级 KPI 指标与物流管理内容之间的关系。

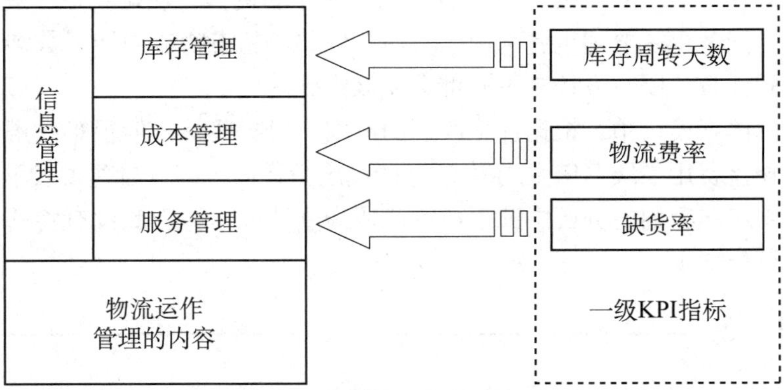

图 11－4　一级 KPI 指标与物流管理内容之间的关系

物流费率是物流成本的直接反映，物流费率的高低反映了物流成本管理控制的水平，体现了完成一定业务量时的成本支出。物流支出的节约可以视为企业的“第三利润源泉”，使企业的利润大幅提升。以联华超市为例，该超市 1999 年销售额为 42 亿元，纯利润为 5 000万元，净利润率为 1.19%，而同期经配送中心配送的商品约为 16 亿元，物流成本占 0.8%，假如物流成本占比下降 0.1 个百分点，就会使超市整体利润率提升到 3.2%，相当于多销售 1.4 亿元的商品。

库存周转天数是衡量库存管理水平的重要指标，库存周转天数取决于销售需求速度和存货水平，销售需求速度取决于市场和消费者的需求状况，而存货水平的高低是物流库存管理控制的重要内容。在销售需求速率一定的情况下，库存水平越低，库存周转天数越少，说明库存管理水平越高，存货资金的占用及风险就越小，反之亦然。超市库存周转天数是门店库存周转天数与物流中心库存周转天数之和，与门店、物流中心库存管理水平密切相关。

缺货率表明客户需求无法得到满足的比率。虽然缺货与否是一个与库存控制相关的问题，但并不能直接反映库存管理水平的高低。低的缺货率并不代表库存水平低，维持较高的库存通常是保证低缺货率的有效方式，但也会带来物流成本的增加。缺货率作为对顾客商品可得性的一种反映，是衡量物流服务水平高低的一项重要指标。缺货率越低，表明顾客需求满足率越高，物流服务水平也越高；缺货率越高，表明顾客需求满足率越低，物流服务水平也越低。

物流管理一级 KPI 指标间是相互联系和相互制约的，存在效益背反的现象。例如，在片面追求物流费率降低的情况下，可能造成库存不足，从而导致缺货率上升；减少库存周转天数，会增加物流运输环节的配送频率，减少送货批量，使物流费用增加，同时也会产生缺货风险。当然，通过流程重组与再造、采取新技术、完善信息网络等系统性的改进，可以使几个指标同时有所改善，但是当系统更新完成后，物流成本与顾客满意度两个目标又会回到新一轮的效益背反中。

物流管理的 7 个二级 KPI 指标是对一级 KPI 指标的展开。一级 KPI 指标是高度概括的内容，需要进一步细化，例如，我们不仅需要知道物流费率，还需要知道大的物流支出发生在哪些业务环节。设立二级 KPI 指标的另外一个目的是，明确物流管理优化不仅是物流中心的事情，同时也需要超市各部门的参与。例如，超市物流周转天数涉及门店与物流中心的库存周转天数，哪一方控制不好都会使该指标落后。

在上述指标体系设计中，根据优化改进的原则，对有些重要但很难改进的指标予以舍弃。例如，在物流费用二级 KPI 指标中，仓储设施租赁或折旧（自建模式下）成本占有比较大的比例，由于在我们的分析中此项成本已成为刚性成本，因此没有将仓储设施租赁或折旧费率作为评价依据。

案例 11 - 3

中华人民共和国烟草行业标准颁布

从 2009 年 5 月 1 日起，《中华人民共和国烟草行业标准：烟草商业企业卷烟物流配送中心绩效评价（YC/T 304—2009）》（以下简称《评价》）正式施行。《评价》的出台，有利于行业实时掌握物流中心的现实绩效情况，努力降低成本费用，提高效率与效益，促进行业现代物流体系的形成。

本标准根据国家烟草专卖局有关标准化项目制修订规定，从烟草行业的发展需要出发，体现科学性、适用性、通用性、可操作性和拓展性。从管理、成本、运营、服务、安全五个方面进行绩效评价，是指导各地市烟草公司制订相应具体绩效评价体系的重要依据。本标准对烟草行业卷烟物流配送中心的绩效考核将起到统一评价标准的作用。

本标准是以国家烟草专卖局颁发的《国家烟草专卖局关于烟草行业“十一五”期间卷烟物流配送中心建设意见》（国烟计〔2006〕425号）文件精神为指导，以烟草商业企业卷烟物流配送中心为绩效评价对象。评价指标以区域平均水平为依据使其评价更科学合理。评价指标从管理、成本、运营、服务、安全五个维度进行。考核指标最初为152个，最终确定为36个。根据各区域发展的情况由考评单位对考评对象确定具体评价细则。本标准具有可调整性、可操作性和相关公平性。考虑到区域的发展、设备的选型、物流中心的区域环境、投资规模等因素，既可进行横向比较也可进行纵向比较；同时考虑到全国卷烟物流的整体水平的建设，考评单位也可对评价指标分值进行适度修正，使考评结果具有较强的可比性、参照性和统一性。为了评价标准的顺利执行，设定了实施保证要求。

本标准从管理、成本、运营、服务、安全五个维度对烟草商业企业卷烟物流配送中心进行综合、量化的绩效评价，共设有5个一级KPI指标（管理、成本、运营、服务、安全）和37个二级KPI指标。《评价》对商业企业物流中心的相应指标进行打分，总分值为100分，将各二级KPI指标的得分值相加，得到该卷烟物流配送中心的实际绩效评价得分。

资料来源：国家烟草专卖局．中华人民共和国烟草行业标准：烟草商业企业卷烟物流配送中心绩效评价（YC/T 304—2009）．北京：中国标准出版社，2009.

11.3.4 制造型企业物流服务商运作绩效评价指标

在制造型企业物流运作中，为了应对激烈的市场竞争，多数企业采取了物流业务外包的策略。此时，物流服务商运作绩效评价工作显得格外重要，成为筛选物流服务商的重要依据。在组织体系上，多数大型制造企业设立了供应链管理部门或物流运作部门，统一负责相关物流业务的开展。

下面以国内某大型家电制造企业的实践为例，介绍物流服务商运作绩效评价指标体系。在该企业的物流运作中，物流运作部门将干线运输、仓储（中转仓）管理和区域配送三部分业务活动分别委托给不同的物流企业。该企业的物流服务商运作绩效评价指标体系包括三部分内容（如表11-5所示）。

表11-5 物流服务商运作绩效评价指标体系的内容

类别	指标
干线运输KPI指标	计划执行率 P
	计划余留率 R
	延误交货率 D
	货运事故指标 A
	单证传递及时率 T
	单证准确率 E
	服务质量指标 S

续表

类别	指标
仓储（中转仓）管理 KPI 指标	收发准确率 C
	单证准确率 E
	单证传递及时率 T
	在库残损率 Q
	储存质量 W
	客户满意度 M
区域配送 KPI 指标	订单准时完成率 F
	货运事故指标 A
	单证准确率 E
	单证传递及时率 T
	客户满意度 M

（1）干线运输 KPI 指标是对干线运输服务供应商的关键行为进行系统、严格、全面的考核评分的量化指标，用于评估各物流服务商的综合服务水平，为企业选择优质高效、服务水平高的物流服务供应商提供了依据。

（2）仓储（中转仓）管理 KPI 指标是对仓储服务供应商的关键行为进行系统、严格、全面的考核评分的量化指标，用于综合评估各物流服务商的服务质量水平和能力，为企业选择优质、高效、服务水平高的物流服务供应商提供了依据。

（3）区域配送 KPI 指标是对区域配送服务供应商的关键行为进行系统、严格、全面的考核评分的量化指标，用于综合评估各物流服务商的服务质量水平和能力，为企业选择优质、高效、服务水平高的物流服务供应商提供了依据。

1. 干线运输 KPI 指标

围绕物流服务中安全和准时两大永恒主题，企业针对干线运输服务评价确定了 7 个指标，以及相关的日常考核表格。在实际运作中，干线运输绩效评价分为日常工作考核和每月综合评分，并定期公布服务质量最好的物流服务商和得分最低的物流服务商。

（1）计划执行率 P（即车辆到达率）。该指标是指在计划响应时间内物流服务商计划执行数（车辆及时到达并符合装载要求）与计划数的比率。计划响应时间是指从物流运作部门下达发货计划之日至物流服务商派车到达装货点之日的时间。全国发站的计划响应时间均为两天，第一天计划执行率 P_1 必须达到 85%，第二天计划必须全部完成，即第二天累计执行率 P_2 要达到 100%。凡当天没有执行完的计划都必须填写日余留计划表，第三天开始计算逾期余留。余留两天及以后的计划另行登记，并做特殊（加急）计划处理。

（2）计划余留率 R。该指标主要考核物流服务商在执行计划过程中超计划响应时间派车造成的余留数。超时余留一天的计划数虽可从第二天计划执行率中得出，但余留两天及以上的计划不能体现出来，因此增加余留率指标 R 考核余留计划的数量和天数。

（3）延误交货率 D。该指标是指货物从装车发运的那一刻起，在正常情况下物流服务商应督促其司机须按到站时间表规定的天数将货物安全、完好地送达目的地，除不可抗力（战争、地震、路面大面积塌方、大雪封山）外，其他原因（如堵车、坏车、交通事故等）均不能成为免责条款。延误交货的计划数与当月总计划数的比率为延误交货率 D，准点交货率为 1 减去 D，即 $1-D$。

（4）货运事故指标 A。它分为事故损失率和货运事故率两项。事故损失率是指事故损失金额与发运总货值的比率，货运事故率是指事故次数与发运总车次数的比率。在运输途中出现货损货差时，需要倒货处理（即将货物从事故车辆倒装至救援车辆），物流服务商须及时安排人员和车辆赶赴现场，遵循先倒货后处理事故的原则，尽量减少货物滞留；如果物流服务商处理事故不及时，给企业收货单位造成了损失，应由承运方承担所有损失。对于货物的损失，企业可按产品货值直接从物流服务商当月的运费中扣除。由于特大货物事故（特指损失金额大于等于 3 万元的事故）可能造成较大的损失（比几十起小事故的损失之和还要大），从而导致事故损失率偏大以及货运事故率得分偏低，因此在事故损失率的计算公式里加入权重，以避免因少量不可抗力以及整车走失造成事故损失率偏低的不合理现象。

（5）单证传递及时率 T。该指标考核各发站发货统计报表、日余留计划表、逾期车辆统计表以及送货清单的报账联、统计联的及时传递。

（6）单证准确率 E。该指标是指单证必须按要求的格式填写，书面应保持清晰、整洁。手工填写的清单，字体应工整、规范，不得涂改。单证填写完后应严格、仔细地检查一遍，杜绝差错。

（7）服务质量指标 S。该指标主要考核物流服务商的服务意识和服务态度。服务意识和服务态度的考核分三种情况：在日常工作中主动沟通，及时妥善处理各种突发情况，总部各部门及网络收货单位无投诉，能得到员工的一致好评，这种情况属于好；有少量投诉的情况属于一般；沟通不及时、不主动，且有较多投诉的情况属于差。

前 6 个指标包括日常考核与每月综合评分，日常考核记录在日常考核表中。以上 7 个 KPI 指标的月底综合评分按发站统一记录于运输服务供应商每月综合评分表中，各指标的月底评分取该日常指标一个月的平均值；正常情况下月最高总分为 100 分。根据月底对物流服务商的综合考核情况，每月做一次考评分析报告。物流服务商的月底总分达到 65 分以上为合格，达到 80 分以上为良，达到 95 分以上为优。对于达到优的物流服务商，物流运作部将给其发出表扬信；对 60～64 分的物流服务商给予黄牌警告（物流运作部门将以服务质量不合格的书面说明通知相应的物流服务商）；对低于 55 分的物流服务商给予红牌警告，物流运作部门有权对其承运的优势区域和劣势区域取消部分线路的承运权。

2. 仓储（中转仓）管理 KPI 指标

仓储（中转仓）管理 KPI 指标以客户服务为中心，围绕客户满意度和仓库的管理质量两个主题，确定 6 个指标以及相关的日常考核表格。在实际运作中分为日常工作考核和每月底综合评分，并公布各中转仓的得分排名情况，对管理和服务质量优秀的中转仓进行表扬，并推广其成功的经验；对得分低于警戒线的中转仓提出警告。

（1）收发准确率 C。该指标是指中转仓每月货物收发总量减去出现差错总量的差值，与每月中转仓货物的收发总量的比值。

（2）单证准确率 E。该指标的含义与干线运输 KPI 指标中的单证准确率 E 相同。

（3）单证传递及时率 T。该指标考核对中转仓各种报表，如中转仓收货清单、产品库存日报表、中转仓发货情况反馈表、中转仓备损件库存日报表、中转仓货损货差维修物料月报表、成品库龄分析月报表、中转仓备损件库存月报表、中转仓广告品库存月报表、不良品处理月报表等的及时传递。

（4）在库残损率 Q。该指标是指在库原因造成的残损件数与在库总件数的比值。由于货物在库原因造成的残损，其责任由仓储管理方负责。

（5）储存质量 W。它表现为仓库的储存环境、消防安全、在库货物堆码及标识应符合中转仓管理的规定，主要通过对中转仓的现场检查进行考核。储存环境是指库内外卫生、害虫控制，仓库温湿度的控制以及货物的在库养护状况；消防安全是指仓库的消防设施是否齐备、有效，措施能否落到实处，有无隐患；在库货物的堆码及标识要求按仓储管理的规定执行。

（6）客户满意度 M。客户满意度主要以客户的有效投诉次数为量化指标。在实际运作中，客户满意度包含四个方面的内容，即装货等待时间、仓储管理方的服务态度（包括门卫、仓管员、开单员、搬运工等）、异常情况的处理能力和重复投诉次数。

3. 区域配送 KPI 指标

配送服务指标以服务于网络销售为重点，考虑配送的及时性要求，确定了 5 个指标和相关的表格。在实际运作中，区域配送绩效指标分为日常工作考核和每月底综合评分，并公布各配送承运商的得分排名情况，对管理和服务质量好的承运商进行表扬；对得分低于警戒线的承运商提出限期改进的要求和措施。

（1）订单准时完成率 F。准时是指收到订单后在规定的配送时间（如 24 小时）内送达；完成是指完全符合订单所要求的 SKU 规格和数量。配送时间是从物流主管开具出库单后的时间开始算起，在规定时间内送达指定的经营部或客户（如 200 千米以内 12 小时送达，200～400 千米 24 小时送达，400 千米以上 36 小时送达）。订单准时完成率是一项严格的指标，充分体现了对配送服务的客户一视同仁的原则。若因不可抗力造成订单延误，承运方可不承担责任，但必须在第一时间通知当地分公司的物流主管，并在事后出具有效证明。

（2）货运事故指标 A。该指标的含义与干线运输 KPI 指标中的货运事故指标 A 相同。

（3）单证准确率 E。该指标的含义与干线运输 KPI 指标中的单证准确率 E 相同。

（4）单证传递及时率 T。该指标考核对各种配送报表（如二次配送过程控制表、二次配送日报表以及二次配送汇总表）的及时传递。

（5）客户满意度 M。客户满意度主要以客户的有效投诉次数为量化指标，考核承运方的服务意识和服务态度。该指标的评估分三种情况：在日常工作中主动沟通，及时妥善处理各种突发情况，总部各部门及网络收货单位无投诉，获得各员工一致好评的情况属于好；有少量投诉的情况属于一般；沟通不及时、不主动，且有较多投诉的情况属于差。

11.4　物流运作绩效评价的方法

在目前的研究与实践中，物流运作绩效评价的方法主要有：

(1) 专家定性判断法。这是凭借专家个人判断定性评价物流与供应链绩效的一种主观评价方法。该方法一般通过选择和推荐，以专家寄出评语的方式进行。其优点是简便易行，无烦琐的计算和公式推导；其缺点是人为因素影响大，容易受到各种主观因素的干扰，精确度不高。

(2) 综合评分法。这是最常用的一种绩效评价方法，其基本思想是用评分反映评委对各项指标的评价，通过对数据的综合处理，用一个量化的数值表示评价结果，一般综合评分越高绩效越好。

(3) 层次分析法。这是一种实用的多准则评价方法。在实际工作中，常常需要在多个不同的评价对象之间进行比较，从中筛选出令人满意或比较满意的评价对象，以达到既定的目标。用层次分析法进行评价，首先要形成能使问题条理化的递阶层次结构，即根据问题的性质和要达到的总目标，将问题分解为不同的组成因素，基于因素间的相互关联影响以及隶属关系，将因素按不同层次聚集组合，形成一个多层次的分析结构模型。然后以上一层次的因素为准则，通过两两比较确定同一层次内各因素间的相对重要程度。最后采用一定的数学方法对各评价对象进行综合排序。

(4) 模糊综合评价法。这是对多种属性，或者总体优劣受多种因素影响的事物作出综合的、合理的总体评判，通过使用模糊集合精确地解决不精确、不完全信息的方法，其最大特点是比较自然地处理人类思维的主动性和模糊性，对诸多因素作出综合的、合理的评价。

(5) 企业关键业绩指标法。这是通过对组织内部流程的输入端、输出端的关键参数进行设置、取样、计算、分析，衡量流程绩效的一种目标式量化管理方法，是把企业的战略目标分解为可操作的工作目标的工具，也是企业绩效管理的基础。

(6) 数据包络分析法。数据包络分析（DEA）是评价效率的非参数方法，该方法主要通过保持决策单元的输入或输出不变，运用数学规划确定相对有效的生产前沿面，再把各决策单元都投影到确定的生产前沿面上，通过比较决策单元偏离前沿面的程度来评价它们的相对有效性。

本章小结

物流运作绩效评价是按照一定的程序和评价标准，采用特定的指标体系，运用数理统计和运筹学的方法，通过定量、半定量或定性分析，对在一定经营期内的物流经营效益和经营活动的业绩，作出实事求是的客观判断和衡量。

对物流运作绩效进行评价与分析，有利于及时发现物流经营管理过程中存在的疏漏、缺陷和问题，正确判断企业的实际经营水平，为改善物流管理提供依据；同时能够帮助物流管理人员树立正确的行为导向，激发其积极性、主动性，进而增强企业的经营能力，提高企业的整体效益。常见的评价指标体系包括供应链运作参考模型（SCOR）和适用于中国企业供应链管理绩效水平的参考模型（SCPR）。

对于不同的企业，如生产制造企业、商贸流通企业、物流企业，其物流活动的范围和内容有所不同。不同企业的决策目标也会有所差异，这会导致物流运作绩效评价的思路与方法有所不同。无论何种情况，正确地执行物流运作绩效评价的步骤是有效进行评价的基本保证。

物流运作绩效评价既有基于财务角度的指标体系，也有基于流程的指标体系，比较有代表性的体系是供应链运作参考模型中推荐的供应链绩效关键评价指标。

在目前的研究与实践中，物流运作绩效评价方法主要有：专家定性判断法、综合评分法、层次分析法、模糊综合评价法、企业关键业绩指标法、数据包络分析法。

关键概念

物流运作绩效评价　供应链交货可靠性　供应链响应性　供应链柔性　供应链成本　供应链资产管理效率　物流费率　库存　库存周转天数　缺货率

思考题

1. 物流运作绩效评价对企业物流管理的意义表现在哪些方面?
2. 分析和说明物流运作绩效评价的一般过程。
3. 描述 SCOR 和 SCPR 供应链绩效关键评价指标体系的构成。
4. 比较和分析各种物流运作绩效评价方法的优劣。

课堂讨论题

1. 查阅资料，分析和讨论平衡计分卡方法在物流运作绩效评价中的应用方式和效果。
2. 结合某生产流通企业的实际情况，分析其物流运作绩效评价工作的现状和存在的问题，并给出实施改进的具体建议。

补充阅读材料

汪应洛，等．系统工程学．5 版．北京：机械工业出版社，2016.

案例分析

HX 连锁超市物流运作绩效评价分析

一、HX 连锁超市概况

HX 连锁超级市场有限责任公司成立于 1993 年，是陕西省最早成立的连锁超市。目前共有 150 余家门店，员工 4 000 人。门店分为两种类型：一种是以提供便利消费为主的便利店，门店面积一般在 200 平方米以内，营业时间较长，一般为 16 小时或 24 小时；一种是标准型超市，门店面积 500～2 000 平方米，营业时间一般为 12 小时，经营的商品品种较多，以日常消费品为主。

HX 连锁超市经营的商品约有 13 000 种，以普通消费者日常购买的食品、家杂、日化产品为主，商品的类别结构如表 11－6 所示。可以看出，HX 超市主要经营的产品类别是食品类，约占品种总数的 60%。

表 11-6　HX 超市经营品种与分类品种数

大类	小类	品种数
非食品	家杂等	3 600
	日化等	1 700
食品	烟酒	1 400
	饮料	1 200
	副食品	5 100
合计		13 000

HX 超市物流体系经多年的摸索，逐步形成现今的格局。其发展可以分为几个阶段：1993—1996 年，这一时期是引入超市概念阶段，基本没有规范的物流管理；1996—2002 年，这一时期是企业高速成长阶段，物流管理比较初级，只有一套简单的基于 Foxbase 的信息系统，对分店及总部库存实施了一定程度的管理；2003 年至今，由于受大型超市及中小型超市的多重挤压，企业发展进入瓶颈阶段，因此 HX 超市对物流管理特别重视，2004 年投入巨资兴建了现代化的物流配送中心，以现代物流管理思想优化企业整体物流活动。

HX 超市物流中心是具有存储功能的分拨型物流中心，是实施物流管理的主要部门。HX 超市物流中心的总占地面积近 3 万平方米，库房面积 1.7 万平方米，院内仓库主体建筑是一座大跨度的单层钢结构物流建筑，主体库房采用高站台设计，进出货站台长 280 米，可同时容纳 80 辆车进行装卸作业。库内使用高位立体式货架，拥有标准托盘储位近 8 000个。HX 超市物流中心现有员工 100 多人，各类运输车辆 25 辆。

HX 超市物流中心内部组织结构是按作业内容确定的，设有仓储部、运输部、信息部和为确保物流活动质量及商品质量而单独设立的质管部（全面负责业务质量的监督检查工作）（如图 11-5 所示）。

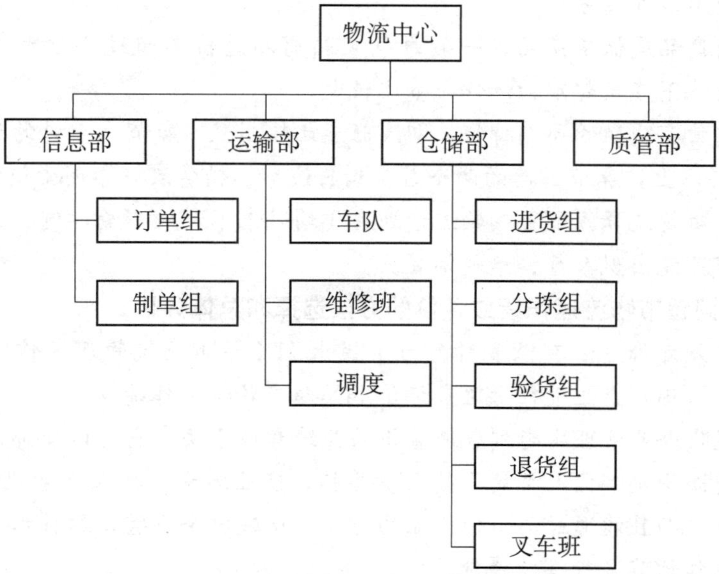

图 11-5　HX 超市物流中心组织结构

二、HX连锁超市物流特征

1. HX连锁超市门店物流特征

HX超市门店的物流特征主要表现在以下方面：

(1) HX超市大多数门店位于繁华的街道或居民小区，当地交通部门及市容部门对车型限制较多。例如，西安市二环以内禁止货车通行，延安市的门店只能晚上卸车等，都对物流配送车辆安排造成了很大的困难。

(2) 榆林地区平均运距达到500公里以上；因需翻越秦岭，安康、汉中地区的运费较高。

(3) 西安地区门店平均送货频率为每周1～2次，其余地区送货频率一般为每周1次。

2. HX连锁超市商品物流特征

HX超市商品的物流特征主要表现在以下方面：

(1) HX超市所经营的商品总体上属于轻泡货，即每立方米商品的重量小于600千克，因此不需要重载车辆，轻型厢式货车就可满足大多数情况下的运输需求。

(2) 商品包装有纸箱、塑料编织袋、玻璃瓶、塑封拉伸膜包装等，其中以纸箱为主。大多数包装好的商品便于堆码，但部分散包装、编织袋包装的商品不利于装车，玻璃容器的商品在运输过程中可能会因颠簸等破损。

(3) 85%以上的商品带有销售条码，10%是蔬菜、熟食等不需条码的生鲜商品，剩余的5%需要在HX超市物流中心进行贴条码作业。在物流作业过程中，如果要判断有外包装箱条码的商品，不需拆箱，只需核对包装箱条码即可。目前只有约50%的商品有外包装箱条码。

(4) 超过90%的商品有严格的保质期，商品一旦过期，就有变质的危险，必须下架处理，否则会损害消费者利益，因此必须在超市经营的各环节加强商品的有效期管理。这就要求HX超市物流管理必须从商品入库开始做好有效期管理工作，做到商品先生产、先出库，一旦过期绝不能发往分店。

(5) 大多数商品属低值商品，一般每包装箱商品总价不超过100元，与其他行业比较，同等金额条件下连锁超市物流作业量比较大。

(6) 商品销售有明显的周期特征，即淡旺季比较明显，春节一个月的销售量约占全年销售总量的30%以上，春节过后的两个月是销售淡季。销售淡旺季因素使物流管理中难以做到平衡供给，对物流资源配置、物流计划安排均带来不利的影响，例如，旺季可能忙不过来，淡季又有可能出现人员、车辆闲置。

三、HX连锁超市物流运作绩效评价的方法选择和总体分析

物流运作绩效评价方法有很多种。为了找出HX超市物流管理运作中存在的具体问题，选定KPI，与标杆企业进行对比来评价HX超市物流运作绩效。

KPI法是现代企业管理中受到普遍重视的业绩考评方法。它可以使部门主管明确部门的主要责任，进而明确部门人员的业绩衡量指标，使业绩考评建立在量化的基础上。KPI法不仅简单易行，而且能通过与类似企业的对比，反映出企业整体运作水平，通过对指标的层层分解对运作细节进行有效评价。

针对KPI指标，将HX超市与经营模式相近的联华超市、麦德龙超市进行比较（如表11-7所示）。

表11-7　物流运作一级KPI指标比较

	HX超市	联华超市	麦德龙超市
物流费率	2.1%	0.8%	—
商品周转天数	30	24	20
缺货率	15%	8%	5%

从表11-7的数据可以看出，HX超市物流管理存在比较大的问题。首先是物流运作成本较高。HX超市物流费率比联华超市高得多。其次是物流管理不到位，服务水平较低。HX超市库存周转天数比联华超市多6天，比麦德龙多10天。缺货率是联华超市的近两倍，是麦德龙超市的3倍。

表11-8是HX超市物流二级KPI指标与联华超市的比较，部分项目由于无法掌握数据为空。从表中数据可以更清楚地看出HX超市在物流运作中的差距，整个物流费率及缺货率均远高于联华超市。

表11-8　物流运作二级KPI指标比较

二级指标	HX超市	联华超市
物流储存费率	0.7%	0.32%
物流运输费率	0.8%	0.15%
物流管理费率	0.08%	0.05%
门店缺货率	15%	8%
物流中心订单不满足率	12%	—
门店库存周转天数	20	—
物流中心库存周转天数	10	—

四、HX连锁超市物流绩效评价分项分析

1. 物流费率指标的分解与分析

由于HX超市的营销规模小，物流费率基数较小，没有达到规模经济，所以物流管理费率指标偏高。

HX超市的物流运输成本主要发生在物流中心向各门店送货的过程中。HX超市目前自有运输车辆25辆，承担了绝大多数超市门店的送货任务，运输成本是HX超市物流成本中最大的一部分。

运输成本的构成一般包括人工费、燃油费、过路过桥费、维修保养费、车辆折旧费、保险费、管理费、税费等。以上费用中的车辆折旧费、保险费、人工费、管理费等属固定或半固定成本，其余费用属变动成本。运输费率的高低一般受过路过桥费、装载率、空驶率等因素的影响。经综合分析后得知，造成HX超市物流运输费率比较高的主要原因是：

(1) 车辆装载率较低。商业企业存在较为明显的淡旺季，HX超市也不例外，这就导

致车辆装载率在淡季时比较低。车辆装载率的计算公式为：

$$装载率=\frac{实际使用容积（载重）}{车辆容积（载重）}$$

表11-9是2005年HX超市车辆装载率的统计分析数据。由此可以看出，即使在旺季，HX超市的自有运力也没有充分利用，淡季车辆使用效率有较大的提升空间。

表11-9　HX超市车辆装载率

车型	淡季	旺季
面包车	55%	90%
3吨厢货	70%	95%
8吨厢货	65%	95%

（2）运距不经济。国内外的经验数据表明，物流中心与门店之间的运距应小于320公里，但HX超市部分门店运距过长。例如，最远的绥德店距超市物流中心560公里，从汉中、安康的门店到物流中心要翻越秦岭（虽然运距不长，但运输成本较高）。这两种情况直接造成部分门店运输配送成本较所载商品金额之间的比率偏大（如表11-10所示）。

表11-10　HX超市部分线路运输成本比率

目的地	运输成本与所载商品金额比率
绥德店	4.5%
安康地区门店	3.5%
汉中地区门店	3.5%

（3）运输单向，车辆空驶率高。HX超市商品是单一的发散流向，即由HX超市物流中心向各门店单向发散（如图11-6所示）。回程基本上空载，支付的燃油费、过路过桥费等费用没有产生经济效益。

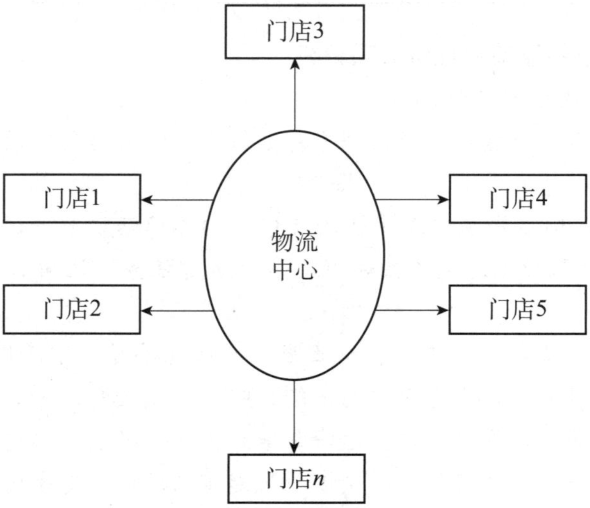

图11-6　HX超市商品流向

储存费率取决于一定时期内全部储存费用支出与同时期储存物资价值两项内容。储存费用支出通常包含人工费、作业动力消耗费、材料消耗费、物品损耗费、固定资产占用费、管理费等。固定资产折旧、占用费用已经投入且具有刚性，不予考虑；管理费用另计入管理费率指标考虑；作业动力消耗费、材料消耗费和物品损耗费较低，对储存费率指标的影响较小，可忽略不计。在这里，主要对在储存费用中占比较大的人工费用进行分析。

一般人工费的简单计算公式为：人工费＝人数×平均工资。HX 超市物流部门员工的工资水平不高，大概只相当于联华超市物流员工工资的 75%，因此人工费高可能是由人数多造成的。HX 超市物流部门员工基本上是按淡季确定人员编制的，在淡季基本上能做到员工工作量饱和，在旺季则要安排加班。因此，HX 超市人工费高的主要原因是人均作业效率低，也就是说联华超市两个人的工作量在 HX 超市可能需要三个甚至更多的人完成。人工作业效率主要受作业流程的制约，HX 超市作业流程包括收货、分拣、装卸等环节，其人工作业效率低是由以下几方面原因造成的。

(1) 分拣作业中的拆零分拣严重影响效率。在物流作业中，分拣时整件商品与拆零商品常常混杂在一起。对整件商品的分拣只需查验外箱品名和包装规格，对于拆零商品必须将外包装箱打开，按照需要的数量一个一个地取出放置在空的周转箱内，由于拆零商品大小、容器材质、重量等都有较大的不同，在周转箱内堆放时要特别小心，否则极易造成商品的破损。根据实地验证，拆零商品的分拣效率比整件分拣效率低 45%以上。联华超市的做法是严格限定拆零品种，对需要拆零的商品设置专门的电子标签分拣区，采用重力式货架，提高拆零分拣效率。

(2) 没有严格区分商品存储区域。HX 超市采用高位立体式货架，货架分五层，每层层高约为 1.5 米。在系统设计时，将第一层、第二层设为商品分拣位，第三～五层为商品存储位，分拣作业只安排在靠近地面的第一层、第二层，分拣员工不需要叉车的协助就可以完成分拣。由于 HX 超市物流中心的库房没有严格执行区域存放的要求，有些分拣商品仍需要在第三～五层完成，需要有叉车的协助才能完成分拣，这样会减缓分拣速度并造成安全隐患。

(3) 装卸效率低。HX 超市物流中心商品装车使用人工完成，两个人装满一辆 3 吨厢货车平均需要 1.5 小时。相比之下，联华超市使用了笼车（商品装载活性大大增强），装载同样体积的车辆只需要 30 分钟。在车辆到达门店后，卸车环节的效率也不相同。HX 超市的装卸效率约为联华超市的 33%，车辆等待时间较长，影响车辆的使用效率。

2. 库存周转天数指标的分解与分析

库存周转天数是衡量企业物流管理水平的核心指标。如今企业竞争已从“大鱼吃小鱼”逐渐转变为“快鱼吃慢鱼”，企业都非常重视库存商品周转管理。例如，海尔实施了一系列物流管理优化措施，将平均库存周转天数从 30 天缩短至 12 天。

库存周转慢暴露出 HX 超市库存管理方面存在的问题。超市库存周转天数等于门店库存周转天数和物流中心库存周转天数之和。在消费需求一定的情况下，HX 超市库存设置过高。在这里，主要针对 HX 超市物流中心库存问题进行分析，门店库存周转天数的分析基本类似。

（1）按类别对商品周转指标的分解。从表 11－11 可以看出，HX 超市物流中心商品按类别统计后，发现周转最慢的家杂类商品的周转天数比周转最快的饮料类商品多 11 天。虽然商品会因类别不同存在固有的周转速度差异，但总体上每类商品与同行相差 1～2 天。

表 11－11　2006 年 12 月商品周转天数的分类

商品类别	平均周转天数
家杂等	18
日化等	15
烟酒	11
饮料	7
副食品	8
加权平均	10

（2）按 ABC 分类对商品周转指标的分解。按照商品销售贡献可以得出 HX 超市商品 ABC 分类表（如表 11－12 所示）。可以看出，占全部商品品种 10％左右的 1 350 种商品作出了超过 75％的销售贡献。

表 11－12　HX 超市商品 ABC 分级情况

商品级别	品种数	销售贡献率	销售贡献率累计
A＋	250	20％	20％
A	1 100	55％	75％
B	3 000	17％	92％
C	8 700	8％	100％

从表 11－13 可以看出，A 类商品品种数少、周转速度快；C 类商品品种数多，但周转缓慢；B 类商品介于 A 类与 C 类之间。

表 11－13　HX 超市物流中心商品分级别周转情况

商品级别	品种数	周转天数
A	1 200	7
B	3 000	15
C	7 000	35

库存天数偏长会给超市经营带来不小的危害。第一，形成资金占压。商品周转天数长，意味着资金利用率低，形成资金沉淀。第二，因积压造成商品损失。超市经营的商品大多有保质期，过了保质期必须销毁，以一般超市净利润 3％计，如果一件商品因积压造成了损失，需要销售 33 件商品才能挽回损失。据不完全统计，HX 超市每年因积压造成的商品损失约有 35 万元，由此可见问题的严重性。

3. 缺货率指标的分解与分析

缺货率反映出企业库存的保证能力以及配送的及时性等，会影响用户需求的满足率，直接影响用户的满意度。它是反映企业物流服务水平高低的重要指标。

超市缺货是指消费者无法在超市货架上找到目录内商品的现象。缺货不仅会影响企业的销售业绩，而且会直接导致消费者的满意度下降，进而给企业造成无法估量的损失。

罗兰贝格管理咨询有限公司与中国连锁经营协会曾联合对北京、上海、深圳 5 家连锁企业的 12 家大卖场展开缺货调查，报告显示，连锁零售企业商品缺货状况会引发消费者的各种反应，最终导致零售企业的销售损失，48%的人会选择购买同一品种的替代品，15%的人不再购买，31%的顾客会到另一家店购买。因此，国内外连锁超市对商品缺货都有非常严格的管理办法，例如麦德龙在发生商品缺货时，不是用其他商品填补空货架，而是在缺货商品处明示“商品缺货”，告知消费者，同时追踪原因，及时补货。

HX 超市门店缺货率是 15%，比联华超市高出近一倍，造成 HX 超市每年销售额减少约 5 000 万元，且消费者满意度大幅下降。HX 超市物流中心订单不满足率为 12%，说明平均有 12%的分店的订单需求物流中心没有满足。

超市缺货是一个比较复杂的问题，可能由多个环节的多种因素造成。经过分析，HX 超市门店及物流中心缺货率高的主要原因是采购订货时机不当，其次是对商品没有进行分级重点管理，对重点商品关注不够，导致部分畅销商品出现断货，另外也有结款等方面的原因造成物流中心向供应商下达了采购订单，而供应商不能及时送货造成商品缺货。

资料来源：王舒军．海星连锁超市物流运作绩效分析及改进对策．西安：西安交通大学，2007.

案例思考题

1. HX 连锁超市物流绩效存在哪些方面的问题？
2. HX 连锁超市物流运作绩效评价从哪几个方面展开？
3. 你认为改进 HX 连锁超市物流绩效可以从哪些方面着手？为什么？

第 4 篇

专题篇

12

Chapter

第12章 现代物流发展的重要专题

学习目标

通过本章的学习，读者应该能够：

- 了解物流标准化的内涵和主要工作
- 了解绿色物流的基本内涵
- 了解应急物流管理的主要手段
- 理解供应链金融的业务运作模式
- 了解冷链物流的运作现状与发展趋势
- 了解数字化物流的内涵

12.1 物流标准化——21世纪物流发展的基础

随着经济全球化与科学技术的不断发展，物流受到世界各国的普遍关注与重视。物流活动涉及运输、仓储、邮政、包装、信息技术等多个行业的资源整合，只有通过各行业高度的统筹与协调，才能获得社会物流系统的最佳效率与效益。由于不同系统的协调与配合需要通过制定并实施统一的标准来实现，因此，物流标准化对于促进物流资源的整合，提高物流运作效率，保证物流服务质量有着积极的推动作用。

12.1.1 我国物流标准化现状

案例12-1

商贸物流标准化有望大幅降低物流成本

网购商品快递包装随意化、农产品装卸器具标准不统一等造成的浪费和成本上升将有望减少。商务部将进一步深入推进商贸物流标准化专项行动。

数据显示，我国物流总费用占 GDP 比重为 16.1%，远高于美日等发达国家。而物流标准化可以加快物流过程中运输、装卸、搬运的速度，降低仓储费用，减少损耗，提高流通效率。

提高商贸物流标准化水平是建立商贸物流大市场的内在需求，是提高效率、降低成本的有效措施，是落实“互联网+”战略的重要举措，也是“走出去”竞争力的重要体现。

作为商贸物流标准化重点工作之一，商务部托盘标准化行动取得了积极成效。2015 年，北京、上海、广州等物流标准化试点区域内，各试点企业累计带板运输 75.7 万次，物流成本占营业收入比例平均下降超过 2 个百分点。物流成本的节约最终体现在价格上，消费者也因此受益。

目前，商贸物流标准化方面存在的问题主要是尚未形成完整的标准体系，各环节标准协调性欠缺，企业参与标准化建设动力不足，宣贯培训力度不够等。下一步将从加强商贸物流标准化指导规划、加强市场机制建设、建立标准化信息系统、提高标准化诚信水平、加强标准化知识普及与宣传等方面入手，继续深入开展商贸物流标准化专项行动，并以托盘标准化为切入点，带动上下游标准化水平共同提高。

资料来源：商贸物流标准化有望大幅降低物流成本．（2015－10－28）．http：//www.gov.cn/xinwen/2015－10/28/content_5002453.htm.

2000 年之后，现代物流快速发展，我国的物流标准化工作势在必行，受到广泛的重视，各项工作全面推进，极大地促进了我国物流事业的进步。总结我国物流标准化的发展历程，主要表现出如下一些特点。

1. 物流标准体系初步形成

根据 2019 版《物流标准目录手册》，我国已制定公布的现行物流国家标准、行业标准和地方标准目录共计 1 112 项。在上一年版本的基础上 2019 版增加了 91 条标准。在内容上分为基础性标准、公共类标准、专业类标准和标准化指导性文件四大部分，在每部分中又按基础性标准、物流装备、物流技术、物流服务及管理、物流信息等进行分类。

2. 建立了与物流有关的标准化组织和机构

经国家标准化管理委员会批准，我国成立了全国物流标准化技术委员会，主要负责物流基础、物流技术、物流管理和物流服务等领域的标准化工作，全国物流标准化技术委员会下设六个分委会。

物流信息领域，我国成立了全国物流信息管理标准化技术委员会，负责物流信息基础、物流信息系统、物流信息安全、物流信息应用等领域的标准化工作。

物流运输方面，目前有包括全国道路运输标准化技术委员会、全国航空货运及地面设备标准化技术委员会、全国航空运输标准化技术委员会、全国综合交通运输标准化技术委员会、全国智能运输系统标准化技术委员会、全国国际货运代理标准化技术委员会等在内的相关技术委员会。

物流包装方面，目前主要有全国包装标准化技术委员会，负责全国包装专业的基础标准、方法标准、包装容器和包装材料的综合标准等专业领域标准化工作。

物流仓储方面，除了有负责仓储技术与管理的全国物流标准化技术委员会仓储技术与管理分技术委员会，还有全国物流仓储设备标准化技术委员会，负责物流仓储设备的标准化工作。

此外，还有全国集装箱标准化技术委员会，它是我国成立较早的一个全国性标准化技术委员会，负责我国集装箱领域的国家标准与行业标准化技术归口管理工作，对口国际组织为 ISO/TC 104。

可以看出，目前我国已经成立了物流、物流信息、运输、包装、仓储等主要领域的标准化技术委员会，基本覆盖物流系统的基本功能，这些标准化组织机构的成立对推动我国物流领域的标准化工作起着至关重要的作用（宋敏等，2019）。

3. 政府部门高度重视和推进物流标准化工作

2004 年，在国家标准化管理委员会的支持下，由全国物流标准化技术委员会和全国物流信息管理标准化技术委员会牵头，联合有关科研院所和企业的专家与管理人员，在已有的物流标准化工作的基础上进行深入研究，同时结合我国物流业的发展现状，制定了物流标准体系表。

2005 年，在物流标准体系表的基础上，国家标准化管理委员会、国家发展和改革委员会、商务部、铁道部、交通运输部、国家质量监督检验检疫总局、中国民用航空总局、国家统计局八部委联合印发《全国物流标准 2005 年—2010 年发展规划》，确立了以“物流技术、物流信息、物流管理、物流服务”为主体结构的物流标准体系，初步规定了我国物流标准化的指导思想和物流标准制修订的总体框架，并与国家“十一五”规划相衔接，全面提出了物流标准项目规划。该规划的颁布与实施，促进了当前社会急需的通用基础类和专业类物流标准的制修订工作，逐步理顺了物流各相关行业在物流标准化方面的衔接关系，初步扭转了我国物流标准缺失、老化、技术水平低，标准化建设滞后的局面。

2007 年 1 月，国家标准化管理委员会、国家发展和改革委员会等六部委下发《关于推进服务标准化试点工作的意见》，在随后选择试点工作重点的过程中，将现代物流标准化列为第一项，提出：“以发展第三方物流为重点，选择建立物流服务标准化试点；围绕现代物流业的发展，建立满足试点单位需求的现代物流标准体系；重点抓好物流标准的宣传，推动试点单位实施物流标准，使物流技术、装备、信息、管理、服务和安全等环节都有标准可依、按标准实施，为工业及先进制造业的发展提供支撑。”

2007 年 3 月，国务院颁布了《关于加快发展服务业的若干意见》，提出：“加快推进服务业标准化，建立健全服务业标准体系，扩大服务标准覆盖范围；抓紧制定和修订物流、金融、邮政、电信、运输、旅游、体育、商贸、餐饮等行业服务标准。”

2012 年 1 月，为深入实施标准化战略，全面提升标准化发展的整体质量效益，服务经济社会又好又快发展，国家标准化管理委员会发布《标准化事业发展“十二五”规划》，提出将“制修订第三方物流、物流供应链、物流公共服务平台、物流设施设备、冷链服务、物流园区、电子商务、货运代理、仓储等公共类物流，邮政快递、汽车、医药、农产品、大宗矿产品和重要工业品等专业类物流的管理、技术、服务和信息标准”作为生产性服务业标准体系建设的重点。

2019年5月，国家市场监督管理总局、国家标准化管理委员会批准《绿色包装评价方法与准则》等173项国家标准和3项国家标准修改单，其中包括两项物流国家标准，分别为《物流中心分类与规划基本要求》和《物流公共信息平台服务质量要求与测评》。

4. 物流标准项目建设全面展开

2001年，关于物流的第一个基础性国家标准《物流术语》（GB/T 18354—2001）正式发布。这是我国物流界的一件大事。《物流术语》从名词、概念、内容上界定了物流方面的有关术语。

从2004年开始，一些社会急需的基础性、通用性物流标准重点项目的研究与编制工作逐步展开，相继完成包括物流术语、物流企业、物流成本、物流园区、通用平托盘、物流服务、物流统计、物流中心等标准的制定；同时，汽车、冷链、港口、出版物物流，交通运输，国际货运代理，危险品运输以及物流基础设备等专业的物流标准工作开始启动，并逐步深入，对于促进物流产业发展，建立物流业与制造业的协作关系，发挥了积极的作用。

5. 物流标准化队伍建设取得进展，初步形成协调配合、共同推进物流标准化的工作机制

大型物流骨干企业、与物流行业相关的政府部门、科研机构、高等院校、行业组织，积极参与物流标准项目的建设工作，使物流标准制修订过程中的整体性、协调性和科学性大大加强，各方面的意见得到充分的交流和合理吸收，物流行业初步形成了协调配合的物流标准化工作新机制。

6. 物流标准采标工作和对外合作交流取得进展

在制定和修订物流标准项目的过程中，一些项目结合我国的实际情况，积极借鉴和采用国内外先进标准，同时也促进了对外合作交流。我国通过修订《联运通用平托盘主要尺寸及公差》的国家标准，兼顾并推进了中、日、韩三国在托盘标准化方面的合作，进一步扩大到整个亚洲区域，由中、日、韩三国发起成立了亚洲托盘合作组织。

12.1.2 我国物流标准体系框架

针对我国物流标准化工作的差距和空白，对物流标准化进行总体研究，建立科学、合理的物流标准体系，是保证物流标准化工作有计划、有重点、协调发展的关键。如何建立适应我国物流发展特点的物流标准体系是近年来理论界与实践界关注的焦点。

1. 建立物流标准体系框架的意义

标准化是指在经济、技术、科学及管理等社会实践中，通过制定、发布和实施标准，对重复性事物或概念进行统一，以获得最佳秩序和社会效益。那么，物流标准化应该解决社会物流活动（即广义的物流概念）的效率与效益问题。从理想状态来说，物流标准化应该包含全部社会物流活动的标准化过程。但是，将所有的物流相关活动都作为标准化的对象，用绝对统一的标准规范物流活动的运作与管理是不现实的。面对物流标准化如此宽泛的边界，只有通过构建一个合理的体系框架，将物流活动的标准化问题进行分类与整理，把核心、重点、突出的问题作为标准化对象，物流标准化才具有真正的实践意义。

2. 物流标准体系的多维性

物流活动是一个复杂的经济社会系统，涉及众多行业的资源整合与利用。从我国的情况看，物流活动的相关标准在生产、流通、农业、建筑、军事等各领域均有体现；在对运输、仓储、配送等物流功能环节进行规范化的同时，需要以标准为依据；物流活动的不同要素（如物流设备、设施）也需要不同的标准作为支持。因此，物流标准体系是由多个维度组合而成的多维空间结构（如图 12－1 所示）。

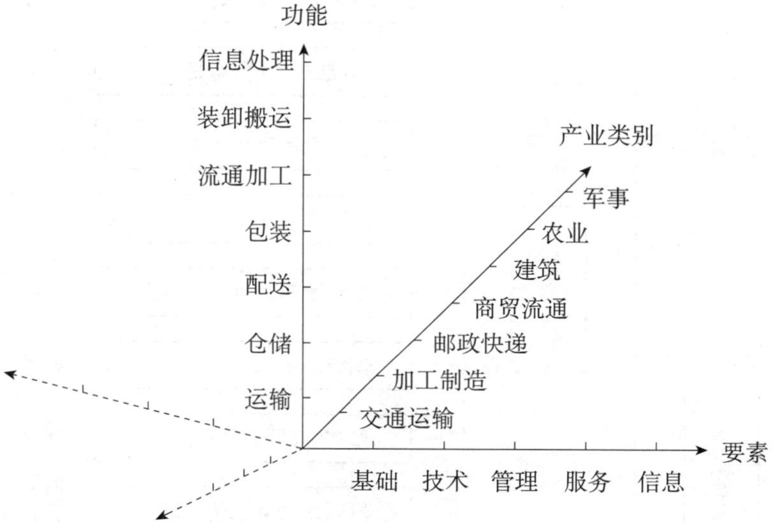

图 12－1　物流标准体系的多维空间结构

说明：为了直观表示物流标准体系的多维性，图中仅标注了三个主要维度。

在该多维空间结构中，任何直线与直线、直线与平面，甚至平面与平面的交汇都有可能成为物流标准体系中的某一标准项目或某一标准系列。用任何一种划分单位或方法建立这一体系结构，都不能完全表达物流标准体系的丰富内涵。

3. 物流标准体系表的经典结构

为了便于把握标准体系的复杂性，指导标准的制修订工作，我们往往将这一范围内的标准项目（包括已有的标准和需要制修订的标准）按照某一形式排列起来，形成相对形象的图表结构——标准体系表。经典的物流标准体系表采用树形结构，如图 12－2 所示。这一结构由五个部分组成，每个部分都分若干层次。该体系相对全面地涵盖了物流标准体系的基本内容。

从图 12－2 中可以看出，物流标准体系表的五个主要部分包括物流通用基础标准、物流技术标准、物流信息标准、物流管理标准和物流服务标准。

（1）物流通用基础标准主要由术语、模数尺寸、计量单位、标志、数据元、数据编码等一系列基础标准组成。只有这些基本要素达成统一后，才能保证物流活动有计划、高效地组织与控制，保证物流与商流、资金流、信息流以及贸易伙伴的紧密联系。因此，物流通用基础标准不但是物流标准化的基础，也是一切物流活动顺利进行的基本保障。

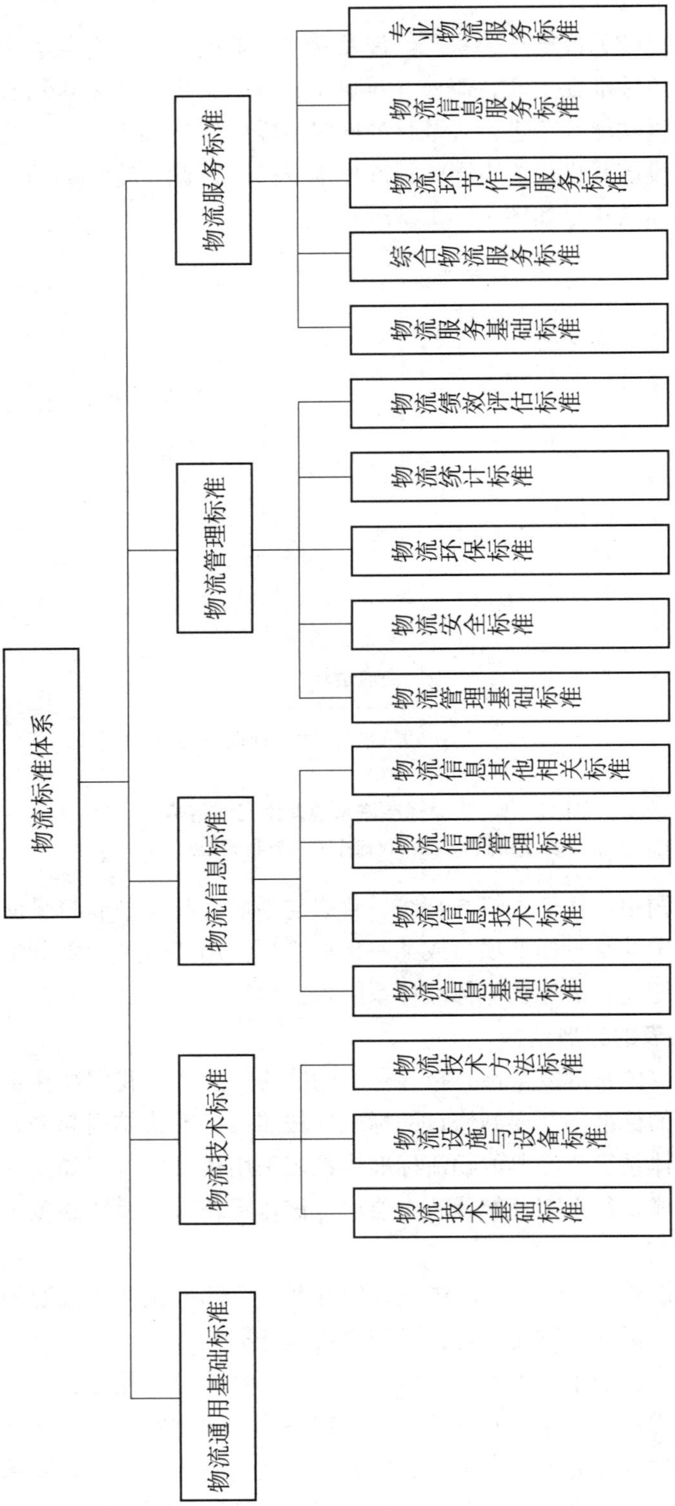

图 12-2　物流标准体系表

说明：物流标准体系表结构三层以下部分省略。

（2）物流技术标准分为物流技术基础标准、物流设施与设备标准和物流技术方法标准三个部分。物流设施与设备标准主要是指支持物流活动的硬件基础标准，包括物流中心标准、仓库及设施的设计标准、专用物流设备标准、集装化单元器具标准等；物流技术方法标准主要是用以指导、规范物流一体化运作的技术标准以及物流增值业务的技术标准。当然，为保证物流整体作业效率的提高，各功能环节的作业标准也是技术方法标准中不容忽视的部分。

（3）物流信息标准是为保证信息技术能够在物流活动中提供准确的信息采集、流畅的信息交换与共享、规范的信息管理而制定的标准。这类标准不但是各物流功能环节实现高效率信息交互的基础，在物流资源整合过程中扮演重要的角色，而且在促进国际贸易、消除贸易壁垒方面也能够起到积极的作用。

（4）物流管理标准旨在为社会物流活动的宏观管理提供标准依据，主要包括物流管理基础标准、物流安全标准、物流环保标准、物流统计标准以及物流绩效评估标准等。这类标准除在相关行业的安全、环保领域有所涉及外，在我国目前尚属空白。这类标准对社会物流活动高效、合理的运行以及科学、持续的发展有着举足轻重的作用。

（5）物流服务标准是以保证物流服务水平为目的，为物流服务供需双方提供服务质量考核依据而制定的标准。随着物流业务外包的趋势日益显著，如何确立物流市场的服务价格、衡量物流业务外包的服务价值，是物流供需双方亟待解决的问题。因此，这类标准的制定有利于规范我国物流市场秩序，促进物流整体水平的提高。

12.1.3　我国物流标准体系的核心与层次结构

将不同类别、不同层次的具体标准项目进行梳理，编制系统的物流标准体系表，主要目的是便于物流标准化工作的开展与管理。物流系统本身是一个动态发展的系统，许多物流标准化问题是难以预见的，仅仅用标准体系表结构图很难完全表达物流标准体系中复杂的内部关系以及物流标准体系的核心与重点问题。

1. 我国物流标准体系的核心

社会物流活动成为专业化、社会化、规模化的服务业态是物流现代化发展的必然趋势，服务水平与服务价格的统一、供需双方的利益最大化是任何一类服务行业的最终目标。制定统一的物流服务标准，对提升、完善我国物流市场，提高物流服务水平有着积极的推动作用。为保障物流服务质量的不断提高，物流设施与设备标准、物流技术方法标准、物流管理基础标准和物流信息技术标准从不同角度对物流活动提供了支持（如图 12－3 所示）。

在物流标准化发展的过程中，物流服务标准应该是整个物流标准体系的核心与重点内容，物流业亟须制定并颁布这类标准项目。

2. 我国物流标准体系的层次结构

从各类标准在物流活动中的作用范围看，物流通用基础标准涉及面最广，是整个物流标准体系的基础。物流设施与设备标准以及物流技术方法标准主要是从硬件和软件的角度，为物流活动的正常运行提供保障。物流管理标准涉及社会物流活动的宏观控制与评

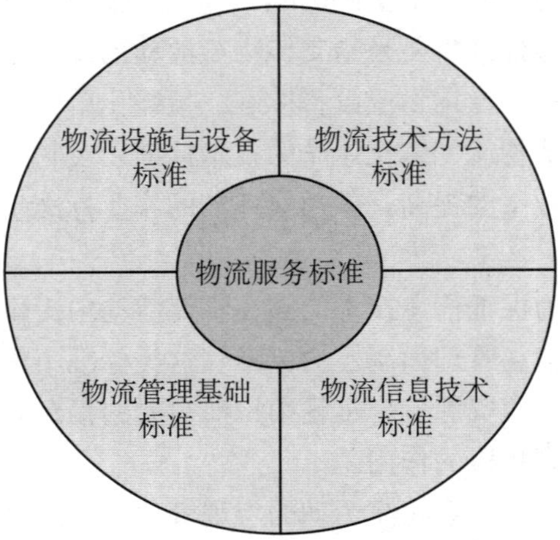

图 12-3　物流标准体系的核心内容与各部分的关系

价，其作用是协调物流活动和提供物流服务。物流服务标准是为物流专业服务过程的规范化提供统一的依据，是整个物流活动的终极目标，其应用性较强，处于物流标准体系的最高层。物流标准体系的层次结构如图 12-4 所示。

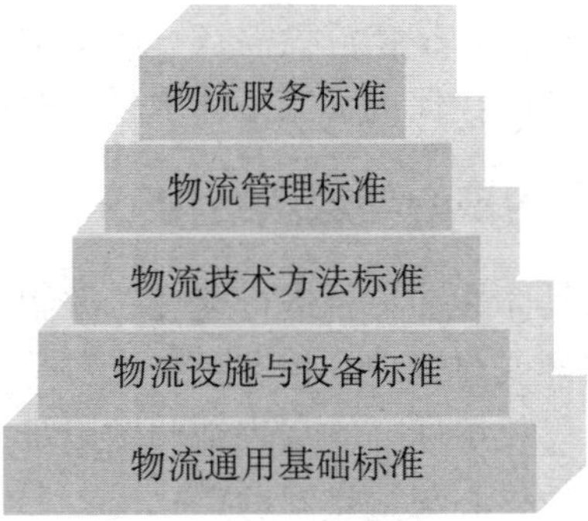

图 12-4　物流标准体系的层次结构

说明：由于物流信息标准在物流标准体系的各层次都有所涉及，因此没有在图中具体标出。

12.1.4　我国物流标准化体系运作模式的构建

1. 物流标准化体系运作模式构建的目标与原则

（1）总体目标。我国正处于传统物流向现代物流转型的过渡时期，利用合理的配置方式，整合社会物流资源，改变分散、分割的状态是我国现代物流的发展趋势。物流标准化的战略方向必须与这一趋势保持一致，只有这样，才有利于我国现代物流的发展。

按照《物流术语》（GB/T18354—2006）中的表述，物流是"物品从供应地向接收地的实体流动过程，并根据实际需要，将运输、储存、装卸、搬运、包装、流通加工、配送、信息处理等基本功能实施有机结合"。这一术语基本表达了现代物流的概念，即物流是一种有计划、高效率的资源整合和实施控制过程。换句话说，现代物流不是诸如运输、储存、装卸等功能活动的简单组合，而是强调通过各功能环节的协调与配合，使物流整个系统的效率最优（如图 12－5 所示）。

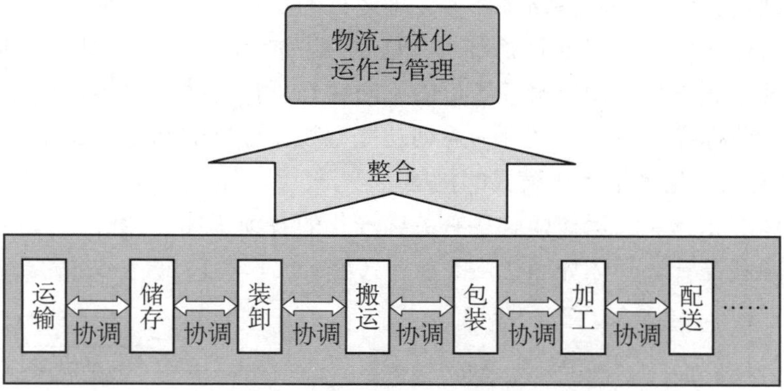

图 12－5　物流一体化运作与管理流程

从图 12－5 中可以看出，要实现我国物流一体化运作与管理，构建物流标准化体系的总体目标有以下三个方面：第一，从资源整合的角度，提高社会物流一体化的运作效率；第二，从协调、配合的角度，保证各物流功能环节间的顺畅衔接；第三，从功能实现的角度，加强各项物流基本功能的高效率运行。

（2）构建原则。

第一，以企业为主体。企业是物流信息标准具体的应用者，标准的制定是否合理及执行的难易程度直接影响企业利益。因此应该给企业充分的话语权，标准的制定与执行都应该认真倾听企业的意见，尊重企业的要求，力求保证企业最大利益。

第二，以市场为导向。标准的制定和执行要充分考虑市场需求，只有整个行业市场都真正需要的标准才会被市场、企业接纳。随着市场需求的不断变化，新的标准要及时出台并推广应用，旧的标准要及时废止。

第三，以政策为指导。对于信息标准推行工作中遇到的问题，政府部门和行业协会要制定政策加以协调和解决，使标准的推行有规可循，有据可依。

2. 我国物流标准化体系构建的战略方向与重点

我国物流标准化的战略方向与重点应该主要围绕上述总体目标和构建原则展开，具体做法如下：

（1）加快制定适应我国物流发展需求的整合型物流标准。从我国目前的情况看，真正从物流整体角度制定的国家标准为数不多，物流标准化建设滞后于现代物流发展的问题亟待解决。为了规范物流运作与管理，提高物流技术水平，保证物流一体化服务质量，突破现代物流的发展瓶颈，必须加快物流通用基础标准、技术标准、服务标准等整合型物流标准的制定与颁布工作。

（2）统一制定、修订具有配套和衔接功能的协调型物流标准。物流活动涉及的行业众多，与物流相关的标准一直以来都分散在不同的行业和部门，标准之间缺乏有效衔接，协调配套性差。为打破各行业各部门对标准的分割管理，保障各物流功能环节的顺畅统一，实现社会物流系统的高效运行，统一制定、修订一系列具有配套和衔接功能的协调型物流标准是我国物流标准化建设的又一战略重点。

（3）注重制定、修订保障各物流环节合理运行的功能型物流标准。在过去的标准化工作中，各相关行业或部门已制定并颁布了一些物流功能环节方面的国家标准或行业标准。随着物流技术的不断进步，物流服务质量的不断提高，作为物流一体化运作的基础，物流活动各环节的作业标准、技术标准等一系列功能型物流标准的制定、修订工作不容忽视。

3. 我国物流标准化体系运作模式的构建

物流信息标准化体系的运作模式是有关标准化的各项工作互相配合，共同开展，以促进标准在企业顺利推行，具体如图 12-6 所示（孙宏成，2010）。

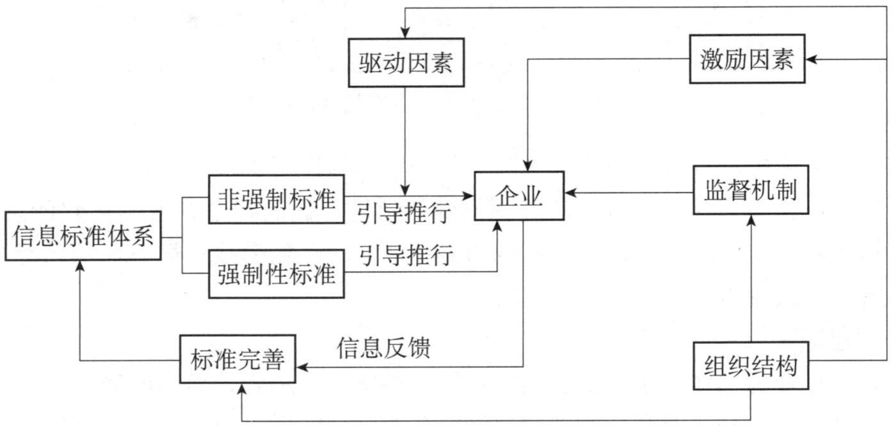

图 12-6　运作模式

（1）运作模式采用的是指令加指导相结合的方法。强制性标准往往会增加企业负担，因此标准推行应该以政策指导为主，强制推行为辅。只有那些在某地区应用较为成熟或可带来明显好处的标准才可以强制推行，在推行之初要充分征求企业意见，以免给企业带来过大负担，这样才真正符合企业利益和要求。

（2）企业施行物流信息标准化的目标是提高物流效率，降低物流成本，最终获得利润，利益驱动是推行工作的关键。不断扩大的市场需求是标准化工作的动力源。但在我国市场还不完善的情况下，政府部门成为推行工作的动力源，政府部门采用优惠政策与资金帮助两种手段来驱动，同时运用物流认证和市场准入等手段相配合，促使企业积极参与到标准化工作中来。在整个运作推行过程中，政府部门始终起主导作用，行业协会和其他相关部门相互配合，以企业利益为根本出发点，工作才能有效开展。

（3）标准化工作的推行是一个不断循环的过程，监督检查机制在运作模式中是重要的环节，监督检查机制是长期存在的，它是标准化工作良性循环的重要保证。

（4）运作模式的各项构成要素无论是监督机制、驱动因素还是标准完善，各项工作本身都是十分复杂的过程，某一方面工作的失误都会对全局产生不良影响，参与推行的各机构职能错综复杂，工作中很容易出现职能不清、作用不明的情况。要理顺各部门职能、加强沟通、统一指挥，使各项工作有条不紊地进行。

标准化是一项复杂的系统工程，标准要为适应不同的要求而构成一个庞大、复杂的系统。只有对我国物流标准体系进行深入研究，把握物流标准化工作的核心与重点，才能实现我国物流标准化的战略目标，推动我国物流业健康、快速地发展。

案例 12－2

首个冷链物流国际标准发布

2020 年 5 月 28 日，国际标准化组织正式发布国际标准 ISO 23412：2020《间接温控冷藏配送服务：具有中间转移的冷藏包裹陆上运输》。该标准规定了冷藏配送服务企业服务、运营以及资源、操作、通信等方面的要求，适用于接收包裹至配送包裹的全过程，目的是帮助消费者在选择温控冷藏运输服务时作出更为明智的选择，通过标准化手段增强消费者对冷藏配送服务的信任度。

此项标准由 ISO/PC 315 项目委员会牵头制定。ISO/PC 315 成立于 2018 年 1 月，秘书处设在日本工业标准调查会。2018 年 5 月中国物流与采购联合会成为 ISO/PC 315 国内技术对口单位。在标准的制定过程中，中物联冷链委代表中国多次参加研讨，分享中国冷链物流现状，对标准提出建设性意见。

资料来源：中物联冷链委．首个冷链物流国际标准发布．（2020－06－01）．http：//wlbz. chinawuliu. com. cn/itmes/contents/eljowith. html？ id＝15109.

12.2　绿色物流——21 世纪物流发展的焦点

随着经济社会的不断进步，我国逐步开展资源节约型和环境友好型社会建设，探索在资源、环境、人口压力日益加大的趋势下的经济发展模式。“两型社会”对现代物流发展提出了新的命题——绿色物流，它要求现代物流具备绿色理念，以实现人与环境、资源的可持续和协调发展，今后的物流发展将把有效利用资源和保护环境放在首位，建立全新的绿色物流系统，以实现从生产到废弃全过程的效率化，信息流与物质流的循环化。

12.2.1　绿色物流的概念

绿色物流的概念最早出现于 20 世纪 90 年代中期。绿色物流（environmental logistics）是指在抑制物流活动各环节对环境造成危害的同时，实现对物流环境的净化，使物流资源得到最充分的利用。其特征表现在以下几个方面：

（1）环境共生型物流。绿色物流注重从环境保护与可持续发展的角度推动环境与经济和谐共存，通过先进的管理与技术减少或消除物流活动对环境的负面影响。

（2）资源节约型物流。绿色物流不仅注重物流过程对环境的影响，而且强调资源的节约。

（3）低熵型物流。低熵型物流首先要求低能耗，其次要求物品存放有序、搬运灵活。

（4）循环型物流。它包括原材料、副产品再循环，包装物再循环，废品回收，资源垃圾的收集和再资源化等。

12.2.2 国外绿色物流的发展概况

世界各国都将绿色物流的推广作为物流业发展的重点，积极开展绿色环保物流的专项技术研究。例如，在物流系统和物流活动的规划与决策中尽量采用对环境污染小的方案（如采用排污量小的货车车型、近距离配送、夜间运货），以减少交通阻塞、节省燃料和降低排放等；积极出台绿色物流政策法规，努力为物流的绿色化和可持续发展奠定基础。

1. 美国绿色物流的发展

美国是世界上最早发展绿色物流的国家之一，无论在规模总量、企业实力还是在先进技术应用上都代表了世界最高水平。由于物流业务数量巨大且异常频繁，美国对绿色物流给予更多关注，对环境保护产生了积极的影响。

美国的具体做法如下：（1）水、陆、空、铁立体交通网络发达，对港口的“绿色”环境保护措施不断加强。（2）降低物流成本主要靠减少仓储费用。（3）放宽交通运输管制，鼓励竞争搞活市场。（4）政府积极引导，确立以现代物流发展带动社会经济发展的战略目标。

2. 欧盟绿色物流的推进

欧盟是引进物流概念较早的地区之一，也是较早将现代技术用于物流管理以推动物流绿色化的先锋。欧盟绿色物流的推进提高了欧盟物流的现代化水平，增强了欧盟国家产品进入国际市场的竞争能力。

欧盟的具体做法如下：（1）环保与物流技术进步协调发展。在欧盟，从商品的包装、搬运到运输，各种器具以及运输工具的选择和研制都把环保放在首要的地位。（2）大市场、大通关带动物流现代化的发展，物流无障碍、无关卡、无干扰。（3）把物流标准作为实现绿色物流的重要基础。（4）加强政府和企业协会对绿色物流的引导和规划，同时鼓励企业运用绿色物流的全新理念经营物流业务。

3. 日本绿色物流的快速发展

日本在 20 世纪 60 年代从美国引进了物流概念，把物流业作为本国经济发展的生命线，从一开始就很重视物流绿色化的重要意义。日本物流迅速发展，形成了自己的特色，重在提倡资源节约，减少污染排放，加强环境保护，对可利用的资源进行再生利用，实现资源、生态和社会经济的良性循环，建立符合环保要求的新型物流体系。

日本的具体做法如下：（1）全面完善物流基础设施建设，使物流产业发展有坚实的依托和优越的发展条件。（2）加大政府部门的监管和控制力度。城市内的运送业务推动共同配送系统的构建以及保证交通能源的节约等。（3）构建环境负荷小的绿色物流体系。（4）根据日本《都市再生计划》的规定，为了构建绿色物流体系，在日本首都圈建立废弃物海陆安全运输系统，形成与周边环境协调发展的局面。（5）建立符合国际标准的可持续发展的新型物流体系。

12.2.3 我国绿色物流的发展现状与不足

绿色物流是社会可持续发展的一个重要保证，对社会经济的发展和人们生活质量的提高具有重要的意义。我国是发展中国家，正处于国民经济快速增长的发展时期，各方面与发达国家都有一定的差距。在物流方面，虽然绿色物流引起了我国业界的注意，并被认为是中国物流业未来发展的趋势之一，但绿色物流至今仍停留在观念的层面，与具体实施还有相当大的距离。具体来说，主要存在以下几个方面的问题：

1. 绿色物流观念还没有普及

要普及绿色物流的观念，我国还有很长的路要走。目前，政府决策部门对绿色物流不了解，难以制定出绿色物流的整体发展战略；经营者对绿色物流的认识不够，只注重产品本身——生产绿色产品、要有绿色标识、实施绿色营销等，忽略了绿色物流的真正意义。有数据表明，产品的加工时间占产品利用过程总时间的 10%左右，而物流的时间占产品利用过程总时间的 90%左右。因此，要正确认识绿色物流的重要性，并使之深入人心。

2. 相关法律制度缺失

20 世纪 90 年代以来，我国制定颁布了不少治理环境污染的政策和法规，但针对物流行业的政策和法规还很少。由于物流还包含许多流程，每个流程由相应的职能部门进行管理，多方管理容易造成物流行业发展混乱。同时各级政府在制定物流规划时只考虑本辖区的短期利益，忽略了长期利益，导致物流行业无序发展，资源浪费，也为以后物流运作中的环境保护增加了负担。

3. 物流行业发展滞后，没有形成规模

物流基础设施的现代化程度有待提高。物流行业的发展离不开道路、信息化、码头、物流配送场所等一系列基础设施，而设施的建设不是一朝一夕能够完成的，是一个渐进的过程。同时，物流业存在规模效益，数量多可以降低单个商品在物流中的费用。

4. 物流管理人员匮乏

现阶段从事物流管理工作的人员大多没有经过专业的学习和培训，多为计算机和管理专业的人员。高层次、有经验的物流管理人员缺乏的问题在我国物流发展实践中非常突出。

12.2.4　发展绿色物流的措施

绿色物流是经济可持续发展的必然结果，对社会经济的不断发展和人类生活质量的提高具有重要意义。要实施和发展绿色物流，必须从政府政策的角度出发，对现有物流体制进行管理，构建绿色物流的发展框架。

1. 进一步解放思想，提高认识，树立现代绿色物流的全新运作观念

绿色物流刚刚兴起，人们对它的认识还非常有限。政府、企业、消费者基本上还处于仅有物流思想而没有绿色化概念的阶段，甚至存在着“环保不经济，绿色等于花费”“对环境的污染主要来自生产企业，与流通企业的关系不大”等思想。有观点表明，物流只要能适应生产和消费的要求，为其提供相适应的服务便是尽职尽责。其实这只是对物流运行的最基本要求，仅仅如此是不能满足现代社会可持续发展的需要的。现代物流不仅要树立服务观念，更应自始至终贯彻绿色理念。良好的物流服务离不开高效节能和安全优质。没有绿色物流，生产和消费就难以有效衔接，绿色革命和绿色经济就是一句空话。因此，在发展现代物流的同时，要加强绿色物流教育，在全社会树立绿色物流理念，把绿色物流作为全方位绿色革命的重要组成部分，打造绿色物流的未来。

2. 加快立法建设

要严格实施《中华人民共和国环境保护法》《中华人民共和国固体废物污染环境防治法》《中华人民共和国环境噪声污染防治法》等，并借鉴发达国家的实践经验，不断完善有关环境的法律法规。政府可以从以下三个方面制定政策法规，从宏观上对物流体制进行管理控制：（1）控制物流活动中的污染发生源。政府应该采取有效措施，从源头上控制物流企业发展造成的环境污染。（2）限制交通量。通过政府的指导促进企业选择合适的运输方式，通过有限的交通量提高物流效率。（3）控制交通流。通过道路与铁路的立体交叉，建设都市中心环状道路，制定道路停车规则以及实现交通管制系统的现代化等措施，减少交通阻塞，提高配送效率。

3. 加强对物流绿色化的研究和对物流人才的培养

我国物流较国外发达国家落后，除了认识有限和科技水平落后外，还与相关人才的缺乏有关。绿色物流作为新生事物，对营运筹划人员和各专业人员的要求更高，高等院校和科研机构必须有针对性地开展专业培训，为绿色物流业输送更多的合格人才，促使现代物流在绿色的轨道上健康发展。

4. 加强物流产业的标准化和信息化建设

随着通信技术和网络技术的发展，全球定位系统逐渐被引入物流活动，这有助于综合公路、铁路、海运和空运信息，合理安排物流的路线和车辆，实现物流快速准确运行。我国物流作业环节所使用的设备以及包装、运输、装卸等流通环节缺少必要的行业标准和规范，物流效率普遍不高，要实现绿色物流，必须加强标准化和信息化建设。

案例 12-3

乐购树立绿色物流典范

Tesco 是英国领先的零售商，也是全球三大零售企业之一，乐购是其在中国市场上使用的品牌。近年来，乐购在物流体系的构建中考虑的不仅仅是满足各地门店的业务发展需求，还将绿色环保理念融入其中。2011 年 3 月 2 日乐购在中国首个自建的绿色物流中心在浙江嘉善投入使用，这是一项将物流与绿色环保融合发展的重要举措，为行业树立了典范。

乐购的嘉善绿色物流中心是一个按照国际标准打造的区域性物流中心，在总经理彭妍祯看来，地理位置优越、规模庞大、设备先进、无处不在的绿色环保因素，是物流中心最显著的特点。嘉善绿色物流中心采用了一系列先进的环保节能技术，投资超过 2 000 万元人民币，主要使用了太阳能光伏、运动传感器、灰水系统、太阳能热水系统等节能设施，以降低碳排量，减小对当地环境的影响。

具体来说，地热泵系统可以利用地热源来实现集中供暖和降温，使仓库内冬暖夏凉。经过改良的仓库屋顶保温层，可降低空调的能源消耗并维持更稳定的温度环境，屋顶保温层在减少仓库热度流失方面也发挥了重要作用，节省了采暖通风与空调的能耗。另外，所有仓库的墙体都装有PIR保温材料，防止仓库内部与外部的热传导。在灯光照明方面，物流中心使用T5荧光照明，比传统的T8灯效果更好，成本更低；使用勒克斯单位衡量照明度，确保每个活动区域亮度适宜，避免过度照明。在仓库的理配、装货和卸货区顶部，安装有直径7.5米的巨型节能风扇，空气吹向地面，防止热量在屋顶积聚，加速室内空气流通，降低对传统取暖和降温设备的需求。物流中心还通过高能效热交换器将公用蒸汽的热量转换，为理配、装货和卸货区供暖，使仓库在冬季保持室温不低于14℃。乐购还购买省油环保车辆用于配送，同时研究改善车辆空气动力学来减少油耗。

与同等规模的传统物流中心相比，嘉善绿色物流中心预计能够节电45%、节水40%。而乐购打造环保供应链的努力，并不止于物流中心的建设，还体现在日常运营当中。

除了集中配送，乐购还实现了送货车辆回程运货，以实现绿色运输。彭妍祯举例说，以往将一批货物由嘉善物流中心送到位于宁波的门店后，通常会空车返回。现在，送货车辆要到宁波的供应商处装货后再返回，供应商、配送中心、门店之间的运输路线和行程安排得以优化，减少了空车行驶里程。

资料来源：改编自林振强．Tesco乐购树立绿色物流典范．物流技术与应用，2012（12）．

12.3　应急物流——21世纪物流发展的重点

相关资料12-1

我国应急物流体系建设严重滞后

2013年5月12日是全国防灾减灾日，防灾减灾的话题集中在刚刚过去的雅安地震上。与5年前的汶川地震相比，媒体对中国地震救援效率的提升给予了肯定。然而，作为长期关注物流业发展的专家，魏际刚认为，国内应急物流体系建设仍然严重滞后，突出表现为：

第一，组织机制不健全。应急物流的组织协调人员大多临时从各单位抽调，各类应急物资的采购、运输、储存、调拨、配送、回收等职能分散在不同部门、地区和企业，尚未形成中央有关部门之间、中央与地方之间以及中央、地方和有关企业之间联动的组织机制。应急物流组织更多表现为临时性，彼此间缺乏有效协调、沟通和整合，缺乏系统性和预见性，组织效率不高。由于缺乏协调统一的指挥调度，在应急物资的流向、流量、流程方面，不同程度地存在杂乱无序的现象，很难做到供需匹配。特别是现行以行政命令为主要手段的应急物资供应组织机制，代价高昂。这种模式以行政力为基础，统一组织指挥，对确保应急物资迅速到位发挥着重大作用。但由于缺乏系统化、规范化、制度化、法制化的应急物资保障机制，总体秩序混乱，系统效率不高，社会代价过大，遗留问题不少。

第二，应急物流企业发展严重不足。专业化的应急物流企业是应急物流体系中的重要市场实施主体，而国内专门从事应急物流的企业（如应急物流基地、应急物流中心、应急配送中心、第三方应急物流企业等）还相当缺乏。

第三，应急物资储备系统不合理。一是救灾储备中心布局不合理。从物流合理化角度看，救灾储备中心应尽可能靠近受灾地区，以对灾情快速响应。当重大灾害发生时，影响快速响应职能发挥。二是救灾物资储备分散于各部门，物资保障成本较高。目前救灾物资分散管理、分散储备，衣被、帐篷等生活类救灾物资的储备由民政部门负责，药品、医疗器械、车辆、粮食等其他救灾物资分别由医药卫生、交通和粮食部门负责。这种模式的直接后果是救灾过程中需求信息传递速度慢，物资供应组织协调难，运输车辆需求增大，救灾保障成本很高。三是救灾物资供需失衡。我国救灾物资捐赠基本属于应急捐赠，即在灾难发生时，通过政府号召组织全社会捐赠。由于救灾信息不够通畅、捐赠主体繁多等原因，社会捐助物资很容易出现种类、时间上的供需失衡。灾害救援初期易出现救援真空，应急物资缺乏，而在救灾后期物资达到饱和后，救援物资仍源源不断，造成供应过多、浪费严重等问题。

第四，基础设施建设相对滞后。部分骨干运输通道能力不足，铁路网络结构不合理，民航支线机场数量缺乏，公路基础网络技术状况差距显著，通达度与衔接度明显不足，内河航道等级偏低等。东、中、西三大地带交通设施依次弱化，部分区域运网稀疏。应急物流信息网络不够完善，信息传递不及时，缺乏信息发布和共享平台，难以准确掌握紧急情况的详细资料及所需应急物资的生产、分布和需求状况等。

第五，法律法规及政策建设薄弱。国内尚未形成完善的应急物流法律法规和政策，立法空白甚多。从应急物资采购、储备到应急物资运输、调拨、配送以及应急物资的组织设立等各方面，均缺少相应的法律法规基础。现有的一些法规和规章，多以“试行”“暂行”“意见”“通知”等方式存在，立法层次低，权威性不够。一些指导性政策过于原则性而缺少可操作性。

资料来源：段树军．我国应急物流体系亟待建设．中国经济时报，2013－05－17.

12.3.1 应急物流概述

应急物流是由于突发性因素导致的以追求时间效益最大化和灾害损失最小化为目的的特种物流活动，包括由突发性因素产生的应急物流需求和满足这些物流需求而进行的应急物流供给活动。应急物流是一般物流活动的一个特例，具有区别于一般物流活动的特点：

（1）突发性和不可预知性。这是应急物流区别于一般物流的一个最明显的特征。一般情况下很难预测会出现什么情况，但不可预知性是相对的。随着科学技术的进步，原先不可预测的东西（如自然灾害）变得可以预测。突发性的特点使得日常的物流运行机制不能完全适应应急情况下的需要，必须有一套应急的物流机制组织和协调以满足应急需求。

（2）应急物流需求的随机性。应急物流是针对突发事件的物流需求，应急物流需求的随机性主要是突发事件的不确定性造成的。这种不确定性主要来自人们无法准确地估计突发事件的持续时间、影响范围、强度大小等各种不可预期的因素，因此，其物流需求也变得不确定。

案例12－4

雅安地震给科学救灾上了一课

公众普遍感觉到，雅安地震发生后无论是应急救援体系，还是救援力量反应速度都有了明显的进步。相比汶川、玉树而言，雅安的救援行动高效而有力。微博和微信的介入，使媒介在救灾保障中的传播效力大大增加，新媒体开辟的寻人和爱心通道，充满关怀和人情味。

雅安地震后的救援相比以往，无疑有了很大进步。人民解放军和武警救援部队第一时间开赴灾区，各种公益慈善组织、各大企业纷纷联动起来，一场生命救援在震后快速展开。可以说，应对雅安地震时的及时和高效反应能力，得益于汶川、玉树地震等自然灾害后不断完善的应急救援体系建设。

然而，对于毫无预知和情况万千的自然灾害而言，应灾和救灾体系无法达到一种尽善尽美的程度，我们要做的是在每一次灾害之后反思和反省，及时弥补救灾过程中的不足和漏洞，来不断完善应灾和救灾体系。如此，在下次灾害降临时，我们才可以从容不迫应对，才能最大限度减少灾害造成的伤害，及时挽救更多的生命，把灾害带来的损失降到最低。

雅安救灾的迅速反应和高效应对，充分体现了这几年国家在防灾救灾体系建设中所取得的成果，也充分体现了国民应对灾害时在自我救援和心理承受能力上的提升。但是，在整个救援过程中，依然无法避免会出现一些不足，这些问题是将来在灾害体系建设中亟须完善和理顺的地方。

灾害发生后，道路作为生命线无法及时畅通，导致救援部队的运兵车翻下悬崖。各方力量虽然及时行动起来，指挥系统依然缺乏科学和高效的运作能力，导致一些救援队伍不是卡在路上，就是找不到救援对象。各方力量短时间涌入灾区，对原本脆弱的交通保障造成苦不堪言的压力，里面的灾民出不来，救援的人员进不去，贻误战机。尽管包括通信系统在内，各种设施抢修队伍及时投入到抢修作业中，但是通信中断使一些重灾区成为名副其实的“孤岛”。

灾情发生后，中央调拨以及各省市支援的物资源源不断运往灾区，民间人士也送来了灾区急需的食品和生活用品。如何保障这些救灾物资尽快发送到灾民手中，在发送的过程中确保一种相对的公平，避免因为救灾不均产生的误会，避免因为物资堆积造成救灾工作滞后，不容忽视。后勤保障与前线救援工作必须同时有序地展开。

目前来看，不是没有物资，而是物资无法及时发放，一些灾民打出“求救命水，求救命粮”的告急牌子，从侧面反映出后续保障能力的薄弱。另外，各地增援的救援队伍以及一些社会组织的救援力量如何统一协调指挥，是生命期限内救出废墟下更多生命的关键。

每一次灾害之后，我们的反思和完善都有着更为深远的意义，亡羊补牢对于应对未知的自然灾害而言显得尤为重要。日本之所以能建立起一套行之有效的地震应灾体系，其国民在应对地震时从容不迫、秩序井然，也是源于在一次次地震灾害后重视反思和完善。

事实告诉我们，救灾不仅需要热情和爱心，更需要科学和有效的救灾管理工作来保障救援力量最大效能地发挥作用，更需要科学救灾管理来协调救灾物资及时送到每一个灾民手中。科学救灾，就中国的应灾救灾体系建设而言，任重道远。

资料来源：程奎星．雅安地震给科学救灾上了一课．（2013 - 04 - 23）．http：//news. nen. com. cn/system/2013/04/23/010334614. shtml.

（3）时间约束的紧迫性。在突发事件发生时，短时间内需要大量的物资，如救灾设备、医疗设备、通信设备和生活用品。有些突发事件（如地震）发生时，最佳的救援时间只有三天。因此，时间的约束性要求尽快保证应急物资的快速到达。

（4）峰值性。峰值性是指应急物资在短时间内的需求急剧上升，呈现剧变性。例如，2003 年“非典”肆虐的时候，深圳、上海、成都、杭州、北京等地的醋、板蓝根、口罩等应急物资都被抢购一空，这些物资的需求在短时间内急剧上升，市场价格变化很大。

（5）弱经济性。普通物流既强调物流的效率，又强调物流的效益，而应急物流在许多情况下是通过物流效率的实现达成物流效益的，因此，物流经济性不再作为一个物流活动的核心目标。

（6）非常规性。应急物流不同于一般物流，许多中间环节将被省略，物流运作过程中将采取非常规的手段以快速推进。例如，在 1998 年抗击长江洪水的过程中，庐山站作为九江地区抗洪最前沿的卸载站，承担了 324 趟列车的卸载任务，列车卸载最短时间仅为 20 分钟，比该站的卸载能力高出一倍。当然，这种行政性和强制性与普通意义上的行政干预是不同的，前者可能由专业化的应急物流组织进行，后者可能会带来适得其反的效果。

（7）政府与市场的共同参与性。在应急物流中，政府与市场都要发挥重要的作用，政府在组织指挥协调中起到关键的作用，作为执行主体市场中的企业要积极参与。

案例 12 - 5

国家发改委紧急发文协调，全力保障防疫物资运输和生活物资供应

2020 年初新冠肺炎疫情从武汉迅速蔓延到全国，感染人数急剧上升，流行势头难挡。1 月 21 日，武汉宣布实施人员管控，全面“封城”；1 月 24 日，北京、上海、安徽、山东等 15 地启动重大公共卫生事件一级响应；1 月 25 日，党中央成立应对疫情领导小组。很快，全国范围内，企业停工停产，民众居家隔离。

突如其来的疫情对全国物流体系是极大考验。前线医护人员需要源源不断的防疫抗疫物资支援，居家隔离的普通民众需要基本的生活物资。为了协调各方，国家发改委接连发文，尽全力保障防疫物资运输和生活物资供应。

1 月 31 日，国家发改委发文强调生活物资保障工作的紧迫性。要求各地方政府尽快完成当地基本生活物资生产企业的复产复工，积极协助解决企业复工复产面临的资金、用工、能源、产业链配套等难题；搭建绿色物流通道，对接市场需求，不间断排查市场情况，全力保障市场供应“不脱销”“不断档”；同时要加强市场监管，严厉打击捏造散布涨价信息、哄抬价格、囤积居奇、串通涨价等各种违法行为，维护社会大局稳定。

进入 2 月，全国疫情依旧处于上升期。面对持续紧张的前线抗疫物资供应状况，国家发改委积极协调国铁集团、中国邮政集团全力保障防疫物资运输。

资料来源：政策研究室．国家发展改革委 商务部进一步部署做好生活物资运输等综合保障工作．(2020 - 01 - 31). https://www.ndrc.gov.cn/xwdt/xwfb/202001/t20200131_1219852.html；国家发改委网络公共平台．(2020 - 02 - 06). https://www.ndrc.gov.cn.

应急物流作为一种特殊的物流活动，大体划分为以下几种：

（1）按照规模可分为企业级应急物流、区域级应急物流、国家级应急物流、国际级应急物流四个层次。

（2）按照起因可分为自然灾害应急物流、事故疾病应急物流、军事应急物流等。

（3）按照是否有军队参与可以分为地方应急物流、军队应急物流、军队地方联合参与应急物流。

（4）按照应急发生起因的数量可以分为单一型应急物流与综合型应急物流。

（5）按照应急物流的层次可以分为微观应急物流、中观应急物流和宏观应急物流。

12.3.2　应急物流系统的特点和构成

应急物流系统是指为了完成突发性的物流需求，由各物流元素、物流环节、物流实体组成的相互联系、相互协调、相互作用的有机整体。它是一般物流系统的一个特例。时间是应急物流系统的要素之一。

应急物流系统除应具有一般物流系统的六个基本要素（流体、载体、流向、流量、流程和流速）外，还应具有特有的要素——时间。应急物流的突发性特点，即应急物流需求发生的时间具有极大的不确定性和应急物流需求时间约束的紧迫性，决定了在应急物流系统中时间是一个重要的系统要素。因此，应急物流系统共有七个要素——流体、载体、流向、流量、流程、流速和时间。

1. 应急物流系统的特点

应急物流的上述特点决定了应急物流系统与一般企业的内部物流或供应链系统相比具有以下特点：

（1）应急物流系统的快速反应能力。应急物流的突发性和随机性，决定了应急物流系统应具有快速反应、一次性和临时性的特点。这些特点决定了应急物流系统区别于一般企业的内部物流或供应链系统的经常性、稳定性和循环性。

（2）应急物流系统的开放性和可扩展性。应急物流需求的随机性和不确定性决定了在应急物流系统的设计上应具有开放性和可扩展性。在突发事件发生前，应急物流的需求和供给是不确定的，必须在突发事件发生之后将其纳入应急物流系统。

2. 应急物流系统的构成

应急物流系统的目标是以最短的时间、尽可能低的成本获得所需要的应急物资，以适当的运输工具，把应急物资在适当的时间内运送到适当的需求地，并以适当的方式分发到需求者手中。

快速反应的应急物流系统的功能包括：确定应急物资的品种、数量和应急运载工具的计划功能；制定应急物流运送方案的决策功能；实现应急物资采购及运载工具租用的执行功能；对整个应急物流运输过程进行监控调度的控制功能；调整应急物流系统中各参与方的责任、权利和义务的协调功能。

应急物流系统的结构包括控制层、决策层、数据层和环境层四个层次。其中，应急物流系统的支撑环境是指为了保证在突发事件发生后，应急物流系统能够高效运转，完成系统的各项功能，实现系统的目标，整个社会的行政制度、公共政策、法律制度和技术支持设施所应具备的条件。

（1）行政制度和公共政策环境。社会公共应急机制是指为了使应急物流系统高效运转，应该建立和完善的行政制度和公共政策。它包括建立国家突发事件预控中心、应急物资的采购或征用机制、应急运载工具的租用机制、应急物资的发放机制、应急资金的筹集和使用机制、应急人员的组织和调度机制。

（2）法律制度环境。应确立国家突发事件预控中心的法律地位。明确各级地方政府和国家机关在突发事件中的职责范围、与国家突发事件预控中心的关系，以及企业和公民在突发事件中的责任、权利和义务。

新冠肺炎疫情防控初期，中国疾病预防和控制中心（CDC）和各地方 CDC 法律地位缺失、行政权力有限，严重影响了疫情防控工作。地方 CDC 的研究报告要经历漫长的上报流程，发出的预警信息得不到有关部门的重视，而其自身又没有采取防控措施的权力。随着经验的积累，各级部门的权力得到保障，疫情防控取得显著成效。

可以看出，不赋予应对国家突发卫生事件的先锋部门一定的法律地位和行政权力，其作用就无法充分发挥。

（3）技术支持环境。建立应急物资信息系统或数据仓库、应急物流运载工具信息系统或数据仓库、应急物流预案数据库，构建应急运输方案自动生成的应急物资运输调度平台以及基于 GPS、GIS 的应急物资运输监控平台。强大的数据库不仅能在物资信息采集和物资调度方面发挥巨大作用，随着信息技术的日益精进和现实需求的不断变化，对大数据的功能开发也更加多样。

案例 12－6

京东“国家疫情防控物资工业大数据公共服务平台”面向全国免费开放

2020 年 2 月 11 日，京东集团联合中国工业互联网研究院打造的“国家疫情防控物资工业大数据公共服务平台”正式上线，免费向全国开放。该平台旨在充分利用工业互联网的理念、体系和技术，提升产业链上下游数字化、网络化水平，推动生产要素供应链及电商采购物流大数据共享，提高疫情物资智能化调度能力。

“国家疫情防控物资工业大数据公共服务平台”由中国工业互联网研究院牵头，包括京东云与 AI 总裁、京东集团技术委员会主席周伯文博士在内的多位科学家共同推出，立足于打通重点防疫物资的线上与线下数据及供给与需求数据，提升企业产能，解决物资调度难题。

在该平台的开发建设中，周伯文博士带领京东云与 AI 技术团队通过开放自主研发的“应急资源信息发布平台”核心技术，基于京东智能供应链国家新一代人工智能开放创新平台，全方位拉动京东线上线下资源，不仅打通了覆盖全国的京东物流网络，还通过 API

形式为该平台的物流管理模块提供京东物流配送服务支持，同时结合大数据分析和智能调度算法连接智能制造大屏，极大地释放了智能供应链平台的对外技术输出势能，实现了与工信部搭建的国家级平台系统的无缝对接和实时数据共享。

根据中国工业互联网研究院的消息，该平台依托工业互联网技术整合了供应链上下游及社会需求数据，汇聚了以京东为代表的大型电商采购和物流链企业的成熟资源，建立了覆盖防疫物资需求采集、统筹调度、供给保障、物流跟踪等模块的综合服务体系，实现了防疫物资全要素、全产业链、全价值链的互联互通，推动了防疫物资生产、调用、仓储和供应等流程的协调联动，保障了防疫物资的快速、高效和全面供给。

截至2月12日，应急资源信息发布平台已成功撮合防疫物资对接471例，其中包括1.52亿只各类防护口罩、40.6万副防护眼镜等抗疫一线的稀缺物资。智能疫情助理在北京、湖北、安徽、江苏、四川等20多个省市，10多个行业1 000余家组织机构中快速落地，免费提供疫情咨询服务，累计咨询数量超过300万条。2月4日，武汉市政府专线正式开通了京东云与AI智能疫情助理，开通当天，访问量就达到25万。

阿里巴巴集团旗下的阿里云超算中心也集中资源助力疫情防控。阿里云超算中心是2017年在神龙服务器的基础上开发的一套超级计算机群，其在春节期间就开始为众多大学和科研机构研究新冠肺炎疫苗提供免费算力支持，当中包括全球健康药物研发中心（GHDDI）等众多一线公共科研团队。

资料来源：京东"国家疫情防控物资工业大数据公共服务平台"面向全国免费开放．(2020-02-13)．https：//www.sohu.com/a/372675870_310397.

应急物流系统的构成如图12-7所示。数据层和环境层会影响应急物流系统全部职能的实现，控制层和决策层则主要负责控制职能和决策职能。

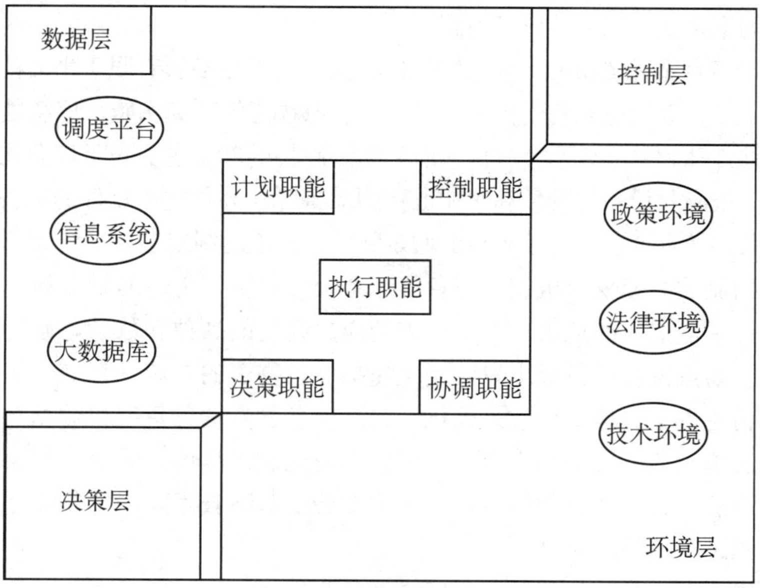

图12-7 应急物流系统的构成

12.3.3 应急物流管理机制的设计

应急物流的管理是一个需要顶层设计的复杂机制，我们不能只关注应急物资流动起来时的状况，在物资流动之前和之后的机制设计同样关键，它们都会影响应急物流的整体效率。应急物流的实施需要紧急调动大量应急物资，只有保证应急物流的流体充裕、载体畅通、流向正确、流程简洁、流速快捷，才能使应急物资快速、及时、准确地到达事发地。而要完成这个目标，就必须建立科学完整、阶段分明的管理机制。具体包括以下内容：

1. 危机发生前

（1）基础设施保障机制。物流基础设施的发展水平对保障应急物流的顺利实施起着关键的作用。物流基础设施包括通信系统、交通运输网络、物资储备设施和物流信息网络等。通信系统可以在灾害发生前及时预警，使人们提前做好准备。坚固和发达的交通运输网络和物资储备设施可以保障物流网络，尤其是广泛覆盖的交通运输网络保证灾后的救援物资迅速抵达灾区。建立高效的物流信息网络，对于保障应急物流的实施也是助益的。可以依托政府公共信息平台，建立应急物流信息网络，及时发布灾害情况、运输及仓储的最新信息。一个快速反应和广泛覆盖的物流体系可以大幅提高应急物流的实施效率并减少损失。

（2）法律保障机制。在应对突发性灾害和公共卫生事件时，国家相关法律法规也起着重要的作用。应急物流中的法律保障机制实际上是一种强制性的动员机制，也是一种强制性保障机制。例如，在发生危机时，政府有权有偿或无偿征用民用建筑、车辆、物资等，以解救灾之急。许多国家都制定了相关的法律法规，我国出台了《中华人民共和国防洪法》。我国应急物流动员仍然主要依靠地方政府行政职能和在群众自发的基础上的运作，由于缺乏系统的法律规范和约束，征用民力的效率不高。

（3）应急物流预案保障机制。应急物流的特点决定了它必须着眼于平时的准备，我国应建立全国和省、市一级的应急物流预案，以确保应急物流的顺利实施。应急物流预案的准备包括应急物流硬件和软件准备两个方面：应急物流硬件的准备主要包括应急物资的储备、应急资金的准备、设施与设备的准备和车船道路的准备等；应急物流软件的准备主要包括应急物流的人员准备、信息准备、应急场景的假定和应急措施的制定等。

（4）应急物流的快速反应机制。应急物流系统受到突发事件的触发后，在尽可能短的时间内评估事件可能造成的危害，确定所需的应急物资的品种和数量，制定应急物流的需求方案。从应急物流系统的目标出发，制定包括应急物资的包装、存储、运输及配送等内容的整套应急物流方案。根据应急采购机制，从应急物资信息系统或数据仓库中确定应急物资供应商，实施应急物资采购方案。从应急物流运载工具信息系统或数据仓库中确定应急物流所需的运载工具并实施租用。通过运用 GPS、GIS 技术，应急物流系统对应急物资的整个运送过程进行监控与调度。

2. 危机发生时

（1）政府协调机制。应急物流体系的运转往往需要整个社会的参与，这一点从应急物流体系的构成中便可窥见。除了各类国家机器的全方位介入，普通民众、公益组织等其他社会力量同样是促进应急物流体系正常运行的重要保障。面对庞大且构成复杂的人力、物力和财力资源，政府必须建立相应的应急指挥系统。统一指挥大局，协调多方合作；调配各种资源，定时定点投放；紧急动员生产，供给紧缺物资；监控救灾状况，妥善处理矛盾。

相关资料 12-2

美日两国应急物流体系介绍

一、美国：常设救灾物流专门机构

应急管理模式：行政首长领导，中央协调，地方负责。

由美国联邦应急管理署（FEMA）实行集权化和专业化管理；强调运用先进的高新技术，强调事先预防和模拟演练；针对不同的地区（人口和经济发展差别）有不同的预案和救灾方式。

国内救灾方面，FEMA 设有物流管理的专门单位，平时主要负责救灾物资的管理储备、预测各级各类救灾物资需求、规划救灾物资配送路线，以及救灾物流中心设置等工作。

国际救灾方面，美国设有对外灾害援助办公室（OFDA），负责处理各种紧急事务。目前，OFDA 在世界范围内设有 7 个应急仓库，这些仓库紧靠机场、海港，存储基本的救灾物资。

美国的灾害应急处理法规主要有《灾害救助和紧急援助法》《国家地震灾害减轻法》《全国紧急状态法》等。《全国紧急状态》不仅明确了政府在指挥系统、危机处理和全民动员等方面的职能定位，而且对警察、消防、气象、医疗等部门的责权做了具体的规定，对应急物流相关活动进行了规范。

二、日本：对救灾物资分阶段管理

应急管理模式：行政首脑指挥，综合机构协调联络，中央会议制定对策，地方政府具体实施。

日本的防救灾体系分为三级，包括中央国土厅救灾局、地方都道府以及市、乡、镇。各级政府防灾管理部门职责任务明确，组织机构健全，工作内容完善，工作程序清楚。每级组织都会定期举行防灾汇报，并制定防救灾计划，包括防灾基础计划、防灾业务计划、地域防灾计划，等等。

日本非常重视提高公众的防灾意识，把 9 月 1 日定为国民“防灾日”，在每年的这一天，都要举行日本首相和有关大臣参加的防灾演习。

在救灾的物流管理上，日本的主要做法有：

（1）制定灾害运输替代方案，事前规划陆、海、空运输路径（因海运和空运受震灾影响小，多利用这些资源）。

（2）编制救灾物流作业流程手册，明确救灾物资的运输、机械设备以及其他分工合作等事项。

（3）预先规划避难所，平时可作他用，一旦发生灾害，立即转成灾民避难所，并作为救援物资发放点。

（4）对救灾物资进行分阶段管理，将救灾物资的配送工作分为三个阶段。第一阶段由政府行政单位负责，包括救灾物资的收集、存放和运输；配送中心 24 小时作业；要求军队协助进行交通管制，维护紧急物品的运输。第二阶段由物流公司负责（根据政府要求采取较主动的方式进行配送），选择车站等 4 个配送中心，重点关注提升配送效率；委托物流公司进行专业配送、存储管理；配送中心的配送频率控制在每天不超过 50 辆次；选择 2 个地点作为储存性仓库。第三阶段仍由物流公司负责（但根据灾区需求采取较为被动的方式，即依据订单进行配送）。配送中心减少到 2 个；委托物流公司进行专业配送、存储管理；配送中心的配送频率控制在每天 2 辆次。

事实上，日本的救灾物资管理已经充分利用了现代商业的物流发展成果。此外，根据救灾物资性质分送不同的仓库，对社会捐赠灾区的必需物资，经过交叉站台分类后直送灾民点，对社会捐赠的非必需物资或超过灾区需要的物资，则送到储存仓库，留待日后使用。

资料来源：如柯．物流知识贴：美日欧等国应急物流体系介绍．(2020 - 02 - 17). https://www.sohu.com/a/373591254_757817.

在新冠肺炎疫情的防控中，政府的协调机制发挥了重要作用，全国各地的防疫抗疫工作整体上顺利平稳地开展，基本生活物资供应无忧，紧缺的医疗物资也在多方努力下逐渐充足。展现政府协调能力的最明显例证便是在此次疫情中中央政府成功协调了全国各省份到湖北省的定点帮扶。疫情暴发初期，湖北省武汉市医疗资源迅速告急，生活物资也逐渐匮乏，对此中央政府迅速响应，动员其他省份派遣医疗专家组，携带医疗资源奔赴武汉。随着疫情的发展，武汉周边和湖北其余众多地区皆出现大量病例，中央政府制定“一省包一市”的扶助政策，协调全国医疗资源和基本生活物资快速有序到达疫区，缓解武汉地区及湖北省防疫抗疫压力，也有效遏制了疫情在全国的蔓延。

但是，协调指挥过程中也暴露了当前机制中存在的问题，诸如部分机构权责不分明、监管失位等。宏观的指挥工作往往无法顾及微观的执行层面。媒体和民众的监督固然可以起到作用，但关键依然落在整体协调机制的设计上，指挥得当的同时也要保证执行到位、监管到位。行百里者半九十，任何一个部分的失位，都会对协调指挥的结果和应急物流的效率造成致命打击。

（2）紧急通道机制。在发生突发性灾害和公共卫生事件时，应建立地区间、国家间的紧急通道机制。

政策上，建立并开通一条或者多条应急保障专用通道，简化作业程序，以提高速度、缩短审批时间为目的，使应急物资迅速通过海关、机场、铁路、地区检查站等，让应急物资和抢险救灾人员及时、准确地到达受灾地区，从而提高应急物流效率，最大限度减少生命财产损失。

另外，紧急通道的开辟亦指物资到达指定地区过程中道路畅通无阻。在新冠肺炎疫情中，部分地区为了贯彻封闭式管理政策，限制人员流动，竟然挖断公路路面“硬核封路”。此种方式虽然阻断了人员流动，但也严重阻碍了应急车辆的通行。

3. 危机发生后

（1）损失评估系统。严重的突发性灾害或公共卫生事件造成的损害往往超越时间空间的限制，波及面广，持续时间较长。

诸如新冠肺炎疫情这种级别的突发事件会造成巨大的持续性的损失，这使得建立一个科学的损失评估系统十分必要。受损主体、哪些方面受损、受损原因、受损程度、损失是否还在持续，这些问题是该系统需要解决的。系统的建设与运行依赖于大数据和互联网平台，从新冠肺炎疫情中我国各大互联网公司和国家工业互联网研究院的表现来看，这个系统的建设指日可待。

（2）危机复原和危机学习系统。所谓危机复原，就是要在最短时间内完成“灾后重建”，迅速推动宏观经济和人民生产生活回到正轨。在此过程中，危机复原工作可以依据损失评估系统提供的信息制定具体计划和工作重点，对某些地区以及关乎国计民生或受损最为严重的行业、产业适当倾斜资源，实现国家资源和社会公益资源的有效利用，以最快速度保质保量地完成危机后的复原工作。

危机结束之后，针对危机之中暴露的问题，结合应对危机的经验教训，有必要建立一个危机学习系统。一次危机的爆发是对一个社会的整体检验，政府的指挥协调能力、责任部门的执行能力、后勤部门的保障能力、媒体的宣传引导能力、公益组织的援助能力、民众的服从和凝聚意识等都会在危机中接受“大考”。一个完善的危机学习系统要把在“大考”中暴露的问题“消化吸收”，反思教训、总结经验，形成直观的学习成果。这些成果一方面为政府提供政策建议以弥补体制机制上的不足，助其改进现有应对方案并创新应对举措；一方面向民众宣传，提高危机意识，丰富其应对危机的知识，从而在整体上提升社会应对危机的能力，当危机再一次来临时能够将损失降到最低。

12.3.4　应急物资管理

应急物资是应对突发公共事件的重要物质基础和基本保障。通常，应急物资是指用于应急物流保障、发挥应急保障功能的物品和器材等的统称。由于手电筒、蜡烛等很多日常用品在某些特定的应急情况中都可以称为应急物资，因此，应急物资筹措渠道多、储备形式多和品种范围广。《中华人民共和国国民经济和社会发展第十一个五年规划纲要》提出，要加强应急物资保障等重点领域和重点项目的建设。此后，国家明确提出要健全保障有力的应急物资储备体系。我国应急物资系统建设无论在数量规模、品种结构上，还是在管理体制、储备层次上，都存在诸多问题，亟待构建多渠道筹措、多形式储备、科学化管理、精确化保障的应急物资系统。

1. 应急物资的种类

按照突发公共事件类型的不同，可将应急物资分为应对自然灾害类物资、应对事故灾害类物资、应对公共卫生类物资、应对社会安全事故类物资和应对经济安全事件类物资（如表12－1所示）。

表 12-1 应急物资的分类

类别	说明
应对自然灾害类物资	水旱灾害、气象灾害、地震灾害、地质灾害、生物灾害和森林火灾等事件所需的应急物资
应对事故灾害类物资	工矿商贸企业的各类安全生产事故、交通事故、化学品事故、公共设施与设备事故、核辐射事故、环境污染和生态破坏等事件所需的应急物资
应对公共卫生类物资	传染病疫情、群体性不明原因疾病、食品安全和职业危害、动物疫情等事件所需的应急物资
应对社会安全事故类物资	恐怖袭击事件、民族宗教事件、涉外突发事件和群体性事件等所需的应急物资
应对经济安全事件类物资	金融安全、物价异常波动、突发事件造成的能源以及生活必需品供应严重短缺等事件所需的应急物资

2. 应急物资的特点

筹措应急物资必须正确认识应急物资的特点。只有对应急物资的特性需求、供应商、地理分布等有详细的了解，才能保证在灾情发生时迅速、可靠地筹措到必需的物资。与普通物资相比，应急物资具有以下特点：

（1）不确定性。灾情发生的时间、强度和影响范围具有不可预测性，决定了应急物资的数量、发放范围、运输方式等不确定。

（2）不可替代性。应急物资的用途非常特殊，是在特定环境下启用的特殊物资。例如，疫情发生后使用的疫苗、战场救护用的血液等都不能用其他物资代替。

（3）时效性。应急物资要发挥其使用价值，就必须在一定的时间内送达需求者手中。超过时限就失去了应急的意义，也就不再称为应急物资。

（4）滞后性。应急物资的启用是在灾情发生后，根据灾害的程度、波及范围而定，时间上滞后于灾情的发生。

3. 应急物资的管理流程

应急物资的管理是对应急物资在需求分析、筹措、储存、保障运输、配送和使用直至消耗全过程的管理。对应急物资进行妥善的管理能够最大限度减少自然因素和人为因素对物资物理化学性质的影响，保证其价值的充分发挥，保证在应急情况下各种物资的合理配发和使用。

应急物资的管理流程如图 12-8 所示。当突发事件发生后，国家迅速启动应急系统并建立应急指挥机构，包括启动应急物流中心和应急物流信息系统。应急指挥机构根据事件的大小、性质、影响范围等对所需的应急物资做初步的需求分析，通过应急物流信息系统查询应急物资的储备、分布、品种、规格等具体情况，决定应急物资的发放数量、种类等，随后通过各种渠道筹措应急物资，组织运输与配送，直到送达需求者手中。应急物流中心利用应急物流信息系统对应急物资的采购、储存、运输、配送等各环节进行管理和监控，并将应急物资的相关信息反馈到信息系统，以供应急指挥机构得出结论。应急物流信息系统内含有应急物资数据库，可供查询搜索应急物资的各种信息，还可以通过 GIS、GPS、可视化等现代物流技术对应急物资进行实时监控，掌握最新动态。应急物流信息系统的重要作用还体现在为应急物资的调度、运输、配送提供优化模型，为指挥机构作出决策提供智力支持，以使应急物资在最短的时间内以最快的速度、最安全的方式运送到需求者手中。

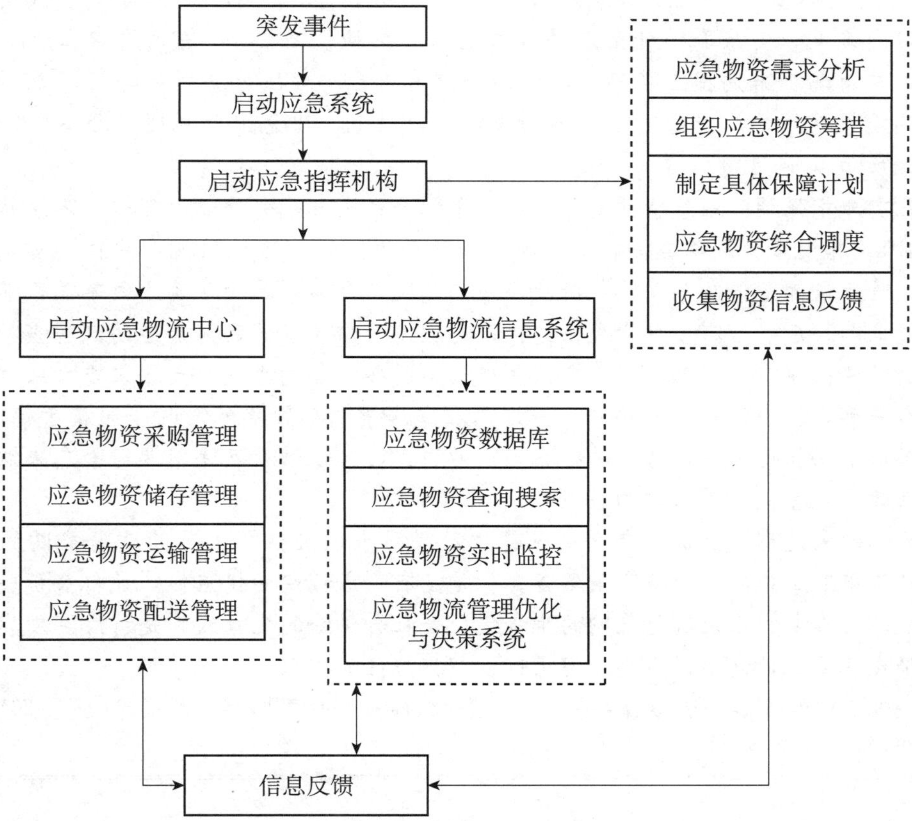

图 12-8　应急物资的管理流程

4. 应急物资采购——应急物资管理的“咽喉”

应急物资的采购是应急物资管理流程的前提。没有应急物资，管理流程即为空谈；而没有足够的应急物资，抗灾救灾各项工作都注定失败。对这项基础性工作，我国长期以来不够重视，没有出台适用于重大灾害紧急情况下物资采购的法律法规。应急物资采购往往具有“急”“缺”的特点，如果没有很好的指挥协调，不可避免会出现混乱局面。

相关资料 12-3

应急物资采购专家研讨会

2020 年 2 月 5 日，在全国上下同心共同抗击新冠肺炎疫情的关键时期，中国物流与采购联合会公共采购分会通过网络会议形式，紧急召开“应急物资采购专家研讨会”，探讨疫情阻击战中应急物资采购所面临的问题和解决途径，为抗击疫情一线的采购人员提供理论制度和方法支撑。

研讨会主要围绕疫情防控应急物资采购的基本特征、重大疫情应急物资采购存在的主要问题、应急物资采购的对策建议三大主题展开讨论。专家们呼吁，尽快建立与国家应急管理体制配套的应急物资采购管理体系和采购管理制度。

应急采购是公共采购的主要组成部分，它与我们平时讲的政府采购有所交叉，又有所不同。《中华人民共和国政府采购法》和《中华人民共和国招标投标法》对重大疫情这样的应急采购，都采取例外条款的方式进行了回避。自 2018 年我国建立应急管理体制以来，应急物资采购提上了日程，但迄今没有出台一部法律法规和部门规章。出现当前这样的重大疫情，只能通过临时性的规定予以规范，难免出现制度供给不足、一线采购人员无所适从等问题。

对此有专家强调，应急情况发生后，整个社会系统都应全局或局部转入应急状态（相当于战时）。其中涉及应急直接物资、间接物资的供应，不能适用现有法律。首先法律性质不同，紧急采购是行政合同，一般政府采购是民事合同；其次采购方式不同，前者是直接征用或采购，后者可有多种方式供选择；再次违约形式不同，前者违约只适当补偿，后者要全额赔偿；还有处罚形式等也不同。建议由国务院法制办或人大法工委牵头立法，最好能出台一部突发事件紧急采购法，一方面在立法中明确紧急采购的合同属于行政合同，另一方面对哄抬物价等违法行为进行界定、处罚；还可以借助互联网做好紧急采购电子化平台，由政府主导，向第三方购买服务。

在具体的采购形式上，有专家建议将“互联网＋供应链”上升为政府采购的主要方式。在日常采购工作中，供应商虽然多，但是没有形成稳定的供应链。危机告诉我们，供应链建设非常重要。供应链是采购的生命线，是社会供给的生命线，是打赢突发战斗的生命线。早在华为事件之前，中央就提出过创新供应链的概念。

资料来源：中国物流与采购联合会线上召开“应急物资采购专家研讨会”.（2020-06-26）. http://www.hhhttckd.com/wlzc/115193.html.

12.4 供应链金融——21 世纪物流发展的新契机

供应链金融旨在通过金融机构和技术提供者实施的解决方案来优化组织间的资金流动，使资金流与供应链的物流和信息流保持一致，从供应链的角度改进资金流管理，同时又通过金融业务创新和管理，及时有效地推动产业供应链的发展。所以，合理利用供应链金融不仅可以显著缓解企业内部的资金压力，还可以增强企业之间的贸易关系，强化企业以及供应链的竞争优势。经过 20 余年的发展，供应链金融在缓解中小企业资金短缺、优化供应链资金流动方面发挥了重要作用，成为产业界和金融界共同关注的焦点（李健等，2020）。

12.4.1 供应链金融的内涵

供应链金融是供应链与金融两个领域交叉产生的创新，目前国际上具有代表性的供应链金融概念可以从两个视角进行理解，一是以金融为导向，二是以供应链为导向。前者侧重于金融属性，认为供应链金融是金融机构提供的一套金融解决方案，其目的是促进供应链物资和信息交换，加快供应链中资金的流动性，增加资金的可得性并且降低资金成本；后者强调供应链成员之间的协同作用，特别强调通过供应链成员的协同实现库存优化，这一观点将供应链金融的边界扩展到金融解决方案之外，将供应链流程、固定资产融资的协作解决方案也纳入其中。还有其他的定义，如供应链金融是供应链中两个或者两个以上的组织（包括外部服务提供商）为共同创造价值，而对组织间的资金进行有效计划、监督和控制的过程（Hofmann，2005；Pfohl and Gomm，2009）。

供应链金融是在物流金融的基础上发展起来的。早期国内学者对供应链金融的研究着重于以质押动产为核心的物流金融，提出了融通仓、库存商品融资、仓单质押等概念。然而，物流金融存在着不足，其业务未覆盖供应链的各个环节，只是针对某一笔业务或者单一企业。供应链金融则避免了上述问题，其在开展金融活动时高度强调对商流、物流和信息流的并行控制，以及从系统上把握供应链的方方面面。深圳发展银行最初将供应链金融定义为：在对供应链内部的交易结构进行分析的基础上，运用自偿性贸易融资的信贷模型，引入核心企业、物流监管公司等新的风险控制变量，对供应链不同节点提供封闭的授信支持及其他结算、理财等综合金融服务。这一概念主要强调供应链金融是由商业银行提供的、利用供应链中的要素开展的一项融资服务。后来，基于对理论的不断探索，供应链金融的概念逐渐从要素金融活动走向了流程化金融，逐渐从单一的借贷走向了生态化金融，实现了依托供应链中的商流、物流和信息流带动金融资源在组织间流动，这又反过来推动产业发展。

总的来说，供应链金融发展至今已经是个较为广义的金融服务概念。它不仅具有解决资金短缺的功能，能促进资金在供应链中的流动，还具有优化和发展供应链的能动作用，能更好地帮助产业打造更具竞争力的供应链体系。这一优势在互联网金融助力下更加显著。互联网与供应链金融的融合运用，不仅实现了信息的线上共享与整合，扩大了金融服务的获取渠道，而且可以从更多维度动态衡量企业的真实经营状况和其他各种行为，为企业提供精准化、增值化的服务。

12.4.2 供应链金融的实践发展历程

供应链金融的实践发展可以分为以下四个阶段：

第一阶段是以金融机构为主导的传统供应链金融。在此阶段，金融机构依托核心企业的信用，委托第三方物流企业监管质押物，为融资企业提供综合性的融资服务。由于金融机构的信息化水平不高，风险分析能力有限，这一阶段覆盖的融资主体范围狭窄，多以与核心企业存在直接上下游关系的企业为主，且融资期限过长，与中小企业“快速融资”的特点相冲突。此外，商业银行主导推动的供应链金融是以金融的视角开展的，虽然借助核心企业的信用为中小企业授信，但在不完全了解产业特点以及供应链运营的情况下，很难提供贴合产业发展的融资服务并做到风险可控。金融机构的委托代理业务也产生了一些道德风险，如资金需求方可能会与第三方物流企业串谋获取融资并挪作他用，致使银行面临巨大的恶意信贷风险。

第二阶段是以产业企业为主导、金融机构配合的线上供应链金融。在这一阶段，金融服务的主体及其在供应链中的位置发生了变化，金融服务提供者逐渐从单一的商业银行转向供应链的生产运营者，如核心企业、流通企业和电商平台。由于这些企业本身就嵌入供应链的运营网络，因此能够全面掌握供应链的信息和运作流程，这不仅增强了风险控制能力，还为供应链金融发展带来更多增值服务。此阶段，供应链金融逐渐从线下转向线上发展，突破了原有的管理理念和运营模式，推动了供应链金融的变革。线上交易、线上审批、线上传递信息，不仅简化、规范了流程操作，还实现了跨地域的服务，增加了融资企业的服务数量和产业种类。线上供应链金融也带来了新的风险，如工作人员对于新技术的业务操作风险。

第三阶段是多主体专业协作的平台化供应链金融，随着融资主体的需求多样化，供应链金融的业务和流程愈发复杂，单一的金融服务提供者很难独自完成供应链金融服务的布局，而且互联网技术的高速发展对产业降低成本、提高效率、快速整合渠道发挥重要作用，因此多主体专业协作的供应链金融平台应运而生。供应链金融平台利用其管理框架，把各大业务模块进行分区管理，每个业务模块包括标准的业务活动，这有效地串接交易系统、业务操作系统、风险管理系统、支付结算系统和第三方系统，实现了全方位的价值链流程管理。目前供应链金融平台划分种类可简要概括为“两横一纵”。“两横”是指基于交易或服务信息优势的横向平台和基于区域产业集成优势形成的横向平台，如阿里、怡亚通、宁波保税区主导的供应链金融平台等。“一纵”是指基于某一具体产业链深耕发展的纵向垂直产业平台，常见的主导方是核心企业。互联网金融典型代表 P2P 平台也开始与供应链金融进行整合，P2P 平台提供灵活中小金额贷款的特点特别适合中小企业的融资需求。可以看出，为增强自身竞争力、拓展业务，越来越多的主体开始积极加入发展供应链金融的布局中，这不仅为供应链金融提供了更丰富的资金渠道，增加了业务的灵活性，而且促使供应链金融逐渐朝精细化、网络化方向发展。基于此，这一阶段供应链金融的结构呈现出平台化、网络化的特征，管理流程也将呈现出高度复杂且互动化的特点。

随着供应链金融创新实践的逐步发展，供应链金融演化到第四阶段，即金融科技赋能的供应链金融。根据金融稳定理事会（Financial Stability Board）的定义，金融科技主要是指由大数据、区块链、云计算、人工智能等新兴前沿技术带动，对金融市场以及金融服务业务供给产生重大影响的新兴业务模式、新技术应用、新产品服务等。此阶段是第三阶段的深化和递进，信息技术的发展使得供应链实现全链条数字化具备了技术上的可行性。物联网、云计算、人工智能和大数据在信息采集、数据分析和智能决策方面为供应链金融赋能，基于动态的多维度数据分析客户交易行为，能够准确评估违约风险并进行实时监控，使供应链金融发展更加高效和安全可控。区块链技术可以保证供应链中数据的真实性，智能合约降低道德风险和操作风险的发生。金融科技的引入为供应链金融的优化和重构注入了新动能，有助于打破金融机构对核心企业信用和抵押物的依赖，在控制业务风险、提高信贷审批效率、提升金融服务的覆盖度等方面具有积极作用。目前，银行与企业巨头纷纷布局金融科技，如中国工商银行提出了“智慧银行”战略，腾讯“微企链”与渣打银行合作共同推出区块链供应链金融业务。这一阶段的供应链金融呈现智慧化的特征。

12.4.3 供应链金融的业务模式与管理

从供应链金融的现实运作看，业务模式是其运作的基础，对其运作效率和效益至关重要。因此，供应链金融的业务模式无疑也是其理论演进的基础之一。常见的供应链金融业务模式大体分为三类：基于存货质押的供应链金融业务模式、基于应收账款的供应链金融业务模式和基于预付账款的供应链金融业务模式（Wang et al.，2020）。

1. 基于存货质押的供应链金融业务模式

基于存货质押的供应链金融业务模式是指金融机构以融资企业自有存货作为质押物，借助核心企业的担保和物流企业的监管，向融资企业发放贷款的融资业务模式。它最早出现在 19 世纪中期的西方国家，已经有相当长的发展历史。国外存货质押融资模式的发展相当成熟，国内存货质押业务也得到了较快的发展。例如，深圳发展银行充分运用全国的钢材、汽车、能源等市场开展供应链存货质押业务，怡亚通、中储运等仓储公司与各大金融机构开展存货质押业务等。

2. 基于应收账款的供应链金融业务模式

随着赊销成为主要的销售方式之一，基于应收账款的供应链金融业务模式在国内也得到普遍运用。基于应收账款的供应链金融业务模式是指融资方依托供应链核心企业，将赊销项下未到期的应收账款转让给金融机构，以此获得融资资金的业务模式，其具体方式包括保理、保理池融资、反向保理、票据池授信等。在以应收账款为基础的供应链金融业务模式中，供应链上的核心企业或保理公司对融资企业起着反担保的作用。例如，在平安银行为家乐福上游供应商提供的应收账款供应链融资业务中，家乐福将支付给上游供应商的款项支付给平安银行，并对融资企业在有关经济活动中可能产生的赔偿、支付责任向平安银行进行担保。企业通过应收账款融资能够在一定程度上缓解资金短缺对其运营决策的约束，对于提升供应链成员及整个供应链的收益具有重要的作用。

3. 基于预付账款的供应链金融业务模式

基于预付账款的供应链金融业务模式是指在上游核心企业（销货方）承诺回购的前提下，采购方以金融机构指定仓库的既定仓单向金融机构申请质押贷款，并由金融机构控制其提货权为条件的融资业务。例如，平安银行为某世界 500 强汽车企业的经销商提供的预付账款供应链金融业务中，融资资金用于汽车企业的车辆采购，并以采购回的车辆及合格证作为质押，由专业监管公司驻店监管，经销商根据自身销售进度分批打款赎回。基于预付账款的供应链融资具体可以分为先票后货、担保提货、信用证授信等模式。预付方式使制造商在采购阶段产生预付款，延长其营运资金周转期，给企业造成资金压力。预付款融资模式能够在一定程度上缓解生产稳定的制造类中小企业的融资问题。在预付款融资模式下，金融机构提供融资服务所产生的融资成本能够激励企业更好地管理库存，减少流动资金的无效占用，降低预付款融资总额。

12.4.4 供应链金融未来的发展趋势

在新技术推动和社会需求促进下，供应链金融将呈以下三个发展趋势：形成健康网络生态系统是供应链金融发展的重要基础；采用现代金融科技赋能是供应链金融发展的有力工具；承担可持续发展的社会责任是供应链金融发展的长远目标。

1. 形成健康网络生态系统是供应链金融发展的重要基础

企业不是在孤立的环境中运作的，它们被其所嵌入的网络结构和关系约束着，而这种结构和关系对企业获取资源和利用资源的能力有显著的影响。信息不对称是造成中小企业融资贵、融资难的主要原因，而供应链金融可以借助供应链网络有效地缓解借款企业和金融机构之间的信息不对称，提高中小企业融资绩效，降低风险产生的概率。因此在供应链金融领域中，供应链网络的角色越来越重要。比如，探究社会网络如何增强小微企业获得融资的可能性、何种类型的中小企业可以从供应链金融中获益，以及供应链网络中的知识溢出和获取如何提高中小企业的信用质量。

数字经济时代下，供应链金融的推动者不再仅仅是传统的商业银行，同时也包含企业和信息化服务公司，它们直接参与到供应链运营的过程中，在把握供应链商流、物流和信息流的基础上，与银行等金融机构合作，为供应链中的企业提供融资等服务。在供应链金融活动中，各参与主体、参与主体间的结构以及它们与制度和技术环境的关系构成了供应链金融网络生态，而这种复杂的关联性，对供应链网络的研究有了更高层次的需求：试图通过打造产融结合的生态圈、建立具有成长活力和盈利潜能的网络生态系统，强化彼此间的联动性、共赢性和整体发展的可持续性。在新的授信方式驱动下，供应链金融的模式朝更开放且更具动态性、自组织性和层次性的方向发展，使得供应链金融网络的演化不仅存在于单层供应链网络内，更存在于多个供应链网络间，这种特殊的结构性质决定了供应链金融风险不同于传统的融资风险。一旦系统内外部环境中存在突发事件或企业间供应关系频繁变化，风险便可由点到链，由链到网，扩散至整个系统，导致整个供应链金融的部分或全部功能丧失，造成无法预计的后果。因此，形成健康的网络生态系统是发展供应链金融的基础。

2. 采用现代金融科技赋能是供应链金融发展的有力工具

随着人工智能、区块链、云计算、大数据等新兴通信技术的兴起，供应链金融再次成为业界和学界广泛研究的对象，人工智能、云计算与大数据的结合为精准营销、智能决策和金融风险控制提供了新途径。同时，区块链去中心化、不可篡改、保护隐私等特点，可以很好解决参与主体间信息不对称、中小企业信用传递难等问题。另外，区块链的延伸技术智能合约可以根据接收到的外部信息自动执行相关操作，规避道德风险和操作风险。区块链与供应链金融的结合，是技术革新与金融发展需要的融合，将有效促进各方获取深度交易数据、加快业务识别和清算速度、提升金融机构风险管控能力。下面以应收账款为例，具体阐述基于区块链和大数据的智慧供应链金融平台如何开展业务，如图 12－9 所示（李健等，2020）。

首先，以区块链和大数据为底层技术搭建供应链金融平台，接入供应链线上交易系统和金融机构等资金提供方服务系统。其次，核心企业与一级供应商签订合同、发生交易后，核心企业支付给一级供应商数字应收账款票据，交易数据及数字应收账款票据就直接记录在供应链金融平台上，一级供应商可在票据有效期内向金融机构等资金提供方发起融

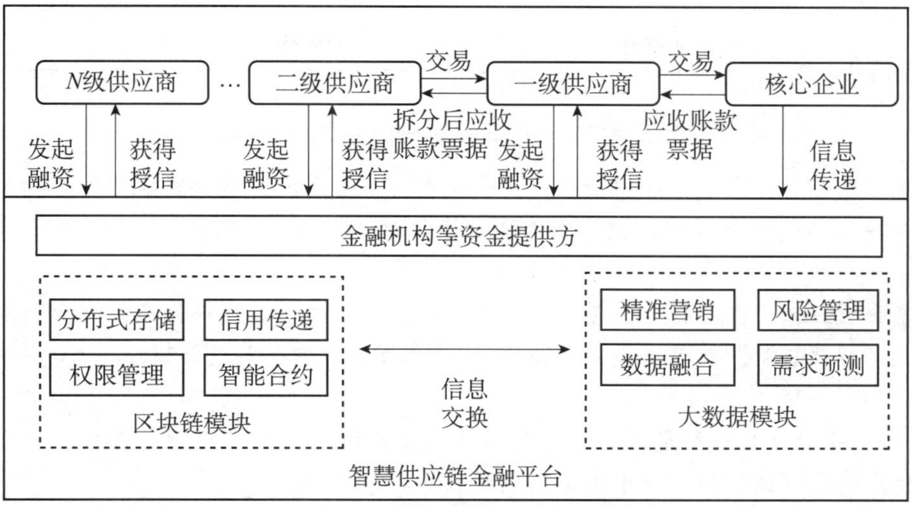

图 12-9　基于区块链和大数据的智慧供应链金融平台

资，或与二级供应商交易后，将确权过的核心企业的数字应收账款票据进行拆分支付给二级供应商，交易数据及拆分的数字应收账款票据同样记录在供应链金融平台上。数字应收账款票据用于支付、转让、质押、兑付的相关信息都可以在平台上追溯，从而实现了核心企业的信用传递，满足 N 级供应商的融资需求。然后，当融资企业凭借数字应收账款票据向金融机构等资金提供方发起融资需求时，平台利用存储的结构化、非结构化信息，基于大数据分析技术为金融机构等资金提供方提供价值数据并进行风险评估。最后，放贷期间，平台时刻对融资企业进行数据监测，帮助金融机构做好风险控制工作。

3. 承担可持续发展的社会责任是供应链金融发展的长远目标

可持续供应链金融有两层含义。第一层含义是企业在发展供应链金融时，要考虑资源环境的可持续性。第二层含义是指通过供应链金融打造贯穿各行各业的普惠金融，实现供应链金融的可持续发展。可持续发展对企业获得竞争优势的重要性日益增加，通过解决环境问题，企业可以从降低成本、改善声誉和节约资源中受益。因此，将环境问题纳入公司的运营决策十分重要，其利益相关者，如监管机构、客户、竞争对手、非政府组织和员工越来越要求公司在业务运作中解决与环境和社会可持续发展相关的问题。

目前供应链金融主要集中于制造业，农业、建筑业、餐饮业以及医药行业等鲜有涉及，原因在于这些行业缺乏一般性，普通的供应链金融并不适用于这些行业的供应链管理。例如，农业供应链具有产品产出不确定的特点，风险难以估量，上游的农户很难获得融资。建筑行业具有参与节点多、合作周期短的特点，信息不对称十分严重。更进一步，单个行业的融资困难不仅影响本行业的发展，而且对与之联系密切的行业也会产生不利影响，因此，只注重单一行业的供应链融资并不能实现供应链金融的可持续发展。虽然现有的普惠金融已经得到一定重视，但是拘泥于不同规模的企业，多数行业依然没有享受到普惠金融的优势。打造适合不同行业的新型供应链金融模式迫在眉睫，这也是未来相关企业和学者所要面对的重要问题。所以未来供应链金融的任务是消除各行业之间的壁垒，将普惠金融真正普惠到各行各业。

案例 12-7

金融科技正发力供应链金融支持小微融资

随着各家银行年报发布，用金融科技手段支持中小微企业融资成为热门话题。在金融科技赋能的各种融资方式中，供应链金融因其可得性、免抵押、可增信等特征受到多方关注。

多家银行正借力金融科技服务中小微企业融资。比如，工商银行在年度业绩发布会上提到，其“经营快贷”纯信用线上产品已为60余万户小微企业授信超过3 000亿元，累计发放贷款400多亿元。

“快贷”平台只是一种形式。金融科技可以赋能银行拓展多种融资方式。其中，金融科技对供应链金融的赋能广受中小微企业青睐。

“供应链金融沿着产业的供应链条释放核心企业的信用，可以打破传统金融机构的不动产抵押依赖，帮助缓解中小微企业融资难问题。”中国中小企业协会会长李子彬说。

但供应链金融当前也存在诸多难点。平安集团党委副书记黄宝新说，比如，多层次信用穿透难、核心企业准入门槛高、银行放贷成本高、风险识别与把控难等，其中信息不对称是阻碍供应链金融快速发展的重要原因之一。

金融科技的助力，使银行等金融机构能更有效地透过核心企业的供应链识别企业风险，支持中小微企业融资。“核心企业加上金融科技，可以让银行有抓手、敢下手。”中铁建资产管理公司副总经理黄健民说。

比如，平安集团孵化的金融壹账通平台上，供应商可以与核心企业就应收应付问题线上确认，使往来业务数据信息化，让银行可以在线审核验证小微企业财务状况等，让小微企业获得贷款更加便利。

诸多金融科技手段中，区块链技术颇受关注。中国银行业协会副秘书长白瑞明说，区块链技术可以解决银行对核心企业二级以下供应商和经销商难以穿透的问题；可以帮助核实核心企业的供应链采购信息与销售信息；解决银行不能看到线上商流与线下物流信息的难题。

除此之外，在金融科技的助力下，供应链金融还可以有更多想象空间。业界认为，通过科技赋能供应链金融等方式，结合银、政、企多方协作机制，打通线上线下，将为中小微企业融资难、融资贵问题提出更多解决方案。

资料来源：许晟．金融科技正发力供应链金融支持小微融资．（2019-04-04）．http：//www.gov.cn/xinwen/2019-04/04/content_5379682.htm.

12.5　冷链物流——21世纪人民生活安全的重要保障

随着中国社会经济的发展和人民生活水平的提高，冷链物流逐步受到重视。大力发展冷链物流有利于减少我国食品、药品等在流通过程中的损失，也有利于提高食品、药品的消费安全性。

12.5.1　冷链物流概述

冷链物流（cold chain logistics），也叫低温物流（low-temperature logistics），是一种特殊的物流形式，因其主要对象是易腐食品（包括原料及产品），国外也称为易腐食品冷藏链（perishable food cold chain）。冷链物流是指冷藏冷冻类食品以及药品等从生产、贮藏运输、销售到消费的各环节始终处于规定的低温环境，以保证质量、减少损耗的一种专业物流形态。它是随着科学技术的进步、制冷技术的发展建立起来的，是以冷冻工艺学为基础、以制冷技术为手段的低温物流过程。

1. 冷链物流的基本特点

冷链物流是以保证食品和药品等物品品质为目的，以保持低温环境为核心要求的供应链系统，与一般常温物流相比，冷链物流有其自身的特点。

（1）冷链物流的运作设施投资比常温物流大得多。例如，建设冷库和购买冷藏车需要投入较大的资金，是一般库房和干货车辆的 3～5 倍（李万秋，2007）。

（2）易腐食品、药品的时效性要求冷链物流各环节具有更高的组织协调性。冷链物流的高效运作需要封闭式运行，加强冷链物流各环节的全程控制与协调十分必要。

（3）冷链物流的运作成本很高。在冷链物流的运作过程中，物流企业需要使用持续的电源以保证货品处于冷藏或冷冻的状态，断电意味着冷链的断裂，因此，物流企业需要较高的能耗成本以保证冷链的正常运行。

（4）冷链物流管理需要更多的专业技术。冷链物流管理是一项包含诸多专业技术的管理工作。制冷技术、保温技术、产品质量变化检测技术、温度控制与监测技术是支撑冷链物流的主要技术。

2. 发展冷链物流的意义

发展冷链物流具有积极的社会意义和经济效益。第一，发展冷链物流有利于减少食品、药品等在流通过程中的损失。以鲜活农产品物流为例，我国水果蔬菜等农副产品在采摘、运输、储存等物流环节上的损失率为 25%～30%，全国每年果品腐烂损失近 1 200 万吨，蔬菜损失 1.3 亿吨，按每千克 1 元的价格计算，经济损失巨大，而发达国家的果蔬损失率控制在 5%以下，美国的水果和蔬菜在物流环节的损失率仅为 1%～2%（张广文，2005）。如果大力发展冷链物流，将有效减少鲜活农产品在流通过程中的腐烂和损失，提高农产品的经济效益。第二，发展冷链物流有利于提高食品、药品的消费安全性。随着国民经济的发展和生活水平的提高，人们对食品新鲜度、食品营养价值和食品安全的要求逐渐提高。低温冷藏能使食品原有的风味、色泽、营养保持得更好，同时提高食用安全性。由于贮存和运输过程中的温度条件关系到药品质量，因此，医药冷藏物流十分特殊，冷藏的药品对物流有很高的要求。从物流运作的角度来看，如果大力发展冷链物流，可以有效减少从生产领域进入到消费领域的变质食品和药品，保障食品和药品的安全，降低经济损失。

12.5.2 冷链物流的适用范围与运作条件

1. 冷链物流的适用范围

冷链物流的适用范围主要包括食品和药品，具体来说包括以下内容（叶海燕，2007）：

（1）初级农产品。包括蔬菜、水果、肉、禽、蛋、水产品、花卉产品等。

（2）加工食品。包括速冻食品，禽、肉、水产等包装熟食，冰淇淋和奶制品，快餐原料等。

（3）医药冷藏品。一般而言，凡是要求在低温条件下（2℃～8℃）储存的药品（如冻干粉针剂、生物制品、疫苗等）都属于医药冷藏物流的范畴。

2. 冷链物流的运作条件

冷链物流运作必须满足一定的条件，以食品冷链物流为例，运作条件如下（叶海燕，2007）：

（1）“3C”条件。这是指在整个冷链物流运作中，需要保持清洁卫生（clean）、低温（cool）和对食品的爱护（care）。这是保证食品流通质量的基本要求。

（2）“3T”条件。即著名的“TTT”理论——时间（time）、温度（temperature）、耐藏性（tolerance）。该理论表明，对每种冷冻食品而言，在一定的温度下，食品所发生的质量下降与所经历的时间存在着确定的关系，大多数冷冻食品的品质稳定性随着食品温度的降低而呈指数增长。

（3）“3Q”条件。即在冷链中设备数量（quantity）的协调，设备质量（quality）标准的统一，以及快速的（quick）作业组织。其中，设备数量（能力）的协调和设备质量标准的统一有利于保证食品处在适宜的环境（温度、湿度、气体成分、卫生、包装）之中。快速的作业组织是指对加工部门的生产过程、经营者的货源组织、运输部门的车辆准备与途中服务和换装作业的衔接以及销售部门的库容准备等进行快速的协调和管理。

12.5.3 我国冷链物流发展现状

1. 冷链物流基础设施建设加快

近几年来，我国冷链物流基础设施建设开始受到重视。专业化冷库设施建设稳步发展，冷链运力投资开始加速。

（1）专业化冷库设施建设稳步推进。我国生产企业已建设大量大、中、小型冷藏装配库及室内装配式冷库。大型冷库一般采用以氨为制冷剂的集中式制冷系统，冷却设备多为排管，系统复杂，自动化控制的难度大。小型冷库一般采用以氟利昂为制冷剂的分散式或集中式制冷系统。在建造方面以土建冷库偏多，自动化控制水平普遍较低。除了冷库建设以外，现代化的综合冷链物流配送中心也得到了很大发展，如安徽国际食品商城暨“6 万吨冷藏保鲜库”、长沙全洲医药食品物流港、中外运上海冷链物流中心等。

（2）冷链运力投资开始加速。冷藏运输是食品冷藏链的重要环节之一。冷藏运输将有力推动食品、药品的扩大生产与销售。运联智库的资料显示，2020 年中国物流产业整体融资案例有 100 笔，融资总额为 457. 11 亿元，其中生鲜冷链领域的融资案例有 12 笔，金额占比达到15.7%，生鲜冷链领域成为物流行业投融资关注的焦点。从全国冷链物流基础设施建设层面来看，冷库总容量、冷藏车与保温车保有量不断上升，冷库建设趋于合理。随着国内消费水平不断提升，中国冷链物流发展进入新的阶段。

2. 冷链物流信息技术开始发展

冷藏车载GPS定位系统是冷链信息技术的重要方面。利用多采点智能温度仪与冷藏车载GPS系统的无缝对接，能够迅速准确地记录和回传冷藏车厢体内的多点温度，借助GPS在互联网和移动通信系统中的优势实现冷藏运输温度的监控。RFID监测技术是冷链物流信息技术发展的趋势之一。利用RFID监测技术，将温度变化记录在“带温度传感器的RFID标签”中，对产品的生鲜度、品质进行细致、实时的管理。另外，RFID还可扩展为覆盖全冷链流程的冷链监测中心数据平台。企业或联盟成员通过口令获取相关数据，实现对冷链温度的全程和实时监控；同时向消费者提供方便的查询手段，向社会公布产品的安全溯源信息。

冷链物流信息平台也开始发展。中国冷链物流信息平台——中国冷藏网的建设已经完成，网址为http：//www.leng56.com。中国食品工业协会食品物流专业委员从全国400余家冷藏运输公司或相关业务单位中，筛选出100家整体实力强、业务基础好、具备一定的行业示范带动作用的单位（或企业），作为中国冷链物流信息平台的重点推广单位，以尽快启动冷链物流协作体系的运行。

3. 冷链物流企业逐步发展

冷链物流企业是冷链物流的运作主体，冷链物流的发展离不开专业化冷链物流企业的成长。随着冷链物流需求的不断增长，专业的冷链物流企业开始涌现，如山东荣庆物流有限公司、中外运冷链物流（天津）有限公司、上海交荣冷链物流有限公司、上海新天天大众低温物流有限公司、中外运裕和冷链物流有限公司、上海领鲜物流有限公司、河南众品生鲜物流有限公司、北京华日飞天物流有限责任公司、中铁快运等均为业内领先的物流企业。其中，山东荣庆物流有限公司是以冷藏物流为主的全国百强物流企业和中国冷链物流第一供应商，荣庆物流（北京）有限公司被指定为2008年北京奥运会冷藏食品运输企业。

案例12-8

众品：打造中国特色的温控供应链服务体系

“众品集团是中国领先的集农产品加工、食品制造和冷链物流服务于一体的企业集团，其战略定位是中国肉类产业链整合商和中国冷链食品集成服务商。”众品集团供应链总监陈锐说，从整个众品集团的战略来讲，冷链物流是一个新的增长点。

陈锐说，作为食品供应商，与消费者的距离太远，又不能通过办零售业来延伸，只能依靠良好的冷链物流服务提高产品品质。沃尔玛之所以能够成为世界最大的零售企业之一，不仅是因为管理者非常优秀，还跟其占位有关，即占据了最靠近消费者的一端。

以前众品物流为自身企业服务，现在众品第三方冷链物流业务已占总业务量的30%以上，还在不断提高。陈锐告诉记者，冷链物流的商业模式正在快速发生变化。运输型的企业向运输仓储一体化和运输网络化发展；仓储行业已经从纯粹的冷库储存转向库内作业服务，即提供冷库出租的同时也提供分拣、装卸等增值程序；交易型模式已由摊位演化为交易区；区域配送模式则正在转向共同配送。“无论是哪种业态的冷链物流企业，其发展方向都是宽温带、一体化、信息化、透明的温控供应链。”陈锐说，“现在很多优秀的企业家都意识到这一点，有的公司干脆就把名字改为‘××供应链公司’。”

陈锐告诉记者，众品冷链物流包括四个核心内容：一是冷库网络化；二是发达的IT系统；三是生鲜加工；四是供应链的整合优化。

“对于网络化，在企业的发展历程中，有一种很幽默的说法：小企业下跳棋，逮住一个算一个；中型企业下象棋，一步一个脚印；大企业下围棋，不等落下最后一颗子，看不出前面的布局有什么作用。”陈锐说，网络化的冷库布局是一个长时间的持续效应，众品的冷库网络化布局分为三种类型：产地冷链物流基地、销地冷链物流基地和工厂冷链物流基地。

对于IT信息化，陈锐认为IT系统是物流之神，是整个物流的指挥系统。众品的信息化体统已经实现了全程的可视化监控，包括每辆车的温度控制、行驶路线以及开门次数。从供应链来看，众品物流IT系统除了自身的监控，最重要的是实现了和客户的无缝连接。“必须充分发挥信息化监管的作用，做到在线监督、实时管理，‘事后诸葛亮’不能做冷链。”

在生鲜加工这个层面，最难的不是冷链加工技术，而是对农民的组织。众品在前期农产品采购中，为农民提供“五统一”服务，甚至对蔬菜的采摘时间都进行了详细指导，从而在供应链的最前端保证食品的质量和安全。

提到完整的供应链服务，陈锐给记者举了一个黑龙江大豆如何到许昌的例子。众品会根据客户不同的需求采取不同的运输方式：如果企业对运输效率要求比较高，众品采用从黑龙江到许昌的货车一站式运输模式，费用相对较高；如果客户要求节省运费，众品则采用产地—哈尔滨—郑州—许昌的多式联运方式。这些供应链的优化服务，不仅为客户降低了成本，更重要的是与客户一起开拓了新的利润空间，大家共同发现价值、共同实现价值、共同分享价值，这也是众品文化中最重要的基因之一。

资料来源：范云兵．众品：打造中国特色的温控供应链服务体系．(2011-06-24). https://www.10000link.com/newsdetail.aspx?doc=201106240041.

12.5.4 我国冷链物流的发展趋势

随着冷链物流市场环境的改善以及冷链物流技术水平和组织水平的提高，我国冷链物流将朝着更加高效、可靠的方向发展，呈现出以下发展趋势。

1. 冷链物流基础设施投资将进一步加大

随着人们对食品、药品消费安全的日益重视，冷链物流逐步进入发展的快车道，国内的冷链物流基础设施投资将继续加大，在冷库设施建设、冷库技术水平和冷藏车辆多元化等方面呈现出稳步的发展势头。

2. 冷链物流将逐步实现封闭化运作

冷链物流采用封闭化运作策略，可以有效控制食品、药品在物流运作中的质量，保障食品、药品的消费安全。

冷链物流封闭化运作需要对参与进来的成员企业实行严格的准入制度，成员企业具有统一的操作规范和技术标准，并可对实施冷链运作的食品、药品等进行实时的监控管理。冷链物流封闭化运作具有以下特征：(1) 生产企业、冷链物流企业和政府监管部门三方联合，其运作效率高、可信度高；(2) 封闭化运作的成员企业具有相对稳定的战略联盟关系；(3) 具有基于物流信息技术的动态质量跟踪监测系统；(4) 拥有完善的冷链质量信息发布和责任追溯系统。

3. 组建冷链物流联盟的步伐加快

从市场的需求导向看，专业的第三方冷链物流企业是未来参与冷链物流市场竞争的主体，组建冷链物流企业联盟将是行业发展的重要趋势。

冷链物流联盟是冷链物流企业的联合体，其主要目的是建立开放式的合作机制，发挥联盟企业的互补优势，进行冷链物流设施的集约化运作，实现互利多赢和冷链物流资源配置效率最大化，降低流通成本。

12.6　数字化物流——21世纪物流发展的新方向

数字化物流作为时代发展的产物受到广泛的关注，有着前所未有的发展机遇。推进以现代化信息技术、自动化技术、运输技术和管理思想为核心的技术创新与应用，建立以最快捷的方式、最低廉的成本、最安全迅速的运输方式和最优质的服务为主要特征的现代物流体系，是摆在物流领域的一个重大课题。

12.6.1　数字化物流概述

1. 数字化物流的定义

数字化物流是指物流全过程的信息化处理，应用大数据、物联网、区块链、云端、全球定位系统（GPS）、地理信息系统（GIS）、电子数据交换（EDI）、条形码技术、计算机网络通信、互联网、仿真和虚拟现实等现代高新技术，推动物流操作数字化、物流商务电子化、物流经营网络化，最终促进信息流、物流、资金流和商流的融合和一体化。简单地说，数字化物流就是把数字化信息技术和现代物流技术相结合，具有信息化、网络化、智能化、集成化和可视化等特征的技术，数字化物流是物流现代化、集成化的必由之路（徐永炎，2007）。

2. 数字化物流的研究内容

数字化物流的研究内容主要包括物流信息化、物流网络化、物流虚拟化和物流智能化。

物流信息化是电子商务的必然要求，表现为物流信息的商品化、物流信息收集的数据库化和代码化、物流信息处理的电子化和计算机化、物流信息传递的标准化和实时化、物流信息存储的数字化等。信息化物流研究的内容应着重于几个方面：首先是系统的集成技术，主要包括技术集成、平台集成、信息集成、应用集成和软支撑体系集成等；其次，在数据的处理中，要达到信息采集的在线化、信息存储的大型化、信息传播的网络化、信息处理的智能化、信息输出的图形化；最后，要完善友好开放型的人机交互系统。

物流网络化，一方面是物流与配送网点的网络化。企业根据自身的营销范围和目标，通过详细的分析、选择与优化，逐渐建立全国范围的物流和配送网络，提高物流系统的服务质量和配送速度。另一方面是指物流配送系统的计算机通信网络，包括内部网和外部网。内部网主要用于企业各部门间的信息传输；外部网主要用于物流配送中心与上游供应商或制造商的联系，以及与下游顾客之间的联系。

物流虚拟化是指实际物流过程在计算机上的本质体现。采用计算机仿真与虚拟现实技术，在计算机上进行群组协同工作，建立物流过程的三维全数字化模型，从而在物流设计阶段对物流过程进行分析和评价，为物流虚拟化提供了平台基础。电子商务、通信技术的飞跃式发展则提供了现代物流虚拟化发展的技术基础，同时也正是这些高新技术的发展引导了客户需求，推动了物流虚拟化的进程。物流网络虚拟化的基础是用计算机支持技术对全部有效的物流活动进行表述、建模和仿真，用信息技术对整个物流过程进行几个层次的建模与仿真。

物流智能化，就是指利用集成智能化技术，使物流系统能够模仿人的智能，具有思维、感知、学习推理判断和自行解决物流运营中某些问题的能力。这里的集成智能化技术指的是人工神经网络、人工智能、专家系统、控制理论、小波变换法、集理论、模糊逻辑等的综合集成。物流智能化是物流自动化、信息化的一种高层次应用。

12.6.2 物流数字化技术

1. 大数据分析技术

大数据（big data）指运用新的计算机应用软件对数据进行捕捉、归类、分化、管理和处理，以获得更有洞察力和分析力的新的数据。大数据具有 5V 特点：volume（大量的）、velocity（高速的）、variety（多样的）、value（低价值密度的）、veracity（真实的）。

通过互联网实现单一分化数据的互联、集成与创新，为各行各业提供全新的管理方式。如图 12－10 所示，首先是数据、信息或知识通过计算机应用软件实现转化，以获得更优质及更有洞察力的大数据；其次，通过大数据平台实现不同数据之间的分享与流动，以便对大数据有不同需求的人作出更科学的决策；再次，进一步通过应用程序检测决策是否被精准执行；最后，追踪实际应用中的运行状态。这是一个周而复始的过程，不断实现新的大数据的收集、归类、整理、检验、分析及优化。

2. 物联网技术

物联网就是在相关协议的基础上，通过信息传感仪器将物品和互联网连接，借助互联网对物品进行监控、定位等，并实现物流、资金流、信息流和价值流的流转、传递及共享的网络系统。物联网涉及的技术领域非常广泛，结合近几年来全球物联网发展的趋势，构成和影响物联网的关键技术主要有：射频识别技术（RFID）；条形码；卫星定位系统及/或

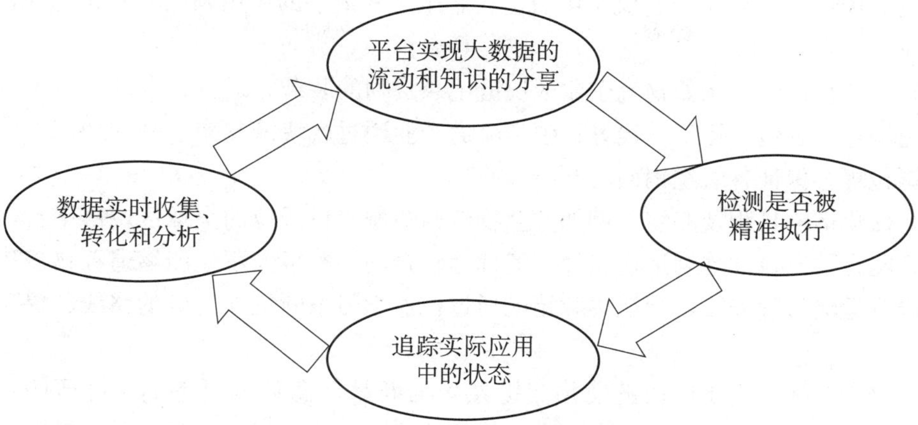

图 12-10 大数据分析流程

其他追踪技术（如 GPS）；数据记录器（data logger）；物联网传感器和监控技术（IoT sensor）；机器学习（machine learning）；云计算（cloud computing）；等等。

在相关研究中，物联网从体系架构上分为 3 层：底层、中间层和上层。底层是实现感知功能的感知层，中间层是用来进行数据传输的网络层，上层为应用层，包括资源管理等应用支持的中间件与面向最终用户提供的各种应用。

（1）感知层。感知层的功能是实现物联网的末端智能感知，这一层由各种类型的采集与控制模块组成，比如各种类型的传感器（声音感应器、温度感应器、振动感应器、压力感应器）、RFID、无线传感器网络等，这些模块可进行数据采集与设备控制。

（2）网络层。网络层是感知层及应用层之间的信息传送纽带，此时需要承载能力较高的网络来支持信息传输功能，目前主要有移动网络、各行业专用网络等。

（3）应用层。应用层包括支持服务层和用户服务层。支持服务层由各种支撑平台与中间件组成，主要功能是汇集、分析与转换数据，如公共中间件、云计算平台、服务支撑平台、信息协同处理平台等；用户服务层则提供各行各业如国防军事、交通运输、智能电网、环保监测、智能家居等方面的服务。

3. 区块链技术

区块链（block chain）是一种建立在数学算法上的分布式电子记账簿；本质上是一种利用互联网技术及计算机算法生成的数据库。该数据库具有去中心化、信息不可篡改、全程留痕、可以追溯、集体维护、公开透明等特点。其特点保证了区块链的“诚实”与“透明”，为区块链创造信任奠定基础，使得其不易受黑客的攻击，因此区块链技术的发展使数据更加安全。区块链是分布式数据存储、点对点传输、共识机制、加密算法等计算机技术的新型应用模式，顾名思义，区块链的基本单元即是区块（block）。区块分为两部分，一是区块头；二是区块体。区块头包含 PreHash（上一个哈希值）、Hash（当前哈希值）及 TimeStamp（时间戳）；区块体包含用哈希值计算出的数据和信息等，包含交易信息或数据、支付信息或数据以及其他各类信息或数据。

在物流场景中，区块链能够实现跨主体物流数据的确权和真实性证明，并由此衍生出一系列应用场景。IBM 指出物流是区块链在金融之外最好的应用领域（赵先德等，2018）。典型的应用场景有：

（1）全流程追溯。例如物流企业区块链记录货物的装载、运输、取件等跨主体物流活动，避免调包、丢包、错误认领等；生产流通企业通过区块链掌握产品的物流方向，防止窜货、调包等，保证各级经销商的利益。

（2）优化运输日程及路线。例如芬兰物流枢纽城市科沃拉的全球区块链平台，为集装箱创建智能合约以自动规划运输路径、竞标运输合同。收货人不仅能够追踪物流信息，还能随时修改运输日程安排，智能集装箱能通过机器学习不断更新自己的路线、提高日程设计技能。

（3）物流金融。由于区块链使物流链条中的商品信息数据可追溯、可证伪、不可篡改，利用区块链基础平台，可使资金有效、快速地接入物流行业，帮助中小微企业解决融资难的问题。

12.6.3 我国物流数字化的发展现状和趋势特征

1. 我国物流数字化的发展现状

（1）政策环境持续改善。2016 年，国务院总理李克强主持召开国务院常务会议，从国家层面部署推进“互联网＋”高效物流。经国务院同意，国家发展改革委会同有关部门研究制定了《“互联网＋”高效物流实施意见》，交通运输部、商务部和工信部等有关部门从各自职能领域出发部署了推进“互联网＋”高效物流相关工作，为推动数字化物流发展营造了良好的政策环境。

（2）物流互联网逐步形成。近年来，随着移动互联网的快速发展，大量物流设施通过传感器接入互联网。我国已经有数百万辆重载货车安装北斗定位装置，还有大量托盘、集装箱、仓库和货物接入互联网。物流连接呈快速增长趋势，以信息互联、设施互联带动物流互联，“物流在线化”是实现数字化物流的前提条件。

（3）物流大数据得到普遍应用。物流在线化产生大量业务数据，使得物流大数据从理念变为现实，数据驱动的商业模式推动产业智能化变革，大幅度提高生产效率。通过对物流大数据进行处理与分析，挖掘对企业运营管理有价值的信息，从而科学合理地进行管理决策，是物流企业的普遍需求，其典型场景包括：数据共享、销售预测、网络规划、库存部署及行业洞察等。

（4）物流云服务强化保障。依托大数据和云计算能力，通过物流云来高效地整合、管理和调度资源，并为各参与方按需提供信息系统及算法应用服务，是数字化物流的核心需求。物流云服务应用为物流大数据提供了重要保障，业务数据化正成为数字化物流的重要基础。

（5）协同共享助推模式创新。数字化物流的核心是协同共享，这是信息社会区别于传统社会，并将爆发出最大创新活力的理念源泉。协同共享理念通过分享使用权而不占有所有权，打破了传统企业边界，深化了企业分工协作，实现了存量资源的社会化转变和闲置资源的最大化利用。

近年来，“互联网＋”物流服务成为贯彻协同共享理念的典型代表。利用互联网技术和互联网思维，推动互联网与物流业深度融合，重塑产业发展方式和分工体系，为物流企业转型提供了方向指引，其典型场景包括：互联网＋高效运输、互联网＋智能仓储、互联网＋便捷配送及互联网＋智能终端等。

(6) 人工智能正在起步。以人工智能（AI）为代表的物流技术服务是应用物流信息化、自动化和智能化技术实现物流作业高效率、低成本的物流企业较为迫切的现实需求。其中，人工智能通过赋能物流各环节、各领域，实现智能配置物流资源、智能优化物流环节及智能提升物流效率。特别是在无人驾驶、无人仓储、无人配送和物流机器人等人工智能的前沿领域，一批领先企业已经开展试验应用，有望与国际电商和物流企业站在同一起跑线上。

2. 物流数字化发展的趋势特征

物流数字化是时代的产物，从时代的发展趋势来看是不可逆的。在物流数字化的过程中，主要表现出以下三种趋势特征。

一是节点的物联网化。物联网是新一代信息技术的重要组成部分，强调物体之间通过互联网进行广泛的连接。在物流领域体现在对于人、车、货、仓等信息的及时采集，进一步实现物流过程各个节点的可视可控，将原有的线下物流信息转变为线上物流数据资源。

二是端到端的数字化。从动态的视角来看，物流过程体现为一定的业务流程，是一种端到端的过程，它涉及业务流程的不同阶段、不同参与者，具体的工作内容、业务的时效表现，等等。端到端的数字化就是实现业务流程透明，促进供应链上下游之间的业务协同，保证供应链的高效衔接和有序运转，提升整体效率。

三是业务网络的智能化。在数字化时代，数据已经成为企业的核心资源，通过对大量积累的数据进行分析，能够驱动业务网络的智能运转。业务网络的智能化主要体现在两个方面，一是数据的分析，二是自主的决策。数据分析的过程就是提取数据所蕴含的价值的过程，自主决策则是智能化的更高级阶段，通过算法辅助决策，让机器具有灵魂。

12.6.4 物流供应链企业实现数字化的路径

物流过程包括多个环节，使物流的衔接协调较为复杂困难。物流业务数据化建立在一定的技术基础上，没有这些技术，物流业务数据化将成为空中楼阁。但不同的企业实现物流业务数据化的路径有着一定的差异。对于任何一家企业而言，究竟选择哪种路径需要结合自身的实际情况。从实现数字化的视角看，物流企业实现业务数据化的路径主要有三条。

1. 向行业提供物流数字化公共平台云服务

数字时代，通过互联网提供物流行业所需要的特定公共服务的互联网公司应运而生。由于互联网本身的高度垄断特性，这类公司数量不会很多。这类公司是科技企业，是服务物流行业的互联网公司，不是物流公司，不做具体的物流业务。物流科技企业所提供的物流云服务主要包括 SaaS、PaaS、IaaS 三种云服务形式，具体见表 12-2。

表 12 - 2　物流云服务形式

云服务类型	主要云服务形式
SaaS	浏览器、手机 App、微信、小程序、其他工具等，涉及数据采集、视频监测、数据分析、资源管理、设备管理等功能
PaaS	容器技术、统一服务平台、分布式计算、分布式存储、分布式文件系统和数据库
IaaS	虚拟操作系统、虚拟资源池、计算虚拟化、存储虚拟化、网络虚拟化等虚拟操作系统，涉及物理资源池、计算资源、存储资源、网络资源等云服务管理

SaaS（software-as-a-service，软件即服务）是互联网公司直接提供应用程序，这些应用程序大多数构建在远程服务器上。对于物流企业客户而言，可以直接通过 web 浏览器使用，不需要在每台计算机上下载和安装应用程序。

PaaS（platform-as-a-service，平台即服务）是互联网公司的云组件服务，主要为应用程序提供支持。PaaS 提供了一个软件创建平台，它使物流企业客户的技术开发人员可以自由地专注于创建软件，不必担心操作系统、软件更新、存储或基础架构。

IaaS（infrastructure-as-a-service，基础设施即服务）由高度可扩展和自动化的计算资源组成，通过虚拟化技术为物流企业提供云计算基础架构，包括服务器、网络、操作系统和存储等。IaaS 提供与传统数据中心相同的技术和功能，物流企业客户无须对其进行物理上的维护或管理。

总体看来，IaaS 是云服务的最底层，侧重于基础资源的管理，主要面向大中型企业；PaaS 是云服务的逻辑部署层，侧重于应用的管理，是出现最晚但潜力较大的云计算服务，它包括软件开发工具、开发部署和测试环境，具有较高的整合效应，能够对数以万计的应用软件提供支持，同时也具有非常高的经济性和灵活性；SaaS 是云服务的应用层，侧重于应用的直接使用，不涉及软件的开发、部署，作为出现最早、最普遍的云计算服务，SaaS 的市场份额最高，能够快速以低成本实现信息化，因此对于众多中小微企业具有较大的吸引力。

应当看到，在这三种云服务中，PaaS 的市场开发前景尤其广阔，某种程度上可以将其看作 SaaS 的加工厂，在未来，PaaS 作为连接应用开发商与最终用户之间的桥梁的作用将越来越突出。

2. 自建内部物流数字系统

规模较大的物流企业有很强的业务话语权，经济体量足够大，可以考虑构建自己业务体系内的物流数字化系统。

3. 接受物流公共平台云服务

中小物流企业的经济体量、经济实力不足以独自构建系统，需要接受第一类物流互联网公司的公共服务来实现业务运作的数字化。

案例 12－9

德邦快递：数字化物流时代，科技驱动行业转型升级

在数字经济时代，伴随着云计算、大数据、物联网、软件定义、信息安全、虚拟化等技术的成熟与普及，数字化技术开始渗透到中国社会与经济的每一个环节，并与各个环节加速融合。在零担市场，巨头跨界发展的趋势将更加明显。在未来的激烈竞争中，科技将成为行业的第一生产力，物流将全面进入数字化时代。通过物联网、机器人分拣、无人机送货等最新科技和数字化技术，提高效率、降低成本，在“红海”中发掘新的增长点。

1. 零担市场快递化已成必然趋势，数字化成为物流业的第一生产力

2017 年“双 11”，以轮值 CEO 崔维刚为主的德邦快递核心领导层全程守在数字化指挥中心巨大的电子屏幕前，屏幕左右两侧显示德邦快递全中国 126 家外场、10 641 个网点的全景视频，中间大片蓝色屏幕上是基于物流环节、区域网点、电商渠道、客户反馈等核心指标采集的实时数据。随着货物集散，屏幕上的数字、曲线不断跳动，一件件快递有条不紊地配送，及时到达消费者手中。

屏幕中的数据实时变化，自动对各环节的风险进行预警。哪里的仓库已经接近饱和，提前预警；哪里的单量数据在减少，收紧资源。轮值 CEO 崔维刚及德邦快递核心团队第一时间对屏幕数据的异常分析及诊断，有效地将指令快速传达到一线，确保了“双 11”期间快递线忙中不乱，高效运转。近年来，德邦快递向科技型物流企业转型，利用科技和数字化的力量提高生产效率，降低运营成本，实现了利润率的突破，发力大件快递市场。

2. 科技助力德邦快递转型升级

2018 年 7 月 2 日的战略发布会上，德邦物流正式宣布更名为“德邦快递”，全面加码大件快递业务，推出了业内第一款真正意义上的大件快递产品——大件快递 3～60 千克。德邦快递被誉为零担市场之王，主要面向中小型企业的供应商，以公路运输为主。而零担市场货物较重，大部分需要人力进行测量、包装、分拣、配送，难以实现标准化运作，人力成本一直居高不下。也因此，零担行业长期以来毛利率较低。

相比于快递市场的标准化运作，零担市场货物规格复杂，周转率低。而科技的发展让零担市场的标准化运作成为可能。德邦快递数字化指挥中心分为运营总览、拉灯预警和大屏诊断三大模块。基于 23 项核心数据指标、24 项中转场数据指标、68 项岗位关注指标的运营数据总览形成；通过数据模型的计算，可以准确诊断系统“健康程度”——每小时进入的量和转出的量是否均衡，从而作出拉灯预警，一旦发现某个中转外场超过预警线，可以远程一键停止卸车；通过车辆上的传感器，可以查看车辆运行速度和载货量……

为了应对“双 11”数字高峰，新数据中心框架需要尽早启动。为此，德邦快递提供全闪存储，提高了资源动态扩展能力，高 IOPS 支持数据高速输入和输出。这一高效、稳定的网络中枢能快速处理海量数据，缓解了业务量骤增带来的系统负载压力，为物流全链路数据监测、实时预警、快速定位、秒速反馈提供了坚实可靠的基础。

3. 数字化重塑大件快递全流程，提升客户体验

在德邦快递集团副总裁、德邦科技总裁钟智龙看来，效率和成本是物流业的天然核

心。“谁的效率高，谁的成本低，谁的客单量利润就高。所以，物流数字化的逻辑就是找出全流程中可以提高效率、降低成本的环节，通过数字化手段加以简化和解决。”

利用AR量方的技术，快递员拿移动手持设备一拍，就能自动得出结果和费用，语音录入后，用户直接线上支付。微信下单、电子面单、AR量方称重、网上支付，再加上后续的查询、客服咨询、用户评价和电子发票，目前德邦快递所有数字化业务流程都已上线。通过这些举措，德邦快递将客户沟通时间从180秒减少到5秒，写单时间从240秒减少到20秒，测量录入及等待时间从40秒减少到20秒，移动微信支付时间从60秒减少到5秒。从用户看到快递员到付款，整个流程60秒以内就能完成。随着数字化技术的应用，德邦快递线上数据量不断扩大，老旧的数据备份系统得以更新。为了保护核心数据，提高数据中心的抗风险能力，德邦快递启动了双活数据中心建设项目。

对于用户来说，数字化不仅节省了时间，提升了服务体验，还大大增强了货物的安全性。对于德邦快递来说，数字化大大降低了成本。近年来，中国人力成本不断走高。德邦快递通过计算发现，呼叫中心成本平均每年递增30%，明显高于收入增速22%。现在，在用户量不断增加的情况下，呼叫中心的人数始终保持在千人左右。微信客户端分流了30%～50%的话务量，对应约每年1 500万元的成本节省。

在竞争激烈的电商快递红海，德邦快递利用科技和数字化的后发优势，杀出了一片蓝海。据统计，德邦快递2018年上半年实现快递件量1.74亿票，同比增长54.40%，快递收入同比增长58.65%。未来，德邦快递将借助原有零担网络和高含金量的品牌服务，为业务全流程不断注入科技和数字化力量，“让天下没有难送的快递”。

资料来源：德邦快递：数字化“让天下没有难送的快递”.(2018-11-15). https://www.sohu.com/a/275881493_740446.

本章小结

物流标准化对于促进物流资源的整合、提高物流运作效率、保证物流服务质量有着积极的推动作用。由于物流活动是一个复杂的经济社会系统，涉及众多行业的资源整合与利用，因此物流标准体系是由多个维度组合而成的多维空间结构。物流标准体系表包括物流通用基础标准、物流技术标准、物流管理标准、物流服务标准以及物流信息标准五个主要部分。制定统一的物流服务标准，对提升、完善我国物流市场，规范物流服务水平有着积极的推动作用。物流设备与设施、技术方法、物流管理、物流信息技术的标准化都是为保障物流服务质量的不断提高，从不同角度对物流活动提供相关支持。

绿色物流是实现对物流环境的净化，使物流资源得到最充分利用的一种物流运作方式。要实施和发展绿色物流，必须从政府政策的角度，对现有物流体制进行管理，构建绿色物流发展框架。

应急物流是由于突发性因素导致的以追求时间效益最大化和灾害损失最小化为目的的特种物流活动。应急物流系统除了应具有一般物流系统的六个基本要素（流体、载体、流向、流量、流程和流速）外，还应具有特有的“时间”要素。应急物流的实施往往需要紧急调动大量的应急物资，需要做好应急物流系统设计和应急管理机制设计。

供应链金融业务是一种新型的金融服务，旨在通过金融机构和技术提供者实施的解决方案来优化组织间的资金流动，使资金流与供应链的物流和信息流保持一致，从供应链的角度改进资金流管理，同时又通过金融业务创新和管理，及时有效地推动产业供应链的发展。供应链金融业务在现阶段的表现形式有很多，常见的供应链金融业务模式大体分为三类：第一，基于存货质押的供应链金融业务模式；第二，基于应收账款的供应链金融业务模式；第三，基于预付账款的供应链金融业务模式。在新技术推动和社会需求促进下，供应链金融将呈以下三个发展趋势：形成健康网络生态系统是供应链金融发展的重要基础；采用现代金融科技赋能是供应链金融发展的有力工具；承担可持续发展的社会责任是供应链金融发展的长远目标。

冷链物流是以保证食品和药品等物品品质为目的，以保持低温环境为核心要求的供应链系统。发展冷链物流具有积极的社会意义和经济效益。冷链物流运作必须满足一定的条件，如“3C”条件、“3T”条件、“3Q”条件。

数字化物流是时代发展的产物，物流业要实现信息化、网络化、虚拟化和智能化，势必要综合运用大数据分析技术、物联网技术和区块链技术等数字化物流技术。数字化逐渐成为物流全过程中不可缺少的驱动因素和未来物流业发展的重要特征，也是提高企业竞争力的重要战略重点。

关键概念

物流标准化　物流标准体系表　绿色物流　应急物流　应急物资管理　供应链金融　存货质押融资　仓单质押融资　冷链物流　数字化物流　大数据　物联网　区块链

思考题

1. 物流标准体系包括哪些组成部分？
2. 物流标准化体系运作模式构建的总体目标是什么？
3. 绿色物流的内涵是什么？
4. 绿色物流的发展措施有哪些？
5. 应急物流的内涵是什么？
6. 如何设计应急物流系统？
7. 如何设计应急物流管理机制？
8. 供应链金融业务的内涵是什么？
9. 供应链金融业务模式具体有哪些？
10. 我国供应链金融业务发展的趋势是什么？
11. 什么是冷链物流？它可以分成哪些类别？
12. 发展冷链物流有什么意义？
13. 我国冷链物流的发展趋势是什么？
14. 数字化物流的研究内容主要包括哪些方面？
15. 物流供应链企业实现数字化的路径有哪些？

课堂讨论题

1. 我国物流标准化工作中存在的问题是什么？如何才能有效推进物流标准化工作？
2. 谈谈你对疫情期间供应链中断后应急物资调度与管理的看法。
3. 随着5G时代的到来，谈谈你对实现全面数字化物流的理解和建议。

补充阅读材料

1. 李安渝．现代物流标准化．北京：中国标准出版社，2012.
2. 宋华．供应链金融．2版．北京：中国人民大学出版社，2016.
3. 孙学军．绿色物流理论与实践．北京：科学技术文献出版社，2020.
4. 李学工，李靖，李金峰．冷链物流管理．2版．北京：清华大学出版社，2020.

案例分析

中储股份供应链金融业务创新与风险管控

一、供应链金融业务模式创新的背景

（一）中储股份金融物流业务发展历程

中储股份供应链金融业务自20世纪90年代末以来主要经历了四个发展阶段。

（1）仓单质押监管（1999—2005年）：1999年3月，中储股份无锡公司在国内与交通银行率先开展了融资额度8 000万元的库内质押业务，该项业务被中国物流与采购联合会评为“2004年十大创新物流业务模式”之首。

（2）质押监管（2005—2008年）：这一阶段的业务模式包括仓单质押监管、动产质押监管，以动产质押监管为主。

（3）动产监管（2008—2010年）：主要包括质押监管、抵押监管和贸易监管。

（4）供应链金融业务（2010年至今）：这一阶段，由动产监管业务为主逐步转向以物流供应链监管为主。

以上四个阶段是渐进的包含关系，前一阶段是后一阶段的基础，后一阶段是前一阶段的发展与延续。

（二）中储股份供应链金融业务规模

2010年，中储股份动产监管业务融资规模达到700亿元/年，年增长率在30%以上；公司与工行、交行、民生、中信、深发展、华夏、招商等20多家银行签订了总（公司）对总（行）监管协议，2010年累计合作银行（含支行）近500家，其中外资银行7家；2010年累计合作客户1 140家，年增长率在20%以上。目前，中储股份从事动产监管业务的员工有2 200多人，包括开发人员、操作人员、巡查人员、管理人员及监管员，监管地点涉及27个省（自治区、直辖市）的上百个地级市。

二、中储股份金融物流业务模式

（一）监管物品种类别

中储股份的监管物品种包括：黑色金属、铁矿石、煤炭及制品、石油及制品、有色金属、化工轻工材料及制成品、粮食、木材、棉麻、机电及制品、建筑及装潢材料11大类。其中，以钢材、铁矿石、煤炭、有色金属、油品为主。

（二）客户结构

截至2010年底，中储股份金融物流业务拥有1 140家客户，客户结构呈以下特点：以钢铁、煤炭、有色金属行业企业为主，占总客户数的78%；以民营企业为主，占总客户数的94%；以中小型企业为主，占总客户数的82.9%。

（三）供应链金融业务模式

中储股份主要的供应链金融业务产品如图12－11所示。

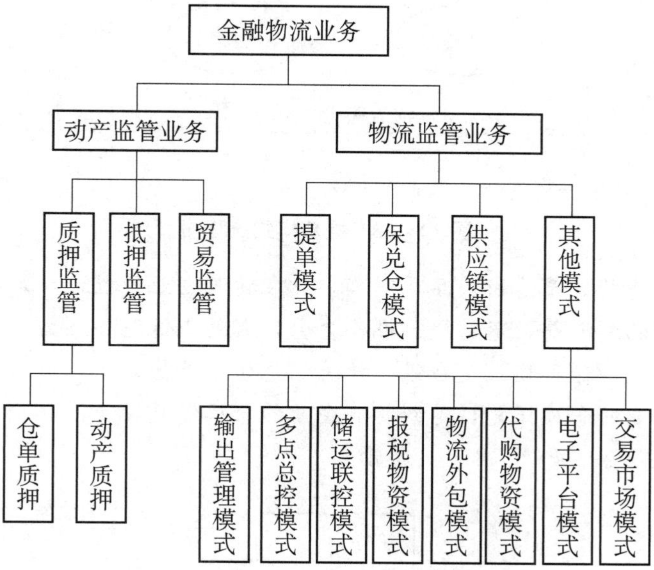

图12－11　中储股份主要供应链金融业务产品

1. 动产监管业务

中储股份在操作的供应链金融业务以动产监管业务为主，分为质押监管、抵押监管及贸易监管，监管地点包括自管库、出质人（抵押人或应付人）作业库及第三方仓库。上述业务均是在仓储环节实行监管的物流衍生业务。

2. 物流监管业务

物流监管业务主要有提单模式、保兑仓模式及供应链模式，还包括代购物资、电子平台、交易市场等多种模式。

(1) 提单模式。这是指进口货物时，物流企业以接到提单为起点操作的货代、运输、仓储、配送、加工、监管等环节不同组合的金融物流业务模式。如图12－12所示。该业务模式主要集中在沿海地区。

开证行对进口商授信后，将信用证发送到议付行，议付行将提单发送到开证行，货物到达港口，开证行向物流企业提供提单等单证并由物流企业办理货代手续，形成提单质押监管业务。

提单模式的特点是：以货代为起点；货到港口后，其主体或全部环节由物流企业完

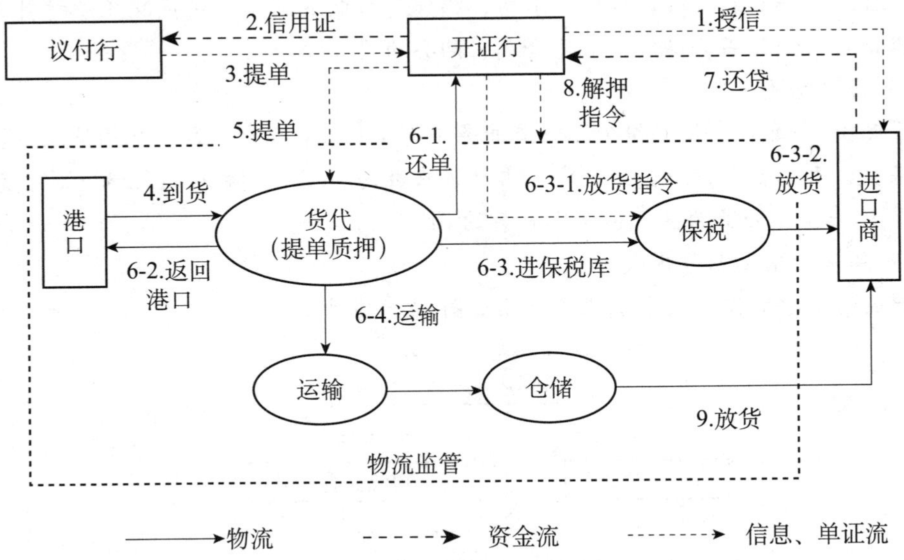

图 12－12　提单模式流程图

成；进口商的质押货物权属清晰、品质明确，并在物流企业的控制下，违约风险得到有效控制；进口商在货物到港前，不需提前准备资金，有助降低财务压力。

(2) 保兑仓模式。这种模式是在银行传统保兑仓业务基础上，引入物流企业对货物进行监管，由核心企业的仓库保兑延伸到物流企业的仓库保兑，至经销商打款赎货为止，形成保兑仓金融物流业务。如图 12－13 所示。

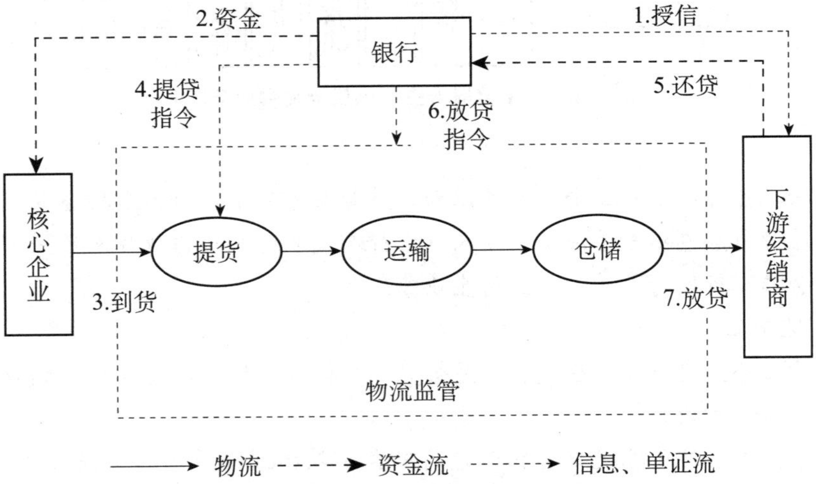

图 12－13　保兑仓模式流程图

银行向下游经销商授信后，将资金汇给上游核心企业；核心企业将货物发出，在该货物办理提货、运输、仓储时均处于动产监管状态，直至下游经销商还款放货。

银行传统的保兑仓业务是以供应商信用为基础的业务模式。但由于经销商在提货时不能立即向银行还款，所以物流企业到供应商仓库提货并运输至供应商以外的仓库进行监管，将货物延伸到物流企业的仓库保兑。因此，保兑仓监管业务是监管公司在现场接货，实行现场动产监管，不是传统意义上的保兑仓业务。

(3) 供应链模式。这是指银行对供应链中相关企业进行授信，并由物流企业对其动产进行物流运作的金融物流业务模式。该种业务模式是目前银行及物流企业首选的业务模式之一。

以图12－14为例，在多家银行对供应链上下游各企业授信的情况下，铁矿石进口商将铁矿石发至钢厂，钢厂将生产的钢材发至钢材经销商，钢材经销商将钢材销售给电机厂，电机被销售给机械厂，机械厂制造重型机械开发煤矿以开采煤炭销售。依此类推，直至相关企业还款放货，整个过程均处于全程控货状态。

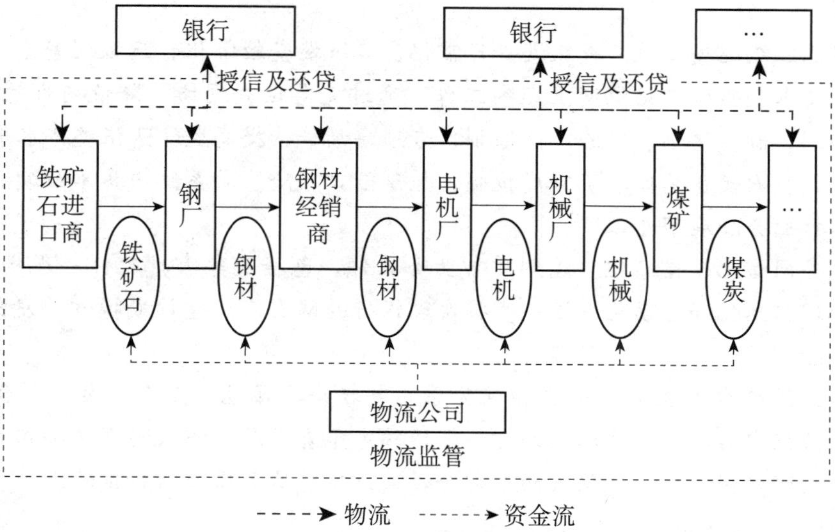

图12－14　供应链模式流程图

供应链模式的特点是：由多家银行对供应链上的多家客户授信，但由一家物流企业操作全过程的物流业务；货物权属清楚，品质有保证，多环节控货；物流企业收入较为可观，同时解决了企业上下游资金流转及物流运作难题。

(四) 盈利模式

中储股份开展最多的动产监管业务是以现货质押为主，并以仓储保管为基础的业务形式，形成点式监管的盈利模式。物流企业在监管过程中收取监管费，一般是按照借款企业融资敞口的一定比例来确定收费标准。

随着供应链金融模式的创新，以供应链金融业务为龙头的多环节操作的供应链监管业务会更多，综合收益相比动产监管业务要高。例如：提单模式下，除了收取监管费之外，还要收取货代的代理费、运输费、仓储费等，随着业务模式拓展，还会有代垫货款手续费、利息收入等。

(五) 风险管理体系

鉴于目前供应链监管业务尚处于探索阶段，这里仅介绍较为成熟的动产监管业务中的风险管理体系。在动产监管业务方面，中储股份采取了如下风险管理措施：

（1）加强标准规程建设。公司与银行达成总对总协议，在银行间推行中储标准文本，逐步减少使用非规定协议文本，并建立非规定协议审核制度。针对动产监管业务的特点，公司出台了 20 项业务管理办法，对应监管协议配套了标准监管流程，从业务管理到现场操作，严格规范，强化落实。建立了危机事件管理机制，编制了《危机事件应急预案》。

（2）完善评审、评估、评级体系。建立完整的评审体系，在基层企业设立评审委员会，评价企业资信；针对特定业务，指定专门评审员进行评审，并根据风险等级报请公司领导审批。建立质押物品种目录和风险评估制度，对质押物品种实行准入制，未进入目录的品种不进行操作，进入目录的根据风险等级对应的配套流程进行操作。对各经营单位、出质人、第三方仓库管理水平进行等级评定，对于不同等级提出不同的要求，施行相应的规定和政策。

（3）建立三级巡查体系。一级巡查日常化、二级巡查经常化、三级巡查重点化，全面开展点名、文本、单证、记录网上巡查工作，通过完善巡查网络，降低内部操作性风险。通过业务培训、制度培训、风险防范培训、专项培训等，提高监管队伍整体水平。

（4）在系统内实行总体融资额度控制，控制敞口风险。对系统内各单位实行授权额度管理，来掌握业务发展节奏。

（5）业务网络化、信息化。编制质押业务软件，包括业务审批软件和现场操作软件，实现业务管理信息化和自动化。下一步将实现银行的网上实时查询或操作，发挥网络管理优势控制风险。

（6）建立风险分散机制。建立担保体系，包括个人承诺、第三方担保、保管人承诺等。在监管协议中对我方无法承担的责任合理约定免责条款。积极与保险公司协商保险方案，主要包括财产保险和责任保险两个部分，通过保险达到风险转移目的。

（六）信息技术应用

物流信息技术是保证金融物流业务顺利实施的重要保障，这里以动产监管业务为例介绍中储股份的信息技术应用。

（1）项目上报及审批系统。目前，中储股份动产监管业务已建立了从项目申报、业务操作到数据统计分析的全业务流程的信息化系统架构。依托 X3 协同管理系统，公司实现了动产质押、抵押、贸易监管等业务模式项目申报途径的规范统一、内容准确翔实以及历史数据便捷查询，各方面数据的积累也为项目审批人员提供了大量可靠的评审案例。

（2）业务操作系统。中储股份动产监管业务现场操作软件系统包括现场操作系统与总部查询系统两部分。目前，此系统基本覆盖到公司 95％以上的监管项目，实现了监管点账目的无纸化、业务额度控制与收入成本利润统计数据的自动化，有效降低了业务人员的劳动强度和管理复杂程度。

下一步，公司将在现有业务信息系统基础上，完善功能，增加模块，将各种监管模式与业务模式全部纳入信息化管理，并为合作银行提供数据接口和查询服务，促进业务发展。

资料来源：中国物流与采购联合会，中国物流学会．中国物流与采购联合会系列报告：中国物流管理优秀案例集（2011）．北京：中国物资出版社，2012.

案例思考题

1. 中储股份有哪些供应链金融业务模式？分别适合哪些客户？

2. 风险控制是中储股份供应链金融业务的核心，中储股份是如何做到风险控制的？

3. 查阅资料，找出当前我国其他物流企业的供应链金融业务模式，比较它们与中储股份供应链金融业务模式的区别。

附录

山西省救灾储备物资管理暂行办法

第一章 总则

第一条 为了提高我省灾害紧急救助能力和应对突发公共事件中灾民的基本生活保障，加强我省自然灾害应急救援体系建设，严格救灾储备物资使用管理及其经费管理，制定本办法。

第二条 我省救灾物资由中央、省、市、县四级专项用于紧急抢救转移安置灾民和应对突发公共事件中保障灾民基本生活的各类救灾物资构成。不能长期储备的救灾物资（粮食、饮用水等），各级民政部门可与相关厂商签订紧急征用合同，确保灾害发生后 24 小时调运到位。

省级救灾储备物资由中央下拨的救灾物资和省级民政部门集中采购加工的救灾物资构成。山西省民政厅负责省级救灾物资的业务指导和分配调拨，山西省救灾物资储备中心负责省级救灾专用物资的加工购置、储备装运、经费管理、监督检查等日常工作。救灾储备物资实行统一规格、统一标志。救灾物资有关技术标准参照民政部相关技术标准制定。

市（县）级储备的救灾物资由当地民政部门管理，省级民政部门对救灾物资储备工作进行指导、检查和监督。

第三条 救灾储备物资实行定点储存、专项管理、无偿使用的原则，不得挪作他用，不得向灾民收取任何费用。

第四条 山西省救灾物资储备中心储备中央下拨和省级救灾物资。按照山西省民政厅《关于印发〈山西省自然灾害应急救援体系建设规划〉的通知》（晋民字〔2007〕52 号），山西省民政厅、山西省财政厅《关于进一步加强救灾款使用管理工作的通知》（晋民救字〔1999〕34 号），山西省民政厅、山西省财政厅《关于规范特大自然灾害救济补助费和自然灾害救济事业费分配管理及请款公文格式的通知》（晋民救字〔2002〕137 号），在我省十一个市、九十六个县人民政府民政部门设立救灾物资储备库，储备本级救灾物资。省里选择适当地方作为省级救灾物资代储单位。

各级民政、财政部门要进一步加大救灾物资储备基础设施和工作装备建设的资金投入。配备必需的信息网络设备、运输、装卸搬运设备、消防设备、安全设备、通信设备、应急照明设备、专用货架、垫板、隔板等仓储专用工作装备。

第五条　各级民政部门应会同同级财政部门负责制定本级救灾储备物资的购置、储存总体规划。要结合当地灾情特点和工作需要确定年度购置计划，各地每年必须储备一定数量的应急救助物资。储备物资分配坚持救灾为主，突出重点，合理安排，收发平衡，保持总量，运行良好的原则。

各级救灾物资储备管理经费是指专项用于物资储备单位管理储备物资所发生的接收入库、保管维护、组织发送、仓库整理等方面的人工雇用、设备购置、仓库使用和短途搬运等费用支出。每年年初由各级民政部门会同财政部门，按照上年实际储备救灾物资金额的3%核定管理费用。

第二章　储备物资及仓库管理

第六条　救灾储备物资实行封闭式管理，专库专储，专人负责。要建立健全各项救灾储备管理制度，包括物资台账和管理经费会计账等。救灾储备物资入库、保管、出库等要有完备的凭证手续。

第七条　各地救灾物资储备仓库设施和管理参照国家有关库房标准执行。库房要避光、通风良好，要有防火、防盗、防潮、防鼠、防污等措施。

第八条　储存的每批物资要有标签，标明品名、规格、产地、编号、数量、质量、生产日期、入库时间等。储备物资要分类存放，码放整齐，留有通道，严禁接触酸、碱、油脂、氧化剂和有机溶剂等。储备物资要做到实物、标签、账实相符，定期盘库。

第九条　各地要对新入库的救灾物资进行数量和质量验收，并在验收工作完成后3个工作日内将验收入库的情况书面上报上级救灾物资储备中心，并抄报上级民政部门。各地要随时掌握救灾物资储备情况，及时上报救灾储备物资变化情况。

第十条　对因非人为因素致使严重不能继续使用的省级救灾储备物资，由使用地民政部门及时书面报告省救灾物资储备中心，经审核批准后方可进行报废。

第十一条　各市于每年1月5日前向省救灾物资储备中心报告储备物资情况工作总结和相关报表，内容包括入库、出库、报废的物资种类、数量和时间等。

第三章　调拨

第十二条　灾害发生后，受灾地应先动用本级救灾储备物资，在本级储备物资全部使用仍然不足的情况下，可申请使用上级救灾储备物资。

申请使用上级救灾储备物资，由当地民政部门向上级民政部门提出书面申请，逐级上报，发生重特大自然灾害，方可越级上报。书面申请内容包括：自然灾害发生时间、地点、种类、转移安置人口数量、无家可归人口数量；需用救灾物资种类、数量；本级救灾储备物资总量，已动用本级救灾储备数量；申请上级救灾储备物资数量等。

根据受灾地的书面申请，结合特大自然灾害救济补助费的安排情况，上级民政部门将统筹确定调拨方案，向使用救灾物资的受灾地人民政府民政部门发出调拨通知。

第十三条 民政部门物资储备单位接到调拨通知后，在 24 小时内完成储备物资发运工作。一切费用（运费、过磅费、装卸费等）由使用地民政部门会同级财政部门解决。运输要按照《合同法》中有关规定执行，对调运物资进行全面保价。运输以铁路、公路运输为主，紧急情况下可申请航空支援。

使用储备物资的受灾地应对调运来的救灾储备物资进行清点和验收，及时反馈情况，如发生数量或质量问题，要及时协调处理并将相关情况向同级和上级民政部门报告。

第四章 使用回收

第十四条 调拨使用中央级、省级救灾物资所有权归省民政厅，未经省民政厅允许，任何单位和个人不得擅自调拨省级救灾物资。其余各级救灾物资归同级民政部门管理，各级财政部门承担相应经费。

第十五条 发放使用救灾物资时，应做到账目清楚，手续完备，并向社会公布。

各级民政部门要对使用者进行必要的技术指导，教育使用者爱护救灾物资，对救灾物资的使用回收等情况及时总结，加强部门沟通，提高使用回收效率，降低回收使用成本。

各级民政部门要会同财政、监察、审计等部门及时对救灾物资的发放使用情况进行监督检查。

第十六条 救灾物资使用结束后，对可回收重复使用的救灾储备物资由使用地民政部门负责回收、清洗、消毒和整理。收回工作完成后，使用地民政部门应对回收的救灾物资及时进行统计汇总，会同同级财政部门及时解决相关费用，并报上级民政和财政部门。已回收的省级救灾储备物资可作为本级救灾物资储备。

第五章 罚责

第十七条 贪污挪用救灾储备物资，因管理不善等人为因素造成储备物资重大损毁和丢失的，由所在单位负责追回或赔偿，并依照有关规定对负责人和直接责任人给予行政处分。

第六章 附则

第十八条 各市（县）可根据本地实际情况，参照本办法制定本级管理办法。

第十九条 本办法由民政厅和财政厅共同负责解释。

参考文献

[1] 鲍尔索克斯，克劳斯．物流管理——供应链过程的一体化．北京：机械工业出版社，1999.

[2] 财政部注册会计师考试委员会办公室．财务成本管理．北京：经济科学出版社，2003.

[3] 财政部注册会计师考试委员会办公室．会计．北京：中国财政经济出版社，2004.

[4] 崔介何．“物流管理”和“供应链管理”是“异名同质”吗？中国流通经济，2004（6）.

[5] 陈宝峰，冯耕中，李毅学．存货质押融资业务的价值风险度量．系统工程，2007（10）.

[6] 陈皓甲．供应链风险分析与预警体系．科技情报开发与经济，2008（1）.

[7] 戴治国，彭卫平，吴武涛．面向订单式制造的企业物流管理系统研究．物流科技，2008（7）.

[8] 董大海．战略管理．大连：大连理工大学出版社，2001.

[9] 冯耕中．物流金融业务创新模式分析．预测，2007（1）.

[10] 冯耕中．现代物流与供应链管理．西安：西安交通大学出版社，2003.

[11] 冯耕中．现代物流规划理论与实践．北京：清华大学出版社，2005.

[12] 冯耕中．物流信息系统．北京：机械工业出版社，2009.

[13] 冯耕中，李雪燕，汪应洛，等．企业物流成本计算与评价．北京：机械工业出版社，2007.

[14] 冯耕中，苏潇，王尚书，等．2006 年物流金融业发展回顾与 2007 年展望//中国物流与采购联合会．中国物流发展报告（2006—2007）．北京：中国物资出版社，2007.

[15] 高梦昭，张文杰．基于供应链的物流网络设计研究．物流技术，2005（10）.

[16] 郭葆春，丁慧平．供应链业务流程再造．综合物流，2007（3）.

[17] 国务院发展研究中心市场经济研究所和中外运集团“中国物流产业发展前景及产业政策研究”联合课题组．中国物流产业发展现状及前景，2001.

[18] 何明珂．物流系统论．北京：中国审计出版社，2001.

[19] 胡健，印玺．从供应链角度对第三方物流管理信息系统的规划设计．中国流通经济，2007（1）.

[20] 胡勇．物流与供应链管理的关系分析．商品储运与养护，2002（5）.

[21] 蒋秀梅，林秀敏．装卸搬运及其合理化．中国物流与采购，2003（17）.

[22] 蒋永忠．简论供应链环境下的物流管理．乡镇经济，2004（3）.

[23] 揭晖，黄培清，张存禄．基于 SCOR 模型的供应链建模方法．工业工程与管理，

2004 (2).

［24］靳伟．《现代物流系列讲座》第四讲 物流各环节的基本功能．中国物资流通，2002 (5).

［25］靳伟．《现代物流系列讲座》第三十五讲 包装．中国物流与采购，2003 (18).

［26］靳伟．《现代物流系列讲座》第三十三讲 装卸搬运．中国物流与采购，2003 (16).

［27］靳伟．《现代物流系列讲座》第三十六讲 流通加工．中国物流与采购，2003 (19).

［28］李洪心．基于 SCOR 的供应链管理模型研究．东北财经大学学报，2006 (2).

［29］李家彰．供应链管理环境下业务流程再造研究．生产力研究，2007 (17).

［30］李健，王亚静，冯耕中，等．供应链金融述评：现状与未来．系统工程理论与实践，2020 (8).

［31］李群明，张士廉，王成恩，等．供应链体系结构的比较研究．计算机集成制造系统，2001 (6).

［32］李万秋．冷链市场的规范与发展．物流技术与应用，2007 (1).

［33］李效良．三“A”供应链：决胜速度之外．石油石化物资采购，2012 (1).

［34］李毅学．基于物流金融的存货质押融资业务质押率研究．西安：西安交通大学，2007.

［35］李毅学，冯耕中．2007 年物流金融业发展回顾与 2008 年展望//中国物流与采购联合会．中国物流发展报告（2007—2008）．北京：中国物资出版社，2008.

［36］李毅学，冯耕中，徐渝．价格随机波动下存货质押融资业务质押率研究．系统工程理论与实践，2007 (12).

［37］李毅学，徐渝，冯耕中．国内外物流金融业务比较分析及案例研究．管理评论，2007 (10).

［38］李毅学，徐渝，冯耕中，等．重随机泊松违约概率下库存商品融资业务贷款价值比率研究．中国管理科学，2007 (15).

［39］李毅学，徐渝，冯耕中．国内外存货质押融资业务演化过程研究．经济与管理研究，2007 (3).

［40］李毅学，汪寿阳，冯耕中．2008 年物流金融业发展回顾与 2009 年展望//中国物流与采购联合会，中国物流学会．中国物流发展报告（2008—2009）．北京：中国物资出版社，2009.

［41］梁新元．物流的划分研究．西南民族学院学报（自然科学版），2002 (3).

［42］刘刚．基于产品需求特点的供应链设计．甘肃社会科学，2003 (6).

［43］陆华．物流系统战略规划设计理论与方法研究．武汉：武汉理工大学，2003.

［44］骆艳江，刘伟华．供应链环境下企业实施物流联盟战略探析．物流技术，2003 (3).

［45］马士华，林勇，陈志祥．供应链管理．北京：机械工业出版社，2000.

［46］马玉芳．现代物流管理与供应链管理的区别与联系．科技进步与对策，2001 (4).

［47］宁建新．企业核心竞争能力的构建与提升．北京：中国物资出版社，2002.

［48］任美玲．电子商务与物流．中国电子商务，2001 (18).

[49] 沈厚才，陶青，陈煌波．供应链管理理论与方法．中国管理科学，2000 (1).

[50] 宋敏，路欢欢，相峰．关于我国物流标准化发展的现状问题浅析．标准科学，2019 (7).

[51] 孙宏成．物流信息标准化体系运作模式研究．沈阳：沈阳工业大学，2010.

[52] 孙衍林．供应链管理环境下的业务流程再造．商场现代化，2005，10 (上).

[53] 孙忠宇，程有凯．冷库现状及冷库节能途径．节能，2007 (7).

[54] 梭伦．库存管理胜经．北京：中国纺织出版社，2001.

[55] 生静宇，冯爱兰．企业物流的网络规划．中国储运，2005 (5).

[56] 汤金毅，楚晓娟．关于供应链不同类型的分析与研究．中国物流与采购，2019 (6).

[57] 王斌义．现代物流实务．北京：对外经济贸易大学出版社，2003.

[58] 王舒军．海星连锁超市物流运作绩效分析及改进对策．西安：西安交通大学，2007.

[59] 王文辉．库存商品融资业务最优信贷合约设计．西安：西安交通大学，2005.

[60] 王孝坤，杨飞，杨东援．面向社会效益的城市共同配送研究进展．物流技术，2007 (3).

[61] 王焰．一体化的供应链．北京：中国物资出版社，2002.

[62] 王燕，刘永胜．供应链风险管理概述．物流技术，2008 (8).

[63] 王佐．什么是现代物流．中国物资流通，2002 (1).

[64] 魏江．基于核心能力的企业购并和整合管理模式．北京：科学出版社，2002.

[65] 温翔．供应链风险种类及预防措施的探讨．铁道货运，2007 (4).

[66] 徐娟，刘志学．爱立信的主动供应链风险管理．中国物流与采购，2006 (23).

[67] 徐伟民．现代物流对包装技术的新要求．上海包装，2004 (3).

[68] 徐永炎．数字化物流和数字化物流港初探．中国水运（理论版），2007 (3).

[69] 杨双林．基于流通加工环节的物流运输合理化策略分析．科技信息，2009 (19).

[70] 严冬梅．城市物流中心选址问题研究．天津：天津大学，2004.

[71] 颜飞，王建伟．对运输业网络经济的探讨．铁道运输与经济，2008 (2).

[72] 叶海燕．我国农产品冷链物流现状分析及优化研究．商品储运与养护，2007 (3).

[73] 易海燕．供应链风险的管理与控制研究．成都：西南交通大学，2007.

[74]《运筹学》教材编写组．运筹学.4 版．北京：清华大学出版社，2012.

[75] 张广文．实现我国农产品现代物流的政府行为分析．物流科技，2005 (7).

[76] 张良卫，张琼，刘燕君．供应链“四流”协同的理论及均衡分析．中国物流与采购，2019 (22).

[77] 张青山，田庆军．企业供应链的结构类型研究．商业研究，2002 (10).

[78] 张以彬，陈俊芳．供应链的风险识别框架及其柔性控制策略．工业工程与管理，2008 (1).

[79] 张亦驰，王靖宇，綦升辉．对现代物流管理的思考．中国储运，2001 (2).

[80] 赵树军．连锁企业发展共同配送的前景探讨．物流技术与应用，2003 (5).

[81] 赵先德，王良．全球供应网络环境下，企业如何构建能够快速响应的弹性供应

链？哈佛商业评论，2020（5）.

[82] 赵先德，张惠民，张安民，等．科技赋能物流：中国城市物流技术发展报告 2018.

[83] 中华人民共和国国家标准《企业物流成本构成与计算》（GB/T 20523—2006）.

[84] Ballou R H. 企业物流管理——供应链的规划、组织和控制：第 2 版．北京：机械工业出版社，2006.

[85] Hamel G，Prahalad C K. Competing for the future. Harvard Business School Press. Boston Massachusetts，1996.

[86] Hendricks K B，Singhal V R. An empirical analysis of the effect of supply chain disruptions on long-run stock performance and equity risk of the firm. Production and Operations Management，2005（14）.

[87] Hofmann E. Supply chain finance：some conceptual insights. Beitrage Zu Beschaffung Und Logistik，2005.

[88] Pfohl H C，Gomm M. Supply chain finance：optimizing financial flows in supply chains. Logistics Research，2009（1）.

[89] Wang Z，Wang Q，Lai Y，Liang，C. Drivers and outcomes of supply chain finance adoption：an empirical investigation in China. International Journal of Production Economics，2020（220）.

图书在版编目（CIP）数据

物流与供应链管理/冯耕中，刘伟华，王强编著
．--3版．--北京：中国人民大学出版社，2021.5
高等学校经济管理类主干课程教材．管理科学与工程系列
ISBN 978-7-300-29111-6

Ⅰ．①物… Ⅱ．①冯… ②刘… ③王… Ⅲ．①物流管理-高等学校-教材 ②供应链管理-高等学校-教材
Ⅳ．①F252.1

中国版本图书馆CIP数据核字（2021）第045399号

高等学校经济管理类主干课程教材・管理科学与工程系列
物流与供应链管理（第3版）
冯耕中　刘伟华　王　强　编著
Wuliu yu Gongyinglian Guanli

出版发行	中国人民大学出版社		
社　　址	北京中关村大街31号	**邮政编码**	100080
电　　话	010－62511242（总编室）		010－62511770（质管部）
	010－82501766（邮购部）		010－62514148（门市部）
	010－62515195（发行公司）		010－62515275（盗版举报）
网　　址	http://www.crup.com.cn		
经　　销	新华书店		
印　　刷	天津鑫丰华印务有限公司	**版　　次**	2010年6月第1版
开　　本	787 mm×1092 mm　1/16		2021年5月第3版
印　　张	23.75 插页1	**印　　次**	2025年5月第6次印刷
字　　数	525 000	**定　　价**	49.00元

中国人民大学出版社 管理分社

教师教学服务说明

中国人民大学出版社管理分社以出版工商管理和公共管理类精品图书为宗旨。为更好地服务一线教师，我们着力建设了一批数字化、立体化的网络教学资源。教师可以通过以下方式获得免费下载教学资源的权限：

★ 在中国人民大学出版社网站 www.crup.com.cn 进行注册，注册后进入“会员中心”，在左侧点击“我的教师认证”，填写相关信息，提交后等待审核。我们将在一个工作日内为您开通相关资源的下载权限。

★ 如您急需教学资源或需要其他帮助，请加入教师 QQ 群或在工作时间与我们联络。

中国人民大学出版社 管理分社

教师 QQ 群： 648333426（工商管理） 114970332（财会） 648117133（公共管理）
教师群仅限教师加入，入群请备注（学校+姓名）

联系电话： 010-62515735，62515987，62515782，82501048，62514760

电子邮箱： glcbfs@crup.com.cn

通讯地址： 北京市海淀区中关村大街甲 59 号文化大厦 1501 室（100872）

管理书社 人大社财会 公共管理与政治学悦读坊